윌리엄 베어드

W. M. Baird

리처드 베어드 지음

숭실대학교 뿌리찾기위원회 역주

일러두기

1. 이 책의 각주는 저자의 원주가 있고 역주자의 역주가 있다. 원문에 저자가 괄호( ) 안에 설명한 부분이 있는데 이 역시 원주로 처리했다. 역주는 (역자 주)로 표기하였다.

2. 한글과 영어의 병기는 꼭 필요한 경우에만 제한적으로 괄호 안에 넣어 표기하였다. 예) 로즈(Rhoddes)

3. 원저에는 여러 개의 삽화, 문양, 지도와 사진이 있는데 꼭 필요하다고 여겨지는 부분만 반영하였다. 또 문양과 사진의 경우 필요하다고 여겨지는 경우 보충하였다.

4. 원저가 영어권의 독자들을 배려하여 쓴 것이기 때문에 한국독자들에게 필요 없는 부분은 과감히 삭제하였다.

5. 이 책은 1968년에 출간되었는데, 그 시점에서 소개하고 있는 기관들의 현재 변모한 내용을 소개할 필요가 있는 경우 보충하여 사진과 설명을 넣기도 하였다. 특히 숭실대학 관련의 경우이다. 그러나 이는 매우 제한적이다.

6. 외국인의 이름은 식별이 가능하도록 표기하려고 하였다. 이를테면 윌리엄 베어드, 에드워드 베어드, 존 브라운, 아더 브라운 등이다. 그러나 구별이 필요한 경우로 제한하였다. 헤론, 게일, 벙커 등은 그냥 두었다.

7. 원문에 나오는 Korea가 고려, 조선, 대한제국, 일제강점기, 그리고 해방 이후 대한민국을 가리키는 등 다양하지만 특별한 경우 이외에는 모두 한국으로 표기하였다.

8. 선교와 관련된 용어에서 Board, Mission, Station을 각각 선교본부, 선교회, 선교지부로 옮겼다. 그리고 이 경우 대체로 Board는 미국 뉴욕에 있는 해외선교본부이고, Mission은 서울에 있는 한국선교회이거나 산둥선교회이며, Station은 대구, 부산, 평양, 선천 등지에 있는 선교지부를 가리킨다.

간행사

우리 숭실대학의 설립자요, 근대적 의미의 인문학을 한국사회에 도입한 배위량(裵緯良; William M. Baird) 박사의 평전을 오래 전부터 고대해왔습니다. 이번에 베어드 박사의 둘째 아들 리처드에 의하여 쓰인 베어드 박사『프로파일』을 역주, 간행하게 된 것을 만시지탄 속에 다행스럽고 기쁘게 생각합니다.

돌이켜 생각하면 1897년 베어드 박사는 평양에서 서구의 근대적 학문을 가르치는 새로운 형태의 학당을 열었고, 이어 1906년에는 역시 근대적 의미의 대학을 설립하였습니다. 1912년 무렵부터 이른바 선교회 안에서 '대학문제'라는 이름으로 한국에서의 대학은 평양이 아닌 수도 서울에 있어야 한다는 일각의 견해와 관점들과의 쟁투에서 기독교 대학이 평양에 있어야 하는 이유를 필요하고도 충분한 논거를 갖추어 제시하고, 일관된 신념으로 숭실대학의 발전에 온몸을 바치셨습니다. 그분이 뿌린 씨앗, 그리고 그분이 물주고 김매어 가꾼 숭실대학은 그 후에도 형언하기 힘든 파란과 곡절을 겪으면서 오늘 이렇게 서울에서 아쉬움을 안은 채, 그 건학이념을 지켜가고 있습니다.

"물을 마실 때는 그 근원을 생각하라[음수사원(飮水思源)]"는 것은 보통사람들에게도 요구되는 윤리에 속합니다. 우리는 선배들의 창조적 위업에 의하여 이루어진 혜택을 누리면서도 그 근거와 흐름과 지향을 잊고, 시류(時流)를 좇기 바빴던 측면이 없지 않습니다. 숭실만이 지니고 있는 가치가 분명 있었음에도 그것을 제대로 파악하고 창달시키는 일을 등한히 한 부분도 없지 않습니다.

지난 2013년 숭실뿌리찾기위원회가 출범하여 우리 숭실의 정신적 자산을 발굴하고 이를 연구, 교육, 보급, 정리하는 일을 수행하게 된 것은 이런 연유에서였습니다. 이제 우리는 초기 학교가 설립될 때의 신념과 정신을 다시 돌아보아야 할 것입니다. 우리가 바른 자리에 서있는지를 점검하고 새 역할의 빛을 찾기 위해서입니다. 분단된 국가에 안주할 것이 아니라 통일은 반드시 수행하여야 할 과업입니다. 그렇다면 평양에서 토대를 가꾸어온 우리 숭실이 어떤 지향을 가져야할지는 절로 분명해질 것입니다.

베어드의 정신을 잘 이해하고 그 실천을 우리도 본받아 이 땅에 참으로 새로운 진리, 참다운 자유를 심고 붙들고 누리게 하는 일에 우리 숭실대학이 주도적으로 또는 크게 협력하는 모양으로 펼쳐야겠습니다. 이번의 베어드『프로파일』 역주번역 출간이 이런 측면에서도 크게 기여하게 되기를 기대합니다.

2016년 6월

숭실대학교 총장

한 헌 수

저자 서문

이 책은 한국에서 활동한 윌리엄 베어드 박사의 선교사역에 관한 기록이다. 이 기록을 『프로파일』, 즉 인물 단평(短評)이라고 이름 붙였는데, 그 이유는 이 책이 개략적인 전기 형식을 취하고 있기 때문이다. 이 책은 베어드 박사의 삶에 대한 특별한 점을 다루고 있다. 먼저, 베어드의 가족과 그 후손에 대해서는 그의 선교 초기 부산과 대구에서 지내던 시절에 있었던 일들과 선교에 관한 역사적인 기록물에서 발견되지 않는 개인적인 사건들을 좀 더 상세하게 다루었다. 그리고 이 책은 선교 이론을 공부하는 학생들을 위해서 네비우스 선교방법과 밀접하게 연결되어 있는 교육사역에 관한 베어드의 공헌을 살피고 있다.

베어드 박사는 1891년부터 1895년까지 꾸준히 일기를 썼다. 그는 자주 오하이오 신시내티에 있는 그의 형 존 베어드 목사에게 편지를 썼다. 베어드는 그의 형이 죽음을 맞이하게 되는 1905년까지 계속해서 형에게 편지를 썼다. 다행히도 이러한 편지들은 베어드 박사 자신의 개인적인 한국선교보고와 함께 잘 보존되어 있으며, 이러한 문서들이 이 『프로파일』의 기초 자료가 되었다. 이 자료들은 베어드 2세가 제2차 세계대전이 발발하기 전에 한국을 황급히 떠나오면서 자신의 짐과 함께 잘 챙겨 나왔는데, 만일 이러한 문서들이 없었다면 이 『프로파일』은 완성될 수 없었다.

모든 관련 한국어 단어들은 부록 1부에 설명되어 있다. 그러므로 저자는 이러한 단어들에 대한 번역이나 설명 혹은 각주를 달지는 않을 것이다.

이 책의 전반적인 색채는 '베어드 박사'보다는 오히려 '한국'에 더 강조점을 두고 있다. 어쩌면 베어드 박사는 한국에 대해서 어떤 특정한 색감을 가지고 있지는 않았을지도 모른다. 그러나 한국은 단순하게 흑과 백의 느낌으로 말할 수 있는 나라는 아니다. 대부분의 한국 사람들이 좋아하는 색, 그래서 그들이 자신들의 아이의 옷을 장식하거나 사원을 장식할 때 쓰는 색은 무지개처럼 다양하다. 그래서 이 책에서는 화려하지는 않지만, 은은하게 이러한 이상을 추구할 것이다. 책에 색깔이 들어간 쪽이나 그 테두리에 문양을 입힌 부분에서는 본론에서 벗어난 흥미로운 일화 등 이야기들이 소개되고, 흰색 바탕에는 본론에 해당하는 전체『프로파일』의 이야기들이 기록될 것이다.

이 책은 미국 연방 저작권법을 따르고 있다.

리처드 베어드 1968

6452 Hillegass Avenue, Oalkand, Calif. 94618

저자의 감사의 글

필자는 이 책의 표지를 디자인하고 256쪽의 그림을 스케치 해 준 나의 평생 친구이면서 선교의 동반자인 아치발드 캠벨(Archibald Campbell) 목사에게 특별히 감사의 마음을 전한다. 표지 디자인*은 베어드 박사가 부산진에서 찍은 사진을 그림으로 표현한 것으로, 이곳에서 내륙의 길을 따라가면 서울까지 다다르게 되는데, 부산진은 당시에 가장 영향력이 있는 항구로 일본에 의해서 개항된 곳이었다. 베어드 박사와 한국의 기독교는 이러한 영향력 아래에 있었다.

한국의 유명한 예술가인 임종식씨는 한국 선교의 개척자들에 대한 감사의 표시로 작품을 만들어 주었는데, 이것은 매우 값진 도움이 되었다. 한국에서는 이미 유명한 조각가로 알려져 있으며 현재 미국에서 조각을 공부하고 있는 그는 재능을 유감없이 발휘해서 이 책의 9장에 나와 있는 초기 숭실대하 건물을 그려주었으며, 이 책에 있는 모든 서예 작품을 직접 써 주었고, 책 테두리 디자인도 직접 해 주었다.

이 책의 모든 타이핑 작업과 등사 인쇄 작업을 맡아서 해 주신 릴리안 더글라스(Lillian Douglass)에게 진심으로 감사드린다. 이 일을 도와주신 루이지 호니(Louise Honne)여사에게, 그리고 관심어린 충고로 이 책의 여러 부분에서

* 이 책에서는 내지 쪽에 있는 그림이다.

중요한 제안을 해 주신 자크 피콕(Jacque Peacock) 여사에게도 감사를 드린다.

또한 미국장로교본부의 에큐메니컬 선교위원회의 친절한 도움에 감사드린다. 자료를 이용할 수 있게 해주신 미국장로교선교도서관과 장로교역사학회에도 역시 감사를 드린다.

석판예술가인 해리 마일즈(Harry Miles) 부부는 오래되어 빛바랜 사진들을 가지고 고군분투 하면서 책의 삽화들을 준비해주셨다. 이 분들의 관심과 노고에도 깊은 감사를 전한다.

스탠퍼드 대학에서 공부하면서 자신의 소중한 시간을 쪼개서 여러 단편들을 가다듬고 불필요한 부분들을 빼낼 수 있게 도와준 나의 딸 베키에게도 감사한다.

끝으로 가장 깊게 감사할 사람은 나의 아내이다. 그녀는 모든 상상력을 동원해서 단어를 선택하는 일에 많은 도움을 주었으며 원고의 교정에도 큰 도움을 주었다. 문장을 다듬어주고, 단어를 고쳐주며, 이야기를 들어주고, 그에 따른 조언을 해준 나의 아내에게 마음을 다해서 감사한다.

역주자 서문

윌리엄 마틴 베어드는 숭실대학의 창립자요, 선교역사상 가장 위대한 실험이라고 평가되는 한국선교의 이론을 수립하고 그것을 실천한 위인이다. 그의『프로파일』이 아들 리처드에 의하여 영어로 또 비매품으로 간행된 것이 1968년이다. 그런데, 그전에도 그리고 그 후에도 베어드의 생애에 관한 연구나 그에 대한 온전한 평전 등이 없다. 그로부터 많은 은혜를 입은 한국인들, 특히 숭실인들에게서조차 이루어지지 않았다.

베어드『프로파일』을 처음으로 번역한 것은 장신대의 김인수 교수인데 그는 2004년도에『배위량 박사의 한국선교』라는 제목으로 출간하였다. 김 교수는 역자 서문에서 초창기 선교사들 가운데서 최고의 지성을 갖춘, 누구보다도 가장 많은 공부를 하였고 지적인 측면에서 괄목할 만한 공헌을 한 베어드에 대하여 이렇다 할 연구가 없다는 것이 매우 아쉬웠다고 했다. 그러나 이 책은 몇가지 점에서 안타까움을 갖게 했다. 결코 힘들인 번역작업에 대한 인색한 평가를 하려는 의도는 없다. 우선 번역에 있어서 적지 않은 오류도 발견되고, 부분적으로 번역이 누락된 곳도 있으며, 원본에 들어있는 상당수의 사진과 도안이 상태가 좋지 않다는 이유로 빠져있기 때문이다.

그런 중에 숭실대학교의 뿌리찾기위원회와 숭실대학교 부설 한국기독교문화연구원에서 이를 역주 간행하기로 결정하였다. 즉 저자의 원문 번역은 물론 원문 이해에 필요한 자료를 상당수 역주 형식으로 보완하는데, 여기에는 인명(人名) 물명(物名) 지명(地名) 사건에 대한 해설뿐 아니라 관련 사진도 찾아 보완하기로 했으며, 또 필요한 부록을 덧붙여 출간하기로 한 것이다.

2014년 가을, 뿌리찾기위원회에서 연구번역을 결정하고 위원회를 구성하였다. 위원회는 조은식 교수가 초역한 것을 책의 전반부는 성백용 박사가 후반부는 성신형 박사가 정밀 대조 교정을 하고, 이를 곽신한, 김명배, 설충수, 오지석 등이 함께 모여 원문과 번역문을 대조 윤독하면서 내용을 검토하고 단어를 엄선하며 문장을 가다듬어 원고를 확정하였다. 한국교회사 전공인 김승태 박사는 꼼꼼하게 문장과 용어와 역사적 사실 등에 이르기까지 살피고 교정해 주었다. 이 면을 통하여 감사를 드린다.

위원들은 이 『프로파일』이 나온 것이 47년 전의 일이고 현재의 숭실대학을 소개하는 부분에는 내용상의 상이점도 있을 뿐 아니라 이미 오래전의 일이라는 이유 등으로 단순 번역이라기보다는 연구번역의 성격을 지녀야 한다고 생각했지만 의도한 만큼 충분히 반영되지 못했다. 그리고 원저자가 넣은 각주와 달리 역자 주를 다소 친절하게 넣었는데 이 역시 아직은 많이 아쉬운 점이 있다. 원저자가 지닌 견해와 상반된 연구결과가 나온 것들도 있어 이를 소개해야하는데 미처 충분히 되지 못한 점이 있기 때문이다.

위원들은 이 작업을 하면서 만시지탄을 느끼면서도 아직 우리 숭실에 그리고 학계와 교계에 베어드 『프로파일』을 제대로 책임 있게 연구할 만한 인적 자원이 갖추어져 있지 못하다는 것을 절감하였다. 한편 이 『프로파일』을 읽으면서 여전히 학술적 논의의 여지가 많다는 것을 느끼고 새로운 사실들을 발견하였으며, 결과적으로 좋은 공부를 하였다는 느낌도 갖게 되었다. 더불어 이 『프로파일』을 넘어서는 새로운 베어드 평전이 누군가에 의하여 빠른 시간 안에 나오기를 기대한다.

사실 C. A. 클라크 목사가 말한 대로 한국선교에는 H. G. 언더우드, S. H. 마펫, O. R. 에비슨, J. S. 게일 등과 함께 베어드가 대표적인 인물로 꼽히며, 베어드는 한국사회와 대학에 서구적 의미의 인문학을 처음으로 도입하여 교수한 대학설립자로 자리매김이 되고 있다. 언더우드와 마펫에 대한 연구는 이미 적지 않다. 게일이나 에비슨에 관한 연구도 상당하다. 각각 관련을 가진 교회와 대학교와 신학교 그리고 병원 등에서 공력을 들여 연구했기 때문이다. 그런데 베어드는 그의 생전에 매우 두드러진 업적을 이루어냈음에도 또 숭실대학의 설립자였음에도 그에 대한 연구가 빈약했던 것은 폐교, 서울에서의 재건 등 여러 이유가 있을지라도 숭실대학 후학들의 못남이 가장 큰 탓이라고 할 것이다.

이 책은 크게 1부와 2부 그리고 부록으로 나뉘어 있다. 1부는 그 제목이 개척자 베어드 박사의 한국에서의 선교사로서의 삶이니 베어드의 생애라고 할 수 있고 2부는 베어드 박사가 기여한 한국선교이론과 실제로서 베어드의 생애에서 주요했던 사건들과 연관된 문제들을 이론과 실천의 측면에서 다루어서 그 역사적 의의에 대한 접근을 시도한 것이다. 그밖에 부록이 있는데, 부록은 원저자가 만들어 둔 것 외에 역자들이 필요에 의하여 만든 것이 있다. 원저자가 붙여놓은 부록에는 1) 한글단어와 이름의 영어화, 용어풀이 소사전, 2) 1980년~1900년대 사이의 한국화폐, 3) 평양선교지부의 지도, 4) 참고문헌, 5) 네비우스 방법에 대한 몇 가지 견해이다. 부록 1)은 애초에 이 책이 영어로 되어있고 미국인독자들을 겨냥한 책이기도 하였기에 한글단어와 이름을 영어로 어떻게 표기했는지를 친절하게 밝힐 필요가 있어서 넣었을 것이다. 그러나 이 번역본에서는 한국어 독자들에게 부록 1)이 필요없다고 판단해서 넣지 않았다. 그밖의 부록은 연구위원회에서 만든 것이다. 여기에는 베어드와 연관을 지닌 인물들의 약전(略傳)을 정리하여 수록하였다.

이 책이 나오는 데는 한헌수 총장님의 깊고 넓은 배려가 뒷받침되었다. 숭실뿌리찾기위원회를 결성하고 그 연구비를 책정하여 주심으로 이런 작업이 가능하게 되었다. 이 책의 출간을 시작으로 그간 숭실의 정신적 물질적 토대가 되어준 분들에 대한 행적과 그 정신적 흐름을 지속적으로 연구하고 출간하여 지수(持守)할 것과 변통(變通)할 것을 구분하여 진리를 높이고 이를 확산하는 멈춤 없는 행로를 기약해본다.

2016년 6월

숭실대학교 한국기독교문화연구원장
곽 신 환

목차

제 1 부
한국선교의 개척자 베어드 박사의 삶

제2부

한국 선교 이론과 실천에 대한 베어드 박사의 기여

부록

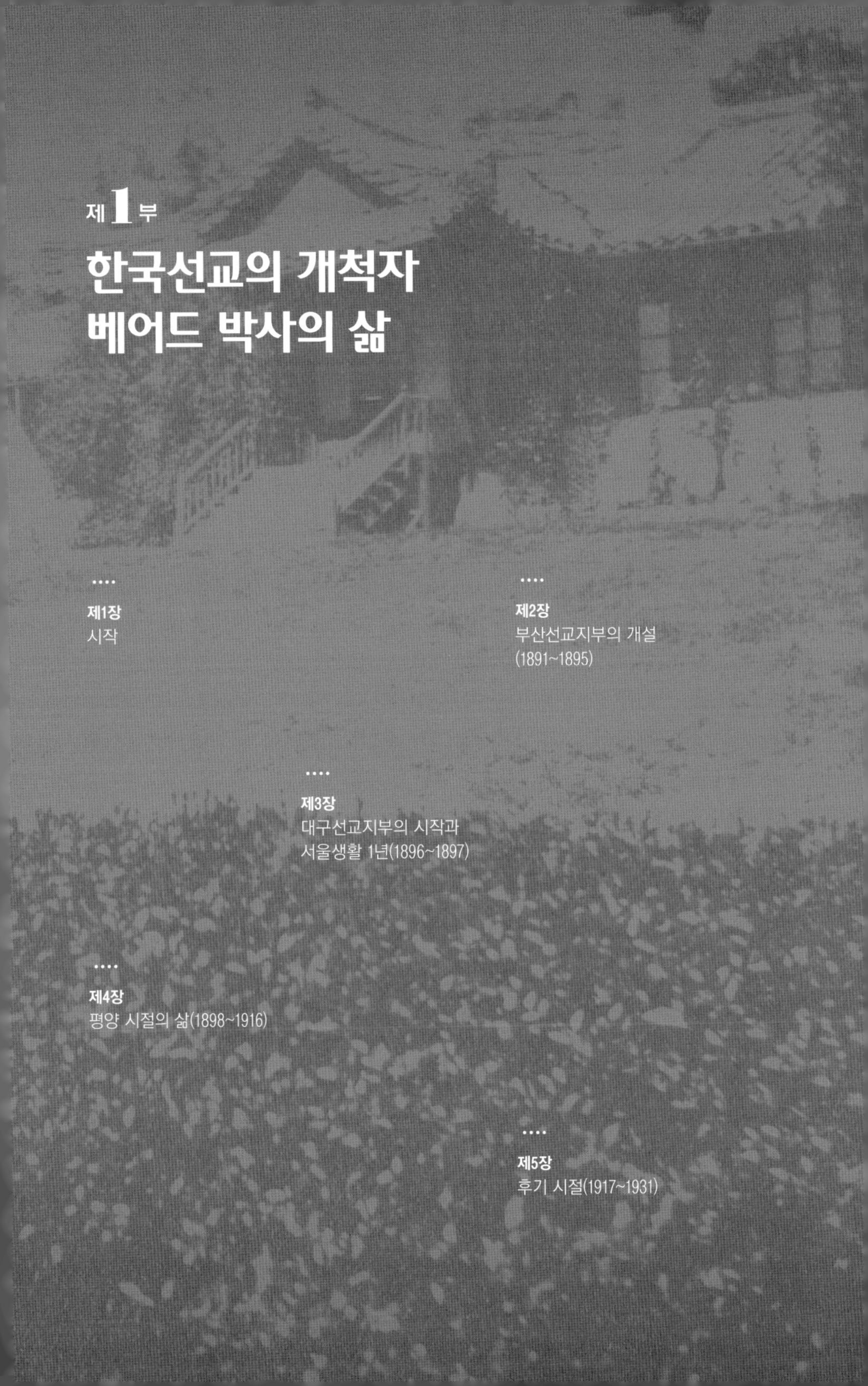

제 1 부

한국선교의 개척자 베어드 박사의 삶

제1장
시작

제2장
부산선교지부의 개설(1891~1895)

제3장
대구선교지부의 시작과 서울생활 1년(1896~1897)

제4장
평양 시절의 삶(1898~1916)

제5장
후기 시절(1917~1931)

제1장
시작

1. 가정 배경과 교육

베어드 가문은 1600년 즈음에 스코틀랜드에서 아일랜드로 이주하였다. 1810년 존 베어드(John Baird)는 북아일랜드의 대도시 런던데리(Londonderry) 인근의 뉴튼 리마바디(Newton Limavady)를 떠나 미국의 대도시 필라델피아로 건너갔다. 그는 그곳에서 방적업과 방직업[1]을 시작하였으며, 베어드 가족은 대부분 이 가내 섬유공업의 숙련공들이었다. 그는 성공회의 명망있는 바트럼(Bartram)의 질녀 사라 마틴(Sarah Martyn)과 결혼하였다. 여러 차례 사업의 실패를 경험한 뒤 베어드 가족은 1818년 서쪽으로 향하여 새 출발을 하였다. 그 당시 존 베어드의 여동생은 타가트(Taggart)와 결혼한 후 미 중부 테네시 주에 거주하였다. 그녀를 찾아간 베어드 가족은 1822년까지 테네시 주에 머물렀다. 그 후 그들은 오하이오 주와 켄터키 주에서 오랜 유랑생활을 하였으며, 1843년에 이르러서야 인디아나 주의 대도시 찰스타운(Charlestown)에

1) 방적(spinning)업은 솜, 고치, 털 또는 기타의 섬유에서 실을 뽑는 일이고, 방직(weaving)업은 실을 뽑고 천을 짜고 물을 들이는 일, 방적과 직포, 염색 등에 관한 공업이다. (역자 주)

서 가까운 클라크(Clark) 카운티에 정착하였다. 타가트 가족도 테네시 주를 떠나서 클라크 카운티에 정착한 것으로 보아서 베어드 가족에게 상당히 영향을 받은 것으로 보인다. 이 존 베어드가 바로 한국에[2] 온 선교사 윌리엄 마틴 베어드 박사의 할아버지이다.

베어드 박사의 아버지 존 마틴 베어드(John Martyn Baird, 1818~1904)는 교육을 제대로 받고 의사가 되었다. 그는 또한 농사도 지었으며, 매우 숙련된 방직공이었다. 그의 두 형제는 모직공장을 시작하였는데, 재정적으로 이익을 보았고, 공장의 긴급한 상황이나 일손이 부족할 때는 직접 방직공장 일에 참여하기도 하였다. 그 공장은 남북전쟁 이후 연이은 불경기로 문을 닫았지만 소중한 유산을 남겼다. 모직담요, 색색실로 짠 주단이불, 흰색 아마사와 청색 모사를 서로 마주보게 하는 방식으로 짠 미국 초기 식민지 시대의 전통적인 디자인을 따른 침대커버와 같은 유산은 베어드 가문이 북아일랜드 지방에서 물려받은 뛰어난 방직기술을 소유한 장인(匠人) 집안이라는 사실을 보여준다.

베어드 박사는 어린 시절 그의 어머니 낸시 패리스 베어드(Nancy Faris Baird, 1827~1890)로부터 종교적인 영향을 크게 받았다. 패리스 가문은 미국 남부 사우스 캐롤라이나 주 소재 체스터(Chester) 카운티의 락키 포드(Rocky Ford)에 위치한 언약교회[3]에 출석하였다. 윌리엄 패리스(William Faris)는 조지 워싱톤 장군이 지휘한 군대의 군의관이었고, 1787년 참전용사에게 지급하는 상여금을 가지고 요크(York) 카운티에 있는 터키 크릭(Turkey Creek)의 토지 250에

2) 저자 리처드가 Korea로 표기한 것은 시기적으로 조선과 대한제국, 일제 강점기의 한국 그리고 광복 후 대한민국을 복합적으로 의미했다. 번역에서는 편의상 대부분 한국으로 표기한다. (역자 주)

3) 언약교회(The Covenanters)는 영국 스코틀랜드의 역사에서 중요한 역할을 한 스코틀랜드 장로교회이며, 17세기에 영국과 아일랜드로 확산되었다. 이들의 교회 이름은 구약성경의 '언약'에서 유래한다. (역자 주)

이커를 매입하였다. 그 당시 사람들이 철자법에 무관심하였던 습관은 베어드 가족에게도 나타나는데, 윌리엄 패리스의 유언장을 보면 동일한 서류에서 같은 사람의 이름을 Faris, Faries, 그리고 Farris로 다르게 표기하고 있다.

언약교회에 출석하는 주민들은 종교적인 신념을 가지고 노예제도에 반대하였기 때문에 대다수가 북부 지역으로 이주하였다. 윌리엄 패리스의 둘째 아들 존(John)은 1805년 그의 부친이 유언장을 쓰기 이전에 인디애나 주로 떠났다. 그의 유언장에는 아들 존이 이미 "서부 지역으로 떠나 부재"라고 적었고, 그가 여행을 떠날 때 이미 받은 말과 안장과 고삐를 그에게 물려줄 유산이라고 말하면서 이것들을 받으려면 그가 1년은 더 일해야 한다고 적고 있다. 그는 분명히 나이 스물한 살이 되기 전에 부모를 떠났는데, 그 당시에 남자는 아버지에게서 말과 안장과 고삐를 물려받고 자기 인생을 스스로 개척하였다.

가족의 기록에 따르면, 존 패리스(John Farris)가 정말로 부친의 유산에 대한 의무를 수행했는지는 확실하지 않다. 그러나 전해지는 이야기에 의하면, 그는 1811년과 1812년 인디애나 주 민병대 제2연대의 중위로 임관하여 대위로 승진하였으며, 티피카누(Tippicanoe) 전투[4]에도 참전하였다. 그는 드러몬드(Drummond)라는 이름으로 불리기도 한 레베카 워크 드러민스(Rebecca Work Drummins)와 결혼하였는데, 그녀는 인디언들과의 전투에서 함께 싸운 전우의 아내였고, 클라크 카운티 지방의 가장 초기의 미국 식민지 정착민들 중의 한 사람이었던 존 워크(John Work)의 딸이다. 그들에게서 태어난 딸 낸시

4) 티피카누 전투는 1811년 11월 7일 인디아나 주지사 윌리엄 헨리 해리슨(William Henry Harrison)이 이끄는 미합중국과 쇼니 족 지도자 테쿰세(Tecumseh)가 이끌었던 미국 내 인디언 전사들과의 싸움이었다. 테쿰세와 예언자로 알려진 그의 형제 텐스카타와는 미국의 인디언 지역으로의 영토 확장을 반대하는 다양한 부족들로 이루어진 인디언 연맹의 지도자였다. 긴장이 고조되고 폭력이 늘어나자 해리슨 주지사가 약 1,000명의 군인을 이끌고 티피카누와 와바시(Wabash) 강 근처, 프로페츠타운(Prophetstown)에 있는 인디언 사령부를 공격하여 해체시켜 버렸다.(google.com 위키피디아에서 역자가 인용)

(Nancy)가 바로 베어드 박사의 어머니이다.

낸시 패리스 베어드(Nancy Faris Baird)는 엄격한 언약교회의 신앙전통으로 자녀들을 양육하였다. 그녀는 집 근처에 언약교회가 없었기 때문에 찰스타운에 있는 장로교회에 출석하였는데, 나중에 존 마틴 베어드가 그 교회의 장로가 되었다. 비록 부모님은 모두 자녀 교육에 특별한 관심을 갖고 있었지만, 당시 클라크 카운티의 공립학교에서 제공하는 교육 이상으로 자녀들을 가르칠 형편이 되지 못하였다. 이것은 모직 공장이 사업상 실패하면서 입은 재정적인 손실과 결코 무관하지 않을 것이다. 베어드 박사의 형 존 패리스 베어드(John Faris Baird)는 그보다 11살 연상이며, 지방학교에서 교사생활을 하면서 고학으로 하노버(Hanover) 대학을 다녔다. 베어드 박사가 지방소재의 학교에서 교육과정을 마쳤을 당시에, 그의 형은 신시내티 주에 소재한 레인 신학교(Lane Seminary)를 졸업하고 하노버 대학에서 가르치고 있었다. 그때로부터 형인 존 베어드는 동생의 교육비를 직접 책임졌다. 윌리엄 베어드는 방학 동안 농가에서 일하고, 어머니가 농가에서 키운 채소와 달걀을 시장에 내다팔아 번 돈에서 몇 십 달러를 받았다. 어머니가 주신 돈이 노동에 대한 대가인지 아니면 즉흥적으로 건네준 용돈인지는 확실하지 않다. 그러나 그가 하노버 대학 예비학부 재학 중 1년여 기간, 대학생활 4년, 그리고 신학교에서 3년간 공부할 때, 형은 여러 가지 필요한 것들을 마련해 주었다.

존 베어드는 미혼 시절에 그의 동생과 함께 대학의 회식클럽에서 식사를 하였다. 이 회식클럽에서 베어드와 함께 식사를 하기도 하였고, 파이 감마 델타 형제단(Phi Gamma Delta fraternity)[5]의 회원이기도 했던 사무엘 마펫(Samuel Moffett)[6]도 있었다. 그는 이 시대의 위대한 선교사들 가운데 한 사람

---

5) 파이 감마 델타 모임은 미국과 캐나다 전역에 120개 이상의 분회와 18개의 지방회를 가진 사회적인 사교단체(social fraternity)이다. 이 모임은 1848년 펜실베니아 주 제퍼슨 대학(Jefferson College)에서 창립되었다.

6) 사무엘 마펫(Samuel Austin Moffet 마포삼열馬布三悅 1864.1.25~1939.10.24)은 미국 인

으로 후대에 존경을 받았고, 베어드 박사와 평생에 걸친 친구이자 한국에서 선교사역을 함께 한 동역자였다. 바로 이 사교클럽에서 식사하는 자리에 애니 로리 아담스(Annie Laurie Adams)와 그녀의 쌍둥이 남동생 아더 링컨 아담스(Arthur Lincoln Adams)7)가 있었다. 애니 아담스는 나중에 베어드 박사의 부인이 되었으나, 대학 시절 윌리엄 베어드와 그녀는 서로 다른 서클에서 활동하였다. 애니는 그녀의 일기에서 윌리엄 베어드와 두세 번 데이트를 하였다고 적었는데, 그를 과묵하지만 아주 진실한 사람이라고 생각하였다. 윌리엄 베어드와 사무엘 마펫은 '목회자 그룹'의 회원이었던 것이 분명하지만, 애니와 아더는 그들의 사촌 할 해밀턴(Hal Hamilton)이 리더로 활동한 클럽에 들어갔다. 이 클럽은 다소 사교적이지만 방종하지 않았다. 그러나 할 해밀턴은 나중에 그의 음주 문제로 학교당국으로부터 정학을 받기도 하였다.

디애나주 매디슨에서 출생하였다. 1884년 하노버대학, 1889년 맥코믹 신학교를 졸업하였다. 1890년 내한한 다음 서울에서 활동하다가 1893년 이후에는 평양에서 선교활동에 종사하였다. 1901년 평양 장로회신학교를 설립하고, 초대 교장에 취임, 근대교육에 힘을 쏟았다. 1918~1928년은 숭실중학교와 숭실전문학교의 교장을 역임하고, 평안도에 많은 학교와 교회를 설립하였다. 1912년 '105인 사건'으로 한국의 애국지사들이 투옥되자, 매퀸·에비슨 선교사 등과 함께 이 사건이 날조이며 비인도적 고문 등이 자행되고 있음을 데라우치 마사타케[寺內正毅] 총독에게 항의하고 본국의 장로회본부에 이를 알려 국제여론을 환기시켰다. 1936년 귀국, 1939년 미국에서 사망하였다. 슬하에 아들 다섯을 두었는데, 그 중 둘은 한국에서 선교사업에 종신하였다. (역자 주)

7) 아더 아담스는 1864년 9월 15일 인디아나 디케이터 카운티에서 출생 1889년 12월 18일 May Gemmell과 결혼, 슬하에 Robert Gemmell Adams(1890년 12월 1일, Pendleton, Umatilla, Oregon) Pauline Adams(1895년 11월 5일, Astoria, Clatsop, Oregon) Arthur Clendennin Adams(1899년 1월, Los Angeles, California) 그리고 G. Adams를 두었다. (역자 주)

56세의 베어드 박사

50세의 애니 베어드 여사

19세 소녀 시절의 애니 로리

19세 이전의 소년 베어드

주요 연보

	윌리엄 마틴 베어드	애니 로리 아담스
출생	1862년 6월16일	1864년 9월15일
교육	1885년 하노버 대학 1888년 맥코믹 신학교 1903년 하노버 대학에서 철학박사 학위 1913년 하노버 대학에서 명예신학박사 학위	1882~3년 웨스턴 여자대학 1883~4년 하노버 대학 1884~5년 와쉬번 대학
결혼	1890년 11월18일	1890년 11월18일
사망	1931년 11월28일	1916년 6월9일

애니 아담스와 그녀의 쌍둥이 남동생은 인디애나 주의 디케이터(Decatur) 카운티에 있는 부유한 농장 집안 출신이다. 그들의 아버지 제이콥 클렌데닌 아담스(Jacob Clendenin Adams, 1823~1881)는 농부이자, 시골학교 교사였고, 발명가였으며, 미국 북중부의 농민조합운동[8]의 지도자였다. 아담스 가문은 여러 대에 걸쳐서 코네티컷 주의 팜프렛(Pomfret)에서 펜실베니아 주와 뉴욕주 서부를 거쳐서 미시간 주로 이주한 뉴잉글랜드 출신 이민자들이었다. 제이콥의 어머니는 그를 출산하다 죽었기 때문에 뉴욕 주의 오시안(Ossian)에 사는 조부모 클렌데닌 부부가 그를 양육하였다. 그는 그가 살던 곳 근처에 있는 사립학교를 1년간 다녔다. 16세 때 미시간 주 테쿰세(Tecumseh)에 사는 아버지를 찾아갔고, 그곳에서 아버지를 도와 농장 경영을 하였다. 그는 또한 겨울에는 학교에서 가르치며 스스로 생계를 책임졌다.

청년 제이콥 아담스는 스무 살이 되었을 때, 정착할 장소를 찾아서 인디애나 주로 내려갔다가 그 후 켄터키 주로 옮겼고, 다시 여러 주들을 떠돌다가, 멀리 서쪽 아이오와 주까지 이르렀다. 그는 겨울에는 학교에서 가르쳤

8) 농민조합운동(the Grange Movement)은 지역과 농민들의 경제적 정치적 복지를 증진시키기 위한 목적으로 1867에 결성되었다. 미국에서 전국단위로는 처음 결성된 농민보호집단이다. 이 운동은 올리버 허드슨 켈리(Oliver Hudson Kelly)가 시작하였다. (역자 주)

고, 여름에는 무슨 일이든지 일감이 생기는 대로 일하였으며, 저축한 돈으로 조금씩 그 지방의 땅을 매입하였다. 그는 우연히 친구의 결혼식에 참석하였다가 신부의 사촌 낸시 맥코이 해밀턴(Nancy McCoy Hamilton)을 만나서 몇 달 후에 결혼을 하였다.

맥코이 가문과 해밀턴 가문은 펜실베니아주 서부에서 켄터키 주로 이주한 집안이었다. 1822년 해밀턴 가문의 두 형제는 맥코이 가문의 자매들과 결혼한 뒤 경작되지 않은 산림지대 1에이커를 1달러에 매입하였는데, 바로 그 땅은 나중에 인디애나 주 디케이터 카운티의 킹스턴 지역이었다. 그들은 노예제도를 허용한 지역에서 살고 싶지 않아서 켄터키 주를 떠났고, 노예제도가 폐지된 인디애나 주로 옮긴 후에는 도망친 노예들이 캐나다로 안전하게 도피하는 일을 적극적으로 도와주었다. 그들이 정착한 지역은 비옥한 땅이었다. 그들은 독실한 신앙인이었고, 검소하고 부지런하였다. 그들의 삶은 점차 부유해졌고, 그 지역을 이끄는 지도자의 위치에 서게 되었다.

낸시는 결혼할 당시 아버지로부터 80에이커의 농장을 받았다. 나중에 아담스 가문은 이 땅을 제이콥 아담스가 유랑생활 중 구입하였던 여러 토지들과 함께 팔아서 그들의 2층짜리 벽돌집을 지을 넓은 장소를 사들였다. 이 집에서 그들은 여덟 명의 자녀들을 키웠는데, 그들 가운데 쌍둥이인 애니와 아더는 여섯 번째와 일곱 번째였고, 제임스 에드워드(James Edward, Ned)[9]가 여덟 번째였는데 모두 다 한국에 온 초기 개척자 선교사였다.

아담스 집안은 모든 자녀들이 고등교육을 받게 하였다. 다섯 명의 딸들은 모두 현재 오하이오 주 옥스퍼드에 있는 웨스턴(Western)여자대학의 전신인 피바디(Peabody)여자신학교를 다녔다. 1년 후에 애니는 하노버 대학으로 옮겼는데, 그 이유는 그 대학이 남녀공학이고 그녀가 쌍둥이 남동생과 함께 공

---

9) 그가 안의와(安義窩 1867~1929) 선교사이다. 그의 아들 역시 한국에 선교사로 와서 대구에서 선교하였는데 한국이름이 안두화(安斗華 1895~1965) 이다. (역자 주)

부하기 원했기 때문이었다. 그 무렵 아버지가 세상을 떠나자 그녀의 가족은 캔사스 주의 토페카(Topeka)로 이사했다. 그곳에서 애니, 아더, 네드 삼남매가 워시번(Washburn) 대학을 졸업하였다. 그 당시에는 사립대학의 여자졸업생들에게 '학사학위'를 주는 것이 부적절하다고 생각되었다. 그러나 워시번 대학은 애니에게 '여성인문학사'[10]학위를 수여하였다.

1870년대와 1880년대에 미국의 기독교인들은 두 명의 위대한 복음전도자 무디(Dwight Lyman Moody)[11]와 생키(Ira David Sankey)[12]의 신앙부흥운동에 크게 영향을 받고 있었다. 당시 대학생들과 신학생들에게 엄청난 영향을 끼친 학생자원운동(Student Volunteer Movement)도 무디의 도움으로 창립되었다. 학생자원운동은 대학생들과 신학생들에게 엄청난 영향을 주었다. 당시 시카고의 맥코믹(McCormick) 신학교에서 함께 공부한 동기생이었던 윌리엄 베어드와 사무엘 마펫은 학생자원운동의 집회에 참여하였고, 다른 신학교 동기생들과 함께 그리스도를 위해서 해외선교사로 헌신할 것을 굳게 다짐하였다. 이 동기생들 가운데 네 명이 한국의 선교사로 헌신하였다. 다른 동기생들도 각각 중국과 인도, 그리고 일본에서 선교사로 활동하였다.

학생자원운동이라는 강력한 시대적인 흐름은 신학교뿐만 아니라 교회

---

10) L. L. L.; Lady of Liberal Learning (역자 주)

11) 무디(Dwight Lyman Moody 1837.2.5~1899.12.22)는 미국의 부흥 설교가이다. 매사추세츠 주 노스필드에서 출생, 4살에 부친을 잃고 가난한 생활 속에 교회에 열심히 출석하였고, 이 무렵 신앙적 감동을 체험하였다. 초등학교를 졸업 후 보스톤에서 외삼촌의 구두방 가게에서 일하다가 시카고로 거처를 옮겨 구두 외판으로 큰 성공을 거두었다. 그러는 중에도 주일학교 교사와 교장으로 어린이 선교 사역에 헌신하다가 시카고에서 기독청년연합회에 적극적으로 참여했고, 구두 판매업을 중단하고 본격적으로 부흥사의 길로 나섰다. 이후 무디는 찬송가 작가이자 성악가인 이라 데이비드 생키를 대동하고 전도집회를 하였는데, 단순하고 간결하면서도 힘 있는 무디의 메시지와 영혼을 울리는 듯한 생키의 찬송이 많은 사람들에게 감동을 주었다. 그는 칼빈주의 신조를 근간으로 성경을 문자적으로 이해하며 예화를 적절하게 잘 사용하였다. (역자 주)

12) 생키(Ira David Sankey 1840.8.28~1908.8.13)는 미국의 감리교회 복음전도자이다. 무디와 함께 다니며 복음 찬송가를 작곡하고 독창 및 지휘를 했다. (역자 주)

에도 깊은 영향을 주었다. 아담스 가족은 토페카에 있는 제일장로교회에 출석하였는데, 이 교회는 해외선교운동을 홍보하고 촉진하는 중심교회가 되었다. 이 교회는 한 해에 아홉 명의 교인을 해외선교사로 파송하였다. 이들 가운데 열광적인 신앙을 가진 자도 있었고, 건강이 좋지 못한 자들도 있었다. 열대 아프리카 지역으로 파송받은 선교사 그룹은 순수하게 자력으로 봉사하며 선교하기로 결심하였다. 그들은 하나님의 치유의 능력을 확실히 믿었기 때문에, 함께 파송받은 선교사의 아버지 의사가 보내준 열대지방의 의약품 상자를 본국으로 돌려 보냈다. 이들은 모두 1년 안에 죽거나 크게 병들어서 본국으로 돌아왔다.

애니는 장래에 문단에 등단할 계획을 갖고 있었고, 이 분야에서 상당한 소질을 보여주었으나, 쌍둥이 남동생과 함께 학생자원운동에 참여한 후에 기독교 사역자로 평생을 헌신하기로 결심하였다. 그녀는 캔사스 주의 기독교여자청년회(YWCA)의 총무가 되었다. 확실하지는 않지만, 그녀는 윌리엄 베어드를 학생자원운동대회에서 한 번 더 만났는지 모른다. 그들은 서로에게서 공통점이 많다는 사실을 발견하고 약혼을 하였다.

사무엘 마펫은 신학교를 졸업한 후에 미국장로회해외선교본부(the Presbyterian Board of Foreign Missions)로부터 한국선교사로 파송되었다. 윌리엄 베어드는 학교를 다니면서 형에게 빚을 지고 있었다. 그는 형으로부터 빚 독촉을 받지 않았지만, 스코틀랜드 사람 특유의 꼿꼿한 양심을 가졌기 때문에 형에게 진 빚을 청산하지 않은 채 해외선교사로 떠나는 것을 원치 않았다. 그때 미주리 주에 있는 오시올라(Osceola)장로교회의 담임목사 자리가 공석이어서 베어드는 임시목사로 그곳에 파송되었다. 그곳에서 그해 여름이 지날 무렵, 교회는 그가 해외선교사로 나갈 생각을 포기하면, 상당히 좋은 조건으로 그를 청빙하겠다고 제안하였다. 그러나 베어드는 이 제안을 받아들이지 않고, 콜로라도 주의 델 노르트(Del Norte) 시에 있는 훨씬 규모가 작은 교회의 청빙을 받아들였다. 그는 교회의 담임목사로서 목회사역과 더불어 델노르트 대학의 학장직도 수행해야 하였는데, 이 대학은 멕시코와 스페인계 청년들을 기독교인으로 양성하기 위해 세워진 국내 선교학교였다. 그는 교회로부터 매월 사례비로 600달러를 받았다. '국내선교본부'는 조건부로 '학원선교재정이 특별히 마련되면', 대학사역에 대한 사례비로 600달러를 추가로 지급하겠다고 약속하였다. 그러나 2년 후에도 윌리엄이 빚을 다 청산하지 못한 것으로 보아서 국내선교본부가 학원선교기금을 마련하지 못한 것이 분명하다. 그렇지만, 그는 이 문제에 대해서 형과 충분히 합의를 보았기 때문에, 빚은 나중에 형편이 되는 대로 갚고, 일단 해외 선교사로 떠나는 것이 좋겠다고 생각하였다.

이 무렵 한국선교의 개척자인 호레이스 언더우드(Horace G. Underwood)[13]의 형 존 언더우드(John Underwood)는 타자기 회사를 경영하고 있었는데, 앞으로 한국으로 파송하는 새 선교사의 선교비를 책임지겠다고 제안하였다. 이때 이미 서울에 건너와서 호레이스 언더우드와 함께 선교사역을 하던 사무엘 마펫은 이 소식을 듣고 급히 국내선교본부와 윌리엄 베어드에게 편지를 보냈다. 베어드 부부는 1890년의 여름에 한국 선교사로 내정되었다.

베어드 선교사의 가정에 대한 소개를 마치면서 베어드 부부가 부산에 체류하는 동안 모든 빚을 청산하였다는 사실을 전하고 싶다. 선교사의 봉급

---

13) 호레이스 언더우드(Horace G. Underwood 1859.7.19~1916.10.12)의 국적은 미국이고 출생지는 영국 런던이다. 1881년 뉴욕대학교, 1884년 뉴브런스윅신학교를 졸업하였다. 1885년 아펜젤러 목사와 함께 미국북장로회 선교사가 되어 제물포를 통해 입국하였다. 1886년 고아원을 설립하였고 1887년에는 전도를 시작하였다. 건강이 악화되어 미국으로 돌아갔다가 1892년 다시 조선으로 돌아왔으며 1897년 서울 새문안교회를 설립하였다. 성경번역위원회를 조직, 그 사업을 주관하는 한편, 1890년에 한영사전, 영한사전을 출판하고, 1897년에는 주간지 그리스도신문을 창간하였다. 1900년 기독청년회(YMCA)를 조직하였고, 1915년에는 자신이 설립한 경신학교(儆新學校)에 대학부를 개설하여 교장으로 취임했고, 연희전문학교로 발전시켰다. 1916년 신병으로 귀국, 애틀랜틱 시티에서 사망하였다. 저서에 『말본』, 『한국어 소사전(*A Concise Dictionary of the Korean Language*)』(1890), 『한국선교 23년(*For Twenty-three Years, a Missionary in Korea*)』(1908) 등이 있다. 한국명은 원두우(元杜尤)이다. (역자 주)

으로 새로운 집을 꾸미고 두 자녀를 키웠다는 것은 애니 베어드 여사가 어떤 분인지를 잘 말해준다. 베어드가 그의 가정에서 배우고 몸에 익힌 검소하고 금욕적인 생활태도가 그녀에게는 익숙하지 않았을 것이다.

2. 한국 도착과 서울에서의 초창기 시절

베어드 부부는 결혼식을 마치자마자 토페카 시를 떠나 미 서부로 출발하였다. 한 달이 되던 바로 그 날 그들은 태평양을 항해하는 우편물 수송선인 차이나 호(The China)에 승선하였다. 베어드 박사는 이 배를 가리켜 "지금까지 샌프란시스코 항에 입항한 선박들 가운데 가장 멋진 배"라고 광고전단을 인용해 말하였다. 그러나 후에 애니 베어드 여사는 이 배를 지독하게 낡은 배로 묘사하였다. 이 배의 항해사는 미국인이었고, 선원들은 중국인과 일본인이었으며, 잡역부들은 흑인이었다. 그들은 성탄절에 하와이 주 호놀룰루 항에 입항하였다.

베어드 박사는 고향으로 돌아가는 어느 중국인 탑승객에 대해서 기록하였는데 그는 곧 사형집행을 기다리고 있었다. 그 당시의 중국법에 따르면, 궐석재판에서 사형선고를 받은 피고인이 귀환하지 않을 경우에 그의 가족 중 한 사람에게 사형집행을 하였다.

일본 요코하마 항에 입항한 날은 1월 8일이었다. 베어드 부부는 1월 25일에 고베 항을 출항하는 일본국적의 작은 증기선이 한국으로 가는 유일한 배라는 사실을 알았다. 그래서 베어드 부부는 그 사이에 도쿄와 오사카를 방문할 수 있었다. 그들이 만난 맥코믹 신학교 동급생의 누이인 가드너(Gardner) 양은 한국을 다녀온 경험이 있었기 때문에 아주 값진 조언을 해주었다. 그들은 유명한 선교사들과 만남을 가졌는데, 그들 가운데 랜디스

(Landise) 부부, 낙스(Knox) 부부, 그리고 헵번(Hepburn) 부부도 있다. 미국성서공회의 일본지회총무인 헨리 루미스(Henry Loomis)[14] 목사는 그들을 만찬에 초대하였다. 루미스 목사는 미국 남북전쟁 참전용사이며, 일본지역의 모든 동식물에 관해 권위 있는 과학자였다. 문자 그대로 성자(聖者)인 루미스 목사는 후에 한국을 여러 차례 방문하였고, 그때마다 평양에 있는 베어드 박사의 집에 머물렀으며, 두 사람은 평생의 친구가 되었다.

일본 요코하마의 미국 영시였던 그레잇하우스(C. R. Greathouse)는 그 즈음에 조선 정부가 제안한 관직을 수락하였다. 그의 어머니는 베어드 부부가 서울로 간다는 말을 듣고, 그녀의 마차와 마부, 그리고 통역인을 마음껏 사용하도록 편의를 제공하였다. 그레잇하우스는 다방면에 뛰어난 능력을 발휘하여 조선의 왕을 섬겼고, 1899년 협판내무부사로 재직 중에 서울에서 사망하였다.

오사카에서 베어드 부부는 일치여학교(一致女學校)의 초대를 받았다. 여학교 교사들 가운데 릴라 가빈(Lila Garvin) 양은 웨스턴(Western)여자대학에서 애니 베어드 여사와 함께 공부를 하였다. 맥과이어(McGuire) 양은 토페카 출신 교사이며, 제일장로교회(the First Presbyterian Church) 교인이었다. 세 번째 교사인 하워스(Howorth) 양은 그 당시 고베에서 사역하던 하워스 목사의 여동생이었는데, 그의 오빠 하워스 목사는 베어드 박사와 함께 공부한, 1886년도 신학교 졸업생이다.

일본에 처음 체류하는 동안에 젊은 선교사들은 아주 흥미롭고 유익한 경험을 하였던 것이 분명하다. 그들은 보수적인 미국 중서부의 엄격한 분위기에서 성장하였기에 일상생활 속에서 나체로 사는 일본인의 모습에 큰 충격을 받고, 일본은 절대로 기독교 국가로 생각할 수 없다고 미국의 친구들

14) 헨리 루미스(Henry Loomis 1839~1920)는 일본에 유학을 온 이수정을 만나서 그가 마가복음을 번역하도록 하였으며, 이수정이 번역한 마가복음은 1885년 4월 5일 언더우드와 아펜젤러가 처음 한국으로 가져왔다. (역자 주)

에게 일본에 대한 주의를 당부하였지만, 다른 한 편으로 일본인들과 도시의 청결함, 그리고 일본의 아름다운 경치에 매료되기도 하였다. 그들은 선교에 대해서 배우고, 아울러 동양 사회에 적응할 수 있는 기회를 가졌다. 그들은 옛 친구들과 지내면서 새로운 친구들을 사귀고 있었다.

베어드 박사의 논평은 몇 가지 당시의 일본 분위기를 보여준다.

> 일본에서의 모든 활동은 극도의 보수적인 경향 때문에 진통을 겪고 있다. 이 영리한 민족은 '일본인을 위한 일본'이라는 구호를 외치고 있다. 이것은 정치, 종교, 과학, 그 밖의 모든 분야에서도 마찬가지이다. 이것은 이제 정치적인 선전구호가 되어버렸고, 냉혹한 파벌 경쟁 속에서도 어떤 지도자가 처음 의도했던 것보다도 훨씬 더 중요한 부분을 차지하게 되었다. 이것의 본질은 반기독교가 아니라, 반외세이다. 그들은 일본인도 자립할 수 있다고 주장하며, 일찍이 미국의 우편제도와 영국의 철도망을 그들의 상황에 맞게 적용하고, 몇몇 선진문명을 가진 나라들부터 가장 뛰어난 문물을 받아들인 것처럼, 기독교도 그들의 필요에 맞게 바꿀 수 있다고 생각한다.

베어드 박사는 자신이 들은 다른 사람들의 견해들을 밝힌 후에, '이 일본인들'은 아직 자립할 준비가 되어 있지 않다고 확신하였다. 그는 '일치여학교'가 "명목상으로는 일본인이 이곳의 모든 일을 책임지고 있는 것이 분명하지만," 실제로는 유능한 미국인 교사들에 의해서 견실하게 운영되고 있다고 보았다. 선교의 문제들 가운데 가장 중요한 것은 인간본성 문제인데, 이것은 그 이후로도 크게 달라지지 않았다는 것을 보여준다.

1월 25일 고베 항에서 오와리마루(Owari Maru)호를 타고 출항하여 나가사키와 대마도에 정박하였던 베어드 부부는 드디어 1월 29일 부산항에 입항하여 조선과 첫 만남을 가졌다. 베어드 박사는 그의 일기에서 서울에 있는 사무엘 마펫 박사에게 보낸 전보가 주소를 포함하여 한 글자에 22센트의 비용이 들었다고 적었다. 오와리 마루호는 당시 제물포로 알려진 인천항에 2월 1일 주일 저녁에 도착하였다. 마펫 박사는 베어드 박사를 위해 말 한 필과 애니 베어드 여사를 위해서 가마를 준비하여 기다렸다. 트렁크와 옷가방은 짐꾼들의 등에 지워 서울로 떠나보냈다.

베어드 부부와 마펫 선교사가 25마일(100리) 여행길에 짐을 먼저 보내고 서둘러 출발하여 2월 2일 저녁에 서울에 도착하였을 때, 그들을 위한 만찬이 헤론(Heron)[15] 여사의 집에서 기다리고 있었다.

그날 저녁에는 신임선교사를 환영하기 위해서 전체 선교회가 모였다. 이때 선교회는 베어드 부부를 포함하여 아홉 명이었다. 그들은 (겨우 몇 개월 전에 사망한 의사 남편 헤론의) 아내 헤론 여사, 언더우드 부부, 기퍼드(Gifford) 부부, 도티(Dorty) 양과 마펫이다. 이 소그룹 구성원 중에서 기퍼드, 마펫, 그리고 베어드는 맥코믹 신학교의 1888년도 졸업 동기생들이었다. 이 젊은 선교사들은 비록 낯선 땅에 있었지만, 결코 낯선 사람들 가운데 있지 않았다.[16]

당시의 한국선교회에 대해서 비판이 있었지만, 아무도 그때 선교회 활동이 부진했다고 비난할 수는 없을 것이다. 베어드 부부는 월요일에 서울에 도착하였다. 선교회는 화요일에 연례회의를 시작하였는데, 이 회의는 토요일까지 계속되었다. 여기에서 베어드 부부가 부산에서 첫 선교사역을 개척

---

15) 존 헤론(John W. Heron 혜론蕙論 1856.6.15~1890.7.26)은 미국의 의료 선교사이다. 영국 더비셔 주 출생, 1870년 5월 미국 테네시 주 녹스빌로 이주. 1883년 뉴욕대학교 의과대학에 들어가 의사자격시험에 합격하였다. 1885년 깁슨과 결혼, 같은 해 5월 1일 한국을 향해 출발했다. 일본에서 이수정을 만나 조선말, 풍속을 익히고, 같은 해 6월 20일 다른 선교사들과 함께 조선 제물포에 도착하였다. 고종의 주치의를 맡았고 1887년 9월 호게이스 알렌의 후임으로 2대 제중원 원장에 취임하였는데, 1890년 7월 26일 제중원 원장으로 의료 활동을 하다가 전염성 이질로 사망하였다. (역자 주)

16) 졸업생 대표로 고별사를 읽었던 또 다른 졸업동기생인 윌리엄 가드너(William Gardner) 목사와 그의 여동생 역시 1889년도에 약 3개월간 한국선교회에서 활동한 선교사였다. 그들이 일찍 한국을 떠난 것은 요즘 '문화 충격'이라고 부르는 것 때문이었다.

할 것을 결의하였다. 이것은 수도 서울 이외의 다른 지역에 첫 영구적인 선교센터를 세우는 것이었다. 베어드는 언더우드와 함께 새로운 선교지부의 부지를 구입하기 위해 부산으로 내려갔다. 거의 같은 시기에 두 주 동안 사무엘 마펫은 곧 선교회의 회원이 될 제임스 게일(James S. Gale)[17]과 함께 도보 여행을 떠났는데, 그들은 한국의 북부지방을 거쳐서 만주지방으로 갔다가, 압록강 상류지역에서 다시 방향을 바꾸어서 원산을 거쳐 서울로 돌아왔다. 이 여행은 몇 달이 걸렸으며, 이 여행기는 게일 박사의 『한국 스케치(*Korean Sketches*)』에 실려 있다.

베어드와 언더우드는 서둘러 부산에서 돌아왔지만, 계획한 일을 잘 마치지는 못하였다. 베어드 부부는 마펫의 독신선교사 숙소에 신혼살림을 차리고 곧바로 한국어 공부를 시작하였다. 한국어 공부는 그들이 한국에서 사역하는 동안 계속되었다.

7월에 그들은 동료 선교사들과 함께 서울의 외곽에 위치한 오래된 요새인 남한산성에서 휴가를 보내면서 잠시나마 더위를 피할 수 있었다. 바로 이곳에 조선의 왕실은 의사 알렌(Allen)과 헤론(Heron)이 베푼 의술에 감사하여 선교사들이 자유롭게 이용할 수 있는 별장을 지어주었다.

한국에서 그렇게 처음 몇 달을 보낸 베어드 부부는 한국을 자신들의 땅으로 삼았고, 훗날 두 사람은 모두 이곳에 묻혔다.

---

17) 게일(James Scarth Gale 기일奇一 1863.2.19~1937.1.31)은 캐나다 장로교 선교사이자 신학박사이고 또 한국어 학자다. 캐나다의 온타리오 주에서 출생, 1888년 토론토 대학교를 졸업 후, 토론토 대학교 YMCA의 지원으로 조선 선교사로 파송되었다. 1889년 황해도 해주 지방과 경상도 지방에서 전도하며 대영성서공회에서 성경을 한글로 번역했고, 1890년 서울에 있는 예수교학당에서 영어를 가르쳤다. 1891년 8월 31일 카나다의 선교지원 중단으로 미국 북장로교 선교회로 선교단체를 옮겼다. 1892년 성경번역에 참여, 마태복음서, 에베소서 등 신약성서 중 일부를 번역했다. 1897년, 한국 최초의 『한영사전』을 간행하였으며 『신·구약 성서』와 『천로역정』을 번역, 발간하였다. 『춘향전』 『구운몽』 등을 영역하여 한국을 서구세계에 알리기도 하였다. 1928년 은퇴한 후 영국으로 건너가 그곳에서 사망하였다. 영문으로 된 저서에 *Korean Sketches*(New York: Revell, 1898)가 있다. (역자 주)

3. 베어드 부부가 찾아온 한국

한국은 그 당시에 미개발 국가였고 거의 은자(隱者)의 나라(semi-hermit nation)에 가까웠다. 베어드 박사는 일본인이 부산에서 서울까지 연결한 전신용 회선을 언급하였다. 중국인은 서울과 북경을 연결한 전신선을 가동하였다.[18)]

조선왕조는 쇄국정책을 결코 철회하려고 하지 않았다. 그러나 조선의 전통적인 적대국 일본의 해적들은 수세기 동안 한국의 해안지방을 약탈하였고, 1592년 도요토미 히데요시의 통솔 아래 침략하여 내륙지방을 초토화시켰으며, 그들은 다시 1875년 함대를 파견하여 개항과 무역특권을 요구하였다.[19)] 부산(1876년), 원산(1880년), 인천(1883년)이 일본의 무역항으로 강제로 개방되었고, 그 이후에 각 항구는 저마다 조선을 침투해 들어오는 일본의 해안교두보 역할을 하였다.

일본의 침략을 차단하기 위해서, 조선은 미국(1882년)과 유럽의 열강들과 더불어 조약을 체결하였다. 서양 국가들의 존재가 본래 반가운 것은 아니었다. 그러나 그들은 일본의 팽창이라는 더 큰 악(惡)을 견제할 수 있는 악

---

18) 호머 헐버트(Homer B. Hulbert), *History of Korea, II*, p. 242. 헐버트가 1905년에 두 권으로 저술한 이 책은 1962년에 뉴욕 힐러리 하우스(Hilary House) 출판사에서 클라렌스 윔스(Clarence Weems)의 개정판이 나왔다. 이 책은 한국 역사에 대해서 권위 있는 기본서적이다. 좀 더 최근에 나온 책으로는 1960년 서울의 학원사에서 나온『한국의 땅, 사람들, 그리고 문화(*Korea, Its Land, People and Culture of All Ages*)』가 있으며, 이 책은 독자들에게 2차 세계대전을 극복하는 데 도움을 주며, 헐버트보다 더 현대적이고 학문적인 접근방법과 구성을 보여준다. 그러나 이 책은 여러 주제의 논문들을 모아 놓은 평론집이어서 통일성이 결여되어 있다.

19) 1875년 9월 20일 일본군함 운요호(雲揚號)의 강화해협 불법침입으로 발생한 한·일간의 포격사건. 운요호사건이라 한다. (역자 주)

▌1891년 7월 남한산성에서 열린 한국선교회 모임

제임스 게일(J. S. Gale), 베어드 부부,
사무엘 마펫(S. A. Moffett), 수잔 도티(Susan Doty), 빈턴 부인(Mrs. Vinton), 기포드 부부(Mr. & Mrs. Gifford),
제시 헤론(Jessie Heron), 헤론 부인(Mrs Heron), 애니 헤론(Annie Heron), 빈턴(Vinton)

으로 간주되었다.

한국은 근대 국가들을 따라잡기 위해서는 비용이 많이 든다는 것을 알고 있었다. 우체국, 철도망, 군대의 재무장은 상당한 비용이 필요하다. 이것은 특히 모든 방면에서 관리들이 '뇌물'을 받았기 때문에 더욱 그렇다. 고율의 세금이 농민들에게 부과되었다. 농민들의 불만이 1892년 이후 계속된 동학혁명과 의병봉기의 도화선이 되었다. 이런 상황은 유약한 왕의 통치력, 관료사회의 총체적인 부패, 세도가문들 사이의 극심한 불화, 자국의 목적을 위해서 한국 내부의 약점과 부패를 이용한 중국, 일본, 러시아의 책략 때문에 더욱 악화되었다.

천주교는 한국에서 1777년 이래로 비밀리에 퍼져나갔다.[20] 천주교에 대한 박해의 잔인함은 대원군의 섭정 하에서 1866년의 대학살(병인양요)로 절정에 이르렀는데, 그 배경은 천주교가 조선사회의 가정들과 당파들, 그리고 거의 모든 요소에 광범위하게 수용되었고, 조선왕조의 독재권력과 쇄국정책, 그리고 그들의 후진적인 정치체제와 부패한 모습에 적대적이라는 인식에서 비롯된 것이 분명하다.

베어드 부부가 한국에 도착할 당시에 반기독교법이 아직 시행되지 않았지만, 그 법안의 시행 시기에 대해서는 아무도 단언할 수 없었다. 한국에서 벌어진 혼란스러운 상황은 1900년 중국의 의화단 사건, 외국인과 기독교인 대학살, 그리고 북경의 외국공사관 포위공격과 같은 사건처럼 잇달아 일어난 중국의 소요사태의 양상을 그대로 따라갔다.

이런 혼란 속에서 일본은 교활한 계획을 주도면밀하게 실행하였다. 일본은 1894년 청일전쟁의 승리로 중국의 세력을 몰아내었다. 1895년 왕실에서 유일하게 강성이었던 명성황후를 살해하였다. 1904년 러일전쟁의 승리로 러시아의 위협도 제거하였다. 1907년 고종황제는 거의 바보 같고 유약한 아들에게 왕위 양도를 강요받았다. 한국은 1910년 일본과 합병되었다.

알렌의 편지

본래 알렌이 손으로 직접 쓴 이 편지는 한국에서 미국장로교해외선교본부에 보낸 최초의 서신이다. [한 두 단락이 생략되었다]

1884년 10월 1일 서울, 한국

20) 1777년은 정조 원년이다. 이 해에 경기도 광주 천진암에서 권철신, 정약전 등 서울 근처 남인 지식인 일단이 『천주실의』 등 서학서를 탐독하는 모임을 갖기 시작했다. (역자 주)

한국에 체류한지 벌써 두 주일이 지났기에, 여러분들은 제가 이미 자세하게 보고서를 써서 보낼 수 있는 형편이라고 생각할 것입니다. 그러나 이곳에서 가장 연장자인 선교사로서 양해를 구합니다.

지난 시즌 동안 작은 증기선 한 척이 상하이와 새로 개항한 한국의 항구들 사이를 운행하고 있습니다.[21] 우리가 도착한 첫 기항지 부산은 한국의 남쪽에 있는 일본인 거류지 항구입니다. 이곳이 좀 흥미로운 것은 이미 200년 전부터 일본의 무역이 허용되었던 곳이라는 사실입니다. 여기에 세 채의 외국인이 지은 집들이 있고 외국인 세관 직원이 있습니다.
제물포는 한국의 대표적 항구로, 부산에서 서해안을 따라 위쪽으로 올라가면 48시간 정도의 거리에 있으며, 아주 분주한 지역입니다. 수많은 일본인과 중국인 그리고 소수의 유럽인들이 황토로 도로를 만들고, 판잣집을 짓고 있습니다. 하얀 골조건물인 일본 영사관은 이곳에서 유일하게 눈에 띄는 건물입니다. 이 항구는 한국이 이곳의 상업적 중요성을 고려한다면, 앞으로 상당히 중요한 지역이 될 것입니다. 이곳은 수도 서울에서 26마일(41킬로미터) 떨어진 곳으로, 작은 배로 서울까지 운행할 수 있는 한강 어귀에 있습니다. 대부분의 지역은 걸어서 다니는 육로이고, 산길에서는 힘이 좋지만 다루기 힘든 한국의 조랑말이 사람들과 짐을 안전하게 실어다 줍니다. 이 길을 따라 보이는 풍경은 아주 유쾌합니다. 산에서 계곡으로, 소나무로 덮인 산등이에서 쌀, 보리, 수수가 있는 비옥한 들판으로 계속적으로 색다른 모습을 보여줍니다.
높은 곳에서 내려다 보면, 서울은 그 자체가 월동준비를 하려고 건초 더미를 쌓아 올린 것처럼 보이는 중요한 곳입니다. 빈민들의 초가지붕들이 산재한 곳에서 그 사이로 초목들로 둘러싸인 상류층의 기와지붕도 보입니다. … (중략)

양반은 테라스와 초목이 잘 정돈된 주택지구 안에 살고 있습니다. 그들

21) 인천은 1883년 개항되었다. (역자 주)

의 집은 조상으로부터 물려받았으며, 여성들은 집 뒤 편에서 마치 은둔자처럼 살아갑니다. 집 뒤에 보통 벽으로 둘러싸인 공간이 있는데, 그곳은 조선의 여성들이 활동하는 곳입니다. 여러분들도 알겠지만 여자들은 아침 아홉시 이전에 거리를 돌아다니는 것이 허용되지 않았고, 일반인들도 도성의 통행금지를 해제하기 위하여 새벽 네 시경에 치는 큰 종소리가 울리기 전에는 아무도 거리에서 볼 수 없습니다.

양반의 집들은 보통 훤히 트인 뜰이 있습니다. 이 뜰에 닿은 벽에는 대부분 큰 창틀이 있고 거기에는 아주 질기고 딱딱한 종이를 바릅니다. 우리 미국의 푸트 공사는 이런 집 가운데 하나를 원래의 디자인에서 조금 변형하여 준비하였고, 그는 지난 겨울 강의 얼음이 18인치(46센티미터)나 두껍게 얼었을 때 몇 개월 동안 문풍지로 된 집에서 일본에서 가져온 석탄을 마음대로 사용하며 편안히 지낼 수 있었다고 말합니다. 이 나라에서 취침용으로 더 이상 사용하지 말자고 할 때까지는 석탄을 사용하게 될 것이라고 말을 합니다. 상하이로부터 운송하는 것이 거의 뉴욕으로부터 운송하는 것만큼 큰 비용이 들고, 수입하는 모든 물건에 높은 관세가 부과되고, 토산품의 부족으로 비싼 가격이 매겨진 것을 생각하면 이 나라에서 사는 것은 꽤 비용이 드는 일입니다.

이 나라의 화폐는 엽전인데, 몇 개월 동안 멕시코 달러 은화 한 닢은 500전에 팔리기도 했습니다. 지금 막 거의 1,200전이 되었고, 곡물은 값있는 것이라 더 오를 것으로 예상됩니다. 화폐나 수출할 수 있는 값있는 것들이 부족하기 때문에 작은 상업적 이익을 얻으려고 하는 것조차 어렵습니다. 상하이에 있는 큰 회사에서 한국에 30만 달러 정도를 투자하려고 하는데 그들의 소망은 정부의 허가 아래 시작한 금광채취를 통해 원금을 회수하는 것입니다. 그러나 상당한 양의 금이 매장되어 있음을 발견했기 때문에 왕은 그들의 채굴을 중지시켰고, 그들의 증기선을 철수시킬 것으로 예상됩니다. 그 증기선은 해안선을 오가면서 우리가 이용했던 작은 일본배입니다. …

현재 이 나라에서 선교사들은 허용되지 않습니다. 하지만 나는 법적으로 허가를 받은 의사이기 때문에 미국공사로서 곧 시작할 일을 위해 준비하는 동안에는 간섭받지 않을 것입니다. 미 공사관의 통계에 의하면 현재 이 나라에는 2만명 가량의 천주교 개종자들이 있고, 전에는 7명의 프랑스 신부와 한 명의 주교가 있었습니다. 이 사람들은 조문객처럼 옷을 입고, 우산만큼이나 커다란 갓을 쓰고 다닙니다. 어느 누구도 이런 조문객들을 귀찮게 하지 않기 때문에 그렇게 변장하고 다니는 것이 안전합니다.

양반은 모두 한자(漢字)를 이해하고 쉽게 읽습니다. 꽤 많은 사람들이 중국말을 하는 것을 보았습니다. 일본어는 특히 남쪽 지방에서는 많은 사람들이 알아듣습니다. 한국의 고유문자 한글은 중국의 한자에 대한 충분한 지식이 없어도 되므로 교육하기에 가장 중요한 토대가 될 것입니다.

H. N. 알렌

제2장

부산선교지부의 개설

(1891~1895)

1. 주요 역사적 사건들(1891~1895)

1891년

2월	2일	베어드 부부가 서울에 도착하다.
	3~7일	한국선교회 연례회의가 열리다.
	25일	베어드 박사, 언더우드 박사, 그리고 한국어 교사가 선교부지를 매입하기 위해 부산에 내려가다.[1]
봄		하디(R. A. Hardie)가 개항장 의사로 부산에 가다.
7월	8일	베어드 박사 부부가 남한산성에서 휴가를 보내다.

1) 오늘날 부산은 한국에서 두 번째로 큰 도시이고 훌륭한 항구와 기반시설을 갖추고 있다. 그러나 부산은 한국 고대 문화도시 가운데 비교적 새로운 도시에 속한다. 평양은 그 역사가 기원전 200년의 낙랑(樂浪)시대까지 거슬러 올라가고, 경주는 기원후 500~1000년까지의 신라 왕조의 유적들을 자랑한다. 서울은 최근에 형성된 도시로 조선왕조가 1392년 수도로 삼았다. 한국의 도시로서의 부산은 근대 시기 이전에는 존재하지 않았었다. 베어드 박사가 답사할 때 사용했던 지도에는 부산이 전혀 나와 있지 않다.

9월 초 베어드 박사가 부산에 도착하여 사역을 시작하다.

9월 24일 선교관 건립공사를 시작하다.

10월 호주 선교단이 도착하다.

12월 휴 브라운(Hugh Brown) 부부 의사가 부산에 도착하여 부임하다.

— 1892년

1월 13일 선교관의 지붕을 덮는 공사를 시작하다.

18~25일 서울에서 연례회의가 열리다

29일 호주선교회의 맥케이(MacKay) 부인이 사망하다.

4월 15일 베어드 부부가 완공되지 않은 선교관으로 이사하다.

5월 15일 전도인 서상륜이 서울에서 도착하다.

18일 베어드 박사가 남해안지역 순회전도여행을 하다.

6월 17일 전도인 서상륜이 병이 나서 서울로 돌아가다.

6~7월 서울 이남지역에서 동학농민운동이 일어나다

7월 5일 베어드 첫째 딸 낸시 로즈(Nancy Rose)가 태어나다.

11월 하디가 원산항 개항장 의사로 옮기다.

미국 남장로교가 한국선교회를 개설하다.

— 1893년

3월 평양부(平壤府) 관리들이 토지를 매입한 마펫 박사에게 거래 취소를 강요하다.

3~4월 동학농민운동이 더 심해지다.

4월 서경조가 베어드 박사를 돕기 위해 부산에 도착하다.

4월 15일~5월 18일 전도여행 (67~76쪽에 기록되어 있다)

6월 16일 에비슨(Avison) 가족이 부산에 도착하다.

서경조가 병이 나서 떠나다.

마펫 박사가 방문하다.

	마펫 박사가 방문하다.
8월	에비슨 가족이 서울로 올라가다.
9월 25일~10월 11일	서울까지 육로여행을 하다. 80~86쪽을 보라
10월	연례회의에 참석하다.
11월 6일	부산으로 돌아오다.
12월	전도인 고학윤이 관아의 포졸들에게 구타당하다.
	부산지역 사경회 8일반이 최초로 개설되다.

— 1894년

1월 8일	마펫 박사가 평양에서 7명에게 세례를 베풀고 성찬식을 집례하다.
	휴 브라운 의사가 결핵에 걸려 미국으로 돌아가다.
3월	어빈(Irvin)[2] 의사 부부가 부산선교지부에 부임하다.
4월 22일	부산에서 첫 세례식을 거행하다.
4월 30일~5월 12일	베어드 박사, 어빈 의사, 전도인 고학윤이 내륙 도시를 순회 여행하다.
5월 13일	낸시 로즈가 사망하다
7월 15일	부산에서 두 번째 세례식과 첫 번째 성찬식을 거행하다.
7~8월	대규모의 일본 군대가 중국과의 전쟁[청일전쟁]을 하러 부산을 통과하다.

2) 어빈(Charles H. Irvin 어을빈漁乙彬 1862~1935)은 1894년 3월 부산항에 도착했다. 선교사로 사역하다가 1911년 3월에 선교사직을 그만두고 지금의 동광동에 '어을빈의원'을 개원하고 1935년까지 사망할 때까지 부산에서 의료활동을 하였다. 1903년 초량동에 부산, 경남 지방의 최초 근대식 병원인 전킨 기념병원(Junkin Memorial Hospital)이 건립되었는데 이 병원은 어을빈 선교사의 모교인 미국 뉴저지주 몬트클레어에 있는 제일장로교회의 성도들이 모금하여 건립된 병원으로 담임목사로 전킨 목사의 이름을 따서 전킨기념병원으로 건립된 것이다. 어을빈이 이 병원을 책임지고 운영하였는데, 고학윤의 아들 고명우가 보조의사이자 전도사였다. (역자 주)

7월	26일	미국 공사 알렌(Horace Allen)이 평양 감사에게 기독교인을 괴롭힌 사건 관련자들을 처벌하고 마펫 박사에게 500달러를 보상할 것을 요청한 내용을 선교본부에 보고하다.
10월	12일	존 아담스(John Adams)가 태어나다.
12월	17~31일	서울에서 연례회의가 열리다.

1895년

1월		부산에서 5명의 소년으로 서당을 시작하다. 마펫 박사가 평양선교지부 희망부지 인수에 최종 성공하다.
5월	29일	제임스 아담스(James E. Adams) 목사 부부가 부산에 도착하다.
7월	3일	한국 최초의 농촌교회 예배당이 언더우드 박사에 의해 소래 마을에서 봉헌되다.
8월	1~30일	베어드 부부가 일본 고베 아리마(Arima)에서 휴가를 보내다 콜레라가 서울과 한국 북부 지역에서 발생하다.
10월		베어드 박사가 서울까지 육로여행을 하여 연례회의에 참석하다.
10월	8일	명성황후가 일본인에 의해 시해되다. 고종황제가 일본인과 친일파 한국인들에 의해 경복궁에 억류되다. 시가전이 벌어지다. 고종황제의 요청으로 베어드 박사를 비롯하여 선교사들이 황궁에서 교대로 불침번을 서다.
11월		부산선교지부가 대구선교지부를 내륙선교지부로 승인하다.

12월	베어드 박사가 선교지부 부지를 매입하러 대구에 가다.

일본인 무역사무소가 수백 년 동안 부산에 있었던 것은 분명하다. 한국은 이곳을 수자리(국경수비대)라고 불렀으며, 연간 유지비용으로 1만 냥이 들었다.3) 이 협정은 우월감의 표지로 이해해야 한다.

한국의 사신들이 중국의 황제에게 조공을 갈 때에, 국경에서부터 중국의 관리들이 환대와 숙식을 제공하였고, 북경으로 이동할 때는 병사들이 신변 보호를 해주었고, 때때로 말과 수레도 제공하였다. 이것은 사신들이 황제를 알현하고 군신의 예를 다하도록 하려는 것이다. 이것은 약자에게 베푸는 강자의 온정적 호의였다.

부산의 왜관(倭館)도 같은 원리로 운영되었다. 한국인들은 아버지와 같은 우월감을 가지고 약자인 일본인들에게 숙식을 제공하였고, 그들이 왜관의 제한구역을 벗어나지 못하도록 하였다. 물론 이 모든 것은 1876년 부산이 개항장이 되었을 때 종식되었다. 국경수비대에서 개항장으로 전환과정이 쉬운 것은 아니었다. 이것은 일본의 메이지유신의 일환으로 일어났다.4)

거의 모든 한국인들은 일본인에 대해서 생각할 때 1592년 임진왜란 당시 도요토미 히데요시의 침략을 떠올린다. 그러나 도쿠가와 막부는 1600년 권력을 장악하자 "히데요시의 팽창정책을 전면적으로 수정하였다. 도쿠가와 시대에 한국과 일본은 일종의 잠정적 협약을 맺고, 축하사절단의 교류와 제한된 교역이 일본과 한국의 중간지점에 위치한 대마도의 일본인 영주의

3) Homer B. Hulbert, *History of Korea II*, 215, 216.

4) 한국이 개방하기 전 부산에 대한 최고의 글은 조지 맥아피 매퀸(George McAfee McCune) 박사의 「부산의 일본인 교역소(The Japanese Trading Post at Pusan)」(*Korean Review*, Vol. 1, No. 1, March, 1948, 11-15)이다. 헐버트처럼 매퀸 박사의 자료들도 대부분 한국 자료이다. 힐러리 콘로이(Hilary Conroy)의 『일본의 한국점령, 1868~1910(*The Japanese Seizure of Korea, 1868~1910*』(Univ. of Penna. Press, 1960)은 가치가 있는데, 그는 그 책에 일본 자료들을 풍부하게 사용하였다.

중재로 재개되었다."[5]

1868년 메이지 유신의 지도자들은 도쿠가와 막부를 전복시켰다. 그들은 승리에 도취되어 대마도의 영주를 통해서 한국 측에 일본의 막부시대가 종식되고, 새로운 황제가 예로부터 내려오는 합법적인 권위를 회복하였다는 사실을 전달하였다. 그들 자신이 새로운 일본의 통치자라는 사실을 알렸다.[6] 그러나 한국정부가 고자세로 중국 황제 외에 다른 황제는 인정할 수 없으며, 도쿠가와 막부 외에 다른 어떤 일본의 합법적인 통치자도 허락할 수 없다고 통보하자, 이에 대해서 일본의 최고국가회의가 쏟아낸 분노는 균형을 잃을 정도로 격렬하였다.

사다 특별조사단(the Sada Inquiry)[7]이 진상파악임무를 수행하기 위해 1870년 대마도와 부산에 파견되었다.

일본과 한국의 관계에 대한 흥미로운 사실들이 드러났다. 그동안 대마도가 양국 사이에서 취한 이중적인 입장이 처음으로 분명하게 밝혀졌다. 이에 따르면, 대마도는 도쿠가와 막부로부터 매년 약 3만섬의 쌀과 돈을 지원금으로 받았을 뿐만 아니라, 한국과 종속국가 관계를 맺은 대가로 쌀과 콩과 돈을 한국으로부터 지원받았다. 또한 부산에서 양국간의 교역도 일본의 열등한 지위를 분명하게 나타내는 방식으로 진행되었다. 대마도는 교역하는 자국의 배들을 식별하기 위해서 한국인들이 제공한 반 토막의 도장을 사용하였고, 매년 조공선을 한국에 보내어 한국의 공식문서들, 즉 지시사항들을 가지고 돌아왔다. 약 3백 명가량의 대마도 일본인들이 부산의 지정된

---

5) Conroy, *The Japanese Seizure of Korea, 1868~1910*, 22.

6) Conroy, *The Japanese Seizure of Korea, 1868~1910*, 18.

7) 1869년 조선출장을 명령을 받은 사다 하쿠보와 모라야마, 사이토, 히로스 등 이른바「사다특별조사단」일행은 1870년 1월 쓰시마에 도착, 2월에 부산에 이르러 20여 일간 왜관에 머물며 조선관계의 문제점을 조사하였고, 3월에 돌아가「조선국교제시말내탐서(朝鮮國交際始末內探書)」[]」를 일본 정부에 제출하였다.

장소에서 살고 있었고, 출입구는 한국인 관리들이 철저하게 감시하였으며, 해가 진 다음에는 일본인들의 출입을 금지시켰다. 그러나 대마도는 '가난하고 고립된 섬'이었기 때문에 한국과의 교역을 몹시 필요로 하였다.[8)]

메이지유신으로 다시 되살아난 일본의 민족주의 입장에서 볼 때, 부산의 현상황은 도저히 수용할 수 없는 큰 수치였다. 정한론(征韓論)은 도쿠가와 막부를 전복하기 위해서 연합하였던 세력들을 다시 분열시킨 첫 번째 쟁점이 되었다.[9)] 이 분열의 내용은 한국정복의 시행 여부가 아니라 구체적인 정복의 시기에 대한 것이었다. 비록 "지금 당장 정복하자"는 측이 1873년에 패배하였지만, "천천히 정복하자"는 측은 계속해서 한국을 압박하여 교역관계를 개방하고 메이지유신을 인정해서 다른 특혜들을 실질적으로 얻으려고 하였다. 한국이 계속해서 미온적인 태도를 취하자, 1876년 해군함대를 인천에 파견하였다. 일본은 수천 명의 군대를 상륙시키고 10일 이내에 조약을 체결할 것을 요구하고 결국 조약을 맺었다.[10)] 한국정부는 원칙적으로 세 곳 개항장의 전면적인 개방, 양국의 대사 교환, 그리고 다른 조항들을 수용하였다.

'부산의 한국인 촌락(Korean Settlement, Pusan)'은 캠벨 박사가 그려 주어서 이 『프로파일』의 겉표지[11)]로 사용한 것으로 바로 위의 군사요새 도면을 바탕으로 한 것이다. 이곳은 원래 부산진이었을 것이다. 베어드 박사의 편지를 보면, 일본인 정착촌이 '영도에서 가장 가까운 본토의 돌출된 지역'에 위치하고 있다. 이 지도를 오늘의 부산과 비교할 때 기억해야 할 것은 일본인들

---

8) Conroy, *The Japanese Seizure of Korea, 1868~1910*, 25.

9) Conroy, *The Japanese Seizure of Korea, 1868~1910*, 19-20.

10) 강화도조약은 1876년 조선이 일본의 강압 아래서 맺은 최초의 불평등조약이며, 병자수호조약 또는 조일수호조규이라고 한다. (역자 주)

11) 이 책에서는 표지의 내지에 수록되어 있다. (역자 주)

| 1892년의 부산항

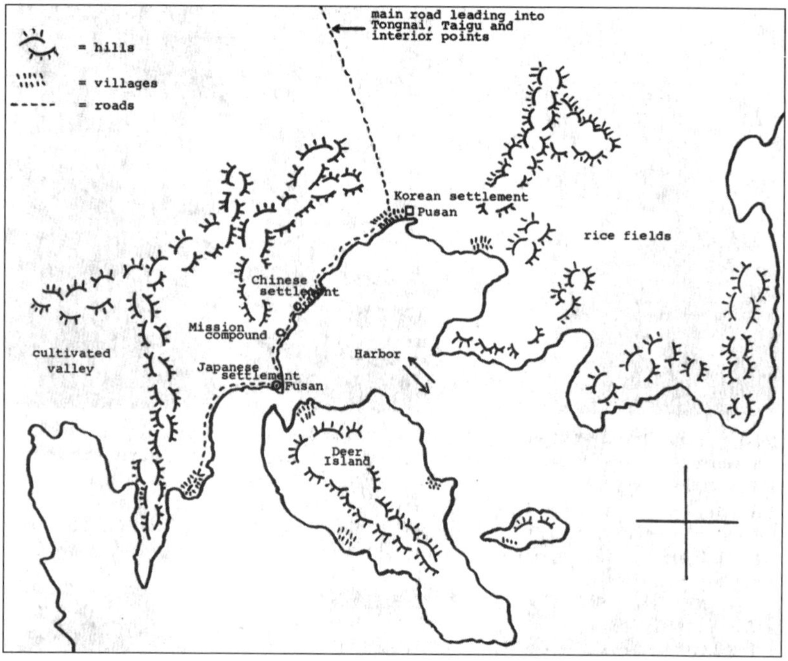

이 지도는 1892년 2월 15일 베어드 박사가 엘린우드(Ellinwood) 박사에게 편지와 함께 보냈다. 베어드 박사에 따르면, 이 지도는 영국 군함의 측량으로 그려진 것이다.

이 해안 길을 따라 처음부터 끝까지 본래 절벽이었던 지역을 줄이고 바다를 매립함으로서 오늘의 부산 기차역과 다른 평지들을 포함하여 대부분의 지역이 이 지도에서는 바다라는 사실이다.

1897년 러시아는 부산 영도를 해군기지로 삼으려고 애썼지만 성공하지는 못하였다.12) 영도에 근접해 있는 작은 섬의 이름은 사진 원본이 희미해서 판독하기가 힘들지만, 그것은 'Misagrete'처럼 보인다.13)

---

12) Fred Harvey Harrington, *God, Mammon and the Japanese: Dr. Horace N. Allen and Korean-American Relation 1884~1905*(Multinational Corp Ser), (Ayer Co Pub, 1980), 299-305.

13) 현재 지형으로 볼 때, 영도 오른쪽에는 조도가 있고, 남쪽에는 생도가 있다. 그러나 어떤 섬을 의미하는지는 알 수 없다. (역자 주)

2. 1891년 부산의 모습

1891년 베어드 박사가 부산에서 첫 사역을 시작한 곳은 한국인 촌락이 아니라 일본인 촌락이었다. 사다 조사단이 보고한 3백 명의 거주민이 지금은 4천 명으로 증가하였다. 전선이 일본과 일본인 촌락 사이에 연결되었고, 전신선은 서울과 개통되었다. 일본 우표를 파는 일본 우체국이 있었고 일본 화폐를 취급하는 일본 은행 지점도 있었다. 물론 이곳이 베어드 박사가 한국인들 사이에서 사역을 시작한 곳은 아니었는데, 그 까닭은 외국인들이 아직까지 개항장을 제외하고 서울 이외의 지역에서 거주하는 것은 허가되지 않았기 때문이다.

비록 한국에서는 아직 덜 인식되었지만, 항구도시로서 부산의 전략적인 위치는 이미 국제적으로 그 중요성을 인정받았다. 상하이에서 서울이나 블라디보스톡으로 여행하거나, 미국과 일본에서 베이징으로 여행하는 승객과 화물들은 모두 부산을 경유하였다. 심지어 서울에서 원산까지 국내여행을 할 때도, 제물포에서 증기선을 타고 부산을 거쳐 원산까지 가는 해상노선이 내륙지방의 험난한 길과 형편없는 여관을 감수하고 육로로 여행하는 것보다 훨씬 더 편리하였다.

1891년 당시 부산에서 유일한 서양식 시설은 해관(海關)이었다. 한국은 여전히 중국의 영향 아래 있는 속국이었다. 중국인들의 관세는 채무를 해결하기 위해서 유럽의 열강들이 징수하고 있었다. 따라서 한국의 항구들이 국제통상무역을 위해서 문호를 개방하자, 중국 관세청은 영국인 헌트(Hunt) 씨를 부산 개항장의 해관장으로 파견하였다. 유럽의 열강들이 중국에 빌려준 차관을 전혀 받지 못했기 때문에, 헌트가 수금한 돈은 한국 정부에 양도되었다.

헌트는 숙소를 찾기 힘든 절망적인 상황이었음에도 불구하고, 해관 관리

| 1891년 부산항

장로회부산선교지부 구내에서 본 전경. 전방에 있는 묘지에는 낸시 로즈와 초기 선교사 몇 사람이 묻혀 있다. 토지를 구입했을 무렵 베어드 부부는 이 절벽 아래 해변에서 수영을 하곤 했다. 나중에 해안선을 따라 있는 좁고 긴 땅에 사진에 있는 것처럼 일본 가옥이 지어졌다. 그 이후에 일본인들은 본래 해안선으로부터 1,600미터 또는 그 이상까지 땅을 개간하였다.

영도(디어섬)에서 본토를 바라본 전경. 지금은 이 해협에 부산시와 영도 사이를 연결해주는 다리가 놓여 있다. 어선들이 오른편에 보이는 방파제에 정박해 있는 사진들을 서로 비교하여 살펴보면, 지도상의 바른 위치와 방향을 알 수 있다.

로서 유럽국가의 관리들이 거주하기에 흡족할 건축양식을 가진 거처를 가까운 곳에 마련할 수 있었다. 그는 여러 방면의 유럽인들을 고용하였고, 영국인을 10대인 딸의 가정교사로 채용하였다. 1891년 봄에 헌트는 일종의 개항장 의사겸 선박검역소감독관으로 하디를 부산에 모셔왔다.

감리교 신자인 하디는 위대한 한국의 선교사들 가운데 한 사람이며, 신앙심이 깊은 선교사로서 캐나다 토론토에서 왔다. 베어드 박사의 기록에 따르면, 헌트가 의사 하디와 그의 가족을 부산으로 초빙하지 않았다면, 캐나다에서 후원이 조만간 끊겨서 그들이 굶어죽었을 지도 모를 상황이었다.

하디의 가족은 마땅한 주택이 없어서 디어섬(영도)에 콜레라 치료 병원으로 지은 작은 건물에서 살게 되었다. 베어드 박사가 9월에 부산에 왔을 때, 그들은 그들의 임시 거처를 베어드 박사에게 개방하였다. 그해 가을에 하디 가족은 부산 본토에 집을 구하자, 애니 베어드 여사는 남편과 함께 그 집에 기숙하게 되었다.

3. 선교사역의 착수

1891년 9월 가을에 베어드 박사는 서울과 남한산성에서 여름휴가를 보낸 후에 부산으로 돌아왔다. 이번에는 잠시 머무르기 위해서 왔다. 베어드 부부와 같이 선교지 경험이 전무한 초임 선교사들이 새로운 선교지를 개척하는 일은 믿음과 용기가 필요했다.

원래 계획은 경험이 많은 선교사인 알렌(Horace N. Allen)[14]이 부산선교지부를 개척하고 베어드 부부가 그와 동행하는 것이었다. 알렌은 한국에 도

---

14) 호레이스 알렌(Horace N. Allen)의 한국명은 안련(安連)이다. Fred H. Harrington이 저술한 알렌 박사의 전기인 "하나님, 물신(物神), 그리고 일본인"(*God, Mammon and the Japanese*, University of Wisconsin Press, 1944)은 알렌 박사의 생생한 견해와 더불어 그 당시 정치와 선교의 상황에 대한 탁월한 해석을 보여준다. (역자 주)

착한 최초의 개신교 선교사였다. 그는 갑신정변(1884) 당시 습격을 당하여 생명이 위독한 명성황후의 조카 민영익을 치료하여 왕실의 신임을 얻었고 시의(侍醫)가 되었다. 왕은 그에게 참판 벼슬을 내려 왕실과 궁정을 자유롭게 출입할 수 있게 해 주었다. 한국이 미국 워싱턴에 주미한국공사관을 시작하였을 때, 알렌은 그 고문과 통역관을 맡아달라는 왕의 부탁을 받았다. 미국장로교해외선교본부는 이 일을 위해 2년 동안 휴직을 허락하였다.

2년 임기를 마치고 한국에 돌아온 알렌은 베어드 박사 부부와 함께 연합하여 부산선교지부를 개척할 계획을 세웠다.[15] 그런데 베어드 부부가 한국에 도착하기 직전에 알렌은 서울에 있는 주한미국공사관의 서기관직을 권유받았다. 알렌은 이 제안을 수락하였고, 후에는 주한미국공사가 되어서 10년 내지 15년 동안 한국에서 가장 영향력 있는 서양인으로 활동하였다. 알렌은 아주 독선적인 성격이었고, 다른 동료들과 잘 연합하지 못하였기에, 만일 그가 베어드 박사와 함께 하였다면 부산선교지부의 개척과정과 베어드 박사 부부의 한국에서의 삶과 사역이 전혀 다르게 전개되었을지도 모른다.

베어드 박사가 이전에 매입하려고 노력하였던 토지는 부산 동래의 한국인 마을에 있었던 것이 분명하다. 베어드 박사는 첫 번째 토지매입이 실패로 끝난 이유가 자신과 언더우드 박사와 함께 동행한 한국어 교사가 '미리 말로 소문을 내었기' 때문이라고 보았다. 어떻게 사람들에게 말도 하지 아니하고 부지를 매입할 수 있는지에 대해서 의아하게 생각할지 모르지만, 당시 한국인 마을들은 외국인을 전혀 원하지 않은 것이 현실이었다. 알렌 자신도 전에 토지를 매입하려고 하였지만 실패하였다. 1888년 중국의 기독교인들이 중국인 두 사람을 선교사로 부산에 파송하였다. 해당 관리들은 이 중국인 기독교인들이 부산에 들어온다는 소식을 듣고 성문을 닫으라고 명령

15) Harrington, *God, Mammon and the Japanese*, 86.

을 하였으며, 중국인 선교사들이 도시를 떠날 때까지 모든 상거래와 통행과 여행을 중단시켰다.

알렌은 이제 미국 공사관의 서기관으로서 베어드 박사가 대한제국 외부(外部)로부터 일본인 개항장 관할지역내 지정된 토지 3필지의 매입을 허가하는 허가서를 받을 수 있도록 도움을 줄 수 있었다. 이 허가서가 효과가 있어서 며칠 만에 일본인 마을에서 약간 떨어져 있지만 항구가 내려다보이는 절벽 위의 땅을 인수하였다. 그러나 두 가지 해결해야할 어려운 문제가 있었다. 토지거래 절차상 두 번에 걸쳐서 토지를 매매해야 하였다. 첫째, 한국 정부로부터 "외국인 거주지"로 사용할 목적으로 매입해야 하였다. 둘째, 그 땅에 거주하면서 농사를 짓고 있는 현지 한국인들에게 토지 대금을 지불해야 하였다. 이보다 훨씬 더 어려운 문제는 일본인 관할 항구지역이 한국인들에게 전도하기에는 열악한 지역이라는 점이다. 그러나 이곳은 앞으로 한반도 내륙지방을 연구하고 전도할 수 있는 선교기지의 면모를 잘 갖추고 있었다.

베어드 박사 부부와 집주인 하디 내외를 곤란하게 만든 일은 호주 선교사단의 맥케이(Mackay) 목사 부부와 미혼의 페리(Perry), 멘지스(Menzies), 그리고 파셋(Pawcett) 양이 전혀 어떤 예고도 하지 아니하고 10월에 찾아온 것이다. 그래도 그들은 환영을 받았다. 베어드 박사의 기록에 따르면, 마을 전체를 샅샅이 찾아보아도 호주 선교사들이 살만한 곳은 외풍도 심하고 거주하기에 적당하지 않지만 창고보다 더 나은 곳은 없었다. 그들은 이곳으로 이사를 하였다. 맥케이 선교사 부인이 풍토병으로 1월에 사망하자, 호주 선교사들은 의사 하디 부부의 집으로 다시 이사하였다.

베어드 박사의 일기를 보면, 방 하나의 크기가 가로 세로 10피트보다 크지 않은 방 네 개가 달린 하디 내외의 집에서 거주한 사람들은 열 명의 성인들 –하디 내외, 베어드 박사 내외, 맥케이 목사, 세 명의 미혼 여성들, 한국어 교사, 일본인 하녀– 과 두 명의 하디 자녀들이었다. 2월 26일의 일기를 보면,

맥케이 목사와 페리 양은 신경쇠약에 걸릴 정도로 매우 예민해져 있었다.[16] 그러나 누구도 이것을 이상하게 여기지 않았다.

이런 환경 속에서 베어드 부부의 숙소를 짓는 일은 무엇보다도 시급한 일이었고 매우 절실하고 절박한 문제였다. 가을에 보낸 베어드 박사의 편지들을 보면, 숙소를 건축하는 과정이 느리게 진행되는 것에 대해 한탄하는 소리로 가득 차 있다. 이 때 베어드 박사가 중국인 건축업자와 일꾼들과의 관계에서 겪은 일은 그가 지금까지 살면서 가장 심한 좌절감을 맛본 사건들 가운데 하나이며, 나중에 개척시절을 회상할 때 자주 언급하는 일이기도 하다.

실제로 동양의 관점에서, 그리고 한국경험이 전무한 청년의 입장에서 볼 때, 베어드 박사는 전광석화처럼 아주 민첩하게 행동한 것처럼 보인다. 그는 9월 초에 서울에서 내려와 24일까지 부지를 매입하였고 중국인 건축도급업자와 인천에서 데려온 인부들이 공사를 시작하도록 하였다.

1892년 2월 5일 무렵 지붕에 기와를 덮을 준비를 마쳤다. 3월 5일 베어드 부부는 사람이 너무 많은 하디의 집을 떠나서 그들의 소유지에 있던 농기구 보관창고로 이사했다. 그들은 4월에 아직 완공되지 못한 집으로 옮겼고, 5월에도 아직 벽돌공과 페인트공이 일하고 있었다. 베어드 박사는 그들이 의도적으로 공사를 지연시키고 있다고 느꼈다. 그러나 베어드 부부는 여름휴가를 보내기 위해서 서울에서 내려온 수잔 도티 양을 반갑게 맞이하였다.

노동현장의 상황은 아주 열악하였다. 한국어를 거의 구사하지 못하는 젊은 미국인이 마찬가지로 한국말을 전혀 모르는 중국인 노동자들을 다루고 있었다. 이 중국인 노동자들은 한국인 관리들이 아무런 권한이 없는 일본인 개항장에서 일하고 있었는데, 일본인 개항장 관리들은 중국인에 대한

---

16) 베어드 박사의 일기는 이상규가 『윌리엄 베어드의 선교일기』(숭실대학교 한국기독교박물관, 2013)라는 제목으로 번역 출간했는데, 그 기간은 1892년 5월 18일부터 1894년 4월 27일까지이다. (역자 주)

사법권이 없었다. 고립상태에 있었던 중국 영사는 자신의 결정사항을 집행할 관할 치안대원도 없었다.

골치 아픈 문제가 생겼다. 완공일자, 총 지불대금, 주일 작업금지와 같은 세부상황을 포함하여 면밀하게 살펴보고 힘들게 계약을 체결하였는데, 주 계약자가 모든 계약을 하청업자에게 떠넘기고 최초의 계약금 전부를 가지고 서울로 도망가 버렸다. 하청업자들은 공사를 진행하려면 새로운 착수금을 지불하고, 모든 계약조항도 새롭게 작성할 것을 요구하였다.

베어드 박사가 인천과 일본에서 신중하게 선별해서 수송선 선장에게 위탁한 건축자재 일부가 수송 도중에 품질이 떨어지고 부식이 심해서 더 이상 사용불가능한 자재로 바꿔치기된 사실이 밝혀지자 상황이 더욱 심각해졌다. 문제의 사태가 훨씬 더 커지게 된 것은 중국인 인부들이 못과 유리제품과 그 밖의 고가의 수입재료들을 부산의 상인들에게 팔아넘겼기 때문이다.

인부들은 베어드 박사가 한 번도 들어보지도 못한 모든 중국의 명절들을 철저하게 지켰다. 양측의 관계는 인부들이 중국의 명절인 춘절(春節)을 기하여 3주간을 쉰 후에 감정의 골이 더욱 깊어졌는데, 이 명절 기간 동안 베어드 박사는 그들에게 공사를 재개할 것을 거듭 종용하였다. 그들이 다시 공사를 재개한 날은 공교롭게도 주일 아침 이른 시간이었다. 베어드 박사는 목욕가운 차림으로 뛰어나가서 그들이 주일을 범하는 것을 막았다.

1892년 5월과 6월에 이 모든 사태의 절정에 이르렀다. 베어드 박사의 집은 실제로 계약날짜보다 수개월이 지나서야 완공되었다. 건축비용은 계약금의 전액과 그 이상의 비용이 지불되었지만, 인부들은 현재 사라져 버린 계약자가 그들에게 임금을 지불하지 않았다고 주장하였다. 베어드 박사는 처음으로 내륙지방답사 여행계획을 세우고 있었다. 한국인 전도인 서상륜이 그와 함께 답사여행을 하려고 특별히 서울에서 내려왔다. 실제로 그들이 여행길을 떠나자, 베어드 박사도 계약자처럼 사라질 것을 두려워한 중국인 인부들은 두 사람의 뒤를 좇아가서 말고삐를 붙잡고, 전력을 다해서 다시 그들을 부산으로 돌아오게 하였다. 전도인 서상륜은 중국인 인부들과 중국어로 의사소통을 할 수 있어서 그들과 일시적으로 조정을 하였기 때문에 두 사람은 다시 여행을 떠날 수 있었다. 베어드 박사의 부인은 그 당시에 첫 아이를 임신한지 7개월이 되었다. 중국인 인부들이 공사현장에서 광란을 벌이듯 행동했기 때문에 그녀의 입장에서는 용기를 내어서 베어드 박사의 여행을 허락하기가 쉽지 않았다. 그러나 궁극적으로는 전도하는 것이 베어드 박사 부부가 한국에 오게 된 목적이다. 이런 상황에서 안정을 얻기 위하여 애니 베어드 여사는 서울에서 가르치고 있는 아주 뛰어난 여교사 수잔 도티 양을 유숙객으로 맞이하였다.

여행을 마치고 돌아오자 인부들은 베어드 박사가 계속해서 거절하였던 요구사항들을 다시 주장하였다. 결국 모든 인부들이 베어드 박사 부부와 유숙객들이 묶고 있는 집 안으로 밀고 들어왔다. 그들은 집안에 침구를 깔고, 요리를 하고, 음식을 먹고 잠을 자고, 심지어 아편을 피우기까지 하였다. 한국과 일본과 중국 관리들에게 도움을 요청하였지만, 전혀 소용이 없다. 결국 베어드 박사는 모든 임금을 지불하였다. 이 사건은 마치 산(酸)이 부식하듯이 질서를 중시하고, 방법을 존중하는, 베어드 박사의 스코틀랜드 특유의 기질을 무력하게 만들었다.

이 일을 상기하면, 베어드 박사가 수년 후에 평양에 숭실대학 건물을 지은 후에 공사를 맡았던 중국인으로부터 선물로 받은 두 마리의 양 때문에 크게 기뻐한 이유를 쉽게 헤아릴 수 있다. 이번 공사의 주계약자는 한국인이었으나 모든 석공일과 미장일은 중국인 건축조합에 하청을 주었다. 모든 공사를 다 마치고, 공사비를 전부 지불하자, 중국인 노무관리자가 베어드 박사에게 두 마리 양을 선물로 보내왔다. 그 당시 한국에는 아직 양이 없었다. 이 양들은 특별히 중국 산둥에서 들여온 것이었다. 이것은 아주 멋진 선물이었다. 베어드 박사의 기쁨은 양의 가치 그 자체 보다 훨씬 그 이상이었다. 그에게 양은 성가신 존재였지만 오랫동안 그 양들을 돌본 것은 의심의 여지없이 미국인 선교사 베어드 박사가 동양의 노동자들과 함께 공정하고 정의롭게 그리고 서로를 존중하면서 일하는 법을 배웠다는 산 증거였기 때문이었다.

안타까운 사실은 베어드 박사의 부산 사택의 사진이나 그림, 혹은 건물의 도면이 보존되지 못한 점이다. 그의 사택이 금세 '사랑방'으로 유명해진 것은 사람들이 그의 집으로 몰려왔기 때문이다.

1892년 11월 의사 하디 부부는 항만당국에 의해서 원산으로 임지를 옮겼다. 호주 사람들은 최종적으로 초량과 부산진 해안에서 떨어진 내륙 지역에 정착하였다. 이로써 베어드 부부는 항구 지역에 남은 유일한 선교사가 되었다. 부산을 거쳐 지나가는 사람들은 누구나 베어드의 가정에 들렀다. 어떤 이들은 며칠 동안 머물렀고, 어떤 이들은 다음 증기선을 기다리면서 부득불 몇 주를 머무르기도 하였다. 베어드 박사에 의하면, 미국에서 교육자였으며 선교사들에 대해 크게 반대하지 않았던 주한 미국공사 실(Sill)씨[17]도 항구에 정박한 증기선에 남아있기보다 베어드 박사와 하루를 지내기 위해서 쏟아지는 빗줄기를 뚫고 해안으로 상륙하기도 하였다. 이러한 행동은 외교적인 전례를 잘 알고 있는 항만청 당국을 당혹하게 만들었을 것이다.

1892년 7월 5일 베어드 부부가 새 사택에서 맞이한 첫 여름에 첫 아이 낸시 로즈(Nancy Rose)가 태어났다.

마펫 박사는 당시 아직 미혼이었으며, 1893년 여름 한 때를 베어드 부부와 함께 지냈다. 7월에는 신임 선교사 에비슨(Oliver R. Avison) 부부와 그들의

---

17) 리처드 베어드는 Sells로 표기하였는데 이는 Sill의 오타이다. 당시 자료를 살펴보면 영문명은 John Mahelm Berry Sill이다. 그는 1859년 미시간 스테이트 사범학교에서 교장을 지냈고, 1863년 디트로이트 공립학교 교장을 지냈으며, 1894년 주한미국공사로 임명되어 한국에 왔다. (역자 주)

세 자녀가 서울에 부임하는 길에 방문하였다. 그들은 서울에서 그들의 부임을 맞이할 어떤 준비도 되어있지 못했다는 소식을 듣고 베어드 부부의 집에서 여름을 보내기로 결정하였다. 에비슨이 직접 소개한 부산방문 이야기는 그가 그 시절에 부산에서 경험한 생활에 대해서 잘 보여주고 있으며, 그 내용은 다음 쪽에 나온다.

부산에서 첫 번째 세례식은 그해 여름 베어드 박사의 사랑방에서 거행되었다. 한국인들과 선교사들이 예배에 참석한 가운데, 마펫 박사가 낸시 로즈 베어드에게 세례를 베풀었고, 베어드 박사는 에비슨의 넷째 아들 더글러스 에비슨(Douglas Avison)에게 세례를 주었다.

1894년 5월 13일 1년도 안 되어 어린 낸시 로즈는 잠간 동안 뇌척수막염을 앓다가 죽었다. 베어드 박사와 의사 어빈이 함께 내륙지방으로 여행을 떠났을 시기에 낸시가 아프기 시작하였다. 그들은 심부름꾼이 전하는 소식을 듣고 낸시가 죽기 바로 전에야 집에 도착할 수 있었다. 그 당시 의학지식의 수준에서는 의사가 어린 낸시가 앓은 질병을 초기 단계에 발견하였다고 해도 치료에 큰 차이가 있었을 것이라고 보기 힘들다. 확고한 종교적인 신앙이 매우 온화하고 애정이 넘치는 성정을 감싸고 있었던 베어드 박사였지만, 딸 로즈가 죽고 하루가 지난 후에 아버지에게 편지를 쓰면서 그는 이렇게 고백하였다.

"내 마음 속에서 인간적인 본성은 매우 강하지만 은혜는 매우 약합니다."

베어드의 첫 아들 존 아담스 베어드(John Adams Baird)는 1894년 10월 12일 부산에서 태어났다.

올리버 에비슨의 회고록

올리버 에비슨의 회고록 필사본은 예상했던 대로 흥미로운 정보의 보고이다.[18] 「초창기 한국생활」이라는 제목의 장에 나오는 몇 단락을 소개하겠다. 에비슨 가족의 이야기는 세 명의 어린 자녀들과 아직 태어나지 않은 넷째 아이와 함께 요코하마에 도착한 때부터 시작한다:

> 우리는 언제쯤 우리가 한국에 도착하기를 바라는지에 대해서 알려줄 편지를 한국으로부터 기다렸지만, 하루하루가 아무런 소식도 없이 지나갔다. … 약 6주를 기다린 후 … 우리는 매우 좋은 증기선을 타고 멀리 고베까지 여행하였고, 그곳에서 다시 훨씬 작은 크기의 선박인 '히고마루(Higo Maru)'[19]로 갈아타면서 한국으로 가져갈 짐을 옮겨 실었다. 우리는 배에서 하선해서 육지에 오르지 않고, 직접 배를 갈아탔고 그 배에서 출항을 기다렸다.
>
> 이 배는 마른 생선의 냄새가 깊게 배어 있어서 우리 가족은 심한 고생을 하였다. 배 아래층의 침실은 비좁고 답답하고 식당은 덥고 환기가 잘 되지 않아서, 우리는 의자를 가지고 갑판 위로 올라가서 밤새토록 그곳에 머물렀다. … 모기에 물리면서 … 우리는 다음 날 배가 출항하자 매우 기뻤다. …
>
> 배가 나가사키에 기항한 후에 대한해협을 건너갔고, 부산에 가까이 다가갔을 때 나는 우리를 부른 이 미지의 땅의 첫 광경을 간절한 열망으로 지켜보았다. … 우리는 마치 키가 큰 파수꾼처럼 바위기둥들이 양쪽에서 지키고 서있는 해협을 통과해 들어왔다. … 그리고 곧 바로 드넓은 항구의 모습이 한 눈에 들어왔는데, 크고 높은 산들이 배경을 이루고, 폭이

18) 그가 쓴 *Memoires of Life in Korea* 는『올리버 R. 에비슨이 지켜본 근대 한국 42년(1893~1935)』으로 번역, 출간되었다. 박형오 역, 청년의사, 2010. (역자 주)

19) 히고마루(肥後丸)는 도쿄와 부산 제물포를 왕래하던 일본 증기선이다. (역자 주)

좁고 긴 저지대의 땅은 해변을 따라 늘어져 있었다. 이곳 부산의 촌락은 해안을 따라 퍼져 있으며, 일본인들이 최초로 한국에 정착한 곳으로, 적어도 그 시기는 1443년으로 거슬러 올라간다. 그곳에 일본식 기와지붕의 단층집들과 간혹 높은 건물들이 있었다. 다수의 작은 초가집들이 더 좁고 긴 땅을 따라 마을에 모여 있었고, 높은 언덕과 더 높은 산들은 사람들이 거주한 흔적이 없고 벌목도 하지 않고 경작되지 않은 상태로 뒤편에 놓여 있었다. 전체적으로 볼 때, 아주 근사한 전경은 아니었다. … 드디어 언덕위에 보이는 서양식 단층집이 한눈에 들어왔는데, 바로 우리가 찾고 있었던 집이 분명하였다. 가족은 배에 남겨두고, 한국 거룻배를 타고 해안으로 가서 울퉁불퉁하고 구부러진 길을 따라 그 집까지 갔다. 그 때가 1893년 6월 16일 주일 오후였다.

베어드 목사의 집에 도착하였을 때, 소그룹의 외국인들이 그곳에 모여서 주일 예배를 드리고 있었다. 그들은 베어드 목사 부부, 휴 브라운 박사 부부, 선교회 사람들 그리고 2~3마일 떨어진 곳에 사는 소수의 호주장로교선교회 사람들이었다. 내가 보기에 무척 쓸쓸해 보이는 몇몇의 무리가 따뜻하게 맞이해 주었다. 배가 항구에 하루 이틀 더 머물렀으므로, 다음 날 나는 아내와 아이들을 베어드 부부의 집으로 데리고 갔다.

화요일에 그곳에서 나는 서울에서 일본으로 가는 길에 들린 감리교 선교사 벙커(Bunker)[20] 목사 부부를 만났다. 그들은 나를 만나 우리가 서울

---

20) 벙커(D. A. Bunker 방거房巨 1853~1932)는 미국에서 출생, 1883년 오벌린 대학을 졸업하고 유니온 신학교에서 신학을 전공했다. 벙커는 우리나라의 초빙교사로 발탁되어 왔다. 1882년 조미조약이 체결된 이후 근대 교육을 위하여 미국에서 선발하여 초빙한 교사가 벙커, 헐버트, 길모어인데 그들은 1886년 7월 4일 우리나라에 도착했다. 벙커가 가르치던 '육영공원'은 우리나라 역사상 최초의 관립 근대 교육기관으로 1896년 폐교될 때까지 벙커는 그곳에서 9년간 영어교사로 지냈다. 육영공원이 폐교된 이후 이들은 모두 선교활동에 적극 종사하였는데, 벙커는 이후 배재학당 교사가 되고 학감이 되었다. 그는 정치적 개혁을 위한 운동가들이 한성감옥에 수감되자 동료 선교사들과 함께 그들을 비롯한 죄수들의 처우 개선, 야만적인 고문 제도 폐지 건의는 물론 감옥에 많은 도서를 제공하였고 그 결과 이상재, 이원긍, 김정식, 유성준, 안국선 등이 감옥 안에서 독서를 통하여 기독교를 이해하고 신앙을 갖게 되었다. 그는 1926년 7월 4일 75세의 나이로 은퇴하여 미국으로 돌아갔다가 1932년 11월 26일 샌디에이

로 가는 길이라는 것을 알고, 놀라움을 표하며 가을까지 일본에 머물라는 전보를 요코하마에서 받지 못했느냐고 물었다. … 서울에 있는 외국인들은 모두 무더위를 피해 피서지로 갔다는데 … 우리는 어떻게 해야 할까?

베어드 부부는 "지낼 만 하다면 우리 집에서 머무시는 것도 환영합니다"라고 말했다. 그러나 그들의 집은 이미 빈 방이 없는 듯 했다. 휴 브라운 박사 부부는 그 집에 있는 방 두 개에서 그들의 집이 완공될 때까지 지내고 있었다. 베어드 부부는 복도 각각 한쪽에 있는 그들의 서재들을 비워주겠다고 하면서 그들이 할 수 있는 대로 우리의 편의를 봐주겠다고 말했다. 우리가 이 관대한 제안을 받아들이게 되어서 얼마나 기뻤는지! … 저녁이 되기 전 아내와 아이들과 우리 짐들이 책상을 치우고 침대가 놓여진 두 방에 자리 잡았다. 이런 형편에서 우리의 한국 선교사역이 시작되었다.

그날 밤 애니 베어드 여사는 우리가 모기장을 가져왔는지 물었다. … 나는 하룻밤 정도는 지낼만하다며 다음 날 일본인 마을에 내려가 모기장을 만들 천을 사오겠다고 기분 좋게 말했다. 그러나 날이 어두워지자 나는 방안에 가득한 모기떼가 공중에서 큰소리로 윙윙대는 소리를 듣게 되었다. … 그날 밤 우리 모두는 한숨도 못 잤다. 나는 우리 부부가 자는 방에서 모기를 잡은 후 자녀들이 자는 다른 방에 가서도 모기를 잡았다. 나는 밤새 이리저리 왔다 갔다 했다. 그렇게 애를 썼음에도 불구하고 아이들의 얼굴은 부어올랐고 모기에게 너무 물려서 눈을 뜰 수 없을 정도였다. 우리는 다음날 바로 모기장을 사러 마을로 내려갔다.

우리가 도착한 다음 주일 오후, 그러니까 부산항에 도착한지 딱 일주일 되는 때, 우리의 네 번째 아기가 태어났다. 일본을 떠나며 더글러스가 태어나기 전 서울에 도착했으면 하고 바랐는데, 잠시 부산에 머물게 된 것은 하나님의 섭리인 것처럼 보인다.

베어드 부부의 집으로 이사한 후 며칠이 지나 예기치 않게 사무엘 마펫

고에서 죽었다. 양화진에 부부의 묘가 있다. (역자 주)

목사가 베어드 부부와 함께 여름을 보내기 위해 서울에서 방문했다. 베어드 부부는 '두 팔을 벌려서 환영하지만 지낼만한 빈방이 없습니다. 그러나 이곳에서 머무는 것이 괜찮다면 주방에 달린 넓은 선반에 매트리스를 깔아드릴 수 있습니다'라고 하였다. 그가 유숙하기로 했기 때문에 그 집에 있는 모든 방은 부엌만 제외하고 침실로 사용되었다. … 얼마 지나지 않아서 애니 베어드 여사는 나에게 시간을 할애해서 한국어 교사와 지내며 한국어를 배울 것을 제안하였다. 베어드 박사는 그의 한국어 교사이자 조사인 고 씨[21]를 활용해도 된다고 하였다. … 우리는 8월말이 될 때까지 베어드 집에 머물렀다.

4. 개척 선교방법

새로운 종교가 전적으로 다른 외국 문화에 들어가는 첫 번째 단계는 무엇일까? 베어드 부부는 다음과 같이 사역하였다.

가. 기독교인 가정의 목격자
나. 사랑방
다. 문서 준비와 배부
라. 현지답사 및 전도여행
마. 의료사역과 교육사역

21) 고학윤을 가리킨다. (역자 주)

가. 기독교인 가정의 목격자

처음부터 한국말로 집에서 가정예배를 드렸다. 미국인과 한국인 손님들 그리고 가정부들이 참석할 것으로 예상되었다.

베어드 부부의 노력으로 그리스도를 믿게 된 첫 번째 한국인은 집에서 일하던 소년이었다. 그는 베어드 박사의 집에서 빨래하던 여인의 사촌이었으며, 그 여인도 처음으로 세례를 받은 사람들 가운데 하나였다. 그는 베어드 부부의 가정에 들어와서 요리사로 교육을 받고 베어드 부부와 함께 서울에서 지냈고, 그들을 따라 부산으로 이사하였다. 그는 덤벙대고 쾌활한 10대 아이였다. 그러나 그는 가족 기도모임에 참여하면서, 애니 베어드 여사와 부엌에서 함께 생활하면서 영적인 것들을 의논하기 시작하였고, 마침내 그의 사촌에게 세례를 받고 싶다고 말했다. 아래에 기술한 것처럼 그는 서울에 가는 베어드 박사의 육로여행에 동행하여 황해도에 있는 가족을 만나러 북쪽으로 갔다. 그는 그곳에서 병에 걸려 치료를 받기 위해 서울로 돌아왔다가 죽었다. 베어드 부부는 가족의 일원을 잃은 것처럼 힘들어 하였고, 그가 그리스도 안에서 참 신앙을 가졌고, 첫 회심자가 그들의 가정에서 함께 생활하였던 목격자들 가운데서 나왔다는 사실을 결코 잊지 않았다.

한국인들은 수세기 동안 외국과 고립되어 살아왔기 때문에 지위의 높고 낮음을 떠나서, 서양인과 서양인의 생활방식에 대해 높은 호기심을 갖고 있었다. 남자와 여자들은 무리를 지어서 자녀들과 함께 거의 아무 때나 찾아왔고, 특히 명절 기간에는 서양 사람의 집을 구경하고 싶어 했다. 이런 호기심을 영사와 사업가와 같은 사람들은 거부하였지만, 선교사들은 그것을 선교의 기회로 받아들였다. 사람들은 무리를 지어서 종종 가장 불편한 시간에 찾아왔다. 심지어는 양가규수들이 때로는 정반대로 신분이 낮은 자들이 식사시간에 찾아와서 젓가락 대신 나이프와 포크로 이상한 음식을 먹고 있는 선교사 가족을 쳐다보면서 크게 놀라곤 하였다. 선교사 가정은 확실히 친구를 사귀는 통로였고 개방된 곳이었다.

나. 사랑방

사랑방은 한국의 독특한 제도이다. 그것은 초창기 복음전파에 있어 중대한 요인이었다. 모든 한국 양반들은 손님들이 머무는 곳이며 '남성들의 구역'이라 할 수 있는 사랑방을 갖고 있었다. 사랑방은 항상 거리나 큰길에서 직접 드나들 수 있었다. 따라서 외부인들이 엄격히 말해 '여성들의 구역'인 안마당을 거치지 않고 밖에서 곧장 들어올 수 있었다.

한국 양반들은 사랑방에서 손님으로 환대를 받았기 때문에, 거의 비용을 들이지 않고 방방곡곡을 여행하였다. 저녁이 되면 여행객은 괜찮은 시골집을 찾아가서 주인에게 그의 사정을 이야기하고 쉴 곳을 요청하면 숙식을 제공받았다. 만일 주인이 집에 있으면 손님을 그냥 돌려보내지 않았다.

손님들은 하룻밤이나 이틀 밤을 유숙한 후에 집주인이 그들을 썩 반기지 않는 것 같으면 서둘러 길을 떠나기도 하였지만, 급한 사정일 경우에 하룻밤이나 일주일을 머물기도 하였다. 신문이나 다른 뉴스를 전하는 매체가 없던 때에 사랑방 제도는 개인을 통해 소문을 퍼트리는 통로가 되었고, 사랑방을 통해 새로운 소식들이 전 지역에 놀랍도록 빠르게 전파되었다.

물론 사랑방이 집주인에게는 재정적 부담이 되었다. 어느 초기 작가에 따르면, 한국의 양반은 환대법칙과 파산법칙 사이에서 신중하게 처신을 하며 대부분의 삶을 보낸다고 하였다. 이 제도는 두 가지 방식으로 작용한다. 어떤 사람이 손님들에게 후하게 대접을 잘해서 빚이 늘어나고 채권자가 그를 힘들게 하거나, 혹시 정적들이 그를 체포하려고 한다는 소문이 나면, 집주인도 방랑생활을 떠나야 하였다. 집주인이 집에 없을 때에는 사랑방은 문을 닫았다. 집행관들이나 채권자들이 찾아와서 집주인을 찾으면, 가족은 그의 소재를 전혀 모르는 것처럼 꾸며서 대답하였다. 그는 십리(2마일) 정도 떨어진 가까운 이웃의 사랑방에 있거나, 4백리(100마일) 밖에 있는 사촌이나 심지어 전혀 모르는 사람을 방문하고 있을지도 모른다. 그는 늘 가보고 싶어 했던 여러 지방의 지역들을 몇 주 동안 혹은 몇 달 동안 느긋하게 방문하고 나서, 햅쌀 수확기에 채권자를 만족시킬 만한 방법이 생기거나 정치적인 상황이 바뀌어서 그의 정적들이 정권에서 물러나면, 집으로 돌아와서 사랑방을 다시 열 수 있었다.

초기 선교사들은 모두 사랑방을 가지고 있었다. 모든 선교지부 건물에는 사랑방이 있었는데, 선교사 숙소와는 떨어져 있었으나 길거리의 입구에서 가까이 있었다. 이곳에서 선교사들과 한국인 조사들은 관심을 보이는 방문객이나 호기심이 있는 사람들을 만나기 위해 항상 머물러 있었다. 베어드 박사의 집이 완공된 후에 선교회가 요청한 첫 번째 사업은 사랑방 건축을 위한 기금 마련이었다. 사랑방은 베어드 박사가 현지답사여행을 하지 않을 때 모든 활동의 중심이었다. 선교사의 사랑방은 한국의 양반들처럼 손님들에게 하룻밤 숙식을 제공하지는 않았지만, 베어드 박사의 일기에 따르면, 그는 사랑방에서 적어도 가끔씩 전도인들과 손님들에게 점심식사를 대접하였다.[22)]

사랑방에는 거의 매일같이 손님들이 찾아왔다. 그들은 그곳에서 가정예배나 주일예배 등 예배를 드리는 모습을 지켜보았다. 선교사들은 그들에게 무료 소책자를 나누어 주었지만, 쪽복음이나 기독교를 소개하는 소책자는 직접 사서 보도록 권유하였다. 그들은 대화를 나누고 난 뒤에 베어드 박사가 어학선생들과 한국어를 공부하거나 새로운 소책자를 번역하는 일을 몇 시간씩 앉아서 지켜보곤 하였다.

---

22) 1900년까지 평양에 한국교회들이 잘 세워졌기 때문에 선교지부의 사랑방은 더 이상 필요 없게 되었다. 그것은 처음에 숭실학당의 교실로, 나중에 외국인 학교로 사용되었다. (역자 주)

베어드 박사는 1893년 9월 11일 일기에서 그날 찾아온 사랑방 방문객들을 다음과 같이 기록하고 있다.

1. (부산에서 50마일 떨어진) 김해에서 온 배씨 노인[23)]
2. (100마일 남쪽에 있는) 제주도에서 온 맹인
3. (10마일 떨어진) 동래에서 온 박 선생
4. (400마일 밖 북쪽의 만주 경계에 있는) 함경도에서 온 남자

1894년 2월 28일 일기에서 베어드 박사는 다음과 같이 기록하였다:

> 제주도에서 온 사람이 여기에서 여러 번 책과 약을 사갔다. 그는 복음에 대해서 조금 관심을 보였다. 최근에 몇몇 사람들이 그곳에서 왔는데 언젠가 장래에 그 섬에 들어갈 기회가 있기를 바란다.

1894년 4월 6일 기록은, 사랑방이 어떻게 사용되었는지를 보여준다.

> 나는 동래에서 돌아온 이후로 감기에 걸려 집에서 멀리 나갈 수 없었다. 나는 그날 사랑방에서 3시까지 한국어 교사들과 함께 시간을 보내면서 한국인들과 말하고 공부하고 번역하는 일을 하였다. 매우 신중하게 『천로지귀(天路指歸)』[24)]를 개정하였다. 한국인 몇 명이 책을 얻으려고 이곳에 왔다. 박 서방이라는 사람은 몇 년 전 내가 서울로 올라가기 전에 예배에

---

23) 이상규가 번역한 『윌리엄 베어드의 선교일기』에 따르면 이 사람은 배성두이다. 『윌리엄 베어드의 선교일기』 186쪽 각주 39번 참조. 배성두는 1894년 김해교회를 설립하였고 장로가 되었다. (역자 주)

24) 『천로지귀(天路指歸)』는 미얀마 선교사였던 아도니람 저드슨(Adoniram Judson)의 *Guide to Heaven*을 번역한 것이었다. 이 책은 1894년 전체적으로 다시 개역하였고, 1905년 조선야소교서회에서 소책자로 출판하였다. (역자 주)

참석하였는데, 최근에는 거의 매 주일마다 동래에서 올라와서 예배에 참석하고 있다. 송씨와 김씨 두 사람도 부산 인근에 살고 있는데, 박서방과 함께 참석하고 있다. 매우 전도유망한 두 명의 방문객들이 찾아와서 얼마동안 우리가 갖고 있는 책들을 읽고 있는데, 지난달에는 나를 만나려고 지방에서 올라왔다. 그들의 관심은 피상적인 것이 아니었다. 주님이 그들을 빛으로 인도하시길 바란다.

다. 문서 준비와 배포

모든 선교지역에서 그리고 특히 한국에서 복음을 소개하는 소책자와 문서[25]를 사용하는 문제에 대해서는 선교의 역사에서 이미 충분히 검토하였기 때문에, 여기에서는 더 이상 언급하지 않을 것이다. 베어드 박사가 생애 말년에 전적으로 기독교 문서 제작에 헌신하였기 때문에 이 주제는 다음 장에서 논의하려고 한다.

라. 현지답사 및 전도여행

현지답사와 전도는 부산선교지부 개설을 위한 것으로 베어드 박사는 이 일을 성실하게 수행하였다. 그는 1년에 7개월 이상 집을 떠나 있었다.[26]

---

25) 초기 선교사들의 전도문서에 대해서는「초기 한국개신교에 영향을 미친 개항기 전도문서의 특징」(신성현, 장로회신학대학교 대학원 석사학위논문, 2014)을 참고할 것. (역자 주)

26) Harry A. Rhodes, *History of the Korean Mission of the Presbyterian Church in the USA, 1834~1934*(YMCA Press, Seoul, 1934), 129. (저자 주)
이 책은 한국에서의 선교사역에 관한 미국 장로교회의 전체 역사를 잘 정리하고 보여주고 있다. (역자 주)

1896년 그는 8번 여행을 했는데 279일이 걸렸으며, 1,600킬로미터가 넘는 거리를 다닌 셈이었다. 현지답사가 기본 목적이었지만, 모든 여행은 전도여행이었다. 그는 사랑방을 방문한 사람들과 전에 환자였던 사람들의 집을 찾아가서 그들이 기독교에 대해서 배우도록 격려하였다. 이런 접촉이 전혀 없었던 마을에서는, 서당이나 활터, 목장, 한약방, 그리고 학식 있는 사람들이 소그룹으로 모여 있을만한 장소를 찾아 방문하였다. 그 당시 기독교는 아직 금지된 종교였기 때문에 거리나 시장에서 설교하지 않았다.

베어드 박사가 행한 많은 여행들은 아래에 나오는데, 그 가운데 두 가지 대표적인 여행이야기를 그의 일기에서 거의 그대로 옮겨 보았다. 독자들은 모든 한국어 단어들이 부록 1에 설명되어 있고, 장소와 인명은 현대 철자법을 따르지 않고, 베어드 박사의 일기에 있는 대로 기록하였다는 것을 염두에 두었으면 한다.

1) 경상도 지역 여행 (1893년 4월 17일~5월 20일)

- 4월 17일,[27] 월요일 – 동래

나는 경상도 북쪽 지방으로 여행을 시작했다. 나는 금요일에 동래에 왔고 내일 대구로 출발할 예정이다. 서경조[28]가 전도자로 나와 동행했고, 사환[29] 박재용을 데려갔다. 두 명의 마부가 내일 우리와 합류하여 짐을 실을 예정이다. 나는 이 사환에게 9달러 50센트를 주기로 약속했고, 식사는 스스로 알아서 해결하기로 했다. 마부는 일당 500냥을 주기로 했다. 그들은 출발하기 전 각자 10냥을 받았고, 여행하면서 사용한 비용은 그때마다 주고, 나머지는 돌아와서 받기로 하였다.[30]

---

27) 『윌리엄 베어드의 선교일기』(이상규 역)는 4월 14일 금요일로 되어 있다. (역자 주)

28) 서 씨 가족에 대한 이야기는 다음의 〈한국인 동료 사역자들〉을 보라.

29) 이 시골 소년은 요리사이고 심부름꾼이고 개인적 하인이었다.

30) 그 당시 한국 화폐에 대해서는 부록 2를 참조하라.

우리는 완전히 비에 흠뻑 젖어서 동래에 도착하였기 때문에 옷을 말리는 동안 책을 보며 토요일을 보냈다. 어제는 날씨가 맑았다. 우리는 온천 지역을 떠나 동래 근처에서 잠시 멈추었으며, 그곳에서 몇 권의 책을 나누어 주었다. 그곳 사람들은 기독교에 대해 많은 이야기를 듣고 나서 그들 가운데 책을 원하는 사람들이 많았다.

오늘 아침에 나는 책을 번역하며 시간을 보냈다. 정오에 아내가 부산에서 온천으로 왔다. 오후에는 내일 일찍 출발하기 위해 짐을 싸고 정돈을 하였다.

- 4월 19일, 수요일 정오 – 까치원(Gachi won)31)

어제 아침 9시에 출발하여, 마부들의 호의로, 불교사찰인 범어사를 지나 험한 계곡을 통과하였다. 길가에 있는 여관에서 저녁을 먹었다. 오후에 양산 읍내와 황산 역을 통과하였다. 우리는 밤에 낙동강가의 물금에 도착했으며, 그 날 하루 종일 60리 내지 65리를 걸었다. 물금에 있는 여관은 꽤 괜찮아 보였다. 우리는 그곳에서 전도할 기회를 얻지 못했다. 여관주인이 우리를 보자마자 천주교 신자로 생각하고 우리의 말을 들으려고 하지 않았기 때문이다. 우리는 어떤 책도 나누어주지 못하였다. 하나님께서 저들의 무지에 자비를 베풀어 주시기를 바란다. …

- 4월 20일, 목요일 오전 – 밀양

어제 오후 우리는 작은 언덕들을 넘었고, 다시 북쪽으로 방향을 돌려서 크고 비옥한 계곡으로 들어섰다. 이곳은 지금까지 지나왔던 곳보다 훨

---

31) 까치원은 작원(鵲院)이다. 이는 '깐치원' 혹은 '작원관지(鵲院關址)라고도 불렸는데, 이곳은 현재의 경남 밀양시 삼랑진읍 검세리 산 101번지이다. 이곳은 영남지방의 동서와 남북을 잇는 요로(要路)로서 낙동강변 절벽에 위치하여 부산 동래에서 한양에 이르기 위해서 반드시 통과해야 하는 교통관문이었다. 이곳에는 여행하던 관원들의 숙박소 기능과 왜적의 공격에 방어하는 기능과 직원진이라는 나루터로 출입하는 사람들과 화물을 검문하는 기능을 겸한 곳이었다. (이상은 역자가 이상규가 번역하여 숭실대학교 한국기독교박물관에서 발간한『윌리엄 베어드의 선교일기』 44쪽의 역주를 인용하였다.)

씬 더 좋은 지역이었다. 왜냐하면 이곳에는 많은 사람들이 있었기 때문이다. 날이 어두워졌을 때, 우리는 밀양에 들어왔는데, 이곳은 작은 촌락처럼 보여도 1,000여 가옥이 모여 있다고 한다. 우리는 어제 하루 종일 총 70~80리를 걸었다. 말씀을 전할 기회가 거의 없다. 책도 몇 권만 팔렸다. 사람들이 우리를 피한다. …

밀양에는 유명한 건축물이 있다: 이것은 높은 지붕 아래 바닥을 높인 무대를 가진 건축물이며, 일명 '루(다락, 樓)'라고 부른다. 이것은 남부지방 최고의 건축물이며, 영남루라고 한다. 집으로 편지 한 통을 보냈다.[32] 오전에는 번역을 하고, 오후에는 다시 대구로 떠나려고 한다.

• 4월 21일, 금요일 정오 – 삼거리(청도)

밀양을 막 떠나려고 하는데 책을 사겠다는 사람들이 모여들었다. 우리는 거의 저녁식사를 할 시간도 없었고, 그 책에서 가르치는 진리의 의미를 설명할 기회도 없다. 이곳 밀양 지역 사람들은 선량하고 유복해 보였다. 밀양에는 부유한 사람들이 많이 산다고 한다.

우리는 그날 밤 유천역에서 머물렀다. 주막 주인인 아버지와 아들이 말다툼을 했다. 아버지가 아들을 야단쳤다. 아들은 머리를 움켜쥐고, 땅을 치며 아버지를 욕했다. 이웃이 끼어들어 말리는 소리가 들렸지만, 거의 알아듣기 어려웠다.

우리는 일찍 출발하여 부유한 사람들이 사는 마을을 통과하여 40리를 갔다. 작은 촌락들이 뒤쪽 산허리의 아래 부분 근처에 모여 있다. 아직 비가 오지 않았다. 쌀값은 계속 올라서 한 상에 30냥에서 40냥으로 뛰었다. (참고: 한국에서 '상(床; table)'은 한 끼 식사를 말한다.)

• 4월 22일, 토요일 정오 – 대구

방금 대구에 도착했는데, 오후 1시경이다. 어제 오후에 우리는 예정보다

---

32) 편지는 당시 우체국이 아직 없었기 때문에 심부름꾼이나 여행에서 우연히 만나게 된 부산으로 가는 여행객이나 상인들의 도움으로 전달되었다.

이른 시간에 안새부리라는 작은 산마을에 도착했다. 2~3시간은 더 가야하는데, 마부들이 가는 길에 있는 높은 언덕을 보고 힘들어해서, 우리가 양보하였다. 우리는 사람들이 책을 사겠다고 했을 때 잠시 쉬었지만 잠자리에 들 때까지 여행을 계속했다. 말씀을 전파할 시간은 거의 없었지만, 많은 책들을 나누어 주었다. 오전 중으로 대구에 도착하기 위해 우리는 아침 일찍 길을 떠났다. 우리는 팔조령[33]이라는 높은 산언덕을 처음으로 넘었다. 고개를 넘자 아주 길고 좁은 계곡으로 들어섰는데, 이 골짜기가 점점 넓어지면서 대구 지역이 있는 계곡으로 연결되었다. 장작을 실은 우마와 사람들이 많이 지나가는 것을 보면서 우리는 큰 도시로 향하고 있다는 사실을 알 수 있었다. 도시 곳곳마다 사람들로 북적댔고, 연 1회 열리는 큰 시장인 약령(藥令)에 온 장사꾼들로 무척 붐볐다. 도시를 구경하기 위해 나갔다. 정부 보고에 의하면 이 도시에는 3,700여 가구가 살고 있다. 그러나 사람들은 실제로 그보다 약 3배가 더 많은 10,000여 가구나 된다고 한다. 만약 그렇다면 이곳 인구는 5만 명 정도 될 것이다. 내 생각으로는 통영보다 크지는 않은 것 같다. 어떤 이들은 대구가 더 크다고 한다. 또 다른 이들은 통영이나, 마산, 진주, 대구의 크기가 엇비슷하다고 말한다.

- 4월 25일, 화요일 오전 – 동명지(東明池)[34]

대구에서 지내는 동안 대부분의 시간을 종교에 대해 사람들과 이야기하

33) 팔조령은 경상북도 청도 서북 이서면 팔조리와 대구광역시 달성군 가창면 삼산리를 연결하는 고개로서 고도는 410m이다. 과거 동래에서 한양으로 가는 주요 길목으로 문경새재 다음으로 높은 고개이다. 도로가 생기기 전까지는 고갯길 경사가 가팔라서 수레를 이용할 수 없어서 소와 당나귀나 등짐꾼을 이용하여 화물을 운반하였는데, 종종 산적이 출몰하기에 8명이 모이지 않고는 고개를 넘을 수 없다고 하여 '팔조령'이라 하게 되었다고 한다. 현재에는 팔조령터널이 개통되어 옛 고갯길은 교통로서의 역할은 거의 상실했다. (역자 주)

34) 동명지는 경북 칠곡군 동명면 구덕리에 위치한 수면적 11만 2천 평의 저수지로, 동명지 옆에 송림사라는 유명한 사찰이 있어 송림지라고 불리기도 했다. (이상규가 번역하여 숭실대학교 한국기독교박물관에서 발간한『윌리엄베어드의 선교일기』 47쪽의 역주에서 인용)

면서 보냈다. 책들도 많이 배포하였다. 전신국과 관련된 일을 하는 사람이 우리를 여러 차례 방문하여 무상으로 여러 권의 책을 받아갔다. 그는 부산에 들를 것이라고 했다. 그의 이름은 김성규이다.

우리는 어제 아침 일찍 대구를 떠날 예정이었는데, 여행의 이동을 책임지고 있는 마부들이 말을 교체해야 했다. 그래서 우리는 정오가 되어서야 다른 더 좋은 말로 갈아타고 떠났다. 우리는 시간을 낭비하지 않으려고 밤까지 말을 타고 이동하여 대구에서 40리 떨어진 이곳까지 왔다. …

• 4월 26일, 수요일 저녁 – 낙동

대구를 떠난 후 우리는 성주와 좌측의 인동 읍내를 지나왔다. 성주는 상당히 큰 지역이라고 하는데, 동래와 같은 크기이다. 밥값은 한 상에 35냥에서 60냥으로 올랐다. 마부 가운데 한 사람이 병이 나서 오늘은 50리밖에 여행하지 못하였다.

여행 도중에 만난 사람들은 우리가 전하는 것을 이해하지 못하였다. 그들이 하는 말을 들어보면 죽음 이후에 대한 비전이 전혀 없음을 알 수 있다. 딱한 서 씨! 며칠 전 그는 한국인들이 일본과 중국의 노예가 되어가고 있다고 탄식했다. 이 백성들의 우둔함과 어리석음 때문에 그는 하루에도 몇 번씩이나 탄식했고 죽음 이후의 문제에 무심한 한국인을 안타까워하는 외국인의 심정은 당연한 것이라고 말했다. "그들은 눈이 있어도 보지 못하고, 귀가 있어도 듣지 못하고 이해하지도 못한다. 그들을 가르칠 수 있는 유일한 길은 계속 반복하여 가르치는 일 뿐이다." 불쌍한 사람과 백성들! 그들은 다른 나라의 언어를 알지 못한다. 하나님, 속히 그들을 구원하여 주시옵소서.

• 4월 28일, 금요일 오전 – 상주

우리는 어제 아침 낙동을 떠났다. 상주로 가는 길 중간쯤 이르렀을 때 우리는 김 서방이 그곳에서 조금 떨어진 작은 마을에 살고 있다는 것을 알게 되었다.[35] 우리는 그곳에 가보았는데, 그는 아주 작은 집에서 매우 궁핍하게 살고 있었다. 그는 부산을 떠나서 7일 만에 집에 돌아와서 며칠 전까지 아파서 누워있었다. 오는 도중에 세척기가 깨지는 바람에 그는 자신의 상처를 씻을 수가 없다. 그는 앉을만한 방이 있는 이웃집으로 우리를 데리고 갔다. 잠시 이야기 한 후, 약 12채의 집이 있는 작은 마을에 사는 친지들에게 우리를 소개하고, 우리에게 함께 식사하자고 권했다. 그는 가난했지만 거듭 요청하였기 때문에 그의 제안을 거절할 수 없다. 그와 함께 성경을 읽고 말씀을 나눈 후에 우리는 그곳을 떠났다. 그는 언덕 비탈까지 따라와서 우리를 배웅했다.

가엾은 친구! 그는 오래 살지 못한다. 그렇지만 그는 자신의 성경도 가지고 있고, 또한 공자의 가르침에 만족하고 있는 그의 이웃들은 성경과 그리스도에 대한 말씀을 전하더라도 듣지 않을 것이 분명하기 때문에, 그는 그들보다 더 부요한 사람인지 모른다.

우리는 지난 밤 낙동(洛東)[36]에서 40리 떨어진 상주에 도착했다. 우리는 병이 난 마부 한 사람을 낙동에 두고 왔다. 지금은 동행하는 소년의 병세가 많이 호전되었다. 일행 가운데 단 한 사람이 병에 걸렸지만, 집에서 멀리 떨어진 곳에서 생긴 일이어서 난처하였다. 그러나 우리는 최선의 일이 일어나기를 바란다. 어제는 이곳에서 장이 열렸다. 그래서 이곳

35) 여기서 말하는 김 서방을 이상규는 "김기원(金基源, ?~1941)이었음이 분명하다"고 단정한다. 베어드와 함께 여행에 동참했던 서경조는 "디명은 미상ᄒᆞ나 부산셔 밋기로 작졍ᄒᆞᆫ 一人을 차즈니 셩명은 김긔원이라. 죵쳐병이 즁ᄒᆞᆫ 것을 보고 위로를 ᄒᆞ고 셥셥이 ᄯᅥ나니라"고 기록하고 있는데, (서경조, "徐景祚의 傳道와 松川敎會 設立歷史," 93-94). 정황을 고려해 볼 때 그가 말하는 김기원은 김서방이 분명하다는 것이다. 그는 부산의 기독교병원의 환자였으며 베어드의 사랑방에서 모이는 예배에도 참석했던 인물이었다. 그는 김재수(金在洙)로 불리기도 했는데, 후일 그는 경상북도 지역 최초의 조사, 최초의 장로, 최초의 목사가 된다. 그가 살았던 곳이 경북 상주시 낙동면 화산리였다. (이상규 번역『윌리엄 베어드의 선교일기』 49쪽의 역주 인용)

36) 경북 상주시 낙동면 낙동리, 이곳에는 영남 지방과 서울을 연결하는 물류중심지 역할을 했던 나루가 있다. 낙동강 하류지방에서 강을 거슬러 올라온 세곡선이 낙동나루터로 모여들었고, 소금배와 상선 등도 가득했다. (역자 주)

에 도착하자마자 우리는 숨 돌릴 여유조차 없다. 오늘 아침 몇 권의 책을 팔았다.

• 5월 1일, 월요일 밤 – 용궁 읍내

상주는 부산에서 480리 떨어진 곳이고, 서울에서의 거리도 동일하지만, 서울에서 내려오는 길이 훨씬 좋다.
하인 두 사람이 병이 나서 오늘 아침까지 상주에서 지체하였다.
몰려오는 사람들의 접근을 통제하기 위해서 경비 한 사람을 세워줄 것을 지방 관리에게 요청하지 않을 수 없었다. 그들은 분명히 외국인을 거의 본적이 없는 것 같았다. 서 씨는 이곳 사람들을 2만 명으로 추산하였다. 나누어줄 수 있는 대로 많은 책을 배포하였다.
지방 관리는 예의가 바르고 친절해서, 여러 번 우리를 불러서 우리가 요청한 것을 처리해 주었다. 그에게 말 한 필을 7달러 곧 670냥을 받고 팔았다.
우리는 지방 관리에게 마부를 책임지고 치료해 주도록 부탁하고 상주를 떠날 수밖에 없다. 마땅한 다른 방도가 없다. 그는 고열이 나서, 움직일 수가 없다. 우리가 가진 돈으로는 그곳에 계속 머물 수 없었고, 약도 거의 떨어졌다. 사동은 감기에 걸렸지만, 좀 나아졌다. 상주에서 다른 마부를 10리에 10전을 주고 또 음식을 제공하는 조건으로 고용했다.

• 5월 2일, 화요일 아침

밤새 비가 왔는데, 하루 종일 비가 올 것 같다. 사동이 밤에 아팠으나 많이 좋아졌다.

• 5월 4일, 목요일 정오 – 풍산역

화요일에서 수요일 정오까지 여관에서 공부하고 번역하면서 보냈다. 비가 멈추자 즉시 출발하였다. 지난 밤에는 상주에서 100리 떨어진 강 건너편의 작은 마을에서 잤다. 오늘 아침 두 번이나 강을 건넜다. 땅이 비옥하고 사람들이 많이 사는 지역을 지나왔다. 어제 예천 읍내를 왼편에 두고 지나왔다.

- 5월 5일, 금요일 아침 – 안동

어젯밤에 상주에서 260리, 부산에서 480리 떨어진 이곳에 왔다. 많은 책을 팔았다. 사람들이 몰려드는 것을 간신히 피하였다. 이곳 지방 관리는 경상도의 어느 다른 지방보다도 더 많은 사람들이 이곳에 산다고 한다. 읍내 그 자체는 특별히 크지 않지만, 거의 15,000명의 주민이 거주하는 것 같다. 오늘 아침 낙동강을 건너 경주로 향할 계획이다.

- 5월 8일, 월요일 정오 – 영천

안동을 떠나기 전 한 천주교인이 와서 내 앞에 엎드렸다. 그는 내가 천주교 신부가 아닌 것을 알자 태도가 달라졌다. 전도여행에서 이런 사람은 처음 보았다.

금요일 밤에 의성에서 잤다.

토요일에 신령에 도착하여 이곳에서 주일을 보냈다. 대구에서 70리, 안동에서 160리, 경주에서 120리 떨어진 곳이다. 병이 들어 상주에 남겨두고 왔던 그 마부가 우리를 따라 잡았다. 사동과 마부 두 사람은 모두 걸을 수 있었다. 거의 완쾌되었다. 기도에 대한 응답이다.

- 5월 13일, 토요일 – 경주

화요일(5월 9일)에 우리는 말을 타고 경주에 가서 줄곧 그곳에서 지내면서 사람들을 만나고 대화를 하였지만, 별 소득이 없었다. 아직까지 책 한 권도 팔거나 나누어 주지 못했다. 모두가 거절했다. 오늘 아침 두 사람이 계란을 선물로 가져왔지만 성경말씀 듣는 것을 거절했다. 경주는 아직도 중요한 유적들이 남아있는데, 거의 1,000년의 역사를 가진 왕릉과 석탑과 고분들과 건축물들, 그리고 서울에 있는 종보다 더 크고 오래된 종이 있는 곳이다. 경주는 대구보다 더 호감이 가는 도시이다.

• 5월 18일, 목요일 – 울산

울산은 대구에서 170리, 부산에서 140리 떨어진 곳이다.

경주를 떠나기 직전에 많은 책을 팔았다. 어제 아침 그곳을 떠나 80리 떨어진 이곳에 왔다. 어제 지나온 지역들은 다 좋은 곳들이다. 인구도 상당히 많다. 해군기지인 좌병영[37]을 지나왔는데, 언덕 위에 자리 잡고 있었다.[38]

베어드 박사의 한국이름

이 당시 대부분의 한국인들이 미국인의 이름을 발음하기가 무척 어렵다는 것을 알고 초기 선교사들은 한국식의 이름을 선택했다. 이 페이지에 큰 글자로 표기된 중국어의 표의문자는 베어드 박사가 고른 한국 이름이다. 작은 글자는 같은 이름을 우리말로 소리 나는 대로 표기한 것이다. 한국어 이름의 성(姓) 배(Pae)와 이름 위량(Wee Ryang)은 영어 이름 윌리엄 베어드(William Baird)에 가장 가깝게 발음할 수 있는 이름을 선택한 것이다.

한국이름의 성(姓)은 대부분 뜻이 있다. 일반적인 한국인의 성(姓)인 김(金)씨, 이(李)씨, 그리고 백(白)씨는 각각 금, 오얏나무, 그리고 흰색을 의미한다. 배씨 성은 거의 사용하지 않는 성들 가운데 하나이다. 이 한자는 세 부수로 이루어져 있다. 윗부분의 글자는 모

37) 지금의 울산시 중구 서동 149-8 병영 1동 사무소 앞 병영성. (역자 주)

38) 이 여행 일기는 여기에서 끝난다. 울산이 부산에서 140리 떨어졌기 때문에 베어드 박사는 하루 반이 걸려 집으로 돌아왔을 것이다.

자를 의미하는 부수이다. 가운데 부분은 부정(否定)을 나타내는 부수이고, 아랫부분은 옷을 의미하는 부수이다. 이 글자를 풀이하면, 만일 어떤 사람이 모자는 쓰고 옷은 안 입었다면 그는 벌거벗은 것이다. 그러나 이것은 베어드 박사가 이 이름을 선택한 것과는 아무런 상관이 없다. 그는 정말 이런 식으로 생각한 것이 아니었다.

사무엘 마펫 박사가 자신의 이름을 성경에서 찾아서 정했다. 중국어 성경과 한글 성경에서 사무엘이라는 이름은 숫자 '셋 삼(三)'과 '기쁨'을 나타내는 한자 悅로 되어 있는데, 각각 '삼'과 '열'이라고 발음한다. 그의 이름의 성(姓)은 동물인 말을 뜻하는 한자 馬를 선택하였는데 한국어로 '마'라고 읽으며, 중국인과 한국인의 일반적인 성이다. 그의 이름 마펫과 더 비슷하게 소리나도록 그는 '포'라고 읽는 한자 布를 하나 더 그의 성에 첨가하였는데, 그 의미는 '옷' 또는 '담요'를 뜻한다. '三悅'과 '馬布'라는 이름은 한국인들이 잘 받아들였고, 마펫 박사의 미국 친구들은 이 이름의 뜻을 합치면 "세 배로 따뜻한 말 담요"를 의미한다는 사실에 소리내어 웃곤 했다.[39)]

한국의 지도

다음 쪽에 나오는 지도책은 베어드 박사의 서류들 가운데서 발견되었는데, 그의 선교 초기 답사에서 사용했을 가능성이 아주 높다. 그 지도들은 진한 자색(紫色) 종이에 손으로 그린 것으로, 각 지역의 지도는 일부 지도가 남도와 북도로 구분된 1892년 이전의 것이며, 같은 이름으로 되어 있다.

이 지도책의 뒷면에 대구-부산 지역의 사본이 있다. 이 흑백 사본은 전문적인 서예가의 서체를 보여주고 있지만, 언덕은 초록색으로, 관청소재지는 붉은색 원으로, 그리고 군사기지는 붉은색 사각형으로 표시한 원본만큼 생생하지 못하다.

39) 리처드는 마포삼열의 열(悅)을 따뜻하다는 뜻의 열(熱)로 본 듯하다. (역자 주)

이 지도들은 나침반을 제외한 다른 측량도구들을 사용하지 않고 만든 것이지만, 전체적인 비율, 거리, 그리고 방위가 놀랄 정도로 정확하다. 이 지도에 부산(부산진), 마산, 원산, 제물포(인천) 그리고 진남포가 모두 빠져있다는 사실은 이 지도의 원본이 만들어진 시기가 은자의 나라[40] 조선이 아직 외국과 교역을 하지 않았고, 따라서 이 개항장들이 존재하지도 않았던 때로 거슬러 올라간다는 것을 암시한다. 부산은 수 백 년 동안 일본의 교역항으로 존재했지만, 한국인의 자존심은 '왜놈들'과 교역하는 장소를 지도에 표시하고 싶지 않았을 것이다. 부산과 부산진이 동래로 표기된 지역에는 관청 소재지, 온천, 군대 주둔지, 좌수영이 기록되어 있다. 평안도 지도에 압록강 요새들인 마포진, 고산진과 다른 요새들이 정확하게 표기가 되었는데, 부산진이 빠진 것은 이해하기 힘든 일이다.

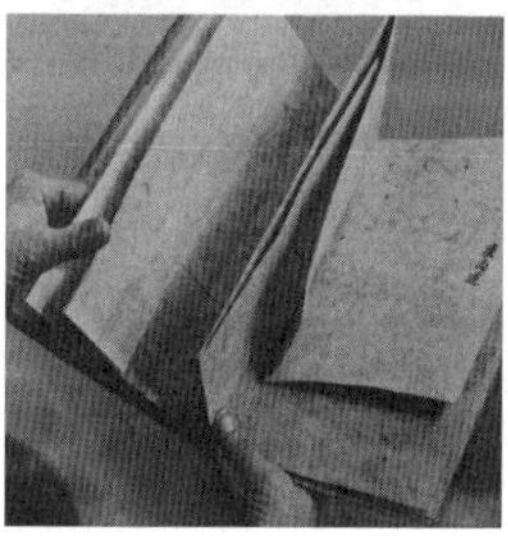

40) '은자의 나라'는 윌리엄 그리피스의 저서 *Corea the Hermit Nation*(1882)에서 최초로 유래하였다: W. E. 그리피스 지음, 신복룡 역주, 『은자의 나라 한국』 집문당, 1999. (역자 주)

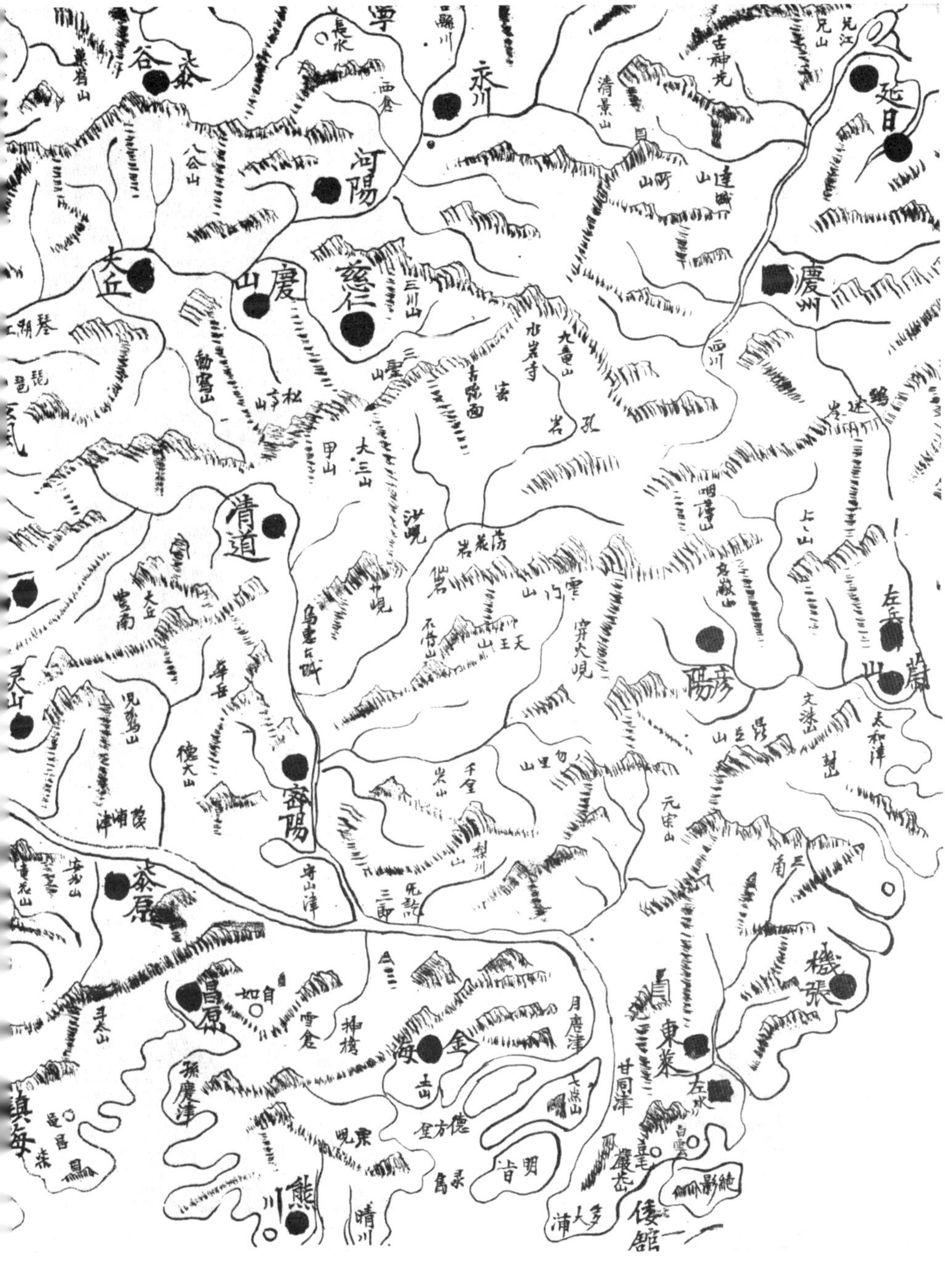
大丘
慶山
慈仁
河陽
永川
延日
慶州
清道
密陽
彦陽
機張
東萊
金海
昌原
熊川
倭館
八公山
琵瑟山

2) 부산에서 서울까지 육로여행 (1893년 9월 25일~10월 11일)

- 1893년 9월 25일, 월요일

아내 애니와 첫 아이 로지(Rosie)가 23일 토요일 증기선을 타고 떠났다. 나는 모든 준비를 마치고 월요일 아침 일찍 떠나려고 했다. 그러나 막 출발하려고 할 때 내가 20냥을 미리 지불하고 예약하였던 말이 오지 않았고 그 보다 작은 말을 보내주겠다는 연락을 받았다. 나는 지방 관리에게 편지를 보냈다. 그는 당초 약속했던 말이나 그 말을 대신할 수 있는 좋은 말을 보내주겠다고 약속했다.

말 한 필이 왔는데, 이웃의 평판이 가장 나쁜 마부와 함께 왔다. 출발하기 전에, 그는 내 짐을 자기 마구간으로 갖다 놓고 그렇게 먼 곳에는 가지 않겠다고 거절하였다. 그가 나중에 다시 오리라 기대하면서, 우리는 터벅터벅 걸어서 밤이 되어서야 전에 내가 하룻밤을 유숙하였던 모라(帽羅)[41]에 도착하였다. 그러나 한 시간을 기다려도 내 말은 나타나지 않았다.

나는 계속 걸어왔기 때문에 몹시 더웠고, 담요도 없었고 가벼운 여름 코트 한 벌 뿐이었다. 그때는 부산으로 돌아가기에는 너무 늦었다. … 나의 길을 주님께 의탁한 후에 나는 하인을 부산으로 돌려보내고 잘 준비를 했다. 나중에 알았지만 매독을 앓고 있던 주인은 나에게 그의 누비이불과 모기장을 주었고 나는 자려고 누웠다.

그 때 우리 일행의 나머지 사람들이 다른 말과 함께 여관에 당도했다. 이 말은 처음에 계약했던 그 말이었고 매우 좋은 말이었다. 처음 계약을 했던 그 사람이 20냥을 착복하고 계약한 말 대신에 다른 말을 보내주었던 그 사람에게 고학윤이 찾아가서 만약 그가 약속했던 말을 보내지 않는다면 그 사람과 그의 아버지와 그의 가족을 모두 관청에 끌고 가겠다고 위협하자 그 말을 보내준 것이다. 그렇게 해서 5시에 그들이 부산을 떠날 수 있었다고 한다.

전도일행은 잘 구성된 것으로 보인다. 그들은 안 서방, 용규, 정 서방 그리

---

41) 저자 리처드는 Moran으로 표기하였으나 오타이다. (역자 주)

고 서 씨라는 성을 가진 마부이다. 나는 침구류와 옷가지와 음식을 실은 두 마리 말과 170냥을 가지고 전도여행을 시작하였다.

- 9월 26일, 화요일

비 때문에 우리는 저녁을 먹은 후까지 모라를 떠나지 못하다가 밤이 되어서야 김해에 이르렀다. 우리는 이 서방의 여관에서 유숙하였고, 여관 주인과 유숙객 한 사람에게 201냥에 해당하는 많은 책을 팔 수 있었다.

- 9월 28일, 목요일

비가 몹시 와서 우리는 오후 3시가 넘어서야 겨우 출발할 수 있었다. 5시에 장유(Chayoo)[42]를 지나 밤까지 여행을 하여 창원에 이르렀다. 우리가 밤에 여행할 때 길가에 있는 수많은 수렁에 빠지지 않게 하기 위해서 횃불을 든 사람들을 따라 한 집 한 집 이동하는 일은 흥미로운 경험이었다. 마치 집들이 각자 짚과 막대기로 만든 횃불을 가지고 다음 집으로 향하는 여행자에게 불을 밝혀주기를 바라는 것처럼 보였다. 밤 10시에 창원에 도착해서 우리는 잠자리에 들 수 있었다.

- 9월 29일, 금요일

우리는 오전 5시에 일어나 6시 30분에 창원을 떠났다. 여관에서 많은 책을 팔았다. 우리는 마산을 지나 많은 사람들이 살고 있고 좁지만 비옥한 계곡 사이의 분지를 통과해 북서쪽으로 향했다. 정오에 부산에서 190리 떨어진 네거리에 도착했다.

우리는 하루 종일 힘든 여행을 해서 해질 무렵에 의령에 도착했다. 그곳은 부산에서 230리 떨어져 있고, 대략 3,500명이 성으로 둘러싸인 읍내에 살고 있다. 우리는 농작물이 아주 잘 자라는 비옥한 땅을 지나왔다.

---

42) 원문에는 '자유'로 되어 있으나 '장유(長遊)'라는 지명을 가리킨다. 오타인 것으로 보인다. (역자 주)

부산을 떠난 이래 매일같이 비가 왔다. 오늘이 그 절정인 것 같다. 우리가 지나온 지역은 여기저기를 가로지르는 몹시 깊은 개울로 인해 침수된 목초지 같았다. 우리는 오후 내내 비를 맞으며 여행하였고, 이 비로 생긴 진흙탕과 늪지대를 힘들게 통과해야만 하였다. 큰 강을 건넜는데, 내 생각에 낙동강 서쪽 지류인 것 같다. 진주에서 몇 마일 안 되는 가까운 거리에 있으면서도 진주를 보지도 못하고 이 강을 두 번이나 그냥 지나가고 있다.

- 9월 30일, 토요일

길가에 있는 여관인 황산장에서 점심을 먹었다. 내 느낌에 마부들이 서울 가는 지름길을 찾다가 더 험한 길로 들어선 것 같다. 우리가 지나 온 길은 내가 한국에서 가본 어떤 길 보다 험했다. 오후에 많은 계곡을 통과해 북북서쪽 방향으로 갔는데, 우리가 도착하였을 때 인적이 거의 끊어졌다. 밤이 가까워지자 집이 드물고 길이 잘 보이지 않는 산악지역으로 들어섰다. 우리는 여행하면서 계속 이어지는 돌무더기를 오르기도 하고, 넘실대는 강을 건너기도 했는데, 길은 작은 개울의 바닥처럼 변해 있었다.[43]

- 10월 1일, 주일

사근(沙斤)[44]에서 주일을 보냈다. 이곳 사람들은 내 여권을 관리들에게 보낼 때까지 우리가 머무는 것을 거절했고, 우리가 떠날 때 식사비용으로 엄청난 돈을 요구했다. 우리는 식사비용으로 20, 30전에서 100전을 지불했고, 보통 말 사료비로 40전에서 45전을 지불해 왔다.
우리는 급하게 여행하였기 때문에 사람들과 대화를 나누거나 책을 팔 기회가 많지 않았지만, 우리가 들른 곳에서는 약간의 책을 팔았다.

---

43) 베어드 박사는 여기에서 후에 여름 휴양지로 유명하게 된 지리산 자락을 가고 있었으므로, 그가 험한 길을 만난 것은 놀랄만한 일이 아니다.

44) 경남 함양, 의령 근처. (역자 주)

• 10월 2일, 월요일

구리실(Kurisil)[45]에서 점심을 먹었다. 나는 젖은 발로 젖은 도로를 걸어 다녀서 목이 부었고 결국 감기에 걸리고 말았다. 오늘 오후에 경상도와 전라도 사이의 경계인 '영(嶺)'[46]을 넘었다. 우리는 좋은 지역에 위치한 작은 읍내이며, 성곽이 없고 1,500명이 살고 있는 운봉에 도착하였다. 여관 주인은 아주 좋은 사람이었다. 책 몇 권을 팔았다.

• 10월 3일, 화요일

정오에 남원에 도착했다. 이곳은 부산에서 470리, 전주에서 130리 떨어져 있다. 오늘 아침 비를 맞으며 여기에 왔다. 많은 사람들이 이곳에서 열린 장에 우리와 함께 찾아왔다. 이곳에는 멋진 성곽이 있다. 그것은 내가 지금까지 한국에서 본 어떤 성곽 못지않게 멋졌다. 그러나 그 성곽은 크다는 외에 특별한 것은 없었다. 가옥의 수는 많지 않았다.

• 10월 4일, 수요일

우리는 아무런 사고 없이 해질 녘에 전주에 도착했다. 여관에는 16필의 말과 16명의 마부가 있어서 소란했다. 미국남장로교선교회의 테이트(Tate)[47]와 전킨(Junkin)[48]이 불과 며칠 전에 그곳에 들렀는데 전도 책자를

---

45) 경남 함양군 함양읍 삼산리 지역이다. (역자 주)

46) 전라북도와 경상남도의 경계에 있는 해발 500미터의 팔령. (역자 주)

47) 미국 남장로교선교사 테이트(Lewis B. Tate)는 1892년 11월 한국에 도착하였다. 그는 전주 선교지부를 개척하여 호남지역 선교의 중심지로 삼았고, 전라북도 일대를 순회 전도하여 75개의 교회를 개척하고 1,000명에 가까운 교인들에게 세례를 주었으며, 서문교회를 설립하고 담임목사로 사역하였는데, 1925년 건강악화로 은퇴하고 미국으로 돌아갔다. 그는 교회법 전문가로서 한국의 장로교교단조직을 만들 때 제도적인 장치를 마련하는 일에 기여하였다. (역자 주)

48) 전킨(William M. Junkin 全緯廉) 은 테이트와 함께 미국 남장로교 최초의 한국선교사 7인 중 한 사람이다. 그는 1892년 11월 3일 한국에 도착하였고 1896년 군산에 선교지부를 설치하고 인근지역을 정기 순회하며 예배를 인도하였다. 이후에 전주 서문밖교회를 담임하고 예배당을 크게 신축하였다. 그는 1908년 1월 2일에 폐렴으로 병세가 악화되어 43세의 나이로 한국

배포하고 집을 한 채 사놓았다. 또한 정씨를 만났다. 그는 예전에 기퍼드(Gifford)의 요리사였고, 지금은 전킨의 어학선생이며, 그들이 구입한 집의 관리인이다. 이전부터 알고 있던 정씨가 기독교 신앙을 고백하는 것을 보니 기쁘다.

• 10월 5일 또는 6일, 목요일 또는 금요일

은진 읍내 가까운 곳에서 미륵이라고 부르는 커다란 석조 불상을 보았다. 아주 완벽하게 만들어졌으며, 작은 절에 의해 보호되고 있었는데, 그 절에는 승려들이 모두 어디를 갔는지 없는 것처럼 보였다. 우리는 어느 나이든 여인과 정원사를 보았을 뿐이다. 그 불상은 높이가 대략 18미터나 되었다. 불상의 몸 부분은 완벽하게 만들어졌지만, 머리 부분이 너무 커서 불균형을 이루고 있다. 머리 부분은 흰 돌로 잘 조각되었고, 눈은 석판으로 되어 있었다. 이마에는 밝은 금속 조각이 박혀 있었다. 이 불상 위에는 커다란 사각형 석조대와 함께 작은 탑이 놓여 있다. 이것은 내가 한국에서 본 최고의 석상이었다. 나는 사람들로 하여금 그 앞에 엎드려서 절하고 돌을 숭배하게 하고, 그들의 창조주를 잊어버리게 하는 이 예술작품을 유감스럽게 생각하지 않을 수 없다. 건축물 양식을 통해 볼 때 이 불상이 오래전에 만들어졌고, 그 당시의 한국인들이 지금보다 예술적으로 더 뛰어나다는 생각이 들었다.

나는 이 지역 사람들이 우리를 피한다는 것을 알았다. 우리는 전주를 떠난 후 책을 거의 팔지 못했다. 나는 많은 천주교 신자들의 소식을 들었다.

• 10월 6, 금요일

우리는 동학교도들이 집결했던 장소인 계룡산을 지났다. 수천 명의 동학교도들은 농민이었는데, 500명의 관군이 서울에서 내려와서 그들을 해산시킬 때까지 이곳에 머물러 있었다. 이것이 소문의 유래였다. 지금

땅에 묻혔다. (역자 주)

그 사람들에 대해서는 알려진 것이 없다.

- 10월 7일, 토요일

공주에서 점심을 먹고, 토요일 밤을 보내고 작은 여관에서 주일을 지냈다. 그런데 그곳은 빈대가 득실거리는 고통스러운 곳이었고, 여관주인은 시끄러운 여자였다. 게다가 어제는 너무 더웠고, 한국인의 작은 방에서 지내는 것은 참기 힘든 고통이었다. 나는 두통이 심했는데, 저녁이 되자 나아졌다. 평소처럼 한국인들과 함께 예배를 드렸다.

사람들은 더 이상 책을 사고 싶지 않다고 말했다. 왜냐하면 벽에 도배를 다했기 때문이다. 우리는 벽이 종교 서적으로 도배된 것을 볼 수 있었다. 어떤 것은 작년 달력이었다. 추측하건대, 작년에 마펫이 공주로 갔을 때 사람들이 구입한 것 같다.

- 10월 9일, 월요일

오늘 아침 이른 시간에 우리는 간절히 바라던 대로 시끄럽게 떠들어대던 여관주인과 아울러 그 많은 빈대 떼로부터 떠나게 되어서 정말 기쁘다.

밤새 비가 왔고, 아침에도 계속해서 비가 내렸지만 여관에서 머무는 것보다 차라리 비를 맞으면서라도 가는 것이 더 좋았다. 도로들은 종종 넘쳐흐르는 물 때문에 도로주변의 땅과 구별하기가 힘들었다. 개천으로 변한 도로를 걸었기 때문에 어제[49] 한낮에는 젖은 신발을 말려야 했다. 나는 신발을 불 옆에 두었다. 얼마 지나지 않아서 신발에서 연기가 났다. 내가 신발을 신자, 불에 탄 신발 양쪽 부분이 떨어져 나갔다. 다행히 우리는 서울에서 그리 멀지 않은 곳에 와 있었다.

---

49) 여기에서 말하는 '어제'의 일은 『윌리엄 베어드의 선교일기』에서는 10월 10일 화요일에 나온다. (역자 주)

• 10월 10일, 화요일

왕들이 묻혀있는 곳에서 가까운 대항교[50]에서 밤을 보냈다. 그곳은 수원에서 남쪽으로 15리, 서울에서 85리 정도 떨어진 곳이다. 좋은 소나무들이 우거진 숲이 있다. 이곳은 왕이 자주 방문한 덕분에 길이 좋다.

• 10월 11일, 수요일

우리는 오전 6시에 길을 나섰다. 과천 읍내에서 점심을 먹고 오후에 서울에 도착했다.

논산 관촉사의 미륵(은진 미륵)

50) 왕들이 묻혀있는 곳은 융건릉(隆健陵)을 말한다. 이는 사도세자와 그의 비 헌경왕후(혜경궁 홍씨)를 합장한 융릉(隆陵)과 그의 아들 정조와 효의왕후를 합장한 건릉(健陵)을 합쳐 부르는 이름으로 경기도 화성시 안녕동에 있다. 대항교는 수원과 병점 사이에 있다. (역자 주)

이 불상은 한국에서 미륵불 –미륵의 '륵'은 영어의 luck(럭)과 운율을 이룬다– 로 알려진 한국의 석불양식에 속한다. 에블린 베커 매퀸 박사(Evelyn Becker McCune)[51]는 이 불상을 10세기 말에 만들어진 고려시대 불교의 유산이라고 한다.[52] 베어드 박사가 '작은 탑'이라고 묘사한 것은 모자로 생각되는데 미륵불의 특성을 나타내는 특징이라 할 수 있다. 언더우드 박사와 마펫 박사를 비롯하여 몇 명의 선교사들이 서울에서 전도여행을 출발하여 이미 이 장소를 방문했으므로, 이 때 베어드 박사가 이 불상을 처음 본 것은 아니었다.

1958년에 저자가 찍은 이 사진은 미륵불이 베어드 박사가 1893년에 묘사한 것과 거의 똑같다는 것을 보여준다. 그 당시 동학교도들이 그들의 불만을 나타내려고 근처에 집결했다. 곧 이어서 일본군 병사들이 1894년 중국군과 전쟁을 치르기 위해서 행군했다. 그 즈음에 조선왕조가 무너지자, 일본과의 합방이 되었다. 2차 세계대전 이후에 한국은 해방을 맞이하였다. 그렇지만, 그 때 공산주의자들의 탱크가 38선과 한강을 넘어, 부산을 향해 남쪽으로 굉음을 울리며 내려갈 때, 바로 이 근처를 지나갔다. 미군 병사들이 여기에서 불과 수마일 떨어진 곳에서 전사했다. 인간의 야망과 두려움, 인간의 자랑과 화려함, 인간의 몰락과 절망에 무관심한 채, 미륵불은 베어드 박사가 본 그대로 오늘도 그곳에 서 있다. 그리고 이 작은 정원에서 수 천년동

51) 에블린 베커 매퀸(Evelyn Becker McCune 1907~2012)은 연희전문학교 수물과(수학과 물리학과) 교수이며 학감을 지낸 감리교 선교사 베커(A. L. Becker) 박사의 딸로 1907년 평양에서 태어났다. 그녀는 한국에서 자랐지만, 미국에서 대학교육을 받았다. 대학을 졸업한 후에 한국으로 돌아와서 1930년부터 1932년까지 서울 외국인학교에서 가르쳤다. 그녀는 한국선교사 조지 S. 매퀸의 아들로 한국에서 태어난 조지 맥아피 매퀸(George McAfee McCune)과 결혼하였다. 조지는 버클리 대학에서 아시아 역사로 박사학위를 받았고, 에블린은 한국 주제로 역사학 석사학위를 받았다. 그녀는 1970년대 초반까지 미 캘리포니아주립대에서 한국문화를 가르치며 미국사회에 한국의 문화와 예술을 알렸는데, 그녀의 대표적인 저서는 1962년에 저술한『한국의 미(*The Arts of Korea: An Illustrated History*)』이다. (역자 주)

52) Evelyn Becker McCune, *The Arts of Korea* (Tuttle, Rutland, Vermont, 1962), 189.

안 무언가를 골똘히 생각하며 서 있다.

서당, 1895년

베어드 박사
서상륜
애니 베어드 여사

아담스 박사
고학윤
무명의 한국 청년

그 당시 모든 한국 소년들은 머리를 땋아서 길게 늘어뜨리고 있었으므로 이 사진 속의 모든 학생들은 소년일 것이다. 현대인의 눈에 소녀처럼 보이는 학생들도 분명히 있지만, 그 당시 남녀공학은 가능하지 않았다.

베어드 박사는 이 학교를 선교 교육 범주에 넣지 않았다. 선교교육은 기독교회와 공동체를 위한 지도자를 훈련하는 것이다. 한국에는 아직 이런 교육 과정이 없다. 이 서당은 선교교육기관이라기 보다는, 기독교 자선기관이며 그와 동시에 전도기관이었다.

마. 의료사역과 교육사역

의료 및 교육사역은, 이 시기에 선교사들이 치중한 복음전도의 일환이었다. 이 사역들은 불신자들이 복음을 접하게 하는 통로로 생각되었다.

1892년 1월 연례회의를 위해 작성한 첫 선교보고서에서 베어드 박사는 부산에 의료 선교사를 임명해 줄 것을 요청하였다. 확실하지는 않지만 이런 요청에 대한 응답으로 휴 브라운 의사 부부가 지난 달 한국에 도착하였으며, 부산에 배정되었다. 그들이 오게 되자, 가뜩이나 부족하던 사택이 더욱 힘들어졌다.

곧 이어서 의사 휴 브라운이 막 미국을 떠나기 전에 결핵에 걸렸다는 사실이 밝혀졌다. 휴 브라운 부부는 1894년 미국으로 돌아갔고, 의사 어빈 부부가 그 자리에 왔다. 어빈은 베어드 박사와 함께 여러 번 전도여행을 다녔다. 베어드 박사가 성경과 기타 기독교 문서들을 팔 때, 그는 환자들을 진찰하고 약을 팔았다.

1895년 1월 '서당'[53]이 시작되었다. 다른 모든 일처럼 사랑방에서 모였다. 학생들은 모두 한국인이었지만, 중국 고전을 가르쳤기 때문에 '서당'이라고 불렀다. 베어드 부부는 일본인 정착촌에 살고 있었기 때문에 좋은 가정의 한국인들이 근처에 많이 살고 있었다고 볼 수 없다. 서당에 참석한 소년들은 대개 한국인 하인들과 부두 노동자들, 그리고 일본인을 위해서 일하는 자들의 아들들이었음이 분명하다.

모든 한국인들은 그들의 아들들이 한자와 한문을 배우기를 희망하였는데, 이것이 그들이 유일하게 알고 있는 교육의 전부였기 때문이다. 따라서 베어드 부부는 학생들이 계속 오도록 하기 위해서 일부러 교과과정에 한문을 충분하게 넣었고, 한국인 교사 한 사람이 가르치도록 했다. 그렇지만

53) 영어로 Chinese School로 표기되어 있는데 이는 서당을 모방한 것이라고 할 수 있다. (역자 주)

그들은 가능한 한 성경, 산수, 지리 그리고 대단히 가치가 있다고 생각되는 과목들에 치중했다. 학생들은 사랑방에서 매일 예배에 참석했다. 베어드 박사는 "아내 애니가 찬송가를 가르쳐서 학생들의 마음을 사로잡았다"고 기록하였다. 그들은 또한 주일 예배에 참석하는 것을 당연하게 생각하였다. 그들은 학비를 내지는 않았지만, 예배의 한 부분으로서 그들 자신의 헌금을 드릴 것을 장려하였고, 헌금은 자선 목적으로 사용되었다. 베어드 박사는 상당히 많은 시간을 외부에서 보냈기 때문에 학교운영의 대부분의 책임은 베어드 부인 애니 로리에게 주어졌는데, 어빈 부인과 한국인 교사들로부터 도움을 받았다. 그해 5월 아담스 박사 부부가 도착하여 이 일에 참여하였다.

5. 최초의 사역들: 부산에서 첫 개종자, 첫 성찬식, 그리고 첫 강습반

선교사들은 언제나 개종자를 얻고 싶어 하고, 그것도 되도록 많은 수의 개종자를 얻고 싶어 한다. 베어드 부부도 예외는 아니었다. 그렇지 않다면 그들은 선교사가 아니었을 것이다. 그러나 1894년 4월까지 부산에서 세례를 받은 성인이 한 사람도 없다. 그렇게 늦어진 것은 지원자가 없어서가 아니었다. 그것은 베어드 박사가 세례에 합당하지 않은 동기를 가지고 나온 사람을 가려내고, 오로지 그들의 삶이 변하여 그리스도 안에서 진실된 신앙을 보여주고 그리스도의 제자로 살기로 결단한 사람들만을 받아들이려고 결심했기 때문이었다. 참으로 진실된 구도자는 드물었다. 쓸데없이 호기심만 가진 사람들과 쉽게 돈 벌기를 열망하는 사람들이 많았다.

당시 상황에서는 정령숭배, 유교, 불교를 신봉하는 것이 아무런 제약을 받지 않았기 때문에, 대부분의 한국인들은 그들의 야망, 욕망, 그리고 호기심을 만족시키려고 기독교를 시험 삼아 따르는데 아무런 거리낌이 없다.

다수의 강직하고 지적인 한국인들은 정부의 극심한 부패에 절망하고 환멸을 느꼈으며, 부정부패와 하층 관료들로부터 받는 일상적인 탄압에 분노하였다. 구정권에 불만이 있는 사람들은 정부에 반대하는 행동을 직접 하기도 했고, 기독교를 수용하면 그들이 타도하려는 부패한 관료들의 보복으로부터 정치적인 보호를 받을 수 있다고 생각했다. 대다수의 초기 한국의 기독교인들은 그리스도에 대한 순수한 신앙을 정치적이고 사회적인 개혁에 대한 적극적인 노력과 결부시켰다. 이것은 옳은 생각이었다. 그러나 종교적인 신앙심이 없이 그들 자신의 목적을 위해 기독교를 이용하고 싶어 하는 정치개혁가들도 있었다.

외국 선교사는 미국 기준으로 볼 때 가난했지만, 한국 기준으로 볼 때 상당히 부유하게 살았다. 그들은 땅을 구입하고 집을 지을 돈이 있었으며, 그는 서양의 세력가를 대표하였고, 영사관을 통해 정부에 영향력을 끼쳤다. 하나님을 신실하게 찾으려는 사람들뿐만 아니라, 가난한 사람, 탐욕스런 사람, 기회주의자, 정치적 개혁자, 모험가, 형편없는 불량배들은 선교사를 자신들이 바라는 것을 얻을 수 있는 절호의 기회로 바라보았다. 이렇게 산더미처럼 많은 '가라지'같은 사람들 가운데서 베어드 박사는 그리스도에 대한 신실한 믿음을 가진 '알곡'과 같은 소수의 사람을 찾고 있었다. 그는 크게 실망하였다.

여기에 그의 일기에서 일부 내용을 발췌하였다. 이곳에 발췌한 부분들은 그 자체로는 별로 중요하지 않은 사건들이지만, 베어드 박사가 그를 찾아온 사람들의 순수한 동기를 확인하려고 애쓴 노력을 보여준다.

• 1894년 1월 3일

나의 어학 선생인 안 서방이 그의 집에 다니러 갔다. 따라서 나는 선생이나 조사가 없이 지냈다. 안 서방이 부산으로 돌아간 후에 곧 나는 그가 돌아올 때까지 임시로 서 초시를 어학선생으로 고용하였다.
나는 한국어로 아침 기도회를 가졌는데, 보통 하인들과 선생, 그리고 가끔 다른 사람들도 참석하였다. 주일 예배는 사랑방에서 드렸는데 참석인원이 일정치 않지만 보통 10명에서 18명이었다. 손 서방은 내 어학선생이 되지 못하자 실망하여 한동안 오지 않다가, 언젠가부터 다시 오고 있다.
12월 초 어느 날 한 젊은이가 와서 우리의 종교서적을 보고 싶다고 했다. 그는 『천로지귀(天路指歸)』를 읽었는데, 성경과 교리문답서는 이미 읽었다고 말했다. 젊은이는 하루 종일 머물면서 공부도 하고 질문도 하였다. 저녁에 다른 사람들이 간 다음 그는 나에게 할 말이 있다고 했다. 그의 첫 번째 요구는 세례에 관한 것이었다. 나는 그가 왜 교인이 되기를 원하는지 물었다. 그는 이렇게 대답하였다. '이 세상에서는 단지 몇 년 밖에 살 수 없지만, 이 책을 읽고 나서 하늘에 있는 행복을 보장받을 수 있다는 것을 알았기 때문입니다. 이런 목적 때문에 세례를 요청하는 것입니다.' 많은 대화를 해서 나는 그가 진실하다고 생각했다. 그는 매일 와서, 성실하게 배우고 지능이 보통이 아니라는 것을 보여주었다. … 나는 그가 천주교 교인들과 같이 지냈거나, 아니면 다른 선교사들에게서 기본 진리에 대해서 배운 것이 아닌가 의심하였다. 그러나 내가 의심한 것이 잘못이라는 것을 깨달았다. … 얼마 후 그 사람 곧 윤 선달은 한 서방과 필용이라는 이름의 소년과 함께 와서 모두 세례를 요청하였다.
나는 그동안 너무 자주 속았기 때문에 그들의 진짜 동기를 알 수 없었다. 나는 윤 선달과 이야기하면서 그가 정직하다고 생각하였다. 다른 사람들과 이야기 할 때 그들이 딴 속셈을 가지고 있지 않나 하고 걱정하였다.

- 1월 18일

… 주일예배에 지난 두 주 동안 12명 정도가 참석했다. 손 서방은 지지난 주일에는 왔지만 지난 주일에는 오지 않았다. 그는 기독교인이 되기 위한 자신의 의무에 대한 문제를 숙고하고 있는 것 같다. 우리는 그에게 즉

시 결정하라고 독촉했다. 그는 복권추첨을 하러가서 하나님께서 자신이 복권에 당첨되도록 항상 기도하였다고 말하면서, 하나님께서 그렇게 해 주시면 자기 자신을 하나님께 헌신하겠다고 맹세하였다.

• 2월 28일

… 나는 윤 선달 그리고 그와 함께 왔던 사람들이 계획적인 사기꾼일까 봐 걱정된다. 나는 요즘 그들을 거의 볼 수 없다.

최근에 호주 여선교사들이 세례를 희망하는 나이든 한국 여인 두 명을 심사해 줄 것을 나에게 요청하였다. 나는 그들과 두 번 만남을 가졌다. 둘 다 믿음을 고백했고, 한 사람은 매우 진지하게 대답했다. 그러나 누가 사람의 속마음을 알겠는가? 주님이 그들을 주께로 바르게 인도하여 주시길 바란다. 우리 집에서 일하는 가정부도 세례를 받겠다고 요청하였다.

내 어학선생은 서 초시라는 노인이며 부산 사람이다. 그는 순수한 마음을 가진 노인이며 그리스도를 믿는다고 고백한다. 그와 그의 아들은 함께 가정예배를 드리고, 아주 기쁜 마음으로 성경을 배우며, 성경이 하나님이 주신 것이라는 사실을 점차 알아가고 있다. 그는 세례를 요청하지 않았다. 나는 서 초시가 조상제사의 죄에서 완전히 벗어나지 못한 것 같아서 염려된다. 그는 제사상만 차려놓을 뿐이지 절은 하지 않는다고 말한다. 그러나 그의 양심은 … 크게 괴로워하고 있다. …

• 4월 6일

오늘 나는 기쁘게 심 서방을 문답하였다. 그는 여선교사 멘지스(Belle Menzies)[54]의 어학선생이며, 세례를 받고 싶어 한다. 그는 상당히 오래 전에 신앙을 고백한 신자인데 바로 최근에 세례를 받겠다고 요청했다. 나는 그가 기독교인이라고 믿는다. 그래서 그와 대화를 한 번 더 해보고, 만일 그가 충분하다고 인정되면 세례받을 때를 정할 것이다. …

54) 멘지스(Belle Menzies)는 호주선교회 소속 여선교사이다. 그녀는 부산 경남지역에서 선교하였으며, 어학선생 심상현은 그녀가 처음 얻는 신자였다. (역자 주)

서 초시는 그리스도에 대한 믿음을 고백했고 세례를 받고 싶은 열망을 갖고 있다. 나는 그의 이 요청이 진실한 것이기를 바란다. 그는 매우 가난하지만, 착한 마음을 가지고 있다. 그리고 그가 주님께 영원히 매달리기를 바란다. 그는 나에게서 끝까지 일자리를 잃고 싶지 않은 이유 때문에 그가 기독교 신앙을 고백하는 것이 쉬운 일인지 모른다. 나는 그가 더 고상한 동기를 가지고 있고, 적어도 하나님 나라에서 멀리 떨어져 있지 않다고 믿는다. 하지만 아직까지도 나는 조상제사에 대한 그의 태도나 더 정확히 말하면, 그의 제사행위에 대해서는 확신이 서지 않는다.

손 서방은 최근 예배에 많이 참석하지 않고 있다. 나는 기독교에 대한 그의 관심이 크게 깊지 않은 것 같아서 걱정스럽다. 최근에 그는 또 다른 부인을 얻었으며, 그 사실을 나에게 숨기고 있다. 그와 솔직하게 대화를 해야 할 것 같다.

- 4월 16일

심 서방과 오늘 다시 문답을 하였는데, 의심의 여지없이 그는 기독교인이라고 나는 믿는다. 그는 자신의 죄를 용서하고 의의 길로 그의 삶을 인도하시는 주 예수 그리스도에 대한 온전한 믿음을 고백했다. 그는 그의 가족에 대해 많은 관심을 나타냈고, 비록 가족 가운데 어느 누구도 온전한 신자라고 보기 힘들지만, 그들도 그리스도에 대한 믿음을 점차 갖게 되기를 원했다. 그는 그 자신과 그의 부친 그리고 조부도 모두 부처나 공자를 섬기지 않았고, 무당이나 점쟁이 같은 것들을 믿은 적이 없으며, 오로지 그들의 조상만을 섬겨왔다고 말했다. 천명의 한국인들 가운데 단 한 명도 이렇게까지 말할 수 있는 사람은 없을 것이다. 그는 조상에게 제사를 드리지 않는다고 한다. …

오늘 아침 서 초시는 평소보다 더 밝은 얼굴로 그의 어려움이 차츰 해결되고 있으며, 주일 밤 가족과 대화를 나누었는데, 이제 그의 가족 모두가 세례받기를 원한다고 말했다. … 서 초시처럼 자기 부인들에 대해 이렇게 많은 염려를 하는 한국인을 찾는 것도 매우 드문 일이다. … 그는 자신이 실제로 뿐만 아니라 형식적으로도 조상제사를 포기하기로 결심했다고 말했다.

• 1894년 5월 3일

지난 주일(4월 22일) 우리는 부산에서 처음으로 세 명의 한국인들에게 세례를 주는 기쁨을 가졌다. 예배는 아주 은혜로웠고, 우리가 지금까지 드렸던 어떤 예배보다 더 기억에 남는 예배인 것 같다. 그들은 심상현(沈相炫)[55]과 두 명의 노부인 이도념(李道恬)과 귀주(貴珠)[56]였다. 이들은 모두 호주 여선교사들과 관련된 사람들이다. 세례식은 부산에 있는 호주 여선교사들의 숙소에서 거행되었고, 찬송과 기도, 성경을 봉독하고 난 후에 우리에게 이런 날을 볼 수 있도록 허락하신 하나님께 감사를 드렸다. 심상현이 먼저 세례를 받았고 그 다음에 노부인들이 세례를 받았다. 우리는 하나님께 감사를 드렸고, 용기를 얻었다.

• 7월 16일

오늘 날씨가 몹시 더웠다. 어제는 서 초시와 우리집 가정부 곽수은이 세례를 받았다. 다른 사람들은 아직 준비가 덜 되었고, 고서방의 아들인 명우는 이질에 걸려서 매우 아프다. 예배는 여기 우리 집에서 드렸다. … 나는 로마서 12장 1-2절 말씀을 가지고 설교한 후에 세례신청자 두 명에

---

55) 그는 한국교회사에서 심 서방으로 알려졌으며, 세례받기 전 2년 동안 호주 선교사 멘지스(Belle Menzies)의 첫 한국어 선생이었다. 그는 일본어와 중국어, 그리고 영어까지 구사하였기에, 멘지스 선교사에게 꼭 필요한 어학선생이었다. 그는 유학에 조예가 깊고 유가의 전통을 고수하였기에 선교사들이 주관하는 집회에는 참석하지 않았다. 그러나 멘지스 선교사의 끈질긴 노력과 오랜 기도로 기독교 신앙을 갖게 되었고, 1894년 4월 22일 세례를 받았다. 그의 세례는 부산과 경남지역에서의 최초의 세례이자 한강 이남에서의 첫 세례였다. 그는 불행하게도 수세 후 6개월도 못되어 1894년 10월경 갑작스럽게 세상을 떠났다. 그의 죽음 때문에 그의 부모도 신앙을 갖게 되었고, 그의 영향으로 동생 심취명(沈就明)도 기독교 신앙으로 개종하였다. 심취명은 부산진교회의 첫 신자이자, 그 교회의 첫 장로이며 첫 한국인 목사가 되었다. (역자 주)

56) 이들은 모두 부산진교회에 그 흔적을 남기고 있다. (역자 주)

게 세례를 베풀었다. 그 후에 애덤슨이 히브리서 12장 1-2절을 가지고 영어로 설교했고, 우리는 목숨을 버리신 주님의 사랑을 기념하는 성찬식을 거행했다. … 예배는 한국인 7명, 곧 남자 4명과 여자 3명, 그리고 외국인 9명, 곧 남자 3명과 여자 6명이 참석했다.[57] 예배는 매우 엄숙했고 그냥 구경하려고 온 사람들도 대체로 조용히 있었다. 모두 합해서 약 50~60명의 한국인이 참석하였다. 주님이 작은 불꽃을 일으켜 주시길 기도한다!

부산 지역에서의 첫 양성반

강습회나 양성반 제도는 한국에서 실행에 옮긴 네비우스 방법의 가장 중요한 특징이다.[58] 부산지역에서의 첫 번째 수업은 1893년 12월에 시작되었다. 그러나 베어드 박사는 안타깝게도 이 수업에서 공부한 여섯 명의 수강생 가운데 다섯 명이 외국인에게 고용된 한국어교사들이라고 언급하였다.

---

57) 네 명의 한국인은 두 전도자인 안 씨와 고 씨, 그리고 최근 세례 받은 두 사람인 심 씨와 서 씨였다. 세 명의 여자는 베어드 부부의 가정부와 4월 22일 세례 받은 두 노부인들이다. 외국인들은 베어드 부부, 어빈 부부, 애덤슨 부부, 그리고 호주 여선교사들인 멘지스 양과 무어 양과 페리 양이다.

58) 네비우스 방법은 자치(自治), 자립(自立), 자전(自傳)이라 불리는 삼자(三自)정책을 말한다. 네비우스(John Livingstone Nevius 倪維思 1829~1893)는 청 말기의 미국북장로회 소속 선교사로 1854년에 중국에 왔다. 1861에 등주(登州) 일대에서 선교활동을 하다가 다음 해에 산동(山東)에서 여학교를 개설했다. 1871년 연태(煙台) 일대에서 선교활동을 하면서 시범농장을 만들어 미국의 사과와 배, 포도, 매실나무를 심고, 재배기술을 가르쳤다. 더불어 미국과 중국의 품종을 교배하여 신품종의 사과를 출하했다. 그는 당시 미국 북장로회 선교부가 한국에 파송한 H. N. 알렌, H. G. 언더우드 등 10여 명의 젊은 선교사들이 해외선교경험이 없어 시행착오와 갈등을 겪을 때 서울에 와 2주간 머물면서 선교사들과 회합을 갖고 강연을 하였는데, 그의 논문과 강연이 선교사들에게 좋은 지침이 되었다. 그의 선교방법은 골자는 자립 자전 자치였다. 곧 자력운영, 자발적인 전도, 그리고 자주적인 치리(治理)였다. 그는 특히 토착교회의 자립 능력을 강조하여, 토착인 전도사도 선교부의 재정적 도움을 받지 않고 토착교인들의 헌금으로 활동하게 하였고, 학교나 병원 등 시설비가 많이 드는 기관을 제외한 교회 건축비는 토착교인들이 부담하도록 유도하였다. (역자 주)

베어드 박사가 정말로 원했던 대로 이루어진 첫 번째 수업은 1896년 7월에 열렸다. 베어드 박사는 그해 보고서에서 이 사실을 언급하고 있다.

> 7월 내내 아담스와 나는 동래에 있는 그의 집에서 10일 동안 연속해서 여름성경학교를 열었습니다. 모두 11명이 참석했는데, 평균인원은 6명 내지 7명이었습니다. 그들은 기독교인들과 이전에 기독교에 대해 관심을 가졌던 자들입니다. 이 사람들은 거기 있는 동안 그들의 경비를 스스로 부담했습니다. 우리는 매일 열심히 공부해서 마가복음의 대부분의 내용을 다루었습니다. 우리는 성경을 주제별로 공부하였는데, 그것은 몇 가지 은총에 관한 중요한 교리와 기독교인의 최고의 의무에 대한 것입니다. 오후 늦게 그리고 저녁에는 거리에서 전도를 하였고, 거기서 만난 모든 사람들과 종교적 주제를 놓고 가볍게 대화하는 시간을 가졌습니다. 이것은 모두에게 매우 유익한 배움의 시간으로 여겨졌습니다. 나중에 어떤 이들은 그가 이 시점부터 공개적인 고백을 할 결심을 했다고 말했습니다.

6. 한국인 동료 사역자들

이 사진은 추측컨대 1895년 가을에 촬영한 것으로 보인다. 두 명의 한국인이 상복을 의미하는 흰 모자를 쓰고 있는 것은 1895년 10월에 일어난 명성황후 시해사건으로 인한 국상기간이라는 것을 보여준다. 베어드 박사는 1896년 1월 첫 선교지부 부지를 매입하기 위해 대구에 갔을 때 한복을 입었다. 이것은 그가 그때 입었던 옷차림이었을 것이다.

베어드 박사가 한국인 동료에 대해 언급할 때 특이한 점은 부산에서의 사역 초기에 그와 함께 일했던 사람들이 모두 이북 출신이라는 점이다. 심

서상륜　　　　　　베어드 박사　　　　　　고학윤

지어 그의 집에서 일하였던 하인들, 심부름꾼, 그리고 세탁부도 황해도 출신이었다. 베어드 박사의 일기에 언급된 안 씨의 출신지에 대해서는 알려진 바가 없지만, 그가 고향을 방문하기 위해 장기간 부재한 것으로 보아 부산 사람이 아니라는 점은 분명하다. 고학윤은 황해도 해주 출신이며, 당시 황해도에 살던 서 씨 가족은 원래 만주 국경 지역 출신이다. 쉐어러(Shearer)[59]는 1898년 당시 원산 지역 기독교인들 가운데 80%가 평안도와 황해도로부터 이주한 사람들이라고 주장하는 스왈른(Swallen)[60] 박사의 보고서를 인용

59) Roy E. Shearer, *Wildfire: Church Growth in Korea* (Grand Rapids: Eerdmans, 1966). 이 책은 네비우스 방법과 한국의 모든 교파의 사역에 대한 가장 최근의 연구로 훌륭한 책이다. (저자 주) 『한국교회성장사』로 번역되어 있다. (역자 주)

60) W. L. Swallen, Evangelistic Report to the Board of Foreign Missions of the Presbyterian Church U.S.A. (Wonsan, Korea: 1898). 스왈른(Swallen) 박사의 한국명은 소안론(蘇安論)이다. (역자 주)

하고 있다. 이 모든 사실은 초창기부터 서북지방의 한국인들이 매우 진취적이고, 자주적이었고, 새로운 사조에 매우 개방적이었으며, 외국인들과 교류도 상당히 자발적으로 가졌다는 것을 보여준다.

가. 서상륜 선생

위의 사진에서 베어드 박사의 오른쪽에 있는 신사분이 그의 사역 초기에 만난 뛰어난 한국의 기독교인 서상륜 선생이다. 베어드 박사의 일기에는 그의 이름의 철자가 Saw로 적혀 있다. 다른 선교사들의 이야기에는 그의 이름이 Soh 또는 So로 되어 있다. 그의 가족은 지금까지 Suh로 표기하는 것을 더 좋아한다. 이 이름은 굵은 목소리의 미국 남부지방 사람이 "Sir"를 발음할 때 나는 소리이다. 이들은 한국 기독교의 초기 역사에서 위대한 가문이다. 비록 백낙준 박사와[61] 로즈(H. A. Rhodes)[62] 선교사가 그의 가족을 명예로운 가문으로 소개하고 있긴 하지만, 이 가족에 대해서 선교사들이 직접 쓴 글과 그들이 받은 강한 인상을 소개하는 초창기의 이야기들은 주로 서상륜

---

61) 백낙준(白樂濬 1895~1985)의 호는 용재(庸齋)이고 영어이름은 조지 백(George Paik)이다. 평북 정주 출신이다. 1910년 봄에 선천의 신성중학교(信聖中學校)에 입학하여 교장 윤산온(尹山溫 G. S. McCune) 목사의 도움을 크게 입었다. 1913년 중학을 마치고 이후 톈진 신학서원(新學書院), 미국 파크대학, 프린스턴대학, 그리고 예일대학 대학원에서 종교사를 전공, 1927년『조선신교사』로 박사학위를 받았다. 귀국 후 연희전문 교수, 조선기독교서회이사, 조선어학회회원, 영국황실아주학회 한국지부이사, 진단학회와 조선민속학회 발기인, 조선기독교청년회이사 등으로 활동하였다. 1945년 광복 후 경성대학 법문학부장, 한국교육위원회 자문위원, 1946년 연희대학 초대 총장, 1950년 제2대 문교부장관을 역임하였다. (역자 주)

62) 로즈(H. A. Rhodes) 선교사의 한국명은 노해리(魯解理)이다. 그의『미국북장로교 한국선교사 Volume 1(1884~1934)』(연세대학교 출판부, 최재건 역)는 미국 북장로회 선교본부가 1934년에 한국선교 50주년을 맞아 지난 50년간의 활동상을 정리해놓은 것이다. 이 책은 미국북장로교 한국선교회의 역사의 이해뿐만 아니라 한국교회사를 이해하는 일에도 매우 요긴한 자료이다. (역자 주)

가문에 대해서 단편적인 보고에 그칠 뿐이고, 그의 가족에게 마땅히 돌려야 할 위대한 지위를 부여하지 못하고 있다.

서상륜과 그의 동생 서경조는 만주 국경지대에 위치한 의주 출신이었다. 1870년대에 서상륜은 압록강을 건너가서 사람이 살지 않은 내륙지방을 거쳐 만주로 들어갔다. 이곳에서 그는 스코틀랜드 장로교회 파송선교사인 맥킨타이어(McIntyre)와 로스(Ross)를 만났다. 그는 그들과 함께 사역하면서 신약성경을 한국어로 번역하였다. 1876년 서상륜은 세례를 받았고, 곧이어 한국에 들어와 성경을 배포하는 권서가 되었다. 서경조도 성경 배포에 참여하였는데, 당시에 한국의 국법은 이와 관련된 모든 활동을 사형으로 처벌하였다.

이 사실이 외부에 알려지게 된 것은 불가피한 일이었고, 두 형제에게 사형명령이 내려졌다. 다행히 관직에 있는 친구가 적시에 이 소식을 미리 알려주어서 서상륜 형제는 사형 집행인이 도착하기 전에 집에서 피할 수 있었다. 그들은 멀리 외딴 곳에 위치한 은신처를 찾다가, 마침내 황해도의 어느 자그마한 농어촌 마을에 정착하였는데, 그곳은 도시나 정치적인 중심지에서 멀리 떨어져 있어서 관공서의 감시가 소홀한 지역이었다. 이곳은 황해 해변에 위치한 소래 마을이다. 소래의 뜻은 소나무 시내이다.

서 씨 형제는 아무도 기대하지 않았던 이곳을 '한국개신교의 요람'[63]으로 만들었다. 그들은 도망자 신세였고, 생명의 위협을 받고 있었지만, 기독교 증인의 삶을 포기하지 않았다. 그들의 집은 기독교 예배와 교육의 중심지가 되었다. 따라서 최초의 선교사가 1884년 한국에 첫 발을 들여놓기 이전에 이 땅에는 예배를 드리는 기독교인들의 모임이 실제로 있었다. 그렇지만 그 당시 선교사들은 이 사실을 전혀 모르고 있었다. 외국인과 심지어 선

63) George L. Paik, *The History of Protestant Missions in Korea, 1832~1910* (Pyongyang, Korea: The Union Christian College Press, 1929), 131.

교사들이 서울에서 거주할 수 있는 허가를 받았다는 소식이 변방의 소래 마을까지 전해지자, 서상륜은 서울로 여행하여 선교사들을 찾아갔다. 1887년 언더우드 박사는 소래 지역을 최초로 방문하여 서 씨 형제가 가르치고 준비시킨 일곱 명에게 세례를 주었다. 1895년 소래교회 예배당이 언더우드 박사에 의해 봉헌되었다. 이 건물은 오로지 한국인의 헌금을 가지고 한국 땅에 세운 최초의 교회 예배당이었으며, 서울 밖에서 결성된 최초의 기독교인의 모임이며 나중에 장로교회로 조직 편성되었다. 한국에서 최초의 유아 세례자는 서경조의 아들 서필립이었다.[64]

이 주목할 만한 가족의 영향력은 만주 국경지대에서 한반도의 최남단까지 확대되었다. 우리가 이미 살펴본 것처럼, 그들은 압록강 지역에서 그들의 사역을 시작하였다. 언더우드 박사의 부인이 쓴 저서에 따르면, 1889년 언더우드 박사가 의주로 전도여행 중에 세례를 베푼 33명은 이미 그리스도에 대해서 교육을 받았고 서상륜에게 가르침을 받은 사람들이었다.[65] 두 형제 가운데 한 사람이 1890년 게일 박사와 마펫 박사가 서울에서 만주로 갔다가 다시 원산으로 돌아와서 유명한 그들의 전도여행에 동행하였다.[66] 소래교회를 통하여 서상륜 형제의 영향력은 황해도 전 지역으로 확대되었다. 서울에서 서상륜은 마펫 박사와 가깝게 일하였지만, 서경조는 언더우드 박사와 더 가깝게 지냈다. 그들은 거의 모든 능력을 다 발휘해서 선교사들을 도왔다. 목사 안수 후에 서경조는 새문안교회 목사가 되었다. 1892년과 1896년 기간 사이에는 남쪽 부산에서 서상륜 형제 가운데 한 사람이나 그들의 다른 형제들이 오랜 기간 베어드 박사를 도왔다. 서상륜은 멀리 고성과 통영까지 남해안을 따라 순회설교를 한 베어드 박사의 첫 번째 전도여행에 동행

---

64) 한국 이름은 서병호이다. 다음 고학윤(윤하) 씨를 소개하는 글에 나온다. (역자 주)

65) Lillias H. Underwood, *Fifteen Years among the Top Knots* (New York: American Tract Society, 1904), 87. 신복룡, 최수근 역,『상투의 나라』, 서울: 집문당, 1999.

66) James S. Gale, *Korean Sketches* (New York: Revell, 1898), 72.

하였다. 서경조는 베어드 박사가 대구를 미래의 선교센터의 부지로 선택한 시기에도 그와 동역하고 있었다.

나. 고학윤 선생[67]

베어드 박사의 왼쪽에 앉아 있는 고학윤(高學崙) 선생 역시 황해도 출신이며, 따라서 서상륜 선생처럼 부산 사람들에게는 '외지인'이었다. 그의 개종에 대한 구체적인 상황에 대해 필자는 잘 모른다. 그의 가족은 황해도의 도청 소재지인 해주나 그 근교에서 살았다. 그는 이미 세례를 받았고, 1893년 전도인으로 베어드 박사와 함께 동역하였다. 그해 12월 베어드 박사의 기록에 따르면, 고 선생이 '관청의 포졸들'에게 심하게 구타를 당했다고 한다. 포졸들은 관청의 법집행관들이고, 치안유지경찰들이고, 지방 관리의 심부름꾼 역할을 하는 하수인들이었다. 이 사태가 일어난 것은 포졸들 가운데 하나가 사랑방에서 드린 예배에 참석하였기 때문이다. 그는 한 방에서 남녀가 함께 예배드리는 것을 목격하였다. 이 포졸은 남녀가 함께 어울려서 예배드리는 모습을 보고 한국인의 생활법도에 크게 위배된다고 생각하였기 때문에 격분하였다.

고 선생은 수년간 부산에 있는 기독병원[68]에서 근무하였다. 그의 아들 고명우 –7월 16일자 일기에 언급함– 는 세브란스 의학교를 졸업하고 나서 세브란스 병원에서 근무하였고, 나중에 외과과장이 되었다. 공산주의자들이 38선을 넘어 1951년 서울을 점령했을 때, 그는 그의 딸들 가운데 한 명과

---

67) 본명은 고학윤. 윤하로 불린 듯하다. 고학윤에 대해서는 이상규의 「부산지역 초기의 전도자이자 선교사의 조력자 고학윤 조사」를 참조하라. (역자 주)

68) 부산 일신기독병원. 당시는 맥클라렌병원이었다. (역자 주)

함께 납북되었고, 그 이후 소식이 끊겼다.

고명우 박사의 또 한 사람의 딸인 에블린 고(Evelyn Koh, 고황경) 박사는 미시건대학교에서 박사학위를 받았으며, 미국연합장로교회 산하 여전도회연합회가 보내준 설립기금으로 세워진 서울여자대학교의 초대 학장을 지냈다.[69]

1959년 정신여자고등학교에서 열린 기독교 교육협의회 오찬 모임

이 사진은 한국교회의 지도자들이 서상륜 형제가 소래 마을에서 지도했던 작은 주일학교 출신들이며, 동시에 숭실학교 출신들이었다는 사실을 분명하게 보여준다. 이 사진에서 서경조의 아들 서병호(서필립)는 맨 오른쪽에 앉아서 대화중인 사람이다. 필립은 한국인 최초로 유아세례를 받은 아이였다. 그는 첫 졸업반의 한 사람이었고, 이 사진을 찍을 당시 경신고등학교의

69) 다음의 〈서울여자대학〉을 참조하라.

교장이었으며, 이곳에서 함께 오찬모임을 가진 기독교교육협의회 회장이었다.

이 오찬 사진에서 왼쪽에 서있는 분이 모임을 마련한 정신여자고등학교의 교장인 김필례 여사이다. 김 여사는 한국장로교여전도회연합회 회장을 역임했으며, 한국의 뛰어난 여성들 가운데 한명이다. 그녀 앞에 있는 사람은 당시 세브란스 의과대학의 학장이었던 김명선 박사이다. 김필례 여사, 김명선 박사, 그리고 서필립 씨는 모두 소래마을에서 서상륜 선생 형제가 지도했던 작은 교회 주일학교에서 최초로 학교교육과 신앙적인 훈련을 받았다.

서필립 씨의 테이블 맞은편에 앉아서, 얼굴을 돌리고 있는 사람은 김양선 목사이다. 그는 장로회신학교 교수이며 한국장로교회의 사학자이다. (숭실대학교 사학과 교수이다.)[70] 그리고 한 손에 코트와 모자를 들고 서 있는 사람은 숭실고등학교의 교장인 김취성 씨이다. 왼편 중앙에서 뒷 테이블 모서리에 앉아서 얼굴을 왼쪽으로 돌리고 있는 사람은 당시 대구 신명여자고등학교 교장인 신후식 선생이다. 이 사람들은 모두 김명선 박사와 함께 숭실학교에서 교육을 받았다.

70) 매산(梅山) 김양선(金良善) 박사는 1907년 2월 평안북도 의주에서 김관근 목사와 백관성 권사의 3남으로 태어났다. 그는 선천(宣川)의 신성중학교와 숭실전문학교, 그리고 평양의 장로회신학교에서 수학하였다. 해방이후 월남하여 한국기독교박물관 설립운동을 추진하였으며, 1948년 4월 서울 남산의 옛 '조선신궁' 자리에 한국기독교박물관을 설립하였다. 한국전쟁 이후 1967년 7월 박물관 유물 일체를 자신의 모교인 숭실대학교에 기증하여 오늘의 숭실대학교 한국기독교박물관이 탄생하였다. 그는 목회자와 교육가로서 교회와 학교 설립에 기여하였으며, 1954년 숭실대학교 교수로 부임하여 1970년 타계할 때까지 한국사, 한국교회사, 그리고 고고학 연구와 교육에 큰 발자취를 남겼다. (역자 주)

서울여자대학교

정초식 하는 날 최초의 대학건물의 모습

1957년 대한예수교장로회총회는 장로교 여자대학의 설립을 추진할 이사회를 위촉하였다. 그때 한국에서 사역하고 있던 필자도 이사회의 한 사람으로 위촉을 받았다. 필자는 이사의 자격으로 대학 부지를 매입하고, 첫 대학건물을 신축하고, 고황경(高凰京) 박사[71]를 초대학장으로 선출하는데 직접적인 도움을 주었다. 그녀는 지금도 탁월하게 학장직을 수행하고 있다. 고 박사의 아버지는 소년시절 부산에서 베어드 박사에게 세례를 받았다(1895년 2월 17일). 베어드 박사와 고 박사의 할아버지의 관계에 대해서는 이미 언급

71) 고황경(高凰京 1909~2000)의 조부는 고학윤이고, 부친은 고명우이다. 그녀는 일본의 도시샤여자전문학교를 졸업하고 미국에 유학, 소녀 범죄에 대한 논문으로 미시간 주립대학교에서 박사학위를 받았다. 광복 후 1945년 경기여고교장과 1946년 미군정의 보건후생부 부녀국장을 지냈다. 한국 전쟁 이후 영국에 머물다가 귀국하여 1961년 서울여자대학교를 설립하여 초대학장을 지냈다. (역자 주)

하였다.[72] 그의 사진은 88쪽과 98쪽에 나온다. 그는 에비슨 의사에게 첫 한국어 과정을 가르쳤다. (62쪽)

서울여대의 머릿돌을 놓는 식장에서 흰색 코트 옷차림으로, 오른쪽에서 있는 사람이 고황경 박사이다. 탁자 앞에 서 있는 사람은 서울여자대학교의 이사장이며 증경 총회장인 전필순 박사이다. 필자는 그의 등 뒤에서 손을 모으고 헌정식 기도순서를 인도하고 있는 사람이다. 이 역사의 현장에서 고 박사나 필자는 두 집안이 한국선교 개척 초창기에 서로 가까운 사이였다는 사실을 알지 못했다. 이 사실은 베어드 박사가 남긴 문서를 연구한 결과로 비로소 밝혀졌다.

---

72) 앞쪽 〈서당 1895년〉와 〈한국인 동료 사역자들〉에 그의 사진이 나와 있다.

제3장

대구선교지부의 시작과 서울생활 1년 (1896~1897)

1. 주요 역사적 사건들(1896~1897)

—1896년

1월	대구에 좋은 가옥을 구입하다.
2월 11일	고종과 왕세자가 경복궁에서 러시아공사관으로 피신하다.[1)]
4월	베어드 부부와 아들 존이 대구에 도착해서 몇 주간 체류하다.
6월 10일	베어드 부부가 여름동안 부산으로 되돌아가다.
7월	아담스와 베어드가 동래에서 10일간의 훈련반을 가르치다. 11명 참석
늦여름	한국이 중국으로부터 독립을 선포하다. 서대문 밖 북경으로 가는 길에 독립문을 세우다. 이 해가 건양 1년이 되다.
9월	베어드 박사가 짐과 가재도구를 가지고 배로 낙동강을 따라 대구로 가다.
10월	베어드 박사가 부산으로 되돌아와 연례회의 참석을 위해 서울로 가다. 연례회의에서 베어드 박사가 선교회의 교육자문으로 임명되어 서울로 가다.
11월	베어드 박사가 부산과 대구를 다시 방문하다.
12월	베어드 박사가 가재도구를 가지고 서울에 도착하다.

1) 조선 말, 건양(建陽) 1년(1896) 2월 11일부터 약 1년간에 걸쳐 고종과 태자가 친(親)러시아 세력에 의하여 러시아 공사관으로 옮겨서 거처한 사건으로 아관파천이라 한다. (역자 주)

1897년

2월 7일	윌리엄 마틴 베어드 2세(William Martyn Baird, Jr.)가 서울에서 태어나다.
3월 3일	베어드 박사의 형인 존 페리스 베어드 목사가 버다 살시히(Bertha Salsich) 양과 결혼하다.
3월~5월	베어드 박사가 만주 경계까지 7주 동안 여행하다.
6월	서울에서 기독교 교사들을 위한 정규 교사강습회를 열다.
6월 28일	평양여행을 하다.
7월 22일~8월 16일	중국의 산둥성 즈푸(芝罘)에서 가족 휴가를 보내다.
8월말	로버트 스피어 박사와 함께 연례회의에 참석하다. 베어드 박사가 평양으로 임지를 옮기다.
봄 또는 여름	애니 베어드 여사가 저술한『한국어 학습을 위한 50가지 도움들(*Fifty Helps for the Study of the Korean Language*)』이 출판되다.

선교여행증명서

한국정부 외부가 건양 2년(1897년) 3월 29일에 베어드 박사에게 준 비자이다. 이것은 한국정부가 발행한 허가증 제10호로서, 그 내용은 베어드 박사의 평양과 인근지역 여행을 인가하고, 이 지역의 모든 관리들이 베어드 박사에게 도움을 주고, 필요 이상의 제재를 가하지 말라는 것이다. 베어드 박사는 압록강 지역 여행을 준비할 때 이 허가증을 받았으며, 그 내용은 124쪽에 나오는 '베어드 박사의 북부지역 전도여행'에 나온다.

護照

大朝鮮國外部爲給發護照事照得
大美國人쎄아드游歷平壤等地
合行給照護送仰沿途各官驗照
放行毋令阻滯該員亦不得藉端
逗留致干査究須至護照者
建陽二年三月二十九日
第拾號
限回日繳銷

▎선교여행증명서

2. 새로운 선교지부 대구의 선정과 부지 확보

제임스 아담스(James E. Adams) 박사의 이름은 대구시와 경상도 모든 지역에서 일어난 기독교 선교사역의 발전과 매우 긴밀하게 연결되어 있다. 그는 이 지역에서 활동한 위대한 사도임에 틀림이 없다. 한국교회가 그를 추모하기 위해서 세운 기념비가 대구제일교회 입구에 서 있다. 그러나 실제로 대구를 새로운 선교지부로 선정하고 확보한 것은, 즉 아담스 박사의 기념비가

서 있는 이 부지를 매입한 것은 바로 베어드 박사의 공로였다.

1896년 10월에 제출된 베어드 박사의 보고서는 대구선교지부의 개설과 관련된 당시 사건들을 가장 잘 설명하고 있으며, 여기에 보고서 전문을 실었다. 다른 인용문에서 표기한 것처럼, 고유 이름들은 베어드 박사가 쓴 그대로 두었다.

대구선교지부 개설에 대한 보고서

1896년
윌리엄 베어드

대구가 작년부터 사실상 새로운 지부로 개설되었으므로, 이에 대한 단독 보고서를 작성할 필요가 있습니다.
이전에 울산에서 가옥 한 채를 매입할 목적으로 청원한 예산 100엔을 이미 승인 받았습니다. 이 예산으로 그곳에 지부를 개설하는 것은 가능하다고 생각합니다. 그러나 작년 제 보고서에서 말했듯이, 저는 울산이 새로운 지부를 개설할 장소가 아니라고 확신합니다.
저는 작년 연례회의를 마치고 곧바로 대구로 가서 다시 그 지역을 조사했습니다. 그때 진주도 방문하였고, 작년에 연례회의가 열리기 바로 전에는 상주도 방문하였습니다. 저는 제 마음에 새롭게 다가온 경상도의 세 지역을 비교하여 분석하고 나서 선교회가 허락하면 울산보다는 대구에 가옥 한 채를 매입하기로 결정하였습니다. 이 일은 제가 미래의 선교지부를 생각하며 준비하였습니다.

I. 대구를 새로운 선교지부 장소로 확정한 이유들

1. 중심부에 위치함. 대구는 지리적으로 경상도의 거의 중심부에 위치합니다.

2. 상당히 많은 인구. 대구는 경상도에서 가장 큰 도시로 간주되고 있으며, 인구가 조밀한 촌락들이 둘러싸고 있습니다. 대구의 인구수를 산정하기 어렵지만 약 7만 5천명의 주민이 살고 있는 것으로 추정됩니다. 상당히 큰 도시들도 대구에서 하루나 이틀이면 갈 수 있는 거리에 위치하고 있습니다.
3. 접근성. 대구는 부산에서 서울로 올라가는 주요 도로에 위치해 있고, 경상도의 모든 지역과 다른 도(道)에서 접근할 수 있는 도로가 발달되어 있습니다. 대구에서 서쪽으로 10마일 떨어진 곳에는 낙동강이 흐릅니다. 한국의 배들은 이 강을 따라 부산에서 출발해서 대구까지 거의 백 마일정도 내륙지방으로 운행할 수 있습니다. 낙동강에서 적당한 크기의 배를 타면, 대구는 부산에서 약 15마일 거리의 육로여행만 하면 도달할 수 있습니다. 대구는 부산에서 육로로는 100마일 거리입니다.
4. 정치적 중요성. 대구는 항상 경상도의 도청소재지였으며, 경상도가 경상남북도로 분리된 이후에도 여전히 경상북도의 도청소재지로 남아 있습니다.[2)]
5. 상업적 중요성. 대구는 경상도의 대도시로서 일상적인 상업활동 외에도, "령"(令)이라 불리는 대규모 시장이 매년 봄과 가을에 열립니다. 이때 수많은 사람들이 경상도 남부지역의 각지에서 대구로 모입니다.
대구는 농업도 잘 발달된 곳입니다. 앞으로 이곳에도 공업이 발달하면, 산업화가 가져다 줄 여러 가지 부가적인 기회들이 분명히 주어질 것입니다.
6. 대구에서 새로운 선교지부를 시작하려는 여섯 번째 이유는 대구선교지부가 이미 시작되었다는 사실입니다. 저는 선교회가 대구 지역에서 가옥을 구입하고 그곳에 거주하는 것을 허락하였고, 한 마디의 이의도 제기하지 않고 그 가옥을 개조하고 수리하도록 허락하였기 때문에 앞으로 어떤 반대도 없을 것이라고 확신합니다. 또한 이 집 외에도 나에

2) 각 도(道)가 남도, 북도로 나누어짐으로 도의 수가 늘어남을 의미한다. 경상도의 도청소재지였던 대구는 경상북도의 도청소재지로 남아있다. (역자 주)

게 매물로 내놓은 다른 집들도 갖고 있습니다.

II. 대구에서 구입한 가옥

부산선교지부의 승인을 받고 1896년 1월 저는 대구에서 가옥 한 채를 구입하였습니다. 그동안 저는 여러 가지 조치들을 취하였는데, 그것은 서신왕래를 통해서 유추해볼 때 선교본부가 한국의 선교사역을 위한 내륙지방의 전략기지를 개척하는 계획에 공감하고 있다는 확신을 가졌기 때문입니다. 이것을 염두에 둔다면, 선교본부가 공식적인 결정을 내릴 때까지 1년을 더 기다린다는 것은 불필요하다고 생각합니다. 이러한 저의 신념의 정당성은 선교회가 그 이후에 제가 취한 조치들을 재가하였고 저의 거주지를 대구로 이전하는 것을 공식 허가해준 사실로 인해서 확인되었습니다.

가옥의 실제 가격은 217달러 76센트입니다. 그 가운데 100달러는 울산에 대한 예산비용으로 지불하였고, 125달러는 그 이후에 선교회에 의해 지출 승인을 받았습니다.[3)]

3) 위 보고서의 두 번째 단락에서 언급된 달러는 미국 달러라기보다 멕시코 달러나 엔이다. 베어드 박사가 구입한 가옥의 사진은 H. A. Rhodes의 *History* 182쪽 반대 페이지에 있다. 이 사진에는 제임스 아담스, 존슨(Johnson), 그리고 필자가 보기에 누군지 알 수 없는 한국인 몇 사람이 있다.

한국에서는 외국인들이 서울 도성과 개항장 밖에서 거주하는 것이 여전히 법을 위반하는 것임을 명심해야 한다. 아주 최근 1893년 3월에 마펫 박사가 평양에 선교지부를 위한 땅을 매입했다. 서류상으로 그 땅은 한국인 한석진(韓錫晋)[4]의 이름으로 구입했다. 그러나 지역 관청은 외국인이 관여됐다는 말을 듣고, 땅을 판 사람들을 체포해서 계약 취소를 강요했다.

미국 공사인 알렌 박사는 부산선교지부 개설을 적극 찬성했지만, 현행 조선의 법을 무시하고 내륙지방에 선교지부를 개설하는 것에는 찬성하지 않았다. 그는 베어드 박사에게 책임지고 가족을 대구로 데리고 가라는 전갈을 보냈다. 만일 무슨 일이 생기면 공사가 그들을 위해 할 수 있는 일이 없다. 대구는 외국인들에게 적대적이라고 판단되었다. 실제로 1891년에 한동안 대구에서 지냈던 프랑스 사제는 공격을 받고 묶여서 턱수염을 뽑히기도 했다. 1894년 8월 15일의 편지에서 베어드 박사는 바로 그 사제가 청주에서 살해당했다고 기록했다. 그러므로 대구선교지부를 개설할 때, 베어드 박사는 마치 호랑이가 덤벼드는지를 알아보려고 자기 자신과 그의 가족을 미끼로 삼은 것과 같았다. 만일 대구 관청이 평양의 관리들처럼 행동했다면, 선교의 문은 닫혔을 것이다.

베어드 박사는 땅을 매입하고, 그곳에 거주하는 것을 외부에 공개하였다. 베어드 박사의 초청으로 아담스 박사가 부산에서 대구로 그를 찾아왔다. 그는 대구부윤과 경상관찰사를 방문하였다. 베어드 박사는 부인과 당시 한 살 반이었던 아들 존을 데려갔다. 관청에서는 그들에게 주의를 기울이

4) 한석진(1868~1939) 목사는 평북 의주 출생이다. 서상륜에게 복음을 듣고, 1891년에 사무엘 마펫에게 세례를 받고 그의 조사로서 활동했다. 1907년에 평양신학교를 1회로 졸업한 후, 한국장로교 최초의 목사 7인 중 한 명이 되었다. 안동교회에서 목회할 당시, 남녀의 자리를 갈라놓는 휘장을 철폐했고 출입문도 하나로 통일했다. 조선예수교장로회 제6대 총회장을 맡기도 했다. (역자 주)

지 않았지만, 그때까지 전혀 알려지지 않았던 백인 여자와 아기가 부산에서 육로로 100마일 떨어진 대구에 왔다는 소식을 듣고, 이 도시의 하층민들은 부인과 아기를 보려고 그들이 타고 온 가마에 몰려들었다. 그들은 가마에 탄 사람들을 보려고 가마 의자의 커튼을 잡아당겨서 가마에 탄 사람들을 쳐다보았고, 애니 베어드 여사가 머물고 있는 가옥의 안뜰에까지 몰려들었다. 이런 일들은 한국인들 사이에서도 거의 전례가 없는 무례한 행동이었다. 베어드 박사는 관할관청에 두 서너 명의 포졸들을 파견해서 그들을 내쫓아 달라고 요청하였다. 그때 베어드 박사는 관청에서 그들의 행동을 용인하고 있다는 사실을 깨달았다.

그 당시 대구에 있는 좋은 가옥의 값이 떨어지고 있었다. 명성황후는 지난 가을에 시해를 당했다. 고종은 자신의 궁궐 경복궁에 구금당하고 있었다. 서울의 거리에서는 일본군과 청국군 사이에 교전이 벌어졌다. 농민봉기가 상시로 일어났다. 한국의 양반들은 그들이 소유한 도시의 가옥들을 매물로 내놓고, 정치적인 격동기를 피하기 위해 조용히 그들의 시골집으로 떠났다. 베어드 박사가 구입한 집은 바로 그런 집들 가운데 하나였던 것이 분명하다. 가옥의 매입은 중개인을 통해 이루어졌지만, 집주인은 매입자가 외국인이라는 사실을 알고도 이 거래를 취소하거나 더 높은 가격을 요구하지도 않았다. 그 집주인은 모든 면에서 '군자처럼' 행동했다.

엘린우드(Ellinwood)[5] 박사의 편지

엘린우드(Ellinwood) 박사가 아담스 박사에게 쓴 편지가 대구선교지부 개

---

5) 엘린우드(F. F. Ellinwood)는 19세기 후반 아시아에 선교사를 파송하는 책임을 맡은 미국 북장로회선교본부의 총무이다. 그는 한국에 파송된 선교사(알렌, 언더우드, 마펫, 베어드, 아담스 등)가 해야 할 최우선 사역은 서양의 과학기술, 공학, 제도, 기관을 전달하고 문명을 그 나라에 이식시키는 일이 아니라, 복음의 기쁜 소식을 전파하는 것이라고 강조하였다. (역자 주)

설과 관련해서 중요하기 때문에, 그 전문을 다음 117~120쪽에 실었다.

그 당시 선교본부의 회계담당자였던 덜레스(Dulles)씨는 아이젠하워 행정부의 국무장관이었던 존 포스터 덜레스(John Foster Dulles)의 아버지이거나 삼촌이었다. 제임스 에드워드 아담스[6]는 그 출생이 앞에서 언급되었다. 그런데 그의 아들, 곧 많은 사람들에게 '네드(Ned) 아담스'로 알려진 애드워드 아담스(Edward Adams)가 선교사인 아버지를 따라 한국에 왔다. 그는 공산주의자들의 침략으로 한국이 중대 위기 국면을 맞이한 시기에 국제연합한국재건단(UNKRA)의 대표를 맡았고, 대구에 있는 계명대학의 학장을 역임하였으며, 한국 정부로부터 두 번이나 훈장을 수여받았다.

엘린우드가 그의 편지에서 '다소 비좁게 지내야 할 것'이라고 조심스럽게 말한 것은 1895년도의 사정을 간과하여 말하고 있기 때문인지도 모른다. 제임스 에드워드 아담스 부부는 부산에서 베어드의 가정집을 서로 공유해야 하는 어쩔 수 없는 상황이었는데, 부산에 있는 베어드의 사택은 이미 이 항구를 스쳐 지나가는 수많은 여행자들에게 거의 호텔처럼 편안한 안식처였다.

이 편지의 내용 가운데 가장 흥미로운 점은 엘린우드 박사가 내지(內地) 선교지부를 개설할 때 선교본부가 이 모험적인 사업에 재가를 해주지 않은

6) 앞서 소개되었듯이 윌리엄 베어드의 부인이 된 애니 로리에게 쌍둥이 남동생 아더 아담스가 있고 또 다른 남동생 제임스 에드워드 아담스가 있다. 제임스 에드워드 아담스(J. E. Adams)의 한국이름은 안의와(安義窩 1867~1929)이다. 제임스 아담스는 미국 캔사스 주에서 태어났으며, 1895년 내한하여 2년간 부산에서 체류하면서 한글을 공부하고, 매형 베어드를 도와 부산지역 선교에 노력하였다. 1897년 이후부터는 대구로 이거하여 대구·경상북도 지방에서 교회를 개척하였다. 우선 대구에서 대구제일교회를 비롯하여 여러 교회를 설립하였으며, 경산, 하양, 진양, 경주, 안강, 포항 등지를 순례하며 전도하고 교회를 설립하였다. 또한 계성학교를 세웠고, 의료 선교사 존슨(W. O. Johnson)을 오게 하여, 1898년 제중원을 열었는데, 이는 현재의 동산병원으로 발전하였다. 1923년에 은퇴, 1929년 6월 25일 세상을 떠났다. 이 제임스 에드워드 아담스의 아들인 에드워드 아담스(Edward Adams 1895~1965)가 아버지를 따라 한국선교사가 되어 주로 대구에서 활동하였는데 그의 한국이름은 안두화이다. (역자 주)

점을 지적해서 선교본부를 보호하려는 관심을 가지고 있었다고 언급한 것이다. 선교본부는 적어도 선교사들이 이 모험적인 선교를 '믿음을 가지고' 시도해 보고, 그들이 이 일을 잘 해낼 수 있는지 그 여부를 알 때까지는 인가하지 않았을 것이다.

이것은 선교 초기부터 선교지부와 선교사들을 계속 따라다니면서 괴롭힌 문제였지만, 아직까지도 해결하지 못한 채로 남아 있다. '만민에게 복음을 전파하라'는 하나님의 명령을 받은 선교사들이 기독교를 설교하고 전파하는 것에 반대하는 이교도 정부의 법을 신앙인의 양심상 따라야만 하는가? 그리고 모든 외국인들과 같이, 선교사들의 활동 범위를 개항장으로 제한하는 법에 복종해야 하는가? 베어드 박사는 솔직히 복종해서는 안된다는 반대 입장을 가졌다. 중국내지선교회의 허드슨 테일러(Hudson Taylor)도, 적어도 초기 선교사 시절에 역사에 남는 선교사역을 감당하였을 때 이런 조약들을 위반하였다. 바로 이런 이유로 영사관 관리들이 대체로 선교사들을 조약 위반자들, 말썽꾸러기들, 지긋지긋하게 귀찮은 자들로 생각한다.

위에서 설명한 것처럼, 선교본부의 입장은 분명하지 않았다. 로즈(H. A. Rhodes) 선교사는 그의 책 『미북장로교 한국선교사』 585쪽에서 1889년 해외선교본부총무 미첼(Mitchell) 박사의 첫 한국방문을 언급하면서 "그는 종교 활동을 반대하는 법을 무시하기로 한 선교회의 결정에 도움을 주었다"고 말했다. 실제로는 선교회가 이 문제에 있어서 큰 도움이 필요한 것은 아니었다.

전보 약호	해외선교본부
"INCULCATE," NEW YORK	미국장로교
	53 5th 애비뉴[7)]

7) 오늘날 이곳에 살고 있는 사람들 중에서 설사 있더라도 소수의 사람들이 기억하겠지만, 뉴욕

총무실

뉴욕　　　　　1895년 3월 8일

J. E 아담스 목사님
1302 토페카 에비뉴, 토페카시, 캔사스주

친애하는 아담스 목사님에게

지난 월요일 선교본부 회의에서 목사님을 한국의 부산으로 파송하기로 확실하게 결정하였습니다. 내가 취한 이 결정은 당신과 당신의 누이인 애니 베어드 여사가 간절히 소원하던 바와 크게 다르지 않을 것입니다. 베어드 선교사는 지금 그의 선교사역을 북부지역으로 확대해서 울산 지역까지 진출할 계획을 갖고 있습니다. 앞으로 목사님의 이주와 모든 여행일정은 선교본부의 회계담당자인 덜레스(Dulles) 씨가 직접 서신을 통해서 준비해 줄 것입니다.

저는 목사님과 사모님의 가정에 사랑하는 아들이 태어난 것을 축하하며, 아이가 건강하게 잘 자라서 목사님에게 큰 기쁨이 되기를 기도합니다.

목사님을 부산으로 파송하기로 결정한 이유는 현 상황에서 살펴볼 때 재산문제로 크게 어려움을 겪고 있고 우리가 바라는 대로 일이 진척되지 않고 있는 중국 남부의 하이난(海南) 성보다는 한국의 부산이 목사님에게 훨씬 더 잘 준비된 곳이라고 생각되기 때문입니다. 저는 베어드 선교사가 가까운 시일에 울산으로 가서 선교사역을 시작할 수 있다고 믿고 있지만, 목사님은 그때까지 당분간 다소 비좁게 지내야 할 것 같습니다. 그러나 이 일은 아직 선교본부가 분명하게 인준한 것이 아니기 때문

에 있는 선교본부의 주소가 53 Fifth Ave에서 156 Fifth Ave로 바뀌었다가, 현재는 475 Riverside Drive로 변경되었다. 그 당시 선교본부 서기들은 직접 타자기를 쳐서 자신의 편지를 작성하였던 것이 분명하다. 이 서한을 보면, 선교본부의 서기나 속기사가 현재 주소인 475 Riverside Drive에서 근무하고 있으면서 옛 선교본부 주소를 바꾸지 않고 그대로 표기한 사실은 부끄러워할 만한 일이다.

59.

CABLE ADDRESS:
"INCULCATE," NEW YORK.

THE BOARD OF FOREIGN MISSIONS
OF THE
PRESBYTERIAN CHURCH IN THE U. S. A.
53 FIFTH AVENUE

OFFICE OF SECRETARY.

New York, March 8th.1896. 189

Rev.J.M.Adams,

1302 Topeka Ave.,Topeka,Kans.

My dear Mr.Adams:-

At a meeting of the Board on Monday you were definitely assigned to Fusan, Korea. This I take it will be in accord with your wishes and those of your sister, Mrs.Baird. Mr.Baird has some plans for extending the work southward to a place called Oolsan. Your arrangements for passage and outfit will be made with Mr.Dulles, our Treasurer, by direct correspondence.

I congratulate you and Mrs.Adams on the birth of your son, and hope that his life may be preserved, and that he may be a blessing to you.

The reasons for assigning you to Fusan are that matters seemed to be in a more advanced state of readiness there for you than in Hainan where w

hindered from

may have to li

hope of being

ever definitel

upon faith.

I su

60.

- 2 -

ing your field. Certainly it would not be easy to transport a small baby over land from Seoul.

I have strong hopes that the spirit which has been shown by Mr.Baird, Mr.Moffett, Mr.Miller, Dr.Underwood, and others, will be yours,- a feeling, woe is me if success through the Divine blessing t not given. There is nothing in this world in which there are so gre differences as in the missionaries,- differences between one who is consecratedly aggressive and one who beats the air. Of course the power is not in man except when God puts it in, but I believe He is a ways ready to put it in. Of course you know all about Mr.Baird, and am sure you will find him a genial co-worker. He is full of the spi of the Master.

With kind regards to Mrs.Adams, I am,

Yours very sincerely,

F.F. Ellinwood

에, 목사님은 믿음을 가지고 이 일을 감당해야 할 것입니다.

제가 생각하기에 목사님이 선교현장에 도착하려면, 목사님은 나가사키에서 부산으로 직접 가게 될 것입니다. 서울에서 어린 아기를 데리고 육로로 여행하는 것은 분명히 쉽지 않을 것입니다.

저는 베어드, 마펫, 밀러, 언더우드, 그리고 그 외 다른 선교사들이 보여주었던 정신이 목사님에게도 함께 하기를 간절히 바랍니다. 설사 우리가 성공했더라도 하나님이 주신 복이 아니라면 그것은 애통할 일이라고 생각합니다. 이 세상에서 선교사들 사이에 그렇게 큰 차이가 없습니다. 선교사들은 헌신적으로 열심히 사역을 하는 분과 헛수고를 하는 것처럼 보이는 분 사이의 차이가 있을 뿐입니다. 물론 하나님께서 우리에게 능력을 주시지 않는다면, 인간은 아무런 능력도 없지만, 저는 하나님께서 언제나 우리에게 능력을 불어 넣어 주시려고 애쓰는 분이라고 믿습니다. 목사님도 물론 베어드 선교사에 대해서 잘 알고 있겠지만, 그분이 목사님에게 친절한 동역자가 되리라고 확신합니다. 그는 주의 성령이 충만한 사람입니다.

부인께 제 안부를 전해 주시기 바랍니다.

당신의 신실한 친구

엘린우드

3. 서울에서 보낸 1년(1896~1897)

베어드 박사가 1896년, 1897년, 그리고 1898년에 한국선교회와 미국의 선교본부에 제출한 개인보고서는 이 기간이 그의 인생에서 중요한 전환점을 가져왔다는 사실을 잘 보여준다.

1896년 보고서는 대구선교지부의 개설, 그곳에서 거주지의 구입, 그리고 관할지방관청이 그들의 거주지역내에 외국인들의 거주를 승인한 소식을 기쁘게 전하고 있다. 이것은 6년에 걸친 수고와 기도로 이루어진 성공적인 결과였다. 사람들은 당연히 그 다음 해 1897년 보고서는 지리적으로 유리한 곳에 위치한 이 대구 지역에서 널리 전개된 전도소식을 전할 것이라고 기대하였다.

그러나 1897년 보고서는 대구를 언급조차 하지 않았다. 1896년 연례회의는 그의 가족을 서울로 이주시켰고, 베어드 박사에게 선교회의 교육자문(Educational Advisor)을 맡겼다. 베어드 박사의 1897년 보고서의 내용은 교육사역을 중심으로 되어 있고, 새로운 교육정책을 제안하였는데, 이 정책은 그가 한국에서 실행한 사역의 뛰어난 특징들 가운데 하나가 되었다.

1898년 보고서는 서울에 대해서 언급하지 않는다. 베어드 박사는 이미 평양에서 지난 해 그가 주창한 교육정책을 실행에 옮기고 있었고, 교육 체계의 기초를 쌓고 있었는데, 이것은 그가 한국에서 행한 핵심적인 공헌이었다.

베어드 박사의 거주지와 사역과제에 큰 변화를 가져온 것은 바로 한국의 북부지역에서 일어난 사건 때문이었다. 1894년 청일전쟁에서 중국군이 대참패를 하자, 평양과 북부지역은 보수주의의 장벽이 허물어지기 시작했다. 1895년 1월에 마펫 박사는 1893년에 매입하려고 했던 바로 그 가옥을 인수하고 거주할 수 있게 되었다.[8] 기독교에 대해 의문을 갖고 찾아오는 사람의 수가 점차 증가하였다. 새로운 기독교인 그룹이 변두리 지역에서 형성되었고, 선교사의 방문을 요청하였다. 1895년 연례회의 보고서에 뭔가 무슨 일이 일어나고 있는 것이 분명했지만 일시적인 성공으로 끝날지도 모를 일이었다. 그러나 1896년 연례회의가 열렸을 때, 사태는 눈덩이처럼 커지고 있었

8) 부록 3의 평양선교지부의 지도를 참조할 것.

다. 깜짝 놀랄만한 자생적인 운동이 막 태동하고 있었다. 장로교선교회가 북부지역에 파송한 첫 의료선교사 헌터 웰즈(G. Hunter Wells)가 선교본부에 보낸 편지를 보면, 평양선교지부가 보고서를 발표할 때 선교회 전원이 그 자리에서 일어나서 환호했다고 한다. 이 막 태동하고 있는 운동의 지도자를 훈련시킬 프로그램을 생각해 볼 때가 된 것이 분명하다. 베어드 박사는 바로 이 목적을 위해서 선출되었다.

두 편지로부터 발췌한 글은 1896년 연례회의의 분위기와 베어드 박사의 전근에 대한 이유를 밝히는 데 도움을 준다. 애니 베어드 여사의 동생인 제임스 아담스 박사는 당시에 약 1년 반 동안 현장에 있으면서, 베어드 박사가 부산과 대구에서 시작한 사역을 인계받았는데, 그는 1896년 11월 11일에 선교본부에 다음과 같은 편지를 보냈다.

> 정기 연례회의가 끝나고 우리는 집으로 다시 돌아왔습니다. 회의가 거의 막바지에 이르렀을 때, 여러분도 틀림없이 생각했을지 모르지만, 역전과 대역전이 일어났습니다. 이번 회의는 지금까지 그 어떤 회의보다도 가장 영적으로 복 받은 회의였다고 모두가 공감하는 분위기입니다. 우리 모두는 하나님께서 올 한 해 동안 행하신 위대한 일을 바라보며 하나님을 찬양하고 싶은 마음이 일어났습니다. 북부지역에서 제출한 보고서는 우리에게 꼭 오순절 성령의 바람과 같았습니다. 더욱 더 우리는 우리의 현장에서 마치 나무꼭대기에서 바람이 나뭇잎을 스치는 것 같은 소리가 들리기 시작했고, 하나님의 전능하신 능력이 우리 각자 개인의 현장에도 머지않아 나타날 것 같은 느낌을 받았습니다. 나는 한 지역이나 두 지역이 아니라 온 나라 전체에서 우리가 괄목할 정도로 영적으로 충만한 상태에 도달했다는 사실을 믿지 않을 수 없었습니다.
>
> …
>
> 교육 사업이 빠르게 진행이 되자 여러 가지 변화가 나타났는데, 그 중의

하나는 서울에 있는 소년학교의 확장과 발전이었습니다. 소년학교를 중등학교[9]로 발전시킬 당위성과 더불어, 이곳 주민들이 빠르게 증가하고 있다는 것을 고려할 때 이 소년학교를 더 많은 사역자를 위한 훈련학교로 확대시킬 필요성이 시급하다는 것을 절감하였습니다. 이를 위해 베어드 박사가 부산에서 올라와서 이 방침에 따라서 발전시켜 주기를 기대하며 그를 소년학교에 투입하였습니다.

그동안 학교에서 사역해 왔고, 앞으로 베어드 박사와 계속해서 같은 학교에서 사역하게 될 밀러(F. S. Miller) 목사는 1896년 12월 11일자 선교본부에 보낸 편지에서 베어드 박사의 전근과 새로운 사역 과제에 대한 선교회의 결정을 승인해 줄 것을 촉구하였다.

우리는 그동안 학교사역의 경험이 있고, 우리가 추구하는 모든 선교사역에서 학교사역을 책임지고 수행할 능력을 겸비한 영적인 사람을 찾기 위해 오랫동안 기도하며 수소문하였습니다. 그동안 줄곧 주님은 우리가 일하는 현장에서 한 사람을 준비하고 계셨던 것이 분명합니다. 베어드는 미국에서 학교사역에 대한 경험도 있고, 이 사역을 감당할 분명한 능력을 갖추고 있습니다. 그는 우리가 바라는 대로 학교를 영적인 중심지로 만들 수 있는 교육사역에 아주 적합한 인물이고, 그는 또한 전도사역의 경험을 가지고 있기 때문에 선교사의 소명을 받은 사람들을 훌륭한 선교자로 양성할 것입니다. 그래서 저는 선교본부가 베어드 선교사의 사역에서 심지어 우리도 전혀 기대하지 않았던 변화를 통해서 일하시는 하나님의 지혜를 보게 되기를 소망합니다.

그러나 선교회는 그때까지 소속 선교사 가운데 한 사람을 선발해서 교육사역을 담당할 전임사역자로 파송할 준비가 전혀 되어 있지 않았다. 베

9) 이는 예수교학당을 말하는데 나중에 경신학교가 되었다. (역자 주)

어드 박사에게 주어진 사역과제는 곤당골과 연못골[10]의 교회를 돌보는 목회적인 책임을 감당하는 것과 아울러 마펫 박사가 첫 휴가를 떠났기 때문에 북부 지역의 전도사역을 위해서 '가능한 시간 내에서 최선을 다하는' 것이었다.

4. 1897년 3~5월, 베어드 박사의 북부지역 전도여행

10) 곤당골은 현 남대문로 1가와 을지로 1가에 해당되는 지역이고 연못골은 지금 연지동으로 연동교회가 있는 곳이다. (역자 주)

부산과 대구 지역을 답사한 후, 베어드 박사는 이 여행으로 한반도 전체에 대한 충분한 지식을 갖게 되었다. 이 여행의 성격은 답사라기보다 목회자로서 현지 방문이었다. 그런데 중요한 사실은 이 여행이 1894년 청일전쟁 이전 이래로 이 지역에 대한 선교사의 첫 방문이었다는 것이다. 베어드 박사가 보고한 이 감동적인 진전은 베어드 박사가 선교에 대한 별다른 반응이 없었던 남부지역에서 6년을 보낸 이후에 이루어졌으며, 선교회의 교육정책을 입안할 때 그의 사상에 확실히게 큰 영향을 끼쳤다. 이 진전은 전쟁과 정치적인 혼란기에 어떤 선교사의 방문이나 감독을 받지 않고 한국인의 지휘 아래 진행되었다.

베어드 박사의 임무는 마펫 박사의 부재시 그의 사역을 돕는 것이기 때문에 그는 북부 지역을 두 번에 걸쳐서 전도여행을 다녀왔다. 첫 번째 여행에서 그는 1897년 3월, 4월 그리고 5월에 7주 동안 의주와 압록강 지역을 순회하였다. 위원(渭原)처럼 멀리 압록강 북단에 위치한 국경지역의 고을들까지 방문하였다. 그곳의 기독교인들은 흩어져서 살고 있었는데, 열 군데의 처소에서는 기독교인이 정기적으로 모여서 자발적으로 예배를 드리고 있었으며, 그 가운데 네 개의 처소는 이미 조직교회의 모습을 갖추고 있었다. 양전백(梁甸伯)[11]은 나중에 최초로 목사안수를 받은 7인의 한국인 목사 가운데 한 분이며 일평생 북부 지역에서 탁월한 지도자였는데, 그는 이 지역의 새로운 기독교인을 심방하고 목회하는 일에 전심전력하고 있었다.

---

11) 양전백(1870~1933)은 평북 의주에서 태어나 증조부 슬하에서 한문을 수학하며 자랐다. 1892년 김관근(金灌根) 전도사를 만나 기독교와 서구문명을 접하고 1894년에 세례를 받은 다음 평안도 일대에서 기독교 복음을 전파했다. 1900년에 초등교육기관 명신학교(明信學校), 이듬해에는 부속 여자소학교, 이어서 신성중학교(信聖中學校)를 설립했다. 평양신학교를 졸업하고 최초의 한국인 목사 7인의 한 사람이 되었다. 1911년 '105인 사건'에 연루돼 고문을 받고 유죄 판결을 받았으나 항소해 무죄로 풀려났다. 조선예수교장로회총회의 제5대 총회장을 역임했다. 1919년 '독립선언식'에 민족대표의 한 사람으로 참석, 1933년 1월 17일에 64세를 일기로 별세했다. 건국공로훈장 대통령장 추서. (역자 주)

베어드 박사의 전도여행에 동행한 사람은 불과 한 달 전 10월에 한국에 도착한 신임 선교사 노만 휘트모어(Norman C. Whittemore) 목사이며, 그는 이 지역을 소개받자 선천(宣川)을 선교활동의 중심지로 삼고 그의 일생의 대부분을 보낼 예정이었다. 이 전도여행에 동행한 또 한 사람은 한석진인데, 그는 마펫 박사의 오른팔 같은 사람이며, 최초의 한국인 장로교 목사 7인 가운데 한 사람이다. 이 여행 후에 한석진 씨는 베어드 박사에게 그의 증조부가 사용했던 직경이 약 24인치나 되는 챙이 달린 말총모자(갓)를 선물로 주었다. 이 가보는 한국인들에게조차 진기한 것이었는데, 수 년 동안 베어드 박사의 거실에 걸려 있었다.

이 일행이 전도여행한 거리는 약 700마일(약 1,120킬로미터)에 이르는데, 주로 도보로 다녔다. 열정과 "최신 유행의 생각"이 넘치는 휘트모어 목사는 두 다리를 쭉 뻗어 쉬면서 탈 수 있는 자전거를 가져가기를 원했다. 자전거를 시험해 본 베어드 박사는 산길과 진흙투성이 지역에 자전거를 끌고 갈 수 있는 사람을 데리고 가자고 주장했다. 왜냐하면 그는 펑크가 나지 않는 단단한 고무 타이어로 된 자전거가 하나 있었지만, 너무 무거워서 사용하기 힘들기 때문이었다. 그래서 마펫 박사가 평양에서 지내던 초기 시절에 기독교인이 된 청년 정익노(鄭益魯)가 이 일로 동행하였다. 정 씨는 평양에서 부유한 상인 가운데 하나가 되었고, 그 지역의 모교회인 중앙교회 곧 장대현 교회의 장로로서 헌신적이고 가장 영향력 있는 교회 직분자였다. 정 씨는 마펫 박사뿐만 아니라 베어드 박사의 오랜 동료요 친구로 평생 교제하며 지냈다. 로즈(H. A. Rhodes)의 『미국북장로교

로즈의 책에 있는 정익노 사진(오른쪽)

한국선교사』에는 그의 사진이 몇 장 실려 있는데, 그 중 가장 잘 나온 사진이 306쪽 맞은 편에 있다.

베어드 박사는 1897년도 선교회에 제출한 보고서를 다음과 같이 끝맺고 있다.

> 두 번째 평양선교지부 방문은 제가 3주 동안 서울을 떠나있던 7월에 다녀왔습니다. … 이번 전도여행에서 제가 유일하게 한 일은 평양교회 세례신청자의 세례문답을 돕는 사역이었습니다. 그래서 저는 몇 가지 중요한 기회를 통하여 이 지방의 양쪽 끝에서 선교사역의 특징을 경험하고, 이곳에서 내가 이전에 전혀 경험하지 못하였던 사역의 필요성을 발견하였습니다. 나는 지금 그곳에서의 사역이 전적으로 은혜 가운데 진행되고 있다고 확신하는데, 우리 모두는 이 일에 대해서 하나님께 감사드리고 용기를 갖게 되었습니다. 이 자발적인 교회부흥운동을 주도하고 있는 지도자들은 기독교인이고 열정적이며 가르칠 수 있는 사람입니다. 저는 기독교를 믿고 삶의 동기가 크게 바뀐 사람을 다 열거할 수 없을 정도로 많이 보았는데, 그들은 모두 한결같이 그리스도에 대한 지식을 체험하며 살아가고 있으며, 철저하게 그들이 의지하였던 옛 미신과 삶의 구습을 버렸습니다.

베어드 박사는 선교회에 보고할 때 감정을 자제하고 적절한 언어를 가려서 사용하였다. 그러나 그는 형에게 보낸 편지에서 자신의 압록강 지역의 전도여행을 상당히 서정적인 언어로 묘사하였다.

> 저는 저 멀리 한국의 최북단, 산악지역에 쌓인 눈과 맑은 물이 흐르는 시내가 있는 곳까지 올라갔다가, 다시 물살이 빠른 압록강을 따라 내려가서 한국의 북쪽 관문이며, 날씨도 따뜻하고 봄나물이 나는 의주에까지 이르렀습니다. 그리고 의주에서 그 강을 건너 중국으로 가서, 지금까

지 한 번도 들어본 적이 없었지만 무역과 활기로 가득한 한 도시[12)]를 보았습니다. … 그러나 내가 본 것 중에서 가장 놀라운 일은 그리스도의 사랑의 이야기가 나보다 앞서 조선 북쪽 지방의 깊은 골짜기까지 전해졌다는 것과, 바로 그곳에는 선교사를 본 적도 없지만 주님을 뜨겁게 사랑하고 오직 성령이 아니고서는 도저히 가르칠 수 없는 아름다운 말을 하는 자들이 있었다는 것입니다. 저는 우상숭배를 그만 두고, 매주일 예배드리기 위해 모이며, 주님께서 그들에게 기대하시는 것을 배우려고 애쓰며 기독교신앙을 고백한 신자들의 모임이 적어도 열 곳은 된다는 말을 들었습니다.

북쪽 지방의 사람은 남쪽 지방 사람과는 다른 민족인 것 같습니다. 그들은 좀 더 독립적이고, 사려 깊고, 열정적일 뿐만 아니라, 내가 남쪽 지방에서 사람 사이에서 겪었던 어려움이 훨씬 적었습니다. 다른 지역과 비교해 볼 때 불교도들이 상당히 적었습니다. 보통사람의 귀신숭배는 불교와 같은 이교도의 종교보다 힘을 발휘하지 못하였는데, 그 이유는 무속신앙에는 대체로 불교와 타종교에서 가지고 있는 윤리와 변증적인 신앙체계가 부재하였기 때문입니다. 북쪽 지방에 체류하는 동안 종종 내가 깨달은 사실은 주님이 복음을 듣도록 준비하신 사람 가운데 한 사람이 바로 내 자신이라는 것이었습니다. 이 전도여행 중에 저는 원입교인 74명을 심사하였는데, 그 가운데 31명이 학습문답을 통과하였고, 20명은 세례를 받았습니다. 이 숫자는 필경 이 지역의 교인수가 이삼백 명에 이른다는 것을 보여줍니다. 제가 방문한 지역은 평양사역의 북부 지구 가운데 하나였습니다. 이 북부 지역의 현장에서 놀라운 일이 일어나고 있습니다. 마펫 박사가 휴가로 자리를 비운 동안에 이곳에서 일하는 사역자들은 매우 부족하였지만, 오히려 사역은 모든 면에서 그들 스스로의 힘으로 크게 성장하였습니다.

윌리엄 마틴 베어드 2세가 1897년 2월 7일 서울에서 태어났다. 아기의 건

12) 안둥(현 단둥) (역자 주)

강상태가 아주 좋지 않아 베어드 가족은 인천에서 황해를 건너 중국의 즈푸(芝罘)에서 여름을 보내기로 계획하였다. 그들이 이 여행을 준비하고 있을 때, 평양에 있는 그레엄 리(Graham Lee) 선교사가 절박하게 도움을 요청하였다. 베어드 부부는 3주간의 휴가를 포기하고, 이미 기술한 두 번째 북부지역 여행을 하게 되었다.

베어드 박사가 평양에서 돌아온 후, 베어드 가족은 그해 서울 그들의 집에서 함께 지낸 동료 여선교사인 스트롱(Strong)과 함께 중국의 즈푸에서 단축된 휴가기간을 보내기 위해 출발했다. 이제는 더 이상 서울에서 인천까지 육로로 여행할 필요가 사라졌다. 최근에 한강에 진수한 작은 증기선이 인천과 서울에서 최단지점에 있는 한강의 나루터를 오가면서 승객을 실어 날랐다. 이 지점은 보통 만경대(萬景臺)13)였지만, 강의 수위가 높거나 낮을 경우에 그 정확한 지점은 2,3마일 위나 아래로 차이가 생길 수도 있었다.

베어드 부부는 이미 한강의 증기선과 중국 즈푸행 기선 운임을 모두 지불하였다. 그런데 아이들과 여행짐을 가지고 서울도심에서 8마일(약 13킬로미터) 정도 떨어진 강둑에 도착했을 때, 그들은 태평양 독일 해군 사령관인 디트리히(Dietrich) 제독과 그의 수행원 20여 명이 증기선 전체를 대절했다는 사실을 알게 되었다. 서울사무소 증기선 직원은 베어드 박사에게 탑승권을 판매한 이후에 발생한 변경 사항을 미리 알려주지 않았다. 만일 베어드 부부가 이 증기선을 타지 못한다면, 인천에서 중국 즈푸로 가는 기선을 놓칠 게 뻔하고, 그러면 단축된 휴가도 물거품이 될 형편이었다. 디트리히 제독은 강둑에서 망연자실 서있는 초라한 일행을 불쌍히 여겼다. 그래서 그는 자신이

13) 여기서의 만경대가 어느 지점을 말하는지 분명하지 않다. 한강에는 만경대라는 명칭의 장소가 없어 저자 리처드의 착각인 듯하다. (역자 주)

전세 낸 증기선에 탑승을 허락하였고, 그들을 오찬 손님으로 초대하였다. 나중에 마닐라 항구 전투에서 듀이(Dewey) 제독을 방해하려고 한 사람이 바로 이 디트리히 제독이다. 그의 동기가 무엇이든지 간에, 그는 이 어려운 순간에 친절한 신사의 면모를 유감없이 보여주었다.

베어드 박사가 중국 즈푸에서 휴가를 단축해서 보낸 것은 선교회연례회의가 9월이 아니라 8월에 열렸기 때문이다. 이렇게 된 것은 새로 부임한 선교본부총무인 로버트 스피어(Robert E. Speer)가 첫 세계 순방에 나섰기 때문이다. 중국과 만주를 방문하고 난 후에 스피어는 평양을 방문하여 새롭게 발전하고 있는 전도유망한 선교현장을 보고 싶어 하였다. 스피어와 그레엄 리[14]는 평양에서 출발하여 서울까지 200마일(320킬로미터)을 걸어서 연례회의에 참석하였다. 이것이 베어드 박사와 스피어 박사의 첫 만남이었다. 후에 한국의 교육정책에 대한 그들의 의견 차이를 고려해 볼 때, 베어드 박사가 스피어 박사에 대해서 인간적으로 어떤 인상을 받았는지에 대해서 주목할 필요가 있다. 연례회의 후에 베어드 박사는 그의 형에게 보낸 편지에서 이렇게 기록하였다.

> 연례회의에 참석한 로버트 스피어 박사를 만나보고 내가 받은 인상에 대해서 말했나요? 이 사람처럼 영성이 깊고, 능력이 탁월하고, 동시에 사심이 없고 겸손한 사람을 만난다는 것은 내 인생에서 거의 일어나지 않을 법한 큰 행운입니다. 나는 형이 그를 가끔, 아니 그 이상으로 만날 수 있기를 바라고, 아울러 며칠 동안 같이 머물면서 그가 하는 이야기를 들을 수 있기를 바랍니다. 그는 꾸밈이 없는 사람입니다. 허튼 소리를 하

14) 그레엄 리(Graham Lee 이길함李吉咸, 1861~1916)는 미국 일리노이 주에서 출생, 맥코믹신학교를 졸업하고 1892년 북장로교 선교사로 내한했다. 그는 관서지방 특히 평양 주변에 개척선교를 하였다. 1907년 1월 그가 담임하고 있던 장대현교회의 부흥사경회때 설교와 기도회 인도를 하였다. (역자 주)

려고 떠드는 사람도 아니고, 뭔가를 보여주려고 허세를 부리는 사람도 아닙니다.

제4장

평양 시절의 삶
(1898~1916)

1. 주요 역사적 사건들(1897~1916)

1897년	10월 2일	연례회의 후 베어드 가족이 평양으로 이사하다. 베어드 박사는 도착 즉시 숭실중학의 전신인 숭실학당을 시작하다.
	10월 12일	고종이 대한제국의 황제로 즉위하다.[1)]
1898년	9월 1일	리처드 해밀턴 베어드(Richard Hamilton Baird)가 태어나다.
1899년	3월 3일	베어드 가족이 첫 안식년을 떠나다.
1900년	봄	중국에서 의화단 난이 발생하다.
	4월	베어드 부부가 에큐메니컬 세계선교대회에 참석하다.
	5~6월	안식년을 마치고 한국으로 돌아오다.
	6월	중국 보정부(保定府)에서 장로교 선교사들이 대량 학살되다.
	여름	의화단이 북경의 공사관 지역을 포위 공격하다.
	9월	연례회의가 처음으로 평양에서 개최되다.
	11월	기독교인들을 학살하려던 한국인의 음모가 발각되다.
	12월 6일	기독교인들을 학살하려 한다는 날이 아무 일없이 지나가다.
1901년	4월 11일	숭실중학 건물의 정초식을 올리다.
	12월 5일	아더 패리스 베어드(Arthur Faris Baird)가 태어나다.

1) 조선이 국호를 대한제국으로 바꾸면서 고종이 황제로 즉위한 것을 말한다. (역자 주)

1903년	1월18일	아더 패리스 베어드가 죽다.
1904년	2월 7일	일본이 러시아에 선전포고하다.
	2월 28일	러시아의 카자흐 군대가 평양에 접근하다.
	2월 29일	첫 일본 기병대가 평양에 당도하다. 일본군의 주력부대가 다음날 도착하다.
	5월 15일	숭실중학의 첫 졸업식이 거행되다. 3명이 졸업하다.
	6월 28일	베어드 박사의 부친 존 마틴 베어드가 사망하다.
1905년	9월	선교회가 숭실에 대학부과정을 승인하다.
	10월 22일	베어드 박사의 형 존 패리스 베어드(John Faris Baird) 목사가 사망하다. 두 사람 사이에 오고간 많은 서신들이 이『프로파일』의 주요 자료이다.
1906년		한국교회 대부흥의 해
	6월 20~30일	한국에서 첫 성인 남녀공학 교육사업의 일환으로서 정규교사 훈련원을 감리교인들과 함께 열다.
	9월	숭실을 '기독교연합대학'으로 개편하는 교육사업에 감리교인들이 참여하다.
1907년	7월 19일	고종황제가 퇴위하다.
	9월 17일	최초의 한국교회의 노회[독노회]가 조직되다.
1908년	5월	숭실대학의 첫 졸업식을 거행하다. 2명이 졸업하다.
	6월	베어드 가족이 두 번째 안식년을 미국에서 보내기 위해 떠나다. 서울에서 베어드 박사가 세브란스 연합의학교의 첫 졸업식에 참석하다.
	11월	애니 베어드 여사와 어린 두 아들이 한국으로 돌아오다.
1909년	6월	베어드 박사가 안식년을 마치고 유럽과 시베리아

		를 거쳐 돌아오다.
	9월	아더 브라운(Arthur J. Brown) 박사와 함께 연례회의에 참석하다.
	10월	일본 통감 이토(Ito) 후작이 하얼빈에서 안중근에 의하여 피격, 사망하다.2)
1910년	8월	한국이 일본에 합병되다.
1911년	10월 12일	일본인 관리 살해음모로 선교사들과 한국의 기독교인들을 기소한 '105인 사건'은 선천학당에서 3명의 체포로 시작되었다. 전국 각지에서 체포된 자가 100여명에 이르며, 그들 대부분은 기독교인이었다. 이 사건은 3년에 걸쳐 법정공방을 벌였으며, 5명이 유죄판결을 받고 나머지는 방면되었다.3)
1912년	3월	감리교선교회가 연합대학 하나만 서울에 설립하는 방안에 대해서 찬성 투표하다. 이것은 숭실대학의 폐교를 지지하는 투표를 의미한다.
	9월	한국장로회총회가 조직되다.
	12월	감리교선교회가 한국 전역에서 오직 서울에만 대학 하나를 설립한다는 방안에 찬성투표하다.
1914년	2월 2일	미국장로교선교본부가 숭실대학을 폐교시키고 또 다른 연합대학을 서울에 설립하기로 결의하다.

2) 이토 히로부미(伊藤博文)는 1909년 통감을 사임하고 추밀원 의장이 되어 러시아 재무상 코코프체프와 회담하기 위해 만주 하얼빈을 방문하였다가 안중근에게 저격을 당해 사망하였다. (역자 주)

3) 600여 명이 검거되어 그 가운데 124명이 기소되어 1심 재판에서 105명이 유죄판결받았으나 2심에서 99명이 무죄로 석방되었고, 6명이 징역선고를 받고 복역하다 1915년 특별사면 됨으로 사건이 종료되었다. 이를 '105인사건'이라고 한다. 최종 6명이 유죄판결을 받았으나 저자는 5명으로 표기하고 있다. (역자 주)

	2월	베어드 박사 부인이 미국에서 수학중인 자녀들을 방문하기 위해 떠나다.
	4월 18일	한국선교회가 미국선교본부의 숭실대학 폐교 결정에 강하게 반발하다.
	8월	제1차 세계대전이 발발하다.
	12월 8일	미국선교본부가 숭실대학을 초급대학 수준으로 유지하는 인을 재가하다.
1915년	7월~11월	베어드 박사 부인이 암 치료차 미국 볼티모어에 있는 존스 홉킨스 대학병원에 가다.
	9월	로버트 스피어 박사가 연례회의에 참석하여, 숭실대학문제에 대한 선교본부의 결정을 미국장로교총회에 호소하려는 한국선교회의 계획을 알게 되다.
1916년	6월 9일	베어드 박사 부인 애니 로리 여사가 사망하다.
	9월	연례회의에서 베어드 박사가 교육사역을 사임하다.

2. 개인 및 가족 사항(1898~1916)

베어드 박사는 1896년 선교회의 교육자문으로 임명되어, 1897년 선교회가 채택한 교육 프로그램을 만들고, 1898년부터 1915년까지 선교회의 지도자 교육 프로그램을 실시하였다. 이 프로그램에는 숭실중학과 숭실대학의 개교가 포함되었다. 이때가 그의 삶에 있어서 가장 창조적이고 결실이 많은 시기였을 것이고, 확실히 가장 바쁠 때였을 것이다. 이 모든 것은「한국선교 이론과 그 실천에 대한 베어드 박사의 기여」라는 제목으로 제2부에서 다룰 것이다. 본 장에서는 이 시기의 개인적이고 가족적인 관심에 관련된 사항만을 다루려고 한다.

가. 첫 번째 안식년과 에큐메니컬 세계선교대회

베어드 부부는 1899년 3월 첫 안식년 여행을 떠났다. 셋째 아들 리처드 해밀턴(Richard Hamilton)은 지난해 9월에 태어났다. 그래서 가족은 이제 거의 네 살 반이 된 존(John)과, 2년 2개월 된 윌리엄 2세(William Jr.), 그리고 6개월 된 리처드(Richard)가 포함되었다.

미국에 있는 동안에는 캔사스 주의 토페카를 본거지로 삼았다. 그곳에는 애니 베어드 여사의 어머니와 오빠 그리고 언니 몇 명이 살고 있었다. 토페카 제일장로교회는 미국에서 그들에게 모교회 그 이상이었다. 그들은 또한 고향 인디애나 주 찰스턴(Charleston)을 방문하였는데, 그의 아버지와 여동생 메리(Mary)가 어린 시절 베어드 박사의 고향집에 살고 있었다. 그는 형 존 베어드 박사가 목회하고 있는 신시내티도 방문하였다. 베어드 박사는 캔사스 주, 네브라스카 주, 그리고 미주리 주를 광범위하게 여행하면서, 해외 선교의 사역을 보고하였다.

그들이 안식년 기간 중에 경험한 정말로 놀라운 사건은 1900년 4월 뉴욕 여행 중에 에큐메니컬 세계선교대회에 참석한 일이었다.

세계선교대회에 참석한 다른 한국 선교사들은 의사 에비슨 부부, 밀러(F. S. Miller) 선교사, 의사 빈턴(Vinton) 부부, 그리고 언더우드 박사였다. 그곳에 언더우드 박사의 형 존(John)도 참석하였는데, 그는 타자기 회사로 명성을 얻었다.[4] 존 언더우드는 베어드 박사가 한국에 선교사로 도착한 때부터

4) '언더우드 타자기 회사'(Underwood Typewriter Company)는 미국의 타자기 제조사로 본사는 뉴욕 주 뉴욕시에 있었다. 언더우드사는 최초의 성공적인 근대 타자기를 생산했다. 1939년까지 언더우드는 5백만 대의 타자기를 생산했다. (역자 주)

지금까지 그를 돕고 있었지만, 이번이 그들에게는 첫 만남이었을 것이다. 로즈(H. A. Rhodes)는 클리브랜드의 금융업자이자 석유업자인 루이스 세브란스(Louis Severance)와 에비슨 박사가 이 회의에서 어떻게 만났으며, 한국에 엄청난 영향을 주었던 두 사람의 평생에 걸친 우정이 어떻게 시작되었는지에 대해서 말한다.[5] 존 언더우드와 세브란스는 둘 다 뉴욕에 있는 선교본부 회원이었다.

베어드 박사 부부가 이 세계적인 대규모의 집회에 참석해서 느낀 감동의 전율은 4월 23일에 보낸 편지 속에 잘 담겨 있다.

> 우리는 뭐라 말할 수 없을 만큼 이 회의를 한껏 즐기고 있습니다. 나는 뉴욕의 명소들을 보고 생각할 수 있어서 감사하고, 무엇보다도 세계 기독교 사상과 행동을 주도하는 지도자들을 만나서 너무 기쁩니다. 오늘은 허드슨 테일러(Hudson Taylor)와 로버트 스피어의 연설을 들었고, 어제는 존 페이튼(John G. Paton)의 강연을 들었습니다. 그들의 연설은 모두 한결같이 크게 영감을 주는 설교였습니다. 그러나 그중에서 스피어 박사의 설교만큼 감동적인 설교는 일찍이 들어본 적이 없습니다.

5월 1일경 뉴욕을 떠나면서 베어드 부부는 그동안 찰스타운과 토페카의 친지들에게 맡겼던 아이들을 데리고 5월 8일까지 샌프란시스코에 머물렀다. 그들은 5월 11일 영국 국적의 기선 콥틱호(S. S. Coptic)를 타고 항해하였다.

나. 평양외국인학교

안식년을 떠나기 전 베어드 부부는 취학연령의 자녀가 있고, 평양지역에

---

5) H. A. Rhodes, *History of the Korea Mission Presbyterian Church U.S.A.*, p. 119.

거주하는 장로교와 감리교 소속 선교사들을 모두 그들의 집에 소집하였다. 선교사 자녀를 위한 학교가 꼭 필요하다는 데 모두가 공감하였다.[6] 그들이 토페카에서 만난 루이스 오길비(Louis Ogilvy) 양은 토페카 제일교회의 교인이자 공립학교 교사이다. 그녀는 기꺼이 이 학교의 교사직 제안을 수락하였다. 베어드 박사는 인디애나 주 찰스턴에 있는 그의 본교회의 유복한 부인에게 그녀의 여행경비를 부탁했다. 오길비 양은 베어드 부부가 안식년을 마치고 돌아올 때 함께 동행했다.

평양외국인학교의 출발은 이렇게 시작하였는데, 학생들은 20년대와 30년대에 한국 전역에서, 그리고 심지어 몽고, 일본, 그리고 중국에서 선발할 만큼 성장하였다. 나중에 여러 교파와 교단으로 이루어진 미국 선교본부는 경험이 풍부한 선교사들이 계속 선교현장에서 사역을 하기 위해서는 선교자 자녀들을 위한 양질의 교육이 절대적으로 중요하다는 사실을 인식하였다. 그러나 1900년에는 이러한 이해와 대비책이 전혀 없었다. 어린 자녀가 있는 선교사 가정들은 스왈른(Swallen) 부부, 리(Lee) 부부, 웰스(Wells) 부부, 베어드 부부, 그리고 추가로 감리교 선교사들인 노블(Noble) 부부와 폴웰(Folwell) 부부 가정도 포함되었는데, 그들은 자녀교육비용을 개인사비로 부담하였다. 당시 선교사 한 가정의 1년 사례비가 1,200달러였는데, 이 시기에 1,500달러로 인상하였지만 여전히 선교사들이 경제적으로 매우 빈궁한 상태에 있었던 사실에 비추어 볼 때, 어떻게 이 소수의 선교사 가정들이 가정교사의 사례비에 해당하는 교육비를 마련하였는지 이해하기 힘들 정도이다. 훨씬 더 이해하기 힘든 사실은 어떻게 그들이 오길비 양 같이 유능하고 경험이 풍부한 교사를 설득해서 토페카 시의 공립학교 교사직을 포기하고 한국 땅에 3년 계약 교사로 오게 되었는가 하는 점이다.

---

6) H. A. Rhodes, *History of the Korea Mission Presbyterian Church U.S.A.*, p. 458.

다. 베어드의 여행 짐

베어드 박사의 첫 안식년과 관련해서 일어난 또 하나의 사건을 말하지 않고서는 선교사의 생활에 대해서 제대로 말할 수 없을 것이다. 자녀들의 옷과 신발과 속옷과 같은 물품들은 한국에서 구할 수 없었기 때문에, 모든 선교사 가족은 안식년기간 동안 2, 3년치에 해당하는 생활용품을 준비해서 선교지로 돌아갔다. 애니 베어드 여사도 1900년 겨울에 토페카에 머물 때 그녀의 자매들과 두 명의 여자 재봉사의 도움으로 가족의 의복을 마련하느라 시간을 보냈다.

베어드 부부는 1900년 5월에 미국을 떠났지만, 그들이 선적한 짐은 뉴욕에서 수에즈 운하를 거쳐서 이듬 해 1901년 4월이 돼서야 한국에 겨우 도착하였다. 일본 국적의 작은 화물선이 비정기적으로 일본으로부터 화물을 수송하고 있었는데, 이 배는 진남포에 가까이 왔을 때에 그만 화재가 나고 말았다. 그들은 가까스로 그 배를 해변에 정박하고 승객들을 구하긴 했지만, 화물은 전부 소실되었다. "애니가 낙담했다"고 베어드 박사는 적었다. 보상받을 수 있는 어떤 보험도 없었다. 그들이 든 해상보험은 뉴욕에서 처음 선적한 배에만 적용되었다. 그래서 일본에서 다른 배로 옮겨 실은 물건들은 해당되지 않았다. 그 당시 선교사들은 역경을 잘 극복하는 매우 강한 자들이었기 때문에 선교본부가 그들이 입은 피해를 배상해 줄 것이라고 기대하거나 그들에게 배상해야할 능력이나 의무가 있다고 생각하지 않았던 것처럼 보인다. 그렇게 기대하는 것은 '주님의 거룩한 일'을 위해 바쳐진 헌금을 개인적인 일에 유용하는 것이며, 따라서 잘못된 것이라고 생각하였다. 이런 종류의 손해는 단순히 선교사로 부름 받은 특권을 위해서 마땅히 지불해야 하는 희생대가의 일부분에 불과하며, 이것은 작지만 필경 하늘나라에 쌓인 보화 목록에 추가될 것이다.

라. 아더 패리스 베어드(Arthur Faris Baird)

1901년 12월 5일 넷째 아들인 아더 패리스 베어드가 태어났다. 이 아기는 잘 생기고, 건강하고, 정상적인 아기였지만, 1903년 1월 18일 폐렴으로 죽었다. 아기는 부모와 함께 그리고 부산에서 이장한 어린 로즈[7]와 함께 평양 외국인 묘지에 묻혀있다.

3. 의화단난이 한국에 끼친 여파

에큐메니컬 세계선교대회가 1900년 4월에 열렸고, 5월에 베어드 부부가 항해하고 있을 때, 중국에서는 의화단난이 그 절정에 달해 있었다. 6월에는 보정부(保定府)[8]에 있는 선교사들이 살해되었고, 북경의 공사관 지역이 포위되었으며, 난폭한 반외국인 정서가 만연하였으며, 나라 전체가 혼란스러웠다.

동학농민운동과 1890년대의 청일전쟁 기간에 베어드 박사는 미국의 집으로 보낸 편지에서 자신들은 위험하지 않고, 자신들이 있는 곳은 모든 것이 아주 조용하고, 미국 신문들이 과장하고 있으며, 어쨌든 그들은 자신들의 생명을 하나님의 손에 맡겼다고 단호하게 주장하였다. 베어드 박사는 의화단난에 대해서도 같은 태도를 보였다.

8월에 연합군이 북경에 당도해서 공사관의 포위를 뚫을 즈음에 베어드

7) 베어드 박사의 딸 낸시 로즈(Nancy Rose)는 1892년 7월 5일에 태어났다. 로즈는 1894년 5월 뇌척수막염으로 죽었으며, 부산 복병산 외인묘지에 묻혔다.

8) 중국 하북성 중부에 위치한 주도. 북경에서 남쪽으로 15㎞에 위치한 지역으로 정치의 중심지였다. 대원군 이하응이 청군에게 납치되어 유폐되었던 곳이기도 하다.

박사는 그가 보낸 편지에서 의화단난으로부터 피신한 사람들은 선교사들이라기보다는 중국인 기독교인들이 분명한데, 그들이 중국에서 국경을 넘어서 평양에 도착하였을 때, 한국인 기독교인들이 그들을 돌보고 도움을 베풀었다고 적었다.

11월에 베어드 박사는 형에게 다음 쪽에서 언급할 음모에 대해 알렸다. 그 당시 한국 정부가 결백을 주장하는 데 거짓이 없는지 아니면 정말로 그날 일종의 학살이 계획되었는지는 아무도 모른다. 베어드 박사는 평소 말하던 대로 모든 일이 잘 될 것이라고 자신 있게 말한 뒤에, "만일 무슨 일이 일어났더라도, 이 편지가 도착하기 전에 우려하던 일은 다 끝났을 것"이라고 형을 안심시키고 위로하였다. 사실, 아무 일도 일어나지 않았다.

모든 기독교인을 몰살하라는 밀지(密旨)

1900년은 의화단난이 발발하였고, 중국 전역에 걸쳐서 대학살이 일어났고, 북경에 소재한 서방국가 공사관이 포위공격을 받은 해였다. 한국도 역시 이 영향을 받았다. 11월에 정부가 서울에서 비밀리에 발송한 회람문서가 각 도지사들에게 발송되었다. 뉴욕의 해외선교본부가 마이크로필름으로 보관하고 있는 기록문서 가운데 다음과 같은 비망록이 남아있다:

> 문제의 회람문서는 어떤 관리가 그 문서를 읽었는데, 그는 자신이 기억한 내용을 언더우드 박사에게 반복해서 들려주었다. "우리, 이용익과 김영준은 대한제국의 황제폐하로부터 밀지(密旨)를 받았으며, 우리는 이 지시사항을 다른 사람들에게 전달하였다. 서양종교를 믿고 행하는 자들은 부정한 가르침을 신봉하는 자들이며, 그들은 진실로 악한 마음을 가

> 진 백성들이다. 그러므로 음력 10월 20일에[9] 각 도에서는 향교에 유생들을 집합시켜서, 바로 그날 밤에 기독교인들을 살육하고, 교회당을 파괴하라.

언더우드는 해주 근처를 여행할 때 이 이야기를 들었다. 그는 미국 공사관이 감시를 받고 있을지도 모른다고 염려해서, 서울에 있는 에비슨에게 라틴어로 전보를 쳤고, 그는 다시 미국 공사인 호레이스 알렌에게 급전을 보냈다. 알렌은 즉시 왕에게 이 사실에 대해 항의하였으며, 그러자 왕은 모든 정부 관리들과 함께 그 회람문서의 사실여부를 확인하고, 그 문서는 전혀 공인된 문서가 아니라는 사실을 천명하였다. 그렇게 해서 12월 6일은 무사히 지나갔다. 해링턴이 진술한 바에 따르면, 고문을 받은 김영찬은 누군가 바라는 대로 모든 것을 자백하였고, 그 후에 참수되었다.[10]

뉴욕 해외선교본부의 마이크로필름 기록문서에서 언급한 김영준과 해링턴이 진술한 김영찬이 동일인물일 가능성이 매우 높다. 당시에는 손으로 쓴 편지나 메모에서 Kim Yung Chan의 a와 Kim Yung Chun의 u가 서로 바뀌는 경우가 아주 흔한 일이었다. 그러나 이 김영찬이 단지 그의 상관들을 위해 희생된 속죄양인지, 아니면 그가 정말 나라를 순수하게 사랑한 애국자여서 몇 명의 선교사들과 기독교인들을 희생하는 대학살을 감행하면 중국 텐진(天津)에 주둔하고 있는 연합군이 곧바로 황해를 건너와서 한국에 개입할 것이고, 그 결과로 조선왕조가 전복되고 새롭고 진취적인 정부가 세워지기를 기대하였는지의 여부는 지금으로서는 거의 확인하기가 힘들다.

---

9) 양력으로는 12월 6일이다.

10) Harrington, *God, Mammon, and the Japanese*, 115.

4. 러일전쟁

개인 및 가족 사항을 다루는 곳에서 1904-1905년의 러일전쟁을 언급하는 것이 이상하게 보일지 모르겠다. 그러나 여기에서는 단순히 전쟁에 대한 역사가 아니라, 이 전쟁이 베어드 박사와 그의 가족에게 미친 영향에 대한 이야기를 다루려고 한다.

베어드 박사의 연례보고서에는 전쟁에 관한 언급이 전혀 없다. 그의 보고서는 오로지 주님의 사역만을 다루고 있다. 전쟁과 전쟁에 대한 소문들은 세상과 육신과 악마에 대한 것이다. 따라서 그가 이런 것들에 대해서 언급해야 할 이유가 있는가?

베어드 박사는 친형에게 보낸 편지에서 여러 가지 흥미로운 사항들을 전해주고 있다.

평양, 한국, 아시아, 1904년 2월 8일

형에게

마침내 일본이 러시아에 선전포고했다는 소식을 들었습니다. 어제 최후통첩이 있었고, 러시아 공사는 오는 12일에 동경을 떠난다고 합니다. 2천 명의 일본군대가 오늘 서울의 남쪽에 위치한 아산에 상륙하였습니다. 두 강국 사이에 벌어질 전투는 대부분 해전으로 전개될 것 같습니다. 한국의 동학교도들이 모든 외국인과 기독교인들을 대상으로 소란을 일으킬 것이라는 소문이 있습니다. 그들은 조직이 잘 되어있고 전국 도처에 널리 산재되어 있지만, 그들이 얼마나 잘 무장된 세력인지는 알지 못합니다. 그들은 전쟁이 선포 되는대로 봉기해서 소란을 일으킬 것이라고 했기 때문에 당분간 우리에게 최대의 위험 요소는 바로 그들입니다.

약 3~4백 명 정도의 일본인들이 이곳에 있고, 그들 중 1~2백 명은 남자들이며 무장을 했을 것입니다. 그들은 우리가 위험에 처하게 되면 그들이 할 수 있는 대로 우리를 보호해 주겠다고 약속했습니다. 현재 우리는 큰 위험을 염려하지는 않지만, 앞으로 어떤 일이 일어날지는 모릅니다. 우리는 선천에 있는 형제들과 전국에 흩어져 있는 기독교인들이 더 걱정이 됩니다.[11] 특히 만일 동학교도들이 그들에게 공급되는 식량물자들을 탈취한다면, 그들이 궁지에 빠지게 될 지도 모르는데, 이것이 동학교도들이 말하는 중요한 전술의 일부이기 때문입니다.

1년 중 이 시기에 우리가 공급받는 식량물자는 그렇게 많지는 않지만, 봄에 주문한 물품들이 주로 상선들을 이용하여 수송하기 때문에 이곳까지 도착하는 과정에서 어려움이 발생할 수 있는 위험요소가 있습니다. 저는 망원경 등 물품들이 아직 선적되어 (그곳을) 출발하지 않았으면 좋겠다고 생각합니다. 이런 것들은 이곳에 도착해서보다는 항해 중에 있는 것이 위험을 피해 남아날 가능성이 더 있을지 모릅니다.

이미 제가 말했듯이, 우리는 위험을 전혀 느끼지 못하고 있지만, 상황이 아주 심각하고 우리가 전혀 예상하지 못한 많은 일들이 일어날 지도 모른다는 사실을 잘 알고 있습니다. 우리에게 꼭 필요한 것은 우리에게 정말 하나님을 신뢰하라고 가르치는 것과 같은 교훈들입니다. 저는 우리 자신과 우리 백성들을 위해서 우리가 이 교훈을 충분히 배울 수 있기를 바랍니다.

모두에게 사랑을 담아서,

동생

윌리엄 베어드

---

11) 애니 베어드 여사가 샤록스 부인(Mrs. Sharrocks)에게 보낸 편지를 참조할 것. 이 책의 168쪽을 보라.

2월 20일경 긴장이 점차 고조되었다.

저는 지금 상당히 마음이 혼란한 가운데서 이 편지를 씁니다. 러시아의 소규모 군대가 의주에 당도했다는 소식을 들었습니다. 일본군대는 오늘 이곳에 도착하기로 되어 있습니다. 한국인들은 사방으로 피난을 떠나고 있습니다. 우리는 이번 주 저녁마다 전도 집회를 열고 있습니다. 사람들은 크게 동요하고 있는데 우리 선교사들과 기독교인들이 평온한 것을 알고는, 그들 가운데 많은 수의 사람들이 저녁집회에 나왔습니다. 한번은 저녁에 약 2천 명이나 되는 사람들이 나왔습니다. 그래서 우리는 오후에는 여자들을 대상으로 하는 집회를 열었고, 저녁에는 남자들을 대상으로 하는 집회를 마련했습니다. 어제 저녁에는 몰려든 남자만으로도 교회가 거의 꽉 찼습니다. 약 60명 가량의 사람들이 기독교로 개종하겠다고 고백했습니다. 그 밖의 많은 사람들이 평생에 처음으로 복음을 들었습니다.

우리는 위험을 염려하지는 않지만, 이제는 개인의 안전을 어느 정도는 고려해야 할 필요가 있습니다. 만일 러시아 군대가 이 지점까지 밀고 내려온다면 우리 선교지부 구내는 과거에 그랬던 것처럼 전쟁터가 될 지도 모릅니다. 따라서 우리는 전투가 벌어지기 전에 이 장소를 떠날 계획을 세우고 있습니다. 여자들과 아이들은 배로 보내는 것이 가능할 것 같습니다. 그렇지 않으면, 그들은 이 나라 전쟁터에서 멀리 떨어진 곳으로 우리와 함께 가야 합니다.

우리는 주님의 손 안에서 안전하다고 느끼기에 전쟁의 위험을 염려하지는 않지만, 만일의 사태에 대한 대비를 하고 있습니다. 우리는 곧 떠날지도 모른다는 전망 때문에 애석하게 생각하고 있습니다. 우리는 바로 이곳에 위대한 시작이 있다고 믿고 있기 때문에 이곳에 머물면서 두려움에 떨고 있는 한국인들에게 우리가 할 수 있는 많은 도움을 주고 싶습니다. 언젠가는 이런 소란으로부터 위대한 하나님의 선한 뜻이 하나님의 사역을 위한 하나님의 계획 안에서 나타나리라 의심치 않습니다. 저는 지금 짐을 싸느라고 바빠서 편지를 길게 쓸 수 없습니다. 그러나 우리 때문에 걱정하지 않기를 바랍니다. 하나님이 다스리십니다.

3월 1일 편지는 다음과 같다.

분명히 형님은 여기 상황에 대해 걱정스런 소식을 듣고 계시겠지만, 우리는 전혀 동정을 받을 만큼 힘들지 않다고 생각합니다. 며칠 동안 아주 불안한 날들이 있었지만, 사태가 진전되기를 기다리는 것 외에는 달리 할 일이 없어 사역에 힘쓰고 있고, 평온하게 지내고 있습니다. 미국 광산에서 온 부인들은 대략 한 주 전에 떠나라는 명령을 받았습니다. 그래서 그들은 이곳으로 왔고, 증기선이 와서 강의 얼음을 깨뜨리고 그들을 데려가기를 기다렸습니다. … 때때로 이 지역 한국인들 가운데에는 큰 동요가 있기도 했습니다. 많은 사람들이 피난을 떠났습니다. 때때로 학교는 마치 방학을 한 것 같습니다. 그렇지만 그 사람들의 절반가량은 여전히 여기에서 공부하고 있습니다. 가장 크게 동요한 시기는 지난 주일[12] 러시아의 카자흐인 기병대가 겨우 1마일 정도 앞까지 진군해 왔다는 속보가 전해졌을 때였습니다. 그들은 수일 동안 접근하고 있는 것으로 알려졌고, 그들의 수는 분명하지 않지만, 일백 명에서 수백 명 사이인 것으로 보입니다. 북쪽 지역과 통신이 두절되었기 때문에, 이 부대를 뒤따르고 있을지 모르는 군대의 수도 전혀 알 수 없었습니다. 현재까지, 여기 이 도시 안에는 단지 소수의 일본군만이 있고, 그들은 모든 사람을 동원해서 성문을 지키고 있습니다. 공격은 주일에 곧 닥칠 것 같았습니다. 우리 집에서 약 1마일 떨어진 곳에서 척후병들 사이에 총격이 있었다는 소식이 전해졌을 때, 우리는 집 안에 숨어서 기다렸습니다. 일본인들은 불안해

12) 2월 28일 (역자 주)

했습니다. 그들은 낮 동안에 근처에서 전투가 있을지도 모르기 때문에, 만일 우리가 원한다면 성벽 안으로 들어가서 위험을 피해도 좋다는 기별을 전해 왔습니다. 우리는 위험을 무릅쓰고 성 밖에서 머물렀지만, 집에서 멀리 나가지는 않았습니다. 일부 예배가 중지되었는데, 그것은 특히 성문이 폐쇄되었고, 출입하는 사람들이 거의 없었기 때문입니다. 이 도시에서 오후 예배에 겨우 300여 명이 참석했다는 것은 충분히 이해가 됩니다. 그날 밤 일본인들은 상당히 불안한 가운데 보냈습니다. 그러나 다음 날은 다만 약 100명의 일본군 기병대들이 이 도시에 당도했고, 그들 중 일부가 북쪽으로 출발한 것을 제외하고는 특별한 사건 없이 지나갔습니다. 오늘 도시는 군인들로 넘쳐났다고 합니다. 곧 4만 명에 이른다고 합니다. 그들은 학교 옆을 행진했고, 때때로 너무 시끄러워서 수업시간에 방해가 되기도 했습니다. …

다행히도 여기 있는 사람들은 모두 잘 지내고 있습니다. 오늘은 눈이 내리고 있습니다. 일본 사람들은 용감하고, 우리는 러시아보다 일본이 승리하기를 바랄 수밖에 없습니다. 어느 쪽이 승리하든지 간에 많은 변화가 있을 것입니다. …

1904년 3월 23일에 베어드 박사는 다시 편지를 썼다.

미 해군의 전함 '신시내티' 호가 이곳으로 급파되어서 모든 여자들과 어린이들에게 그들이 원하는 경우에 안전한 곳으로 대피할 수 있는 기회를 제공하였습니다. 광산과 선천선교지부에서 내려온 일부 사람들이 이 기회를 이용했는데, 이 전함은 이달 14일 진남포를 떠났습니다. 우리 공동체 대부분은 여전히 여기에서 열심히 일하고 있습니다. 우리 사역은 약간 바뀌기는 했지만 여전히 할 일이 많습니다. 학교는 학생들 대다수와 함께 계속 진행되고 있고, 모두 매우 열심히 공부하고 있습니다.

일본인들은 이곳을 군사작전 지역의 중심지로 만들고 있습니다. 선교지부 건물과 부지는 두 길 사이에 위치하고 있는데, 군부대가 이 도시에 진입할 때 이 길을 통과하였고, 그들이 또한 북쪽 지방으로 진군할 때도 이 길의 출입구를 통하여 출정하였습니다. 따라서 우리는 군부대 주둔지의 바로 한 가운데 있습니다. 이곳으로 들어오거나 나가는 군인들의 수가 매우 많았으며, 대부대에 반드시 필요한 다양한 군수물자 때문에, 병사들 외에도 상당히 많은 수의 민간인들이 상주하고 있었습니다. 군인들을 위한 식량과 탄약 외에도, 그들은 도하시 교량을 빠르게 가설할 수 있는 설비들과 전신선 설치에 필요한 물자들도 지참하고 있었습니다. 그들은 서울에서 의주까지 군용철도를 건설하려고 합니다. 그 결과로 이 도시는 많은 사람들이 몰려들어서 더 이상 수용할 수 없을 지경에 이르게 되었습니다. 한국인의 집들은 모두 징발되었고, 군인들이 민간인의 집에서 숙영하였습니다. 많은 사람들이 떠났고, 젊은 여자들은 대부분 멀리 보내졌습니다. 군인들은 한국인의 자그마한 방에서 마치 통조림속의 정어리들처럼 빽빽하게 지내야 하였습니다. 그럼에도 불구하고, 군인들이 들어가서 지낼 방이 부족하여서, 그들 가운데 많은 수가 밖에서 잠을 자거나, 더 정확하게 말하면, 집 밖에서 지내야 하였습니다. 기온이 약 영하 20도 이하로 내려갔기 때문에 이것은 아주 힘든 일이었습니다.
며칠 전 저는 군인들이 쌓아놓은 장작더미를 훔쳐 가려고 하자 그들을 막으려고 소리를 질렀습니다. 조금 후에 저는 그들이 잠자리용으로 외양간에서 짚을 가지고 가지 못하게 하려고 하였습니다. 하지만 저는 그들의 행동을 도저히 나무랄 수 없었는데, 그들이 강추위 속에서 야영을 하고 있는 모습을 서서 보는데도 제 온몸이 바들바들 떨렸기 때문입니다. 그 다음 날 밤 8시인가 9시쯤에 바로 문 앞에 있는 숙영지까지 내려가 보았습니다. 하루 종일 추위 가운데 밖에 있던 약 30명의 사람들이 야전용 솥으로 막 저녁식사를 하고 있었습니다. 그들을 보니 딱한 생각이 들었습니다. 그들은 다음날 새벽 6시까지 행군을 하였고, 그들이 머물렀던 땅은 새로운 무리의 사람들이 차지하였습니다. 그들이 나에게 와서 하루 동안 25명 내지 그 이상 숙영할 수 있는지를 물었습니다. 내가 그들에게 일반적인 원칙에 대해서 말해주자, 더 이상 요청하지는 않았습니다.

만일 그들이 우리 소유지에 들어오거나 강제로 그것을 징발한다면 우리는 어떻게 할 수 없겠지만, 그래도 우리는 중립적인 입장을 유지해야 하고 교전국들에게 어떠한 도움을 주어서도 안됩니다. … 그러나 일본 군대의 행동이 예상했던 것보다 훨씬 더 나았다는 점을 꼭 말하고 싶습니다. 크게 떠들고 말다툼하는 일도 거의 없었고, 술 취하거나 무자비한 행동은 없었습니다. …

5. 두 번째 안식년

베어드 부부는 1908년에 두 번째 안식년을 가졌다. 이번 역시 미국의 캔사스 주에 있는 토페카가 그들의 안식처가 되었다. 애니 베어드 여사의 어머니와 가까운 친척들은 여전히 그곳에 살고 있었다.

베어드의 큰아들인 존은 그때 중국 산둥성의 즈푸(芝罘)에 있는 중국내지선교회 소년학교에 다니고 있었다. 애니 베어드 여사는 안식년 중 마지막 6개월은 포기하고 윌리엄과 리처드와 함께 11월에 한국으로 돌아왔다. 이들도 나중에 즈푸에 있는 외국인학교에 다녔다. 이렇게 해서 아들 존은 크리스마스 방학을 집에서 보낼 수 있게 되었다.

베어드 박사는 미국에서 1년 동안 안식년을 보낸 후, 유럽을 거쳐 한국으로 되돌아왔는데, 시베리아 철도를 이용해서 평양까지 직접 연결되는 기차를 타고 왔다. 그는 할아버지가 태어난 뉴턴 리마바디(Newton Limavady)와 '윌리 베어드(Willie Baird)'가 유명한 포위공격 중에 경이로운 용맹을 떨쳤다고 하는 성벽이 있는 런던데리(Londonderry)를 방문할 기회를 가졌다. (윌리 베어드의 공적에 대한 이야기는 가문의 소장품 가운데 장문의 시에 기록되어 있다.)

사냥꾼 베어드 박사

베어드 박사가 지방에서 큰 명성을 얻게 된 사건을 언급하지 않고 러·일 전쟁에 대한 이야기를 그만두는 것은 옳지 않다고 본다. 그의 가족이 알고 있듯이, 베어드 박사는 총을 소유하거나 (이번 경우 한 번을 제외하고) 심지어 장난으로라도 총을 쏴본 적이 없다. 분명하게 단정 지을 수는 없지만, 그는 선교사가 총기를 소유하는 것에 대해 반감을 가졌던 것으로 보인다. 그것은 하나님의 보호하심에 대한 믿음이 부족한 것처럼 보일 수 있다. 그러나 1904년 겨울에는 상황이 나빴다. 한국 정부는 허약했고 위기에 처했으며, 동학교도들은 전 시골지역에 불안감을 퍼뜨리고 있었고, 전쟁의 징조가 만연했다. 도둑들과 강도들이 이런 상황에 편승하였다. 베어드 박사의 서북지방 순회 전도 여행에 동행하였던 방기창[13]의 집에 강도떼가 난입하여 그를 잔인하게 구타하였다. 방기창은 최근에 부유한 사람으로부터 집을 빌렸다. 그는 그들에게 자신은 임차인일 뿐이고 돈이 없다고 말했지만, 그들은 그것이 단지 속임수라고 생각해서 그를 더 심하게 때렸다. 그래서 이런저런 일들로 인해 평양 감리교선교회 소속 노블(Noble) 목사가 안식년을 떠나며, 자신의 엽총을 맡아줄 사람을 찾았을 때, 베어드 박사가 이를 맡았다. 이후의 이야기는 베어드 박사 자신의 말로 들어보기로 하자.

---

13) 방기창(方基昌 1851~1911)은 기독교 장로교 최초 7인 목사 중의 한 사람이다. 황해도 신천군 어로면 도촌에서 출생하였다. 본래 천도교 황해도 접주 및 오읍 도령장인이 되었으나, 마펫 선교사의 전도로 1893년 기독교인이 되었다. 그 후 마펫 선교사가 설립한 평양 널다리골(장대현)교회의 교인이 되었고, 마펫이 설립한 기독교학교 숭인학교(崇仁學校)의 교사가 되었다. 1898년 장대현교회 제1대 장로로 선임되었다가, 1901년 평양선교사공의회에서 한국인에게 신학교육을 실시를 결의하게 되자, 평양장로회 신학교의 최초의 신학생이 되었다. 1907년 제1회예수교장로회 노회에서 7명의 졸업생 중 1인으로 목사안수를 받고, 평안도의 교회를 관할하였고, 1908년 독노회의 전도위원이 되어 황해도지방의 전도활동에 종사하였다. 1911년 9월 신병으로 전도목사직을 사퇴하였으며, 1911년 10월 11일 용강에서 별세하였다. (역자 주)

우리는 침실 창문 바로 바깥에 있는 철망으로 된 우리에서 몇 마리의 닭을 기르고 있었다. 그 우리는 아이들이 기르던 사슴들을 위해 만들었는데, 오래전에 그 사슴을 잡아먹은 이후에는 닭장으로 사용하였다. 상당히 많은 닭을 이웃사람들로부터 도난을 당하였고, 도둑들도 똑같은 짓을 저질렀다. 한국인 이웃들 중 몇 사람은 여러 번 강도들에게 돈을 빼앗기기도 하였다. 나는 우리 집에서 기르는 닭을 지키기 위해 손이 닿는 곳에 총을 두고 잠을 잤다.

지난 화요일 밤에 우리는 둘 다 시끄러운 소리에 잠이 깼는데, 누군가가 닭장에 들어가려고 했던 것 같다고 생각하였다. 창문을 통해 살펴 보았지만 아무 것도 볼 수 없다. 그래서 별빛에 닭장 전체가 보이는 다른 창문 쪽으로 갔다. 그런데 커다란 동물이 닭장 안쪽에서 이리저리 뛰어다니는 것이 보였다. 이 동물이 닭장 안으로 들어가려고 할 때 났던 소리가 우리를 깨웠던 것이다. 그 동물은 철망 꼭대기를 뛰어넘어 안쪽으로 들어간 듯하였다. 닭들이 요란한 것은 그 동물이 안에서 움직이고 있기 때문이었다. 애니가 창문에서 등불을 들고 있는 동안, 나는 총을 들고 문 밖으로 나가 닭장이 내려다보이는 현관 쪽으로 갔다. 그 짐승은 놀라서 이리저리 날뛰고 있었다. 동물이 닭을 죽였는지 안 죽였는지 확실히 알 수는 없었지만, 동물의 움직임이 아주 빨라서 총을 쏘기가 어려웠다. 나는 총을 쏘았고, 그 동물은 내가 서있는 현관 밑에까지 질주하였다. 나는 등불과 총을 들고 그 동물이 어디 있나 찾으려고 닭장 안에 들어갔지만, 한참 동안이나 찾을 수 없어서 달아났다고 결론지었다. 곧 닭들이 얼마나 많이 상처를 입었는지 살펴보기 시작하다가, 바로 그 동물이 현관 밑에 죽어 있는 것을 발견하였다. 이 짐승은 길이가 머리끝에서 발끝까지 4피트 정도 되었다. 어떤 한국인들은 어린 표범이라고 하지만, 내가 보기에 살쾡이인 것 같았다. 그 동물의 모피가 드러났는데 남겨둘 만한 가치가 있다고 생각하지 않았다. 다음날 아침 암탉 한 마리가 죽어 있었는데, 총알이 박혀 있었다. 나는 암탉을 전혀 못 보았었는데, 그 동물의 입에 물려 있었던 듯하였다. 이틀이 지난 후에 분명히 비슷한 동물이 닭장 안으로 들어가려고 하는 소리를 듣고 두 번이나 잠을 깼다. 이번 동물은 지난 번 동물의 짝이었던 것 같았다. 첫 번째 것은 숫놈이었고, 더 컸기 때문에 철조망 우리 안으로 뛰어넘어 들어가는 데 별로 어렵지 않았을 것이다. 그러나 이번 동물은 들어가지 못했고, 나는 어두워서 그 동물을 볼 수 없었다.

어떤 한국인이 지난 봄 어느 날 이른 새벽에 우리 마당에서 동물 한 마리를 보았다. 그는 표범으로 생각했고, 거의 같은 시간에 우리 동네에서 개 한 마리가 없어졌다. 그런 사건은 여기에서는 흔했지만, 자기 침실 문에서 살쾡이를 쏠 수 있다는 것은 흔치 않은 묘기로 여겨졌다. 나는 그런 일이 바로 지금 생긴 것이 잘 되었다고 본다. 왜냐하면 이 명성이 한국인들 사이에 퍼져 나가서 인간 도둑들이 귀찮게 하지 않을 것이기 때문이다.

베어드 박사가 좀 더 뛰어난 사냥꾼이었다면, 상처 입은 살쾡이를 찾기 위해 현관 아래로 다가가는 것이 얼마나 어리석은 일인지를 잘 알았을 것이다. 그 동물이 표범이라면 더더욱 위험한 일이다. 우리 주님은 주정뱅이들, 선교사들, 그리고 다른 잡다한 사람들도 특별한 사랑으로 돌보시는 분으로 잘 알고 있는데, 바로 그날 밤에도 그렇게 돌보고 계셨던 것이 아주 분명하다. 그것도 어둠 속에서, 빠르게 움직이는 표적을 향해 베어드 박사가 쏜 그 한 발이 바로 명중한 것이다!

베어드 박사와 매퀸 박사

베어드 박사가 숭실대학을 사임하고 나서, 여러 사람들이 길고 짧은 기간 동안 교장직에 있었다. 그 중 20년대와 30년대에 교장을 지내면서 2차 세계대전 이전에 학교를 최고 수준에 올려놓은 사람은 바로 조지 매퀸(George S.

McCune)[14] 박사였다. 그는 새로운 건물들을 지었는데, 특히 커다란 강당 겸 체육관을 지었고, 농과(農科)를 신설하였으며, 2차 세계대전 이전 위기의 시기에 다음 학생 세대들에게 영원히 잊을 수 없는 감동을 남겼다.

매퀸 박사는 매년 10월 베어드 박사에게 특별한 경의를 표하는 개교기념일 축하행사를 거행하기 시작했다. 이 두 사람은 공통점이 많았다. 베어드 박사는 미주리 주의 파크대학(Park College)을 가장 바람직한 것은 아니지만 숭실대학이 따를 만한 모델로 삼았다. 매퀸 부부는 둘 다 파크대학의 졸업생이었고, 매퀸 부인은 대학 전성기에 그 대학과 매우 밀접한 관련을 가졌던 유명한 맥아피(McAfee) 가문의 일원이었다. 이 두 사람은 모두 한국에 오기 전에, 지금은 활동하지 않지만 한때 유명하고 자랑거리였던 델 노르트(Del Norte) 대학의 '내지선교부'의 회장을 연달아 맡았다. 신학적으로, 특히 선교사 교육철학에 있어서 베어드와 매퀸 두 사람은 노선은 같았으나 본성과 기질 면에서 는 아주 달랐다.

베어드 박사는 조용하고, 진중하고, 꼼꼼한 사람이었다. 그는 재정과 선교일정의 구체적인 계획을 세우기 전에는, 어떠한 일도 시작하지 않았다. 반면에 매퀸 박사는 활동적이고, 활기 있으며, 적극적인 사람이었다. 그는 항상 번뜩이는 좋은 아이디어를 가지고 동료를 돕거나 거의 파탄지경에 이른 재정의 위기를 극복하곤 하였다.

---

14) 조지 매퀸(George S. McCune 윤산온尹山溫 1872~1941.12.1)은 미북장로교 한국 선교사이다. 미국 미주리 주에서 출생, 파크대학을 졸업하고 1905년 9월 미국 북장로회 선교사로서 부인과 함께 내한하여 숭실학교 교장 베어드를 돕다가 1909년 평안북도 선천군(宣川郡)의 신성중학교 교장에 부임하였다. 부임 즉시 미국의 독지가 오닐(Hugh Oneil) 부인으로부터 1만 5천 달러를 기부받아 학교의 급속한 발전에 기여했다. 1929년 5월 9일 제4대 학장(1928.9~1936.3)으로 평양 숭실전문학교 교장으로 취임하였다. 신사참배 강요에 거부를 결정하고 신사에서 일본 신을 참배하는 것은 "하나님의 계명을 어기는 것"이라고 선언하였다. 이 일로 1936년 파면되어 미국으로 강제 출국당했다. 대표적인 저서로는 한글로 된『그리스도의 전기』외에『신도(神道)는 종교이다』(1937, 영문) 등이 있다. (역자 주)

분명히 베어드 박사의 신중하고 보수적인 경향은 매퀸 박사를 속 타게 했을 것이다. 그래서 그는 어쩌면 이런 불편한 마음을 해소하려고 종종 베어드 박사에 대한 이야기를 했었는지 모른다. 매퀸 박사는 탁월한 이야기꾼으로서 드라마틱하게 이야기를 전달하는 놀라운 재능을 지녔다. 그는 이야기를 전할 때 엄격하게 기본적인 규칙 두 가지를 지켰는데, 그의 이야기는 모두 사실에 기초하였고, 이야기를 전할 때마다 언제나 새롭게 다듬어서 전하였다. 아래에 소개된 내용은 베어드 박사에 관한 몇 가지 훌륭한 이야기 중에서 최고일 것이다.

일본군은 압록강 전투에서 러시아군과 접전하기 위해 북쪽으로 진격하고 있었다. 평양은 사람들로 가득했다. 공공건물과 개인 주거지는 군인들과 장비가 밀어닥쳐 터질 정도로 가득 찼다. 일본 군인들은 굉장히 훈련이 잘돼 있었다. 그들은 러시아와의 전투에서 목숨을 바치겠다는 각오를 다질 만큼 감정 상태가 크게 고무되어 있어서, 이번에는 여자들과 전리품에 거의 관심을 두지 않았다. 그러나 신선한 소고기나 쌀, 야채 등을 공급해 주는 군납업자들을 따라온 일본인 군속들은 그렇지 않았다. 이들은 많은 폭리를 취하려고 지나치게 요구하는 아주 못된 자들이었다. 그들은 군대의 명분으로 겁에 질린 한국인들에게 많은 것들을 공짜로 요구하였고, 군대가 분명히 그들에게 후하게 보상해 줄 것이라고 하였다.

어느 날 저녁 그들 중에서 네다섯 명이 마펫 박사의 집에 와서 그의 지역에 비어 있는 한국인의 건물들을 쓰겠다고 요구하였다. 서울에 주재하는 미국공사 호레이스 알렌은 이 전쟁에서 미국인은 꼭 중립을 지키고 어느 쪽에도 도움을 주어서는 안 된다는 지침을 내렸었다.

마펫 박사는 건물 사용 요청을 거절했다. 그리고 그는 마당에 그대로 서 있었다. 그러자 이 일본인들은 본래 거친 사람들이었기 때문에 자신들의 요청이 좌절되자 격분하였고, 마펫 박사의 주변을 돌면서 욕설을 퍼붓고 마치 물리적인 폭력을 가할 것처럼 위협하였다. 이 소란스러운 소리는 선교관 구내 너머까지 들렸을 것이다. 다른 선교사들도 한명씩 들어와 마펫 박사의 마당에 섰다. 헌트(Hunt)와 베어드는 모두 키가 6피트 3인치(190센티미터)나 되었으며, 헌트는 체중이 훨씬 더 나갔다. 리(Lee), 웰스(Wells), 스왈른(Swallen), 블레어(Blair)[15], 번하이젤(Bernheisel)[16]은 모두 하나같이 실제로 키가 작은 사람들이 아니었다. 선교사들은 한 마디도 말하지 않았으나, 일본인들은 선교사들이 수적으로 우세하고 그들을 에워싸고 있다는 사실을 깨닫고 난동을 멈추었다. 상황이 갑자기 달라졌고, 그들은 떠났다.

일본인들이 다시 돌아오는지 보려고 한두 시간 기다렸다가, 선교사들은 잠을 자러 집으로 돌아갔다. 베어드 부부는 늘 하던 습관대로, 잠자리에 들기 전에 기도하기 위해서 무릎을 꿇었다. 웰스 부부도 옆방에서 마찬가지로 잠자리를 준비하고 있었는데, 그때 4피트 길이의 뱀이 천정 기둥에서 떨어졌다. 웰스부인은 비명을 질렀고, 웰스 박사가 의자를 집어 들고 뱀을 뒤쫓

---

15) 블레어(William N. Blair 방위량邦瑋良 1876~1970)는 미국 북장로교 선교사로 1901년에 한국에 왔다. 그는 평양과 안주에서 40여 년 동안 교회를 순회 전도하였다. 1907년 장대현교회에서 1월 2일부터 22일까지 그레엄 리(Graham Lee), 길선주 장로 등과 함께 말씀을 전하며 회개와 부흥의 불씨를 일구어냈다. 3·1운동 때는 평양에서 적극적으로 후원하였다. 숭실전문 시절 한경직은 그의 비서노릇을 하였다. 1930년대 중후반에는 신사참배 거부운동의 주역이 되었으며 1942년에 일제에 의해 강제 출국당했다. 1945년에 다시 한국으로 돌아와서 대구지역에서 사역하기도 했다. 대표적 저서는 *Gold in Korea*이다. 1948년에 출간된 이 책에는 러일전쟁, 을사조약, 합방 등 구한말의 시대적 정황과 신앙인의 생활상이 잘 드러나 있다. (역자 주)

16) 번하이젤(Charles F. Bernheisel 편하설片夏薛 1874.9.11~1958.3)은 1874년 9월 11일 미국 인디아나 주 컬버(Culver)에서 출생, 1896년 하노버(Hanover)대학을 졸업하고 1900년 매코믹신학교를 졸업한 후 그해 3월, 미국 북장로회에서 한국 선교사로 임명을 받았다. 1900년 가을 출발하여 1900년 10월 16일 부산에 도착했다. 그 후 평양을 중심으로 한 서북지방에서 활동하다 태평양전쟁이 일어난 후, 일제가 외국 선교사들을 추방할 때인 1941년, 다른 선교사들과 함께 고국으로 돌아갔다. 그는 평양 산정현교회를 창립하고 초대 목사가 되었다. 또 평양장로회 신학교 교지인『신학지남』에 여러 편의 글을 써서 가톨릭교회를 비판했다. 숭실대학과 신학교에서 논리학, 철학 등을 가르쳤다. 이는 한국에서 최초로 서양철학을 가르친 일이 된다.『논리약해』라는 저술을 남겼다.

으면서 책상과 세수 대야를 집어던지자, 뱀은 이리저리 피하였다.

옆방에서 무릎을 꿇고 기도하던 애니 베어드 여사는 비명소리와 가구가 부딪치는 요란한 소리를 들었다. 일본인들이 돌아왔나? 웰스 부부가 습격을 당하고 있나? 그러나 기도하며 하나님과 씨름하던 베어드 박사는 아무 소리도 듣지 못했다.

갑자기, 소란한 싸움 소리보다도, 애니 베어드 여사는 웰스 박사의 격앙되어 날카로워진 목소리를 들었다. "룰라(Lula),[17] 내 총을 줘요. 저 녀석을 쏴버리겠소." 그러나 베어드 박사는 계속해서 씨름하듯 저녁기도를 하였다. "오 주님, 우리가 이 시대의 혼동과 혼란 가운데서 빛이 되게 하소서 …" 애니 베어드 여사는 더 이상 참을 수가 없다. 그녀는 일어나 기도를 중단시키며 말했다. "윌, 성경에는 우리가 기도할 뿐만 아니라, 돌보아야 한다고 쓰여 있어요. 당신이 기도를 끝내는 동안, 저는 웰스 부부를 돌보기 위해 가보겠어요."

베어드 박사가 죽기 몇 해 전에, 아들 가운데 하나가 이 이야기가 얼마만큼 사실인가를 그에게 물었다. 베어드 박사는 의자에서 약간 움직이면서 변명하듯이 웃음을 지으며 애니 베어드 여사가 좋아했던 격언 중의 하나로 대답을 대신했다. "몇 가지 사실로 훌륭한 이야기를 망치는 것은 부끄러운 일이다."

베어드 박사의 취미

베어드 박사는 사냥을 하거나 하이킹을 하려고 온종일을 쉰 경우가 없다. 그가 가졌던 유일한 휴식은 1년에 한 번이었는데, 그때에는 대동강 보트 위에서 돗자리를 깔고 쉼터로 삼거나, '남쪽 지류' 곧 남강이 석회암 언덕이 늘어서 있는 곳을 헤치고 나오는 급류와 골짜기를 지나 '강 상류'에서 그의

17) Wells 부인의 애칭 (역자 주)

가족이 몇 주 동안 지내는 일이었다.[18)]

이런 휴가철에 그는 제방을 따라 야생화들을 꺾으면서 식물에 대한 관심과, 동굴과 협곡 벽의 암석층에 대한 지질학적인 관심을 아들들과 공유하려고 했다. 윌리엄 2세는 아버지와 마찬가지로 과학적인 사고방식을 가져서, 아버지의 시도에 반응하였고 이런 경험에서 많은 것을 배웠던 것이 분명하다. 필자는 이런 일이 수영을 하거나 배를 타고 노를 젓는 일 같이 아주 재미있는 일을 하지 못하도록 방해하는 것처럼 보였다고 기억한다.

평생 동안 베어드 박사의 가장 커다란 취미와 관심은 천문학이었다. 그의 형이 대학의 과학부를 위해 꽤 큰 망원경을 보내주었는데, 베어드 박사는 무엇보다도 이 과학수업을 좋아하였다. 그는 과학에 대한 열정을 아들들과 공유하려고 했다. 베어드 박사는 소위 "금성의 태양면 통과" 현상에 꽤 관심이 많았다. 이것은 정확한 시간을 지키는 것과 관계가 있었다. 사람들이 태양에 의해 시간을 알고, 아무도 시계를 차고 다니지 않으며, 기독교인들은 주일에 종치는 소리를 듣고 교회에 가는 그런 땅에서, 필자는 누구의 시계가 빠르거나 늦거나 하는 것이 별로 문제가 되지 않는다고 느꼈지만, 베어드 박사는 그것이 중요하다고 말했다. 그는 집 남쪽 창문 바깥에 나무로 만든 가로대를 설치했다. 이것 위에 그는 두 개의 핀을 금성 측량선상에 십자선으로 고정시켰다. 이것을 설치함으로 집 안에서도 관찰할 수 있게 되었다.

이 '금성의 태양면 통과'는 항상 저녁식사 시간에만 발생하는 것 같았다. 가족이 식탁에 둘러앉아 저녁식사를 즐기고 있을 때 베어드 박사는 갑자기 일어나서는 "야! 야! 야! 금성이다, 금성"이라고 소리치고는 다른 방으로 뛰

18) 대동강은 평안남도 북동부 낭림산맥의 서쪽에서 발원하여 남서쪽으로 흐르다가 남포 부근에서 황해로 흘러드는 강이다. 길이는 438㎞로 우리나라에서 다섯 번째로 긴 강이다. 좌우로 총 443개의 지류가 있는데 그중에서 길이 15㎞ 이상 되는 지류가 26개나 된다. 마탄강, 비류강, 곤양강, 황주천, 재령강 등이 남쪽 지류이고 보통강, 송화강 등이 북쪽에서 합류하는 지류이다.

어가곤 했는데, 아들 윌리엄 2세가 그를 뒤따라 다녔다. 열 번 중에서 아홉 번은 이미 금성이 십자선을 지나갔거나 구름이 그 광경을 가렸지만, 열 번째에는 식탁으로 되돌아와서는 아주 만족스럽게 시계를 맞추고 이 모든 것이 얼마나 중요한 일인지를 설명하였다. 필자가 고백해야 할 것이 있는데, 그 당시 나는 금성에 대한 관심은 전혀 없었고, 나이가 들어가면서 관심이 생겼지만, 천문학적인 관심으로 발전한 것은 절대로 아니었다.

잭 런던(Jack London)의 메모

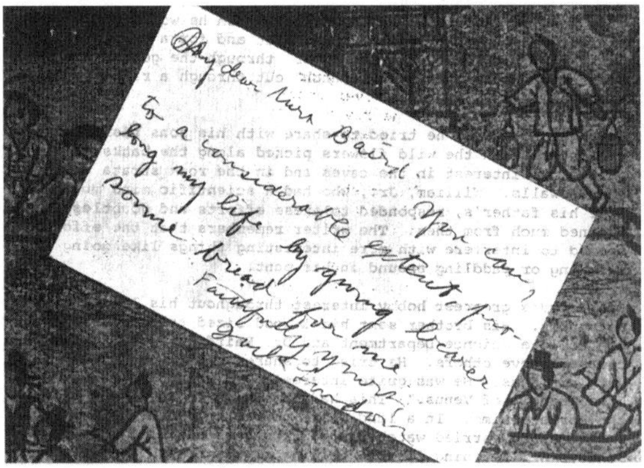

친애하는 로라 베어드

당신은 나에게 종종 빵을 줌으로 나의 생명을

상당히 연장시켜주었습니다.

친애하는 당신의

잭 런던

위에 나오는 메모는 애니 베어드 여사의 서류들 속에서 발견된 것인데, 3×5 인치 크기의 카드 위에 연필로 흘려 쓴 것이다. 잭 런던 씨는 일본군 종군기자이며 신문사 특파원 중의 한 사람이었는데, 일본군은 1904년 평양을 통과하여 행군하다가 러시아군을 만나 압록강 전투에서 승리하였다. 영국과 미국의 특파원들은 선교사들의 집에 머물렀다. 런던 씨는 그레엄 리 부부의 환대를 받았다. 선교사들과 그들의 숙박인들의 은혜에 보답하기 위해서 그는 자신의 소설『야성의 부름(*The Call of the Wild*)』[19]을 낭독하는 저녁 시간을 가졌다. 이 모임은 베어드 박사의 거실에서 열렸다. 이 특별한 모임을 위해 런던 씨는 자신이 가져온 유일한 정장이 분명한 골덴 양복을 입었다. 북쪽으로 진군하는 일본군을 따라 런던 씨는 평양을 떠났다. 그는 한국 여관 음식에 싫증이 나서, 이 메모를 심부름꾼을 시켜 몰래 애니 베어드 여사에게 보냈던 것이 분명하다. 런던 씨는 선교사 그레엄 리 부부의 가정에 머물렀는데, 그가 왜 이런 편지를 애니 베어드 여사에게 보냈는지는 여전히 의문이다. 어쩌면 애니 베어드 여사가 빵을 잘 구웠기 때문일지도 모른다. 어쨌든 런던 씨는 그녀가 김치와 마른 생선, 미역국과 밥에 신물이 난 취재기자의 생명을 '아주 오랫동안' 기꺼이 연장시켜 주었던 친절한 부인이라고 확신했던 것이 틀림없다.

6. 애니 로리 아담스 베어드(Annie Laurie Adams Baird)

어떤 남자의 일생도 함께 삶을 나누었던 여자 또는 여자들을 언급하지 않고는 이해할 수 없다. 베어드 박사에게 두 번의 결혼은 모두 굉장한 축복이었다. 첫째 부인 애니 베어드 여사는 부산과 대구에서의 초기 개척시절과 평양에서의 교육사역을 함께 했다. 그녀의 죽음은 베어드 박사가 숭실대학의 학장직을 사임한 시기에 동시에 일어났다. 두 번째 부인 로즈 메이 페트

19) Jack London, *The Call of the Wild*, 1903.『야성의 부름』, 권택열 역, 민음사, 2010.

롤프 베어드(Rose May Fetterolf Baird)는 베어드 박사가 문서사역과 성경번역사역에 주로 종사하던 그의 사역 말년을 함께 보냈다.

애니 로리 아담스는 하노버대학 시절 활달하고, 지적이고, 신앙심이 깊었으며 다소 세상에 관심이 많은 숙녀였는데, 그녀는 그곳에서 말쑥하였지만 별로 재미가 없었던 신학생 윌리엄 베어드를 만났다. 그 대학시절과 베어드의 부인이 되어 한국으로 항해한 날 사이에, 그녀의 인생과 삶에 대한 태도에 굉장한 변화가 일어났는데, 그것은 신학적 또는 문법적 관점에서 보면 오직 회심(回心)으로밖에 묘사할 수 없을 것이다.

개척자였던 애니 베어드 여사의 선조들이 그녀의 한국에서의 초기생활에 크게 도움이 되었겠지만, 무엇보다 더 중요한 것은 그녀의 삶이 단순하고 솔직한 신앙에 의해 인도되고 유지되었다는 점이다. 그녀는 하나님이 자신의 삶뿐만 아니라 우주를 영원히 인도하시고 다스리신다는 사실을 믿었다. 그리스도는 그녀의 구세주였다. 그녀는 지적이고 자발적으로 복종함으로 자신의 삶을 그리스도께 드렸다. 그리스도께서는 그녀의 삶을 위한 놀라운 계획을 갖고 계셨는데, 그것은 그녀가 자신의 이성과 지성으로 주님을 이해하려고 애쓰고, 자신의 사랑과 순종으로 주님을 따르고자 애쓰며 살아가는 것이다. 그녀의 성경책은 1886년 어머니가 주신 것이며, 그녀는 수많은 사경회를 인도할 때 사용한 난외주와 연구개요를 적어 놓았는데, 고린도후서 4장 9절 말씀, "거꾸러뜨림을 당하여도 망하지 아니하고"에 밑줄이 그어져 있고, 그 여백에는 "1893년 성탄절"이라고 적혀 있었다. 1893년 그녀가 한국에서 두 번째 성탄절을 맞이할 때쯤, 새로운 땅에서 기대한 낭만과 모험적인 생활은 사라져 버렸다. 성탄절 휴가에 토페카에 있는 큰 집이나 그린스버그(Greensburg) 농장에서 가족과 재회하는 기쁨을 그리워하면서, 그녀는 "보이지 않는 그리스도를 바라보며 고통스런 시간을 인내하였다."

주부이자 동시에 선교사인 애니 베어드 여사는 무엇보다도 내조자의 역할을 잘 수행하였다. 그녀의 쾌활하고 재치 있고 사교적이며 친절하고 매력적인 성격과, 아울러 그녀의 지적인 능력과 영적인 깊이가 조용하고 진지한 그녀의 남편의 삶을 얼마나 풍성하게 해주었는지는 말로 다 표현할 수 없을 것이다. 그녀는 자신의 모든 재능을 '일'에서도 주로 남편의 사역을 돕는데 헌신적으로 사용하였다. 그녀의 일 못지않게 남편의 일도 중요하였으며, 항상 우선 순위는 남편의 일이었다. 선교사로서의 그녀의 섬김은 바로 그녀의 집에서 시작되었는데, 베어드 부부는 부산사역 초기시절에는 바쁜 항구에서 유일한 선교사 가정이었기에 실제적으로 선교사들이 머무르는 '호텔'을 운영하였으며, 또한 사역 말기에 평양에서는 숭실대학의 교장 부인으로서 선교사들과 학생들을 위해 봉사하였다.

가정주부로서 애니 베어드 여사의 목표는, 그녀 자신의 말을 빌리자면 '칭찬을 받기보다는 비난을 피하는' 것이었다. 그녀의 집은 잘 정돈되어 있고 안락했지만 매우 소박했다. 선교사의 급여는 북경의 양탄자나 일본의 도자기를 사기에는 결코 충분하지 않았다. 대학 건물 설계도를 그리는 것과 같은 더 중요한 일들이 있었지만, 집에서 자라나는 활발한 세 아들을 돌보는 일에 마음을 쓰고 시간을 보냈다. 그녀는 가르치는 것과 다른 선교사역을 위한 힘을 비축하기 위해 가능한 한 일군들을 많이 활용하였다.

애니 베어드 여사는 다른 선교사인 어머니들이 갖고 있는 한 가지 짐을 덜게 되었다. 그녀는 자녀들을 가르치지 않아도 되었다. 여선교사 오길비(Ogilvy)와 그녀의 후임자들이 선교사 자녀들을 위한 평양외국인학교를 운영한 덕분에 애니 베어드 여사와 선교지부의 다른 어머니들은 막대한 선교업무를 위해서 자녀교육으로부터 자유롭게 되었다.

그녀의 바쁜 스케줄 가운데서도 애니 베어드 여사는 아들들을 위해 특정한 시간을 체계적으로 정해 놓았다. 늦은 오후 시간은 가족이 종종 논쟁과 토론을 하곤 하였다. 오후 5시쯤 그녀는 가끔 아들 하나를 무릎에 앉히고 거실에 있는 커다란 쇠난로 앞에서 부드럽게 움직이면서 그날 있었던 이야기를 나누곤 하였다.

주일 오후는 아이들과 함께 하는 시간이었다. 베어드 박사가 보통 평양 시내나 또는 인근 마을에 있는 한국인 교회에 가서 설교하고 있을 때에, 애니 베어드 여사는 이 특별한 시간을 가족과 친교하는 데 사용했다. 먼저 한 차례 소요리문답(小要理問答) 준비 시간을 가지고, 그 다음 고향의 가족에게서 온 편지를 설명하거나, 재미있는 이야기를 하거나 종교적인 주제에 대한 책을 읽고, 끊임없이 질문하고 대답하는 시간을 가졌다. 주일에는 종교적인 주제에 대해서만 이야기했다. 상쾌한 봄날에 가족은 정원을 산책하였는데, 그 정원에서 애니 베어드 여사는 생물학과 식물학에 대한 지식을 활용하여 연못에서 피어나는 꽃봉오리나 그들이 관찰한 곤충과 동물의 생활의 흔적의 특징을 설명했다.

찌는 듯이 무더운 여름의 주일에는 가족은 집 뒤쪽 언덕 위 나무그늘에 담요를 폈다. 그곳은 여기저기서 바람이 솔솔 부는 곳이었고, 그들은 '작은 강'이 있는 평지를 가로질러 지난 수세기 전 세워진 옛 보통문[20]을 바라볼 수 있었다. 그곳에서 애니 베어드 여사는 아이들에게 책을 읽어 주거나, 인디애나 농장에서의 어린 시절 이야기를 들려주었다. 기독교인이고, 교사이며, 어머니였던 그녀는 자녀들의 삶이 과학과 역사와 하나님께 초점이 맞추어지도록 애썼다.

남편을 돕기 위해 가정의 책임과 의무를 떠맡았음에도, 애니 베어드 여사는 몇 가지 할 일을 발견하고, 순전히 자기 힘으로 그것을 감당하였다. 그녀는 평양으로 이사한 후에 다른 부인들처럼 지방의 여성훈련반에 나간 적이 없지만, 큰 규모의 여성훈련반 성경교사와 강사로 요청이 쇄도하였다. 그녀는 목요일 오후에 사창동(社倉洞) 교회에서 여성성경반을 인도하였다. 그녀는 숭의여자중학교 이사회의 일원이었으며, 이사장으로 봉사하기도 하였다.

---

20) 여기서 말하는 작은 강은 보통강이다. 보통문은 평양에 있는 고구려시대의 성문으로 6세기 중엽 평양성의 서문으로 세워졌고, 현재 건물은 조선시대인 1473년 새로 지었다고 한다. (역자 주)

한국어 교사로서 애니 베어드 여사는 한국어를 배우는 모든 사람들에게 큰 공헌을 하였다. 1897년에 그녀는 보통 『베어드 부인의 50가지 도움들(*Mrs. Baird's Fifty Helps*)』이라고 알려진 『한국어 학습을 위한 50가지 도움들(*Fifty Helps for the Study of the Korean Language*)』이란 책의 초판을 출간했다. 이 책은 2차 세계대전까지 선교사들에게 있어서 한국어 학습의 표준교과서였다. 1911년부터 1913년까지 애니 베어드 여사는 봄마다 한두 달씩 한국어 학교를 지도했는데, 한국 전역으로부터 신임 선교사들이 찾아왔다.

애니 베어드 여사의 한국어 사역은 이제 대부분 없어졌지만, 당시에는 굉장한 일이었다. 찬송가위원회 위원으로서 그녀는 초기에 공동으로 사용되던 꽤 많은 찬송가들을 번역, 번안(翻案)하였다. 베커(A. L. Becker) 부인의 도움을 받아 어린이용 놀이곡들과 찬양곡들을 담은 첫 번째 책을 준비하였다. 백낙준 박사는 그녀가 한국의 교육사역에 큰 공헌을 한 사실을 지적하면서, 특히 그녀가 식물학과 동물학 교과서를 저술하였고, 자신을 비롯하여 수많은 동시대의 사람들이 도움을 받았던 일반 역사의 교과서를 저술한 사실을 주목하면서 다음과 같이 기록하였다. "애니 베어드 여사만큼 문서 선교분야에서 뛰어난 업적을 남긴 여선교사도 없습니다."[21]

선교사에 관심을 가진 미국의 독자(讀者)들을 위해서 애니 베어드 여사는 『한국의 새벽(*Daybreak in Korea*)』[22]이라는 소책자를 썼는데, 그 내용은 전형적인 비기독교 환경에서 성장한 한국 소녀가 기독교가 들어온 이후에 인생의 전환점을 맞이하게 되었다는 이야기이다. 애니 베어드 여사의 최고의 작품

---

21) Paik, George L. *The History of Protestant Missions in Korea, 1832-1910*. (The Union Christian College Press, Pyongyang, Korea. 1929), 305. 백낙준, 『한국개신교사』, 연세대학교 대학출판문화원, 1998. (역자 주)

22) 이 책은 유정순이 『따라따라 예수따라 가네』라는 제목으로 번역출간했다. 2006년 10월 디모데출판사. (역자 주)

은 영어로 저술된 『선교사 생활의 내막(*Inside Views of Mission Life*)』[23)]이라는 제목의 소책자이며, 이 책에서 그녀는 자신의 건전하고 상식적인 태도, 깊은 신앙심과 주님에 대한 헌신, 그리고 인간에 대한 따뜻한 마음과 사랑을 아주 분명하게 보여준다. 물론 이런 책들은 오랫동안 절판되었다.

1914년에 두 명의 큰 아들 존(John)과 윌리엄(William)은 사촌인 에드워드 아담스(Edward Adams)와 함께 매사추세츠 주에 있는 헐몬산 학교(Mt. Hermon School)에서 공부를 하고 있었다. 이제 가장 어린 리처드(Richard)와 사촌인 벤저민 아담스(Benjamin Adams) 역시 학교에 들어갈 때가 되었다. 애니 베어드 여사는 두 남자아이를 미국으로 데리고 갔다. 그리고 노스필드(Northfield)에 있는 릿지(Ridge)에 작은 집을 세내어 세 명의 베어드 아이들과 두 명의 아담스 아이들이 그 해 여름을 그 집에서 지내도록 했다.

1908년 이후로 애니 베어드 여사는 계속해서 암 수술과 치료를 받고 있었지만, 그녀는 이것을 가볍게 생각하였고 이것 때문에 자신의 가정생활과 그녀의 사역이 흔들리는 것을 허락하지 않았다. 그 해 여름 암이 재발했다. 다행히 한국선교회의 에비슨 박사가 노스필드에 있는 그녀를 볼티모어에 소재한 존스 홉킨스 대학의 하워드 켈리(Howard Kelly) 박사에게 보내서 라듐 치료를 받게 하였다. 이 치료 덕분에 그녀가 생명을 몇 년 동안 연장할 수 있었던 것 같다. 라듐치료로 심하게 화상을 당하였지만, 암의 병세가 크게 호전되었기 때문에, 애니 베어드 여사는 그 해 가을 한국으로 돌아왔으며, 자신이 완치될 것이라는 희망으로 충만하였다.

1915년 여름에 암이 재발하였다. 또 다시 볼티모어 존스 홉킨스 대학병원까지 긴 여행을 했지만, 아무런 성과가 없다. 미국에서 죽음을 맞이할지 아니면 한국으로 돌아가 죽을 지를 결정해야 할 때, 그녀는 주저하지 않고

---

23) 이 책은 미국 필라델피아에 있는 웨스트민스터 출판사(The Westminster Press)에서 1913년에 발행되었다. (역자 주)

한국행을 선택하였다. 그녀의 가족과 친구 몇몇은 이런 결정에 놀랐지만, 애니 베어드 여사에게는 이것이 그녀가 유일하게 할 수 있는 결정이었다. 그 이유는 남편이 그들 부부의 삶에 궁극적 의미를 주었던 사역, 즉 선교운동을 그만두고, 미국으로 돌아와 피할 수 없는 그녀의 임종을 기다린다는 것은 도저히 생각할 수 없는 일이었다. 실제로 그녀는 한국에서 아주 평안한 죽음을 맞이하였다. 그녀는 한국으로 돌아와서 1916년 6월 9일 평양에서 죽었다.

사람이 죽어서 조상들의 땅에 묻히고 싶어 하는 욕망은 동양인의 정서 속에 깊이 자리를 잡고 있다. 살 날이 얼마 남지 않았다는 것을 알면서도 선조들과 자신이 태어난 땅을 떠나 한국으로 되돌아와 죽어 묻히기를 결심한 선교사의 모습은 한국의 기독교인들에게 매우 강렬한 영향을 주었다. 그것은 모든 기독교인들이 하나님의 가족이며 한 식구이며, 그리스도 안에서 한 몸이라는 기독교 교리의 본질을 보여주었다. 애니 베어드 여사의 장례는 감동과 감사가 넘쳤다. 평양 시내와 인근 마을의 교회에서 온 수많은 군중들로 인해 장례식은 베어드 집 마당에 있는 나무들 아래 공터에서 거행되었다. 신학생들과 대학생들이 교대로 관을 공원묘지까지 운반하였는데, 이런 일은 일반적으로 한국 사회에서는 신분이 낮은 사람들이 담당하였다.

애니 베어드 여사는 자신이 한국에 돌아온 사건이 한국인들에게 이런 영향을 줄 것이라고 결코 생각하지 않았겠지만, 필자 자신은 세월이 지난 후에 그 영향력의 실체를 보여주는 많은 증거들을 보았다. 선교사로 한국에서 지내는 동안, 교회 회의나 집회에 참석하였을 때 필자는 개인적으로 알지 못하는 적지 않은 목사들이나 장로들과 어울리게 되었다. 그 모임이 파했을 때 종종 어떤 사람들은 곁에 다가와 조용하고 정중하게 "저는 당신 어머니의 장례식에 참석하였습니다." 또는 "저는 당신 어머니 장례식에서 상여꾼 중의 하나였습니다."라고 말했다. 그것이 항상 우리 사이에 새로운 유대감을 형성하였다. 애니 베어드 여사가 한국으로 되돌아왔기 때문에, 자녀들은 아무도 장례식에 참석할 수 없었는데, 그런 일은 한국인들에게는 아주 불행하고 불운한 일로 여겨졌었다. 그러나 숭실대학과 평양신학교의 학생들이 그들의 자리를 대신하였다. 따라서 우리는 서로 형제들인 것이다!

러일전쟁이 시작되고, 카자흐 기병들이 만주에서 한국으로 남진(南進)할 때, 자신들의 사역지에 유일하게 남아 있었던 서양인들은 장로교 선교사들인 선천(宣川)의 샤록스(A. M. Sharrocks) 부부였다.[24] 샤록스는 어느 쪽이 이기든 자신의 의술이 꼭 필요할 것이라고 생각했다. 샤록스 부인도 남편의 곁을 떠나지 않았다. 애니 베어드 여사가 아래의 편지를 그들에게 보냈다. 샤록스 부인은 이때 애니 베어드로부터 받은 편지를 윌리엄 베어드 2세에게 건네주었다. 그것은 그들이 뉴욕에 있는 뉴 로첼(New Rochelle) 제일장로교회에서 함께 사역하고 있었던 1922~1923년의 어느 무렵이었다.

> 2월 27일
> 평양
>
> 친애하는 샤록스 여사에게
> 사랑의 말과 위로와 소망을 담아 보냅니다.
> …에 머무려는 당신의 결정에 하나님이 인도해 주시리라 확신합니다. 하나님은 계속해서 당신이 가야 할 길로 가도록 발걸음을 인도하실 것입니다.
> 베어드 박사와 나는 걱정을 하였습니다. 당신은 하나님의 장중에 있으며 그곳은 세상에서 가장 안전한 장소입니다.

---

24) 샤록스(Alfred M. Sharrocks) 선교사는 미국 북장로교 의료선교사이며, 한국명은 사락수(謝樂秀)이다. 그는 세브란스의학전문학교에서 에비슨(Oliver R. Avison), 웰스(James H. Wells)와 함께 의과대학 교과서인 해부학, 생화학, 생리학, 약물학 등을 역술하였다. 그 후 선천지부가 개설되면서 그곳의 의료선교사로 파견되었으며, 1904년부터는 강계(江界)지부에서 사역하였다. (역자 주)

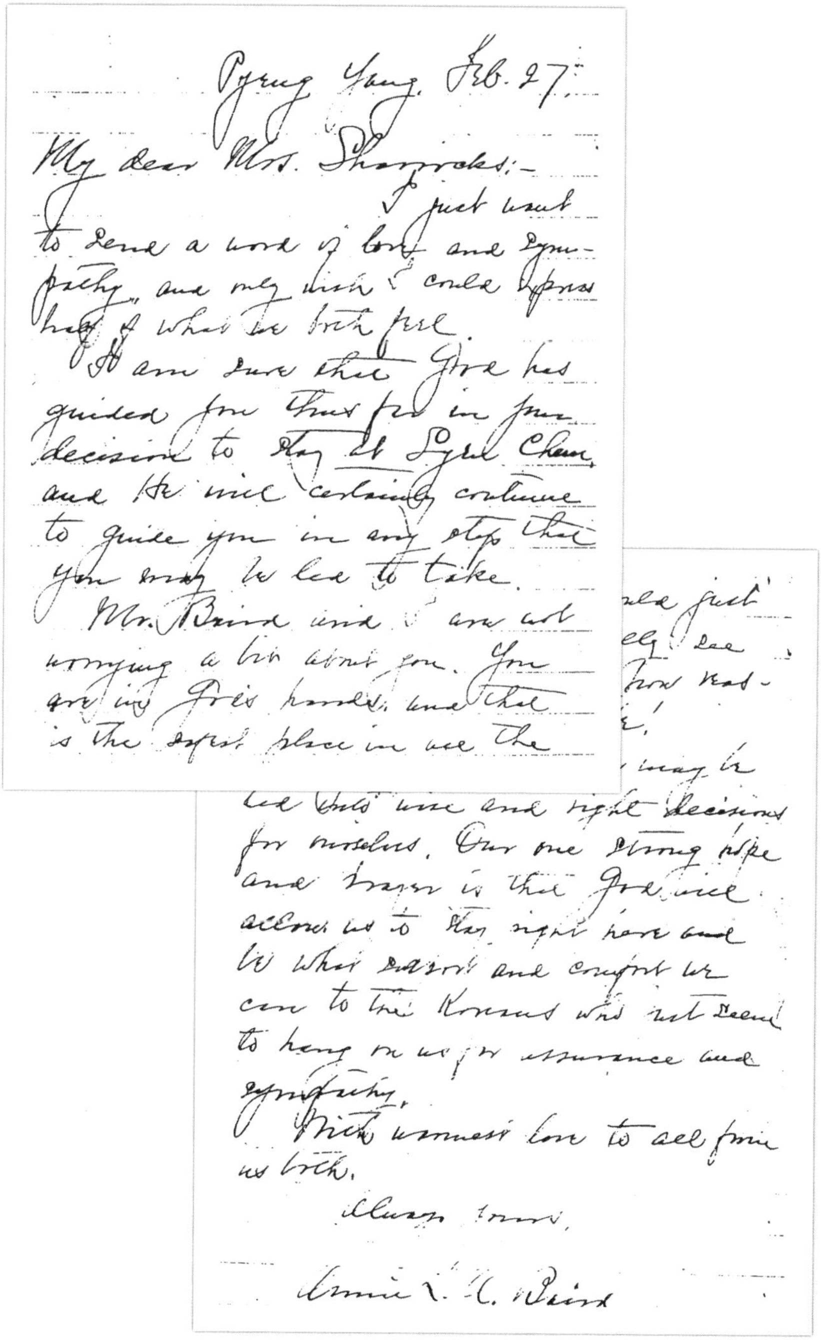

Pyeng Yang, Feb. 27.

My dear Mrs. Sharrocks:-

I just want to send a word of love and sympathy, and only wish I could express half of what we both feel.

I am sure that God has guided you thus far in your decision to stay at Syen Chun, and He will certainly continue to guide you in any step that you may be led to take.

Mr. Baird and I are not worrying a bit about you. You are in God's hands, and that is the safest place in all the [illegible] could just [illegible] ly see [illegible] how rad- [illegible] e! [illegible] may be led into wise and right decisions for ourselves. Our one strong hope and prayer is that God will allow us to stay right here and be what support and comfort we can to the Koreans who just seem to hang on us for assurance and sympathy.

With warmest love to all from us both.

Always yours,

Annie L. A. Baird

우리가 눈을 들어 하나님이 우리에게 행하신 일을 본다면, …
지혜롭고 옳은 결정을 하도록 우리를 위해 기도해 주십시오.
…

로라 베어드

교육자 애니 베어드 여사

애니 베어드 여사는 무슨 일을 하든지 그녀의 관심을 주변사람들에게도 전염시키는 영향력을 가졌다. 숭실대학에서 교과서나 동물 표본(標本), 그리고 실험실 기구 없이 생물학을 가르칠 당시에, 그녀는 어떤 척추동물의 뼈대가 필요하다는 사실을 깨달았다. 하루는 볼일을 보고 돌아오다가 길 옆 강둑에서 들개 뼈를 보았다. 다른 개들이 뼈에서 살을 아주 깨끗하게 뜯어먹었지만, 아직 뼈가 흐트러져 있거나 부서지지는 않았다. 그러나 곧 굶주린 개가 건드릴 것 같았다. 그 뼈들은 그녀가 원했던 것과 거의 같았지만, 썩은 고기를 뜯어먹는 개들이 득실거리는 그런 천한 곳에 하인을 보내서 그 뼈를 가져오라고 부탁하는 일은 동양인의 관점에서는 무례한 일이었다.

집에 돌아와 보니 바구니와 어린 아들 둘이 있었다. 그녀는 아이들에게 그 개의 뼈를 집에 가져오는 일은 이 땅에서 하나님나라에 공헌하고 인간의 지식 전체에 크게 기여하는 것이라고 알려주었다. 엄마의 말을 듣고 크게 고무되어 7살과 9살짜리 두 아들이 그 일을 기꺼이 하겠다고 나섰다.

그들을 아는 한국 사람들이 기겁을 하였다. 무엇 때문에 이런 일을 하는가? 미국 소년들은 언덕 위 큰 기와집을 나와 아주 지저분한 곳에서 사는 거지들조차 건들지 않는 개의 뼈를 주워 모았다. 저 애들이 미친 것은 아닌가? 낯선 사람들은 모두 가던 길을 멈추고 서서 아이들에게 그 뼈들이 아주 쓸모없는 것이라는 사실을 알려주거나, 그렇지 않으면 어떤 질병에 이 개 뼈를 갈아서 치료약을 만들려고 하는지를 알아보려고 하였다.

애니 베어드 여사는 가지고 온 뼈를 물로 끓여서 깨끗하게 소독하고, 철사로 그 뼈를 다 연결하였다. 이렇게 해서 생물 실험실에는 처음으로 척추동물 뼈대를 갖추게 되었다. 이렇게 베어드 가정은 온 가족이 인간의 지식의 발전에 크게 공헌을 하였다.

* * *

1908년 안식년 때 애니 베어드 여사는 고향교회인 캔서스 주 토페카 제일교회에서 숭실대학에서 행한 그녀의 선교사역을 보고하면서, 특히 한국에서는 인간의 뼈를 구할 수가 없어서 생리학을 가르치는데 어려움이 많다는 사실을 토로하였다. 그 교회의 회중 가운데 한 의사가 뚜렷이 구분된 관절이 있고, 끝에 걸이용 고리가 있는, 실험실용으로 준비한 완전한 형태의 인간해골 뼈대를 보내 주겠다고 약속하였다. 그것은 귀하고 몹시 고마운 선물이었다.

한국에 돌아오고 나서 해골이 선적되었다는 소식을 들었고, 몇 주 동안 온 가족은 해골이 잘 도착하기를 간절히 기다렸다. 드디어 잘 포장한 상자가 도착하였고, 마치 관이라고 의심할 만한 그 상자를 개봉하였다. 모든 사람이 이 인간해골을 보고 감상하게 하려고 애니 베어드 여사는 대학 실험실에 그 자리를 마련하는 동안 그 해골을 식당 벽에 걸어 두었다. 가족 어느 누구도 인간 해골을 그들의 식당 벽에 걸어두는 것이 괴상하거나 섬뜩한 일이라 생각하지 않았다. 하나님은 인간을 그처럼 만드셨고, 인간이 하나님의 도를 많이 배울수록 더 유익한 것이라고 생각했다. 그러나 한국인 하인들은 전혀 다르게 생각했다. 그들은 식당을 통과해서 지나가려고 하지 않고, 오히려 집 주위를 완전히 돌아서 다니려고 하였다. 그때 그 모습을 보고 우리 모두는 한국인들이 어떤 물건에 대해서는 '부정'(不淨)하다고 생각한다는 것을 알았고, 따라서 그들이 이교도의 문화에서 벗어나도록 하나님의 길에 대해서 많이 가르쳐 주어야 한다는 사실을 깨달았다.

애니 베어드 여사는 아이들에게 모든 뼈의 이름을 가르쳤다. 11살 나이에 윌리엄은 두개골 머리 위부터 손가락과 발가락 끝까지 인간 몸에 있는 각 뼈의 이름을 댈 수 있었다. 필자는 그보다 18개월 어렸는데, 이 시험에서 한 번도 100점을 받아본 적이 없다.

* * *

인간해골을 기부받기 이전에도 수년 동안 애니 베어드 여사는 생리학 수업을 진행하기 위해서는 적어도 두개골이 꼭 필요하였다. 그녀는 이런 점에서 얼마나 불리한 상황에서 수업을 진행하는지를 시간시간마다 언급하였다. 한국에서 사람의 뼈를 구하는 것은 매우 힘들었다. 중국에서는 종종 죄수의 머리를 성문 위에 매달아두기 때문에 인간의 두개골을 쉽게 구입할 수 있지만, 한국에는 그런 관습이 전혀 없다.

그러므로 학생들 가운데 하나가 크고 잘 보존된, 아래턱과 치아가 모두 있는 인간의 두개골이 들어 있는 깨끗한 나무상자를 가지고 교실로 들어왔을 때, 애니 베어드 여사는 너무 반갑고 놀라웠다.

이 학생의 삼촌은 어떤 지방의 관리였던 것 같았다. 휴가기간 동안 이 관리는 그의 조카와 평양에서 그리 멀지 않은 지역에 있는 고구려 고분들을 연구하는 고고학 탐사일행에 참가했다. 돌로 된 통로로 기어들어가, 그들이 똑바로 설 수 있을 정도로 큰 묘실에 들어갔다. 묘실의 돌 벽과 천정에는 벽화가 그려져 있었다. 이 묘실에서 바로 정 중앙에는 두개골만이 검은 대리석 받침 위에 놓여 있었고, 그밖의 다른 뼈들은 없었으며, 그 뼈들을 보관해 두었을 만한 자리도 전혀 없다. 서양세계에서는 왕이 사후에 그의 머리를 잃어버린다고 알려져 있다. 그러나 동양에서는 모든 것이 정반대이다. 이 동양의 왕은 그의 몸을 잃어버린 것이 분명하다!

일행이 묘실을 떠나려고 할 때, 이 학생은 공손하게 옆에 서서 다른 사람들이 몸을 숙여 먼저 나가도록 양보했다. 그는 자기 차례를 기다리면서 문득 "애니 베어드 여사가 생리학 수업용으로 두개골을 몹시 필요로 하는데, 이 두개골이 여기에 있으면 무슨 소용이 있겠나?"하는 생각이 떠올랐다. 그래서 옷을 벗어 두개골을 싸서 그것을 끌어안고 기어 나왔다. 따라서 애니 베어드 여사의 가르침과 관심이 미친 감화력은 이렇게 아주 오래 전 기원후 700년에서 800년경의 어느 지역에 살았던 고구려왕들 가운데 한 사람에게까지 영향을 끼쳤다.[25)]

25) Evelyn B. McCune의 책 *The Arts of Korea, An Illustrated History* 5장을 참조하라.

제5장

후기 시절

(1917~1931)

1. 주요 역사적 사건들(1917~1931)

1917년	8월	베어드 박사가 세 번째 안식년을 갖다.
1918년	8월 8일	로즈 메이 페트롤프(Rose May Fetterolf)와 결혼하다.
	9월	안식년을 마치고 한국으로 돌아오다.
1921년	6월 29일	베어드와 로즈 여사 사이에서 메리 안나 베어드(Mary Anna Baird) 출생하다.
1923년	9월 1일	윌리엄 베어드 2세, 리처드 베어드와 그의 아내 골든 베어드가 선교사가 되어 한국에 도착하다.
1926년~1927년		베어드 박사의 네 번째 안식년. 수에즈 운하를 거쳐 유럽 여행을 하다.
1931년 가을		평양 선교지부, 숭실대학 그리고 평양의 교회들 주관으로 베어드 박사의 40년 사역 축하행사를 갖다.
1931년	11월 28일	베어드 박사가 사망하다.

2. 문서번역사역

1896년부터 1916년까지 베어드 박사는 교육현장에서 한국선교의 선도자였다. 그는 이 책의 제2부 제10장 '대학문제'에서 기술한 사건들로 인하여 크게 낙심하였고, 해외선교본부가 자신의 교육프로그램의 도입을 거부하자, 결국 1916년에 숭실대학 교장직을 사임하였다. 한국선교회는 문서 사역과, 사경회반, 그리고 순회전도 사역을 그에게 맡겼다.

비록 숭실대학을 떠나서 전혀 다른 유형의 사역에 종사하게 되었지만, 베어드 박사가 교육에서 아주 손을 뗀 것은 아니었다. 한국 교회들의 요청으로 그는 남녀 소학교와 중학교의 일종의 교육 자문역을 계속하였다. 그들은 베어드 박사를 '교장'이라 불렀는데, 그것은 동양적인 예의로 그렇게 한 것이었다. 평양에는 교회학교들이 오로지 교회의 재정으로 운영되었으며, 학생들은 900명이 넘었다. 베어드 박사는 직접 행정업무를 보지는 않았지만, 여러 위원회 모임에 참석하였고, 자문하는 일에 많은 시간을 보냈다. 노회[1]의 요청으로 그는 시골학교에서도 비슷한 사역을 감당했다.

선교회가 부여한 새로운 임무를 베어드 박사가 수락했다고 해서, 그가 문서 사역을 '시작했다'고 말할 수는 없을 것이다. 그는 항상 그 일을 해오고 있었다. 문서 사역의 한 분야인, 대학에서 교과서로 사용할 교재들을 준비하고 발간하는 일은 '숭실대학'에 관한 장(章)에서 논의될 것이다. 초기 개척

---

1) 한국장로교회는 1907년에 조선예수교장로회 독노회(獨老會)가 설립되었다. 독노회 아래에 각 도(道)에는 각각 하나의 대리회(代理會)가 설치되었으며, 평안도에는 2개의 대리회가 설치되었다. 교세가 확장되자 1912년 9월에는 조선예수교장로회총회가 설립되었다. 총회 설립 후 각 도에 설치된 7개의 대리회는 노회로 승격되었다. 이에 따라 평안도에서는 평북(북평안)노회와 평남(남평안)노회가 설립되었다. 평북노회는 1912년 2월 15일 선천에서 창립되었고, 초대 노회장은 휘트모어 선교사였다. 평남노회는 1912년 1월 18일 평양에서 창립되었다. (역자 주)

시절에도 베어드 박사는 부산과 대구 지역에 전도여행을 다닐 때에도 항상 전도 문서를 갖고 다녔고, 한가한 시간에는 문서 번역 사역에 종사하였다. 비가 와서 전도여행을 못하게 되거나 날이 저물어 허름한 주막에서 숙박을 하게 되면, 베어드 박사는 언제든지 자신과 동행한 학식 있는 한국인과 더불어 문서번역 사역을 하며 시간을 보냈다. 이 작업을 하면서 그들은 잠시나마 당시 여관의 형편없는 음식과 불결한 방바닥을 잊을 수 있었다. 베어드 박사는 비마 선교사 아도니람 저드슨의 『천로지귀(天路指歸)』와 중국 선교사의 『구세진주(救世眞主)』[2]를 한국어로 번역하였는데, 이 작품들은 기독교를 동양인들에게 소개하는 데 아주 효과적이었다.

베어드 박사의 1916~1917년 보고서는 자신의 새로운 사역을 수행한 첫 해를 이렇게 기록하고 있다:

> 지난해부터 문서사역이 저에게 주어진 과제의 일부가 되었지만, 여러 가지 이유로 아직까지 번역하는 데 많은 시간을 들이지 못했고, 계획한 것을 완성하지 못했습니다. 작년 10월 이후 대부분의 시간을 여러 형태의 공부반을 가르치고 순회전도를 하는 데 보냈고, 그래서 번역하는 일은 틈나는 시간에 할 수밖에 없었습니다.

그 다음에 이 보고서는 그가 대부분의 시간을 보낸 사경회반과 순회전도를 열거하고 있다. 그 내용에는 평양선교지부에서 가장 험한 산악지역이고 고립된 지역인 맹산[3]과 양덕[4] 지방의 전도여행이 포함되었는데, 이 지역은

---

2) 이 책은 영국 출신의 중국선교사인 존 그리피스(John Griffith)의 *The Savior of the World*를 번역한 것으로 1897년과 1911년에 조선야소교서회에서 다시 출판하였다. (역자 주)

3) 맹산군은 평안남도 동북에 있는 군이다. 연안에는 비교적 경작지를 볼 수 있으나, 토질이 몹시 메마른 탓으로 농산물의 생산이 빈약하다. 산물은 콩·조·옥수수·감자·담배·대마·사향 등이다. (역자 주)

4) 양덕군은 평안남도 남동부에 있다. 서부는 신양군, 남부는 황해북도 신평군, 동부는 강원도

아주 젊고 건강한 사람도 감당하기 힘든 곳이었다.

이 1916~1917년 보고서는, 베어드 박사의 40년 한국 사역에서 그의 기분과 감정이 가장 저조한 시기였다는 사실을 보여준다. 이 보고서는 이 기간 중에 유일한 것이며, 여기서 그는 평상시에 보여준 용기와 낙천주의, 그리고 신념이 많이 약해진 모습을 보여주며, 일부 기록에서는 아주 적지만, 그가 크게 걱정하고 있고, 많이 지쳐있고, 낙심한 것처럼 느껴지는 부분도 있다. 지난 15년 동안 그는 거의 믿을 수 없을 정도로 많은 양의 사역을 감당해왔었다. 그는 육체적으로 거의 탈진상태에 도달한 것이 틀림없다. 일반적인 관점에서 볼 때 위대한 성공사례이며 그가 체계를 세운 교육사역은 선교본부에 의해서 거부되었다. 최근에 있었던 부인 애니의 사망은 그가 항상 알고 있었던 사실이기도 하지만, 그녀가 얼마나 힘의 원천이었는지를 새롭게 깨닫게 하였다. 그는 추억으로 가득한 낡은 집에서 홀로 지내면서 독신생활을 보냈으며, 이제까지 산 사람들 가운데서 자기만큼 자기 자신을 돌보지 못한 사람이 없다고 여겼다.

그 다음에 1918~1919년 보고서를 작성할 때, 그는 안식년을 가졌으며, 그 보다 훨씬 중요한 것은 그가 재혼하였다는 것이다. 그의 삶은 이전보다 더 밝아 보였으며, 실제로 그렇게 달라졌다.

그때로부터 베어드 박사는 나이가 들어감에 따라 자연스럽게 험한 시골지역 순회전도여행과 사경회반 사역을 점점 줄이고, 한국기독교 공동체에 필요한 문헌을 준비하는 사역에 더 많은 시간과 노력을 투자하였다. 그는 문서와 번역 사역의 적임자들과 함께 팀을 구성하였다. 그들은 다음 쪽의 사진에 나온다.

1925~1926년에 또 다른 안식년 기간 동안, 베어드 박사는 시카고 대학과

천내군과 법동군, 북부는 함경남도 수동구와 접해 있다. 『조선향토대백과』(2008)에서 인용. (역자 주)

프린스턴 신학교에서 히브리어를 공부했다. 그러고 나서 더 많은 시간을 성경개역에 쏟았다. 그는 한국어성경 번역작업에 참여하였는데, 한국어역본 성경은 아주 초기에 이루어졌다. 그러나 20세기에 이르자, 헬라어와 히브리어를 터득하고 성경의 자국어 번역을 개선할 실력을 갖춘 한국인들이 나왔다. 성경 전체를 개정하는 번역작업이 착수되었다. 베어드 박사는 학자적인 멋을 즐기는 사람이고 성경에 대한 깊은 애정을 가지고 있기 때문에, 그가 한국에서의 사역 말년에 사신의 시간과 재능을 쏟은 일 가운데 이 보다 더 행복했었던 일도 없었을 것이다.

베어드 박사와 그의 문서 번역 동역자들

이들은 베어드 박사가 그의 사역 말년에 동역했던 문서번역 사역팀이다. 오른 쪽 끝에 앉아있는 사람은 김 선생이며, 서당출신의 한학자였다. 뒤에 서 있는 김인준 박사는 대학과 신학교를 다녔으며, 미국에서 유학하였기 때문에 영어를 자유자재로 구사하였다. 앉아 있는 두 젊은이는 일본어에 능통했다. 문서번역 팀은 각자 자신의 전공 언어를 가지고 자료를 번역하는 작업을 하였다. 그래서 번역물을 현대 한국인이 이해하기 쉬운 한국말로 옮기는 것이 번역팀 전체의 관심이었다.

1916~1917년 시기에 베어드 박사는 다른 업무를 처리하느라 계획하였던 일을 이루지 못했다고 고백하였는데, 그는 보고서에서 다음과 같이 상당히 많은 성과를 언급하였다:

1. 주일학교 1년 공과로서 사도행전의 절반 내용을 편집하고 번역하다.
2. 한국어 신문, '기독신보'에 54개의 기사를 번역 투고하다.
3. 미국 인디애나 주 소재의 고등학교에서 크게 인정받은 '사경회반 강의 요강'을 번역하다.
4. 성경책의 내용을 간략하게 소개하는 다수의 연구.
5. 몇 사람의 기독교인 전기.
6. 몇 권의 소책자.
7. 『그리스도의 사역에 관한 근본적인 진리: 속죄(*Fundamental Truths Concerning the Work of Christ: Atonement*)』 – 최근 중국어 신간서적을 번역하다.
8. 존 번연의 두 작품, 『풍성한 은혜(*Grace Abounding*)』와 『성전(聖戰; *The Holy War*)』은 현재 번역이 진행 중이다.[5)]

성경개역위원회의 구약성경분과를 평양 그룹이 담당했다. 이 그룹의 모든 위원은 신학교 강의와 문헌 준비와 같은 다른 사역의 과제도 수행하였으며, 매일 아침 두 시간씩 모여서 현재 사용하는 한국어 번역본 성경을 개정하는 작업을 하였다.

---

5) 존 번연의 『천로역정(*Pilgrim's Progress*)』은 몇 년 전 헤론(J. W. Heron) 여사에 의해 번역되었다. (저자 주)
헤론 여사는 남편이 죽은 후 캐나다 출신 게일 목사와 재혼하였으며 『천로역정』은 게일 목사와 헤론 여사에 의해 1895년에 번역 출간되었다. (역자 주)

평양의 성경개역위원

김인준 박사 남궁혁 박사
베어드 박사 미국 장로교 레이놀즈 박사 미국 장로교 엥겔 박사 호주 장로교

김인준 박사는 숭실학교에서 베어드 박사와 함께 동료로 일했다. 한국에서 평양신학교를 마친 다음 미국에서 대학원 과정을 공부하였고, 신학교에서 교편을 잡기 전 베어드 박사와 함께 문서 준비 사역을 하였다. 제2차 세계대전 당시 선교사가 한국에서 철수한 시기에 김인준 박사는 평양신학교의 교장으로 취임하였다. 공산주의자가 평양을 점령했을 때, 그들이 교회를 통제하기 위해 만든 조선기독교도연맹(the Communist-Christian Friendly Society)에 그는 참여하기를 거부했다.[6] 그는 결국 그들에게 끌려가 처형된 것으로 추정된다.

6) 리처드는 조선기독교도연맹을 Communist-Christian Friendly Society로 표기했는데 일반적으로 Chosun Christians Federation이라 한다. (역자 주)

남궁혁 박사 역시 미국 프린스턴 신학교와 리치몬드 유니온 신학교에서 대학원 과정을 마쳤다. 그는 최초로 평양신학교의 정교수가 된 한국인이었지만, 제2차 세계대전 초기에 혼란스런 사건이 일어났던 시기에 한국을 떠나서 중국 상하이에서 아들과 함께 얼마 동안 거주하였다. 전쟁이 끝나자 그는 서울로 돌아왔다. 공산주의자들이 38선을 넘어서 남침하였을 때, 남궁혁 박사는 배에 태워져서 납북되었는데, 그 후로 그의 소식이 끊어졌다.

3. 로즈 메이 페트롤프 베어드(Rose May Fetterolf Baird)

1918년 8월 7일 베어드 박사와 로즈 메이 페트롤프는 시카고 제4장로교회에서 존 티모시 스톤 박사(Dr. John Timothy Stone)의 주례로 결혼식을 올렸다.

로즈 여사의 부친은 방앗간을 운영한 제분업자이며, 독일인 후손으로, 정확히 말해서 독일계 펜실베이니아 사람(Pennsylvania Dutch)[7]이었다. 그의 가족은 펜실베이니아 주 미플린빌(Mifflinville)과 그 근방인 컬럼비아(Columbia) 카운티에 퍼져서 대가족을 이루고 살고 있다.

로즈 여사는 일찍부터 교사 훈련을 받았는데, 컬럼비아 카운티의 시골 학교들에서 3, 4년 동안 가르쳤다. 그녀는 미술에 대한 특별한 관심과 계속 교육의 필요성을 느꼈기 때문에 3년간 미술교육 분야에서 고급훈련과정을 마쳤다. 그 이후에 그녀는 이 분야의 최고관리자가 되어서, 처음에는 윌크스-배리(Wilkes-Barre) 공립학교의 미술교육 담당자로서, 그 후에는 헤리스버그 사무실에 있는 펜실베이니아 주정부에서 미술교육 최고관리자로 근무

7) Pennsylvania Dutch는 17~18세기에 독일과 스위스에서 이주하여 미국 펜실베이니아에 정착한 사람을 일컫는 말이다. (역자 주)

하였다.

로즈 여사의 모친은 감리교인이었으며, 따라서 로즈는 청년시절에 비교적 자유로운 분위기에서 교회를 다녔다. 이 시기에 그녀는 좀 더 헌신할 필요를 느꼈고, 기독교인의 봉사에 대한 소명을 갖게 되었다. 그래서 그녀는 주정부 교육부의 고위직을 사임하고, 시카고에 소재한 무디 성경학교(Moody Bible Institute)에 입학하였다. 그녀는 성숙하고 학교관리의 경험이 있었기 때문에, 재학시절 학생신분으로서 여자기숙사의 사감으로 발탁되었다.

로즈 베어드 여사의 약력

출생 1881년 1월 1일, 펜실베이니아주, 컬럼비아 카운티

학력 1901~1903년, 블룸스버그 주립 사범대학(Bloomsburg State Normal School)

1907~1908년, 드렉셀 대학, 필라델피아(Drexel Institute, Phila.)

1908~1910년, 프랫 대학, 뉴욕시(Pratt Institute, NY City)

1914~1916년, 무디성경학교

사망 1946년 11월 13일

그녀가 2년 과정을 마치자미자 곧 유명한 복음전도자인 빌리 선데이(Billy Sunday)[8]가 그의 전 생애에서 가장 성공을 거둔 필라델피아 전도 집회를 위한 참모진을 조직하기 시작하였다. 로즈도 참모진에 합류하였고, 고등학교

8) 빌리 선데이(William Ashley Billy Sunday 1862~1935)는 미국 아이오와 주 에임스(Ames)에서 태어났다. 메이저리그의 프로야구팀인 시카고의 화이트 스타킹스(Chicago White Stockings)의 야구선수였던 1886년 해리 먼로가 인도하는 미션집회에서 복음을 듣고 이후 야구선수를 그만 두고 복음전도자가 되었다. 1891년 빌리 선데이는 YMCA 전도사로 목회전선에 뛰어들었다. 1896년부터 전국을 누비며 수많은 영혼을 일깨웠다. 1893년부터 1935년까지 공식적인 집회만 548회가 열렸고, 그를 통해 그리스도를 만난 사람은 90여만 명 정도가 된다. (역자 주)

1940년대 로즈 여사

여학생을 위한 사역 감독으로 전도 집회에 참여하였다. 그녀는 또한 알토 솔리스트로 헌신하였다.

필라델피아 사역이 끝난 후, 로즈는 무디 성경학교로 돌아와 교직원이 되었다. 그녀는 학생을 가르치고, 기숙사를 감독하고, 전도집회 사역자로 활동했다. 베어드 박사가 1917년 안식년기간 동안 무디성경학교에서 학생에게 한국에서의 선교사역에 대해 강연하였을 때, 그녀는 학교를 방문한 베어드 박사의 전담안내자로 선임되었다. 이 만남은 두 사람의 약혼으로 발전되었다.

미술교육 훈련을 받았을 뿐만 아니라 색조에 대한 남다른 감각을 가진 로즈 베어드 여사는 1899년 그레엄 리 선교사가 베어드 부부를 위해서 지은 오래된 한국식 가옥에 새 생명을 불어넣었다. 가장 최근에 선교사는 이런 낡은 집이 난방비가 많이 들고, 실내 배관공사가 어렵고, 지속적으로 보수 관리가 필요한 점을 불평했다. 그렇지만 베어드 부부는 기와지붕의 우아한 선(線)과 집안 천장을 떠받치는 커다란 소나무 기둥을 사랑하였다. 이 시기에 선교본부는 위생관 에드워드 다드(Edward M. Dodd) 박사의 요청으로 선교사의 주거지를 건강 예방 차원에서 체계적으로 개선하는 노력을 시작하였다. 창문의 방충망, 중앙난방장치, 실내 배관 공사를 새롭게 설치하였다. 이 공사를 통해서 더 편안한 집이 되었고, 로즈 베어드 여사는 아주 근사하게 집을 꾸몄다. 베어드 박사는 항상 마당과 정원을 정성껏 관리하였기 때문에, 그의 집은 일종의 명소가 되었다.

어느 누구보다도 베어드 박사는 그를 돌봐줄 누군가가 필요한 사람이었다. 그는 항상 아침식사로는 신선한 사과나 사과소스를 즐겨먹는 것과 같은 편식 한 두 가지는 제쳐 두더라도, 그가 먹는 음식이나 입는 옷이 무엇인지에 대해서는 거의 관심을 두지 않았다. 로즈는 이 책임을 진지하게 받아들였다. 그녀는 독일계 펜실베이니아 사람의 가정에서 자랐기 때문에 좋은 음식을 잘 알고 있었으며, 그녀가 만든 커피 케이크는 미식가의 기쁨이었다. 그녀는 또한 자신의 예술적인 관심을 베어드 박사의 외모를 가꾸는 일에 집중시켰다. 남편의 옷을 잘 손질하고 다림질하였을 뿐만 아니라, 그의 턱수염도 오래 전엔 러시아의 볼셰비키가 부러워할 스타일이었지만, 이제는 염소 수염처럼 말쑥하게 잘 다듬어 주었다. 머리와 수염이 다 허옇게 세자, 베어드 박사는 켄터키 대령[9]으로 통할 정도였다.

로즈와 베어드 박사 사이의 첫 아이 메리 안나 베어드(Mary Anna Baird)는 1921년 6월 29일에 출생하였는데, 그 때는 한창 연례회의가 진행 중이었고 집안 가득히 손님이 있을 때였다. 그 후 몇 년 동안 외국인 학교에서 미술을 가르치고 여러 공부반과 학교에서 성경을 가르쳤지만, 로즈 여사의 삶은 딸을 돌보는데 중점을 두었다.

1923년 아들 윌리엄 베어드와 리처드 베어드가 선교사가 되어 한국에 돌아왔을 때, 그들은 황해도 재령(載寧)과 평안도 강계(江界) 선교지부에 배정되었고, 그곳에 거처를 마련했다. 그러나 오래된 기와집이 베어드 가족의 중심지가 되었다. 베어드의 자녀 중 누가 업무상 평양을 방문하거나 평양에서 연례회의가 열렸을 때, 아담스 선교사 가족을 포함해서 대가족의 재회장소는 항상 이 기와집이었다.

로즈 베어드 여사는 머리카락 색깔이 붉고, 본성이 긍정적이고 신념이 강한 사람이었다. 그녀는 자기 집안과 유사한 자질이 많은 곳으로 시집을 왔지만, 그리스도에 대한 헌신적인 신앙심 때문에 베어드 가정에 꼭 필요한 사람으로 적응할 수 있었다. 그녀에게는 소심함이나 옹졸함이 없다. 그녀는

---

9) 켄터키 대령은 켄터키 주에서 수여되는 비공식적인 명예 칭호를 말한다. (역자 주)

남편 베어드의 자녀들이 그녀를 애정을 가지고 따뜻하게 가족으로 맞이하였지만, 여전히 친어머니에 대한 사랑을 간직하고 있다는 사실에 대해서 언짢게 생각하지 않았다. 베어드 박사의 첫 번째 부인, 애니 여사의 영정 사진이 거실 벽에 걸려있었고, 그녀의 명성에 경의를 표하였다. 로즈는 다른 사람의 자리를 침범하지 않고도 함께 어울릴 줄 알았다. 베어드 박사의 말년은 그녀가 함께 해주었기 때문에 행복하고 풍성한 삶을 누릴 수 있었다.

가. 베어드 박사의 죽음 이후

로즈 여사는 1931년 베어드 박사의 사망 이후에도 계속해서 한국에 남아 있기로 결정하였다. 오래된 큰 저택에서 나와 그녀는 딸 메리 안나와 함께 독신녀 주택으로 이사하여, 그곳에서 마가렛 베스트(Margaret Best), 앨리스 버츠(Alice Butts), 루이스 헤이스(Louise Hayes)와 함께 공동생활을 하였다. 로즈 여사는 여자고등성경학교에서 교사로 근무하였는데, 이 학교의 교장이었던 베스트(Best) 여선교사는 오랫동안 평양선교지부와 한국선교회에서 여성 사역분야를 담당한 지도자로 활동하였다. 그녀는 1년 후에 로즈 여사에게 교장직무를 이양하였으나, 교사직은 은퇴할 때까지 계속해서 수행하였다.

이 고등성경학교는 나중에 평양여자신학교(Women's Biblical Seminary)로 개명하였는데, 선교회가 선교지의 여러 지역에서 운영한 여학당이나 성경학원의 졸업생이 입학하였다. 이 성경학원은 분명히 교회에서 일할 여성사역자를 가르치는 학교로서 거의 대학수준과 똑같이 운영하였지만, 당시 통념상 대학으로 인정을 받지는 못하였다. 이 학교는 장로교선교회가 운영하는 최고 수준의 여성훈련학교였다.

로즈 여사는 제2차 세계대전이 발발한 이후에 모든 선교사가 한국에서 철수해야 하는 상황에 이를 때까지 자신의 자리에서 사역을 계속하였다. 그녀는 강인하고 흔들리지 않는 성품과 깊은 신앙심과 천성적으로 친절한 마음씨를 소유하였기 때문에 전쟁을 앞두고 큰 시련과 격랑이 한국 교회와 사회에 몰아쳤을 때 매우 귀중한 사역을 감당하였다.

한국을 떠난 후 로즈 여사는 일리노이 주 휘튼(Wheaton)에 정착하였으며, 그곳에서 어머니와 함께 여생을 보냈다. 딸 메리 안나는 그곳에서 대학에 다녔고, 제2차 세계대전 종전 후에 태평양 전쟁터에서 귀환한 내학동료인 아더 앤더슨(G. Arthur Anderson)과 결혼하였다. 로즈 여사는 1946년 11월 13일 심장 색전증(塞栓症)으로 그녀의 삶을 마칠 때까지 시카고의 미국 재무성에서 일했다. 그녀는 펜실베이니아 주 미플린빌(Mifflinville)에 있는 가족묘지에 안장되었다.

나. 평양여자신학교

로즈 여사는 제2차 세계대전이 임박해서 그녀가 한국에서 철수해야 할 때까지 수 년 동안 이 여자성경신학원의 교장이었다. 그 당시 재학 중인 학생은 약 110명가량 되었다. 3년 교과과정은 목회자를 양성하는 평양신학교 교과과정과 필적하였지만, 음악이나 심방과 같은 교구사역을 설교와 목회 사역보다 더 강조해서 가르쳤다.

| 평양여자신학교 전경

위 사진의 오른쪽에 있는 교사(校舍)는 로즈 여사가 학교에 오기 전에 신축되었다. 왼쪽에 있는 기숙사는 로즈 여사의 감독 하에 설계와 건축이 이루어졌다. 이 책 부록 3에 나오는 평양선교지부의 지도에서 교사(校舍)동은 건물 번호 22번이다. 이 지도는 약 1931년에 만들어졌으며, 한국의 전통적인 건축양식의 기숙사가 이 사진에 나오는 현대식 기숙사로 대체된 사실을 보여준다.

이 사진은 (360쪽 지도에서 18번 건물인) 블레어(Blair) 부부의 사택 바로 앞에 있는 텃밭에서 찍은 것이며 길 건너편이 보인다. 이 사진에 나오는 길은 보도(步道) 이상으로 크게 보이지 않지만, 실제로는 평양에서 기자묘(箕子墓)를 거쳐서 안주, 만주와의 국경지대에 있는 의주까지 이르는 주 도로였다.

4. 40주년 기념행사, 사망과 장례식

1931년에 베어드 박사는 한국에 온 지 40주년을 맞았다. 1932년에 그는 70세 생일을 맞이하면서 정년을 맞게 될 예정이었다. 평양선교지부 소속 선교사들은 1931년 베어드 박사 부부를 위한 만찬회에서 이 같은 사실에 주목하였다. 이 문제에 한국인 공동체가 관심을 갖게 되었고, 다양한 축하행사를 계획하기 시작하였다.

베어드 박사의 선교 40주년 축하행사는 숭실대학과 숭실중학의 개교기념일 기념식이 열리는 10월에 시작되었다. 당시 교장이었던 조지 매퀸 박사는 베어드 박사에 대해서 깊은 애정을 갖고 있었기 때문에, 이런 경사스러운 일을 위해서 큰 축제를 벌이는 것을 좋아하였고 어떻게 추진해야 하는지에 대해서도 잘 알고 있었다. 이 나라에서 가장 오래된 역사를 갖고 있는 학교에서 준비하는 축하행사에 대한 소식은 한국의 전역으로 전해졌다. 멀리 떨어진 선교지부에서 사역하던 베어드 박사의 아들들도 참석을 재촉하는 편지와 전보를 받고 참석했다. 커다란 대학 강당이 거의 빈자리가 없이 가득 찼다. 숭실대학과 평양신학교의 설립자인 베어드 박사는 그의 마음을 울리는 따뜻한 찬사를 수없이 들었다. 베어드 박사를 더욱 크게 감동시킨 찬사는 수많은 제자들이 원근 각지에서 찾아와서 그들의 스승에게 제자로서 존경을 보여준 것인데, 이것은 두 학교의 역사에서 가장 많은 졸업생이 한 자리에 참석한 사건이었다.

나중에 평양의 15개 교회가 모두 연합해서 오래된 중앙교회, 곧 장대현교회에서 감사예배를 드렸고, 예배 후에 한국전통식으로 축하잔치를 베풀었다. 여러 선물 가운데서 가장 주목할 만한 것은 당시 일본 당국과 미국인 선교사의 관계가 크게 우호적이지 않은 점을 고려한다면 평안남도지사인 후지와라(Fugiwara)가 평양에 있는 가장 좋은 호텔에서 베푼 축하만찬이었다. 이 자리에서 베어드 박사는 조선 총독인 우가키(Ugaki)로부터 은항아리를, 그리고 평안남도지사로부터는 청동입상(立像)을 받았다. 이 청동입상은 일본의 유명한 학자 가운데 한 사람인 킨지로 니노미야(Kinjiro Ninomiya)[10]를 조각한 것인데, 그는 자신의 불리한 환경을 극복하고 근면, 청렴, 정직으로 정상에 오른 인물이다.

이 축하행사는 베어드 박사가 장티푸스에 걸려서 쓰러져서야 비로소 끝났다. 그는 병석에 누운 약 두 주 동안 그가 받을 수 있는 모든 치료를 다 받았지만, 11월 29일 토요일 아침에 세상을 떠났다. 수백 명의 사람이 고인에게 애도를 표하기 위해서 그의 집에 몰려들었는데, 그들 가운데 숭실대학의 조문단은 대학에서 모든 장례절차를 주관하게 해달라고 요청하였다. 이 요청은 수락되었다. 베어드 박사는 전염성 질병으로 사망하였기 때문에, 그의 시신은 보건법에 따라서 화장을 해야 하였다. 그의 장례에 사용된 관은 평범한 것이었으며, 관 내부에 유골함이 고정되어 있었다.

베어드 박사의 장례예배는 월요일 아침 최근에 개교기념일 축하행사가 열렸던 장소인 숭실대학 강당에서 거행되었다. 5~6천 명의 조문객이 몰려왔기에 장례식장에 다 들어갈 수가 없었다. 이 장례예배는 마펫 박사가 주관하였는데, 그는 대학시절 베어드 박사와 절친한 친구였고, 신학교 시절에는 같은 기숙사와 한 반에서 지낸 급우였고, 50년 동안 선교사역의 동료이자 동역자였고, 게다가 숭실대학의 3대 교장이었다. 다른 사람도 많이 참석하였다. 그들 대부분은 베어드 박사가 평양에서 교육사역에 종사하던 초창기 시절에 '어린 학생'이었으며, 지금은 목사와 장로가 되어서 전국 각지에서 교회목회사역을 책임지고 있는 교계지도자였다. 상공회의소가 대표를 보

10) 니노미야 다카노리(二宮尊德, 二宮金治郎)는 일본 에도 막부 후기 농촌 부흥에 힘을 쓴 인물로서 근검 절약과 고학(苦學)의 상징이다. 일본 초등학교에 나뭇짐을 잔뜩 진 채 책을 읽으며 걷고 있는 동상으로 묘사되곤 하는데, 어릴 적부터 목재를 주워다 팔아서 그 돈을 모아 공부를 한데서 유래한다.

내서 짧게 조의를 표한 것으로 보아서, 기독교인뿐만 아니라 비기독교인도 즉 모든 공동체가 베어드 박사에 대해서 경의를 표하고 있다는 사실을 입증하였다. 평안남도지사 후지와라는 직접 장례식에 참석하였다.

외국인학교 어린이들이 부른 영어찬송과 베어드 박사가 늘 가족찬송으로 애송한 찬송가, "오 베델의 하나님, 당신의 손으로 당신의 백성을 늘 먹이신다"(O God of Bethel, by whose hand thy people still are fed)[11]를 제외하고, 모든 장례예배 절차는 한국어로 진행되었고, 한국인이 이해하기 쉽게 마련되었다. 상례예배와 수많은 애도의 편지에서 끊임없이 나오는 성경말씀은 두 곳의 성경구절이다. 그 성경말씀은 다음과 같다:

> 디모데후서 4장 7-8절: "나는 선한 싸움을 싸우고 나의 달려갈 길을 마치고 믿음을 지켰으니 이제 후로는 나를 위하여 의의 면류관이 예비되었으므로"

> 요한계시록 14장 13절: "또 내가 들으니 하늘에서 음성이 나서 이르되 기록하라 지금 이후로 주 안에서 죽는 자들은 복이 있도다 하시매 성령이 이르시되 그러하다 그들이 수고를 그치고 쉬리니 이는 그들의 행한 일이 따름이라 하시더라"

우리 서양인들은 이해하기 힘들지만, 동양인은 역사를 긴 안목에서 바라보고, 한 인간의 생애를 가족세대의 틀 속에서 보는 성향이 있기 때문에 한 사람의 장례식을 중요하게 여긴다. 베어드 박사의 모든 친구들은 로즈 여사와 자녀에게 평양 역사상 이와 같은 장례식이 없었다고 위로했다.

---

11) 이 찬송가의 작곡가는 필립 도드리지(Philip Doddridge 1702~1751)이다. 이 곡은 한국 찬송가에 실려 있지 않다. 한국찬송가공회가 간행한 새찬송가에는 '목소리 높여서(6장)'와 '주의 말씀 받은 그 날(285장)' 두 곡이 도드리지의 곡으로 수록되어 있다. (역자 주)

한 흥미로운 사건으로 인해서 필자는 동양인이 장례식을 인생의 대단원으로 중요하게 여긴다는 사실을 이해하게 되었다. 하인이 베어드 박사가 편찮으시다는 소식을 전해주었을 때 필자는 압록강변의 위원(渭原)과 벽동(碧潼) 사이에 있는 초산군(楚山郡)에서 순회전도를 하고 있었다. 당시 필자는 1929년형 쉐보레 자동차를 운전하고 있었다. 평양에 가는 최선의 길은 선천(宣川)까지 압록강 아래에 있는 자동차 길을 타고 가다가 그곳에서 다시 기차길을 따라가는 것인 것 같다. 이 길은 제3장 124쪽에서 지도에 나와 있는 것처럼, 베어드 박사가 북쪽지방으로 전도여행을 따라갔던 여행길과 거의 흡사하다. 장례식이 끝난 다음 강계(江界)에 있는 집으로 돌아가기 위해 같은 길로 되돌아가야 했다.

초산 출신 평양신학교 학생 몇 명이 고향으로 갈 때 필자와 함께 타고 갈 수 있는지 물어보았는데, 그렇게 하면 걸어가는 것보다 3, 4일을 절약할 수 있었다. 필자는 그들과 동행하게 되어서 너무 기뻤다. 사실 그들이 학기말 시험을 마칠 때까지 2, 3일을 기다려야 하였지만, 이것은 호의를 베푼 것이 아니라 그때 넘어야할 산길에 눈과 얼음이 있어 건장한 젊은이들과 동행하면 정말 든든한 일이었기 때문이었다. 길고 고된 여행을 한 후 일행은 초산 읍내에 들어가서 여관에 묵었다. 읍내 교회의 기독교인은 한국 신문을 통해 베어드 박사의 사망소식을 알고 있었고, 필자가 그 길로 되돌아올 것을 예상하였기 때문에, 소식을 듣자마자 필자에게 조의를 표하고 평양소식을 들으려고 여관에 들렀다.

한국에서는 어떤 사람의 아버지가 세상을 떠나면, 그의 친구들이 조의를 표하기 위해서 문상을 하는데, 단체로 오기도 한다. 상주가 문상객을 각각 맞이하고 그들과 함께 앉아서 대화를 나누는 것은 자연스러운 일이다. 그는 사람들과 일일이 인사를 나누고, 약간 정형화된 애도와 감사의 표현들을 서로 나눈다. 그 후에 상주는 일반적인 대화에는 끼어들지 않고 침묵하거나 말을 자제하는 것이 바람직하다. 외국인이 있다는 것도 잊은 채 자신들에게 관심 있는 문제들을 이야기하는 조문객 사이에 필자는 말없이 앉아 있었는데, 이런 일은 동양에서 외국인에게 좀처럼 찾아오지 않는 기회였다.

초산에서 한국인들은 장례식 소식에 대해서 궁금해 하였고, 신학교 학생들은 그 이야기를 하고 싶어 어쩔 줄 몰라 하였다. 장례식은 대단하였고, 평양의 교회들과 수마일 떨어진 지역교회의 교인들이 무리를 지어서 모여들었나! 숭실대학과 숭실중학에서, 그리고 평양신학교와 외국인학교, 평양의 교회학교들에서 학생들이 몰려왔다! 굉장한 인파였다! 서울, 대구, 부산에서 목사들, 장로들, 그리고 선교사들이 왔다! 심지어 불신자들과 관리들, 상인단체의 대표들, 평양시장, 그리고 평안남도지사도 왔다. 청중들은 베어드 박사의 장례식 소식을 몰입해서 경청하였고, 그들 모두 자랑스러워하고 흐뭇해하는 표정을 지었다. 이것은 베어드 박사에게는 찬사의 표시였을 뿐 아니라, 선구자에 대한 존경과 애정을 나타내는 데 있어서 기독교회의 일치를 보여준 것이었고, 교회가 교육현장에서 뿐만 아니라 비기독교사회와 정부 관리들의 존경을 받은 사실을 보여준다. 그날은 영광스러운 날이었고, 그 반사된 영광들은 멀리 떨어진 초산 읍내에 있는 기독교인들에게까지 비추었다. 경청하는 사람들의 얼굴을 관찰하여도 동양인의 관점에서 보면, 의심할 것도 없이 베어드 박사의 장례식은 성공적이었다. 한국에서 다른 어떤 선구자 부부도 한국인들이 주려고 했던 이렇게 값지고 애정 어린 찬사를 받지는 못한 것 같다. 언더우드 박사, 아담스 박사, 마펫 박사, 그리고 에비슨 박사와 같은 선구자들은 미국에서 별세하였기 때문에 한국교회가 기꺼이 주려고 했던 큰 존경과 애정의 표시를 받을 기회를 놓쳤다.

┃ 평양에 있던 베어드 집

이 한옥은 1898년 그레엄 리가 세웠으며 베어드 박사가 죽을 때까지 살았다. 1912년에 이 건물내부에 벽난로를 설치하고, 커다란 벽돌 굴뚝을 증축하였다. 이 가옥의 왼쪽 끝에 번역실로 사용한 두 개의 작업실이 있었다.

베어드 박사뿐만 아니라 애니 베어드 부인의 기념비가 숭실대학의 학생과 교직원에 의해 학교 교정에 세워졌다.

제2차 세계대전 이후 공산주의자들이 평양을 비롯한 전 북한지역을 점령하였고 그 비석들은 의심할 것도 없이 파괴되었다. 이 비석은 1959년 필자가 양화진 외국인 선교사 묘역에 세운 것인데, 이곳은 일종의 초기 한국선교사들의 웨스트민스터 사원이라고 할 수 있다.

제2부

한국 선교 이론과 실천에 대한 베어드 박사의 기여

제6장
한국실험

제7장
네비우스 방법을 따른 교육정책

제8장
평양에서의 교육사역 시작
(1897~1899)

제9장
숭실, 진리를 숭상하는 학교

제10장
대학문제

제11장
베어드 박사의 교육사역 요약,
오늘의 숭실

제12장
인간 베어드, 선교사 베어드

제6장

한국실험

선교에 대해서 공부하는 사람이라면 누구나 네비우스 방법론은 한국의 선교 사역과 불가분의 관계에 있다고 생각할 것이다.[1] 이것에 대해서 스탠리 솔토(T. Stanely Soltau) 박사[2]가 언급해야 했던 많은 사람들 중에 찰스 알렌 클라크(Charles Allen Clark) 박사[3]가 가장 널리 알려진 권위자이다. 최근에 나온 가장 훌륭한 책은 로이 쉐어러(Roy E. Shearer)의 『한국교회성장

---

1) 1861년 선교지도자인 루퍼스 앤더슨(Rufus Anderson)과 헨리 벤 (Henry Venn)이 신생교회들의 독립의 기초가 되는 세 가지 원칙으로, 즉 자전(self-propagation), 자립(self-support), 자치(self-government)를 제안했는데, 이 원칙이 자율적인 교회를 세워나가는 지침으로 채택되었다. (Paul G. Hibert, *Anthropological Insights for Missionaries*(Grand Rapids, Michigan: Baker Book House, 1985), 194.) 중국에서 사역하던 존 네비우스(John L. Nevius 倪維思)가 1890년 이 원칙을 한국교회에 소개하여 한국교회에서는 네비우스 방법 또는 삼자원칙으로 알려지게 되었다. (역자 주)

2) 스탠리 솔토(T. Stanely Soltau)의 한국명은 소열도(蘇悅道)이다. 솔토 선교사는 초기 한국의 기독교 수용과 그 전개과정을 다룬『한국: 은자의 나라, 기독교에 대한 대답(*Korea: The Hermit Nation and Its Response to Christianity*, New York, 1932)』를 썼다. 특히 그는『십자로에서 선교(*Mission at Roads*, 아직 번역되지 않음)』를 썼다. (역자 주)

3) 찰스 알렌 클라크(Charles Allen Clark)의 한국명은 곽안련(郭安連)이다. 클라크 선교사는 영문판의 *Digest of Presbyterian Church in Korea (Chosen)* (Yokohama, 1918)를 간행하였으며, 후속으로『장로교회사전휘집(朝鮮耶蘇教書會, 1935)』을 간행하였다. 특히 그는『한국교회와 네비우스 방법들(*The Korean Church and the Nevius Methods*, 1930)』과『선교사역을 위한 네비우스 계획(*The Nevius Plan for Mission Work*, 1937)』을 썼다. (역자 주)

사(*Wildfire: Church Growth in Korea*)』이다.[4] 이런 책들과 다른 저자들은 참고문헌에 나와 있다.

그러나 우리는 1890년대 네비우스의 방법론을 공식적으로 채택해서 교회를 세워가고자 했던 초기 한국 선교의 상황은 클라크 박사가 1930년에 자신의 책을 처음 출판하면서 설명한 한국 교회 선교의 방법론이나 전반적인 상황과는 확연히 다른 것임을 주목해야 한다. 클라크 박사는 이점을 충분히 인식하였고, 다음과 같이 언급하였다.

> 네비우스 박사의 방법은 그의 사후에 엄청난 발전이 이루어졌다. 하지만, 모든 것은 그가 만들어 놓은 일반적인 원칙들을 따르는 것이었다.[5]

클라크 박사와 그의 뒤를 이어 글을 쓴 사람들은, 그들이 살았던 1930년대에 네비우스 방법이 한국 교회에 끼친 영향과 한국교회 안에 성취된 결과들에 주된 관심을 가졌다. 그들은 1890년에서 1930년 사이 40년 동안의 역사적인 과정보다는 클라크 박사가 언급한 내용 즉 네비우스의 원래 생각을 기반으로 해서 세워진 한국 선교의 '엄청난 발전'에 관심을 가지고 있었다. 이 분야를 탐구하는 것이 이 책 제2부의 목적이 될 것이다. 일제강점기라는 특수한 상황 아래에서, 한국선교회는 1930년대에 클라크 박사가 묘사한 시스템을 구축해내기 위해서 어떤 단계를 밟아갔으며, 또 이를 위해서 더 해야 하는 일은 무엇이었는가? 이 질문에 제기된 시기, 즉 1890년부터 1930년대가 베어드 박사가 한국에서 활동했던 시기와 거의 일치하기 때문

---

4) 로이 쉐어러(Roy E. Shearer)의 한국명은 서명원(徐明源)이다. 이 책은 대한기독교서회에서 자신(서명원)이 스스로 번역해서 『한국교회성장사』라는 제목으로 1966년도에 출간되었다. (역자 주)

5) C. A. 클라크, 『한국 교회와 네비우스 방법들(*The Korean Church and the Nevius Methods*)』, p. 18. 클라크는 여기에서 그의 책 제목이 방법들 이라는 복수형으로 사용되었음을 강조하였다.

에 이 질문에 답변하기 위해서는 베어드 박사가 한국 선교의 이론과 실천을 위해서 공헌한 점에 대해서 이해하는 것이 꼭 필요할 것이다.

이 시기에 대한 이해를 돕기 위해서 '한국실험(Korea Experiment)'이란 말을 쓰기로 하자. 한국에서 일어난 일은 선교에 있어서 일종의 실험과도 같은 것이었다. 당시 한국은 새로운 생각과 방법들을 실행해보는 실험실이 되었다. 한국이 1884년에 개방되었을 즈음, 이미 개신교 선교는 근동지역과, 인도와 버마에서 약 1세기 전에 시작되었다. 중국과 일본에서도 선교사들이 약 반세기 동안 활동해오고 있었다. 이러한 현장에서 터득한 경험들로부터 얻은 교훈들이 틀림없이 한국에 적용되었을 것이다. 동아시아지역 전역의 장로교 사역을 담당했던, 알렌 박사를 중국으로부터 한국에 데려와서 일하게 했으며, 언더우드, 마펫, 베어드, 아담스 박사들과 그 외 모든 초기 선교사들을 선발하고 관리하는 책무를 맡고 있었던 선교본부 총무 엘린우드(F. F. Ellinwood) 박사는 한국에서는 다른 선교지에서의 실수를 되풀이해서는 안 된다는 점을 강조하면서, 새로운 방안과 방법을 시도하고 발전시켰다.

베어드 박사의 자서전적 글인 「부산선교지부의 개척과 초기 역사(*The Opening and Early History of Pusan Station*)」에서 그는 다음과 같이 쓰고 있다.

> 나는 처음에 중국의 닝보(寧波) 선교사로 임명되었는데, 후에 한국으로 변경되었다. 엘린우드 박사는 다음 내용의 편지를 내게 보냈다. '우리는 한국에 새로운 선교지부를 만들기 원합니다. 그리고 다른 현장에서 발생했던 실수들, 예를 들어서 과도한 중앙 집중 정책이나 몇몇 선교사들을 중심으로 현장 기관사역을 하도록 했던 정책들로부터 기인한 여러 실수들을 다시 반복하지 않기를 희망합니다. 우리는 선교사들을 전 지역에 골고루 분산시켜야 합니다. 이를 통해서 선교사들은 사람들과 가까워질 것이고, 나라 전체에 훨씬 더 빨리 복음화가 진행될 수 있을 것입니

다. 우리는 한국의 남쪽 지역에 또 다른 선교지부를 개설할 계획입니다. 당신은 완전히 새로운 지역에서 새로운 선교지부를 개척하는 모험을 감당할 수 있겠습니까?' 나는 한국의 남쪽 지역인 부산에서의 개척 사역을 수락했고, 아내와 함께 1890년 12월에 배를 타고 부산에 도착했다.

백낙준[6]과 로즈(H. A. Rhodes) 선교사[7]는 엘린우드의 이런 결정과 정책을 언급하고 있다. 분명 새로운 선교사들은 세밀하고 열정적으로 이 실험에 참여했다. 사실 이런 점이 당시 한국 선교의 특성과 역사를 이해하는 열쇠다. 베어드 박사가 도착하기 전에 선교회는 의주와 평양에 새로운 선교지부를 개척하려고 했지만, 이 도시들이 개항장(開港場)이 아니었기 때문에 이 계획은 실행되지 못했다. 한국 전역과 심지어는 만주에까지 이른 젊은 선교사들의 복음전도여행은 참으로 놀라운 일이었다.

이런 선교 정책이나 선교 철학은 당시 한국 선교회가 지니고 있었던 강한 반기관적인 태도, 즉 기존의 기관이나 제도 중심의 선교에 반대하는 태도를 보이는 성격을 잘 보여주고 있다. 먼저 나라 전체에 토착교회가 설립되어야 하고, 그런 다음 기관들이 교회의 필요에 맞게 발전해야 한다는 것이다. 그리고 교회가 확고하게 세워지기 전에 선교사들의 시간과 재원은 고아원, 학교, 심지어는 병원이나 다른 좋은 목적에도 사용되어서는 안 된다는 것이다. 이런 원칙에도 불구하고, 인간의 본성이란 것이 원래 그런 것이기 때문에, 한국선교회는 두 개의 학교와 알렌 박사의 병원[8]을 설립했다. 학교 문제는, 우리가 다음 장에서 다루게 될 것인데, 한국선교회의 계속적인 마찰의 원인이 되었다.

알렌 박사의 병원은 시설의 사용과 보수 유지 및 직원들의 월급이 모두

6) Paik, p. 187.

7) H. A. Rhodes, p. 125.

8) 제중원(광혜원)을 말한다. (역자 주)

정부에서 지출되는 정부기관이었기 때문에 크게 문제될 것은 없다. 한국선교회는 단지 알렌 박사와 그의 동료의사들의 의료 서비스를 이용할 뿐이었다. 그러나 서울의 빈턴이나 부산의 어빈을 비롯한 다른 의사들은 아직 정식 병원을 개원할 수는 없었다. 오히려 그들은 복음전도자들과 함께 전국을 순회하도록 되어있었다. 안수 받은 사람은 거리에서 말씀을 전하고 소책자를 나누어 주었다. 의료인은 종기를 절개하고, 약을 팔고, 소책자를 나누어 주었다. 의사 헌터 웰즈(Dr. J. Hunter Wells)는 선교본부에 보낸 1895년 7월 18일자 편지에서,[9] 그는 한국에 온지 겨우 6주밖에 되지 않았지만, 이미 전국을 두 번이나 다니며, 600마일 이상을 여행하였고, 수많은 도회지와 마을에서 진료를 했다고 전하고 있다. 로즈(H. A. Rhodes)[10]와 아더 브라운 박사[11]는 루이스 세브란스(Louis H. Severance)가 (1900년경) 병원을 짓기 위해 1만 달러를 기부하려고 했을 때 한국선교회가 반대한 부분을 기록해 놓았다. 그들은 5천 달러 정도면 필요한 모든 병원을 지을 수 있을 것이고, 교회가 세워지기 전까지 다른 기관들을 세우지 않겠다는 그들의 정책이 크게 위협받지는 않을 것이라고 여겼다.

그러므로 한국실험의 발전에 있어서, 첫 단계는 바로 이와 같은 선교 철학이었다. 이것은 선교회의 가장 중요한 일은 먼저 토착교회를 세우는 것이었고 이러한 임무가 어느 정도 완수될 때까지는 그 어떤 것에도, 심지어 고아원이나 학교 혹은 병원 등과 같이 그들에게 유익한 일들에조차도, 선교사들의 시간과 재원을 쓸 수는 없도록 결정하였다. 이 원칙의 본질은 바로 그들이 여러 기관들을 세울 시기가 되었을 때에 그 필요에 맞게 그런 것들을 조정하는 것이고, 이런 과정도 역시 새로 발전하는 교회의 성장에 기여

9) 마이크로필름으로 보관되어 있다.

10) H. A. Rhodes, p. 119.

11) Arthur J. Brown, *One Hundred Years*, (New York: Revell, 1936), p. 439.

하기 위한 조건에서만 발전시켜가야 한다는 것이다.

엘린우드 박사가 발표하고 선교회가 기꺼이 수용한 이 선교철학은 네비우스 박사에게서 얻은 것이다. 네비우스의 저서 『중국과 중국인(*China and the Chinese*)』에 다음과 같은 글이 있다.

> 교회의 영광스런 머리되신 분의 긴급한 명령에 의해 기독교 교회에 부여된 숭고한 목적은 하늘 아래에 있는 모든 피조물들에게 구원의 '기쁜 소식'을 알리는 것이다. 이 목적은 기계공학이나 토목공학 또는 외국어나 과학을 가르치는 것이 아니다. 또한, 어떤 사람들이 아무렇게나 주장하듯, 이교도국가들을 문명화시킴으로써 이교도들을 기독교화하는 것도 아니며, 오히려 그들을 기독교화하여 그들이 자신들의 문명을 발전시키도록 하는 것이다.[12)]

당시 대부분의 선교지에서 아무런 문제없이 받아들여진 것으로 이와 같은 선교철학에 반대된 의견은 런던 웨슬리안선교회의 바버 목사(W. T. A. Barber)에 의해 잘 표현되었다. 그는 1900년 에큐메니컬 선교사대회에서, '해외 선교에서의 교육의 위치'라는 제목으로 교육에 관해서 강연을 하였다.[13)]

> 기독교가 그 사자(使者)를 이교도국에 보낼 때는 이교도의 성격을 완전하게 바꾸려는 목적, 즉 기독교국가로 세우려는 목적을 가지고 있어야 한다. … 우리는 새로운 기독교국가의 기초를 놓을 때 예배뿐 아니라 교육을 위해 교회뿐만 아니라 학교도 제공해야만 한다.

이러한 생각은 '기독교세계(Christendom)'를 '이교도세계(Heathendom)'에 그

---

12) John L. Nevius, *China and the Chinese*, (Philadelphia: Presbyterian Board of Publication, 1882), p. 354.

13) *Minutes*, vol. II, Chapter 28.

대로 가져가야 한다는 생각에서 온 것이다. 마치 이교도의 땅에 복음을 전하는 것과 기독교회를 세우는 일이 불가분의 관계인 것처럼, 유럽과 북미의 문화와 제도가 선교지에 함께 들어가야 한다는 것이다. 이런 기본 철학에 충실함으로써 교회가 존재하지 않거나 겨우 시작되는 곳에서 교육, 의료, 자선 등의 많은 기관들이 선교지 여러 곳에서 발전하게 되었다. 이것이 엘린우드 박사가 특히 피하고자 했던 것이었다.

실험의 두 번째 단계는 네비우스 박사 부부가 1890년 서울을 방문했을 때, 선교회에서 네비우스 박사가 선교교회, 곧 선교를 통하여 설립한 교회의 발전을 위해 새로운 계획이라 부른 것을 채택하면서 발생하였다. 이것은 네비우스 박사의 책『선교교회의 설립과 발달(*The Planting and Development of Missionary Churches*)』에서 볼 수 있다.[14] 이 책은 철학적이거나 신학적인 학술서가 아닌, 매우 실제적인 소책자이다. 이 책은 새로운 기독교인들이나 기독교 단체들이 어떤 과정을 통해서 전적인 헌신과 영적 성숙, 그리고 교회생활에 활발하게 참여하게 되는지를 단계적으로 기술하고 있다. 이 점이 기본적인 네비우스 방법이다. 이미 언급된 네비우스 방법에 대한 연구는 이 방법이 한국에 어떻게 적용됐고, 그 결과가 어떠했는지를 잘 설명하고 있다. 필자의 견해는 부록 5에 있다. 여기에서는 이 방법을 채택함으로 한국선교회가 실험적 선교로서의 그 특성을 재강조했다는 점을 언급하는 것을 제외하고는 더 이상의 다른 논의는 필요 없을 것이다. 중국에 있는 대부분의 장로교 선교사들은 이 방법을 반대했으며, 심지어 네비우스 박사가 선교했던 산둥에서 조차도 거부되었다는 것은 잘 알려진 일이다.

실험의 세 번째 단계는 1897년에 채택된 교육정책이다. 첫 번째 단계는 한국선교회의 엘린우드 박사가 결정하였다. 두 번째 단계에서 한국선교회

14) 네비우스 박사의 책은『네비우스 선교방법』이라는 제목으로 김남식에 의하여 성광문화사에서 1981년 한글로 번역 출간되었다. (역자 주)

는 중국에서 이미 시행되고 있는 방법을 전부 채택했지만, 네비우스 박사의 글에는 교육사역이나 교육기관에 대한 정책이 분명하지 않았기 때문에 교육정책에 있어서 한국선교회는 직접 무엇인가 해야 했다. 『선교교회의 설립과 발달』이라는 책은 학교에 대해 단 한 단락만 언급하였고 그나마 그것도 관계없는 내용이었다. 다른 책에서[15] 네비우스 박사는 몇 학교들이 행한 훌륭한 일들을 언급하며 교육 사역을 완전히 없애려는 사람들에게 반대했다. 그러나 그는 어떤 곳에도 그의 방법을 뒷받침할만한 교육 이론이나 철학을 기술하지는 않았다.

네비우스 박사는 자기 나름의 교육이론을 가지고 있지는 못했다. 왜냐하면 그는 선교지에 도착하기 전에 재원과 인력이 충분한 의료시설과 교육기관을 잘 갖춘 발달한 도시에서 성장하면서 일했기 때문이었다. 이것을 기정사실로 받아들이면서 네비우스 박사는 자신이 책임지고 있는 농촌지역에 토착교회를 설립하는 직무에 주력했다. 도시에 있는 여러 큰 선교학교의 졸업생들이 그의 마을 교회들처럼 초라한 것을 섬기라고 하거나, 또는 심지어 그들이 기꺼이 섬기겠다고 하더라도 교회들이 그들을 재정적으로 지원할 수 있을 것이라는 것은 생각조차 할 수 없는 일이었기 때문에, 네비우스 박사의 새로운 방법은 어떤 한 지역에서 그 지역에 맞는 방법으로 선교하는 일에 주력하는 것이었다. 그의 교회들은 네비우스 박사가 사경회반이라고 부르는 평신도, 성인, 직분자 훈련시스템을 통해서 그들의 환경적인 필요에 적합한 리더십을 발전시켰다. 이것은 이론적으로는 '교회 리더십 훈련'으로 여겨질 수 있는 것으로 선교회가 가지고 있는 힘을 가장 잘 보여주는 그런 기관들과는 전혀 관련이 없는 것이었다.

네비우스 방법의 가장 중요한 특징 중 하나인 평신도, 성인, 직분자 리더십 훈련은 이 과정에 처음 시작하는 단계에서부터 성인다운 성숙함, 글을

---

15) 『중국과 중국인(*China and the Chinese*)』, p. 359.

읽고 쓰는 능력, 교회 프로그램에 활발한 헌신 등을 요구하였다. 중국에서 네비우스 박사의 사역은 지역교회의 발전, 그 이상을 뛰어넘지 못했고, 이 교회들의 어린이들과 또 그들의 장래 지도자를 위한 초등교육, 중등교육, 고등교육에 대해서 생각해야만 하는 것에도 도달하지 못했다. 그러나 1896년에 한국선교회는 적어도 이 일을 시작으로 해서 어떤 명확한 목표지점에 도달해야 한다고 생각하였다. 그러므로 그 해에 베어드 박사는 선교회의 교육 자문에 임명되었고, 부산과 대구에서 하고 있던 복음진도 개척사역으로부터 서울로 옮겨졌다. 1897년 정기 연례회의에서 그는 「우리의 교육정책(Our Educational Policy)」이라는 제목의 논문을 발표하였다. 한국선교회가 토착교회 설립이 선교회의 첫 번째 과제라고 하는 철학을 수용한 일을 서두로 설명하면서, 베어드 박사는 선교회의 교육기관들은 교회목회의 필요에 응하고, 교회를 강화하고 향상시키는 일에 진력함으로써 발전되어야 한다고 설득하였다. 한국선교회는 이 교육정책을 채택하였고, 이것이 실험의 세 번째 단계가 되었다.

한국선교회가 이 교육정책을 채택함으로 한국실험은 완성되었다. 그것은 기본철학과, 개별 교회를 발전시키는 방향과, 교회 설립에 모든 초점을 맞춘 교육정책을 갖추게 되었다. 이 세 단계, 즉 철학, 방법, 그리고 교육정책은 클라크 박사가 '네비우스 방법들'이라고 기술한 것에 모두 포함되어 있다. 그러나 이 글에서, 우리는 이 세 단계를 포함하여 더 넓은 영역을 포함하는 '한국실험'이라는 용어를 사용할 것이고, '네비우스 방법'이라는 용어는 두 번째 단계를 설명할 때 사용할 것이다.

'한국실험'이 완성되고 몇 년이 지나면서 한국 교회는 선교 열정주의자들이 묘사한 '눈부신 성취' 그리고 '근대 선교의 기적'과 같은 놀라운 성장을 이루었다. 분명히 한국 교회는 지난 150여 년의 근대 선교 시대 속에서 눈에 띄게 발전한 교회들 가운데 하나였다. 교육정책에서 의도된 대로, 학교제도는 교회와 함께 성장하였다. 일본이 한국을 합병한 1910년까지, 그 어떤 선교지도 한국처럼 큰 규모를 자랑하면서 자신의 나라 형편에 맞게 토착화 되어서 잘 운영되고 있는 학교제도를 가진 곳은 별로 없었다. 이 제도는 교회가 전적으로 초등학교를 지원하던 것에서 출발해서 8개의 미션 학교를 설립하게 되었으며, 마침내 베어드 박사가 설립해서 초대 교장을 지낸 숭실대학에서 그 절정에 달하였다.

물론 한국선교회는 이러한 실험을 아주 성공적이라고 생각하면서 이를 선교회 내부에서 전적으로 옹호하였다. 그들은 하나님께서 이끄셨다는 섭리 의식, 일련의 네비우스 방법의 비결, 하나님께서 한국에서 이러한 선교 이론의 실행을 가능하게 만드셨다고 하는 생각, 그리고 – 다른 선교지에서도 – 세계 곳곳의 선교지에 아주 큰 축복이 될 만한 방법 등을 발전시켰다. 실험에 비판적인 사람들은 정치적, 경제적, 사회학적인 요인들을 지적하며, 한국 교회의 성장의 원인이 이 실험보다는 오히려 그런 요인들에 있다고 주장했다. 이런 비판가들은 1900년 에큐메니컬 선교사 대회에서 목소리를 높였고, 사실 그 이후에도 비판은 계속되었다. 한편 이런 다른 요인들이 있음을 충분히 인정한다 해도, 한국선교회의 섭리의식과 그 비결은 그런 것에 의해 줄어들기보다는 오히려 증가했다. 하나님은 인도, 중국, 일본 등지에서 여러 실수들이 벌어지는 동안 한국을 '은자(隱者)의 나라'로 놔두셨다가, 마침내 네비우스 방법이 준비되고 그 실험을 시작할 시기가 무르익자, 마치 성경시대와 같이, 한국의 모든 정치 사회 경제적인 요인들을 다 사용하셔서 복음의 진보가 드러나고 그의 교회가 건설될 수 있도록 역사하신 것이다. 교회가 계속 성장함에 따라 이런 확신은 한국선교회의 생각에 더 깊이 자리잡게 되었다.

뉴욕에 있는 선교본부에서는 '한국실험'은 1903년 엘린우드 박사가 은퇴함으로써 끝난 것으로 생각했다.[16] 그의 자리는 40년 동안 장로교회의 활

16) 한국실험에 있어서 엘린우드 박사의 역할은 널리 이해되지 못했다. 엘린우드 박사와 네비우

동 특히 해외 사역에 있어서 굉장히 중요한 부분을 담당했던 기독교적인 기품과 지혜를 가지고 있던 두 사람에게 주어졌다. 로버트 스피어 박사는 중국 담당 책임자가 되었고, 아더 브라운 박사는 한국과 일본을 담당하게 되었다. 두 사람 다 이미 선교본부에서 수년간 일하면서 한국과 동양을 방문했다. 그들은 모두 1900년 에큐메니컬 선교사 대회에서 매우 중요한 역할을 담당했다.

처음에 아더 브라운 박사는 한국실험에 대해 매우 공감하는 쪽이었다. 1901년 그는 처음으로 동양을 방문하였다. 그는 한국의 외딴 지역을 방문하고 상황에 대한 충분한 인식을 가지려고 오래 머물렀다. 아래에 인용된 문장에서 그는 한국선교회가 이론과 방법에서 실험을 하고 있음을 분명히 인식했으며, 또한 그 실험을 적극적으로 도와주려고 했음을 보여준다.

> 나는 다른 나라에서 이 방법이 비판되었다는 말을 들었다. 왜 사람들이 자신이 아무 값을 지불하지 않고서도 되도록 할 수 있는 일에 굳이 돈을 지불하려고 하는 이유가 무엇인가? … 그러나, 내가 한국의 기독교인들을 만나본 이후로, 나는 그들은 외국에서 돈이 들어오면 자신들의 삶이

스 박사는 개인적으로 가까운 친구였다. 네비우스 부인은 남편의 전기에서(p. 309) 엘린우드 부부가 1874년 즈푸에 있던 네비우스 부부를 어떻게 방문했는가를 말해준다. 두 사람은 함께 마차와 당나귀를 타고 북경으로 여행을 갔는데, 뉴욕에서 온 사람에게 이것은 너무 힘든 경험이었다. 그러나 이 일로 인해 평생 우정이 시작되었다. 그 전기는(29, 31, 35장) 네비우스가 그의 새로운 방법을 시험하고 개선하는 경과와 엘린우드가 그를 격려한 것을 기록한 광범위한 서신을 보여준다. 분명히 엘린우드는 그 자신이 공식화하는데 조력한 새로운 방법을 한국선교회가 1890년에 채택한 것을 보고 기뻐했음에 틀림없다. 이것은 네비우스 박사의 유명하고 논쟁의 대상이 되었던 책의 첫 번째 미국판이 1899년 에큐메니컬 선교사 대회 바로 전에 장로교 해외선교본부에 의해 출판된 이유를 설명한다. 이전 판은 중국내지선교회와 그들의 관점을 주장한 사람들에 의해 출판되었다. 네비우스 박사는 1893년 사망했다. 이것이 선교본부 사무실에 있던 그의 친구로부터의 마지막 찬사였을까? 네비우스의 견해에 반대했던 유명한 선교사들의 중국 책임자로서 엘린우드 박사는 네비우스 박사의 한국 방문과 그의 책의 출판에 있어 배후에 있었는데, 그 어느 것도 그가 반대했다면 일어날 수가 없었을 것이다.

> 나아질 것이라고 생각하기 보다는 오히려 나빠지게 될 것이라고 여기는 것을 목격했다. 어쨌든 우리는 한국에 있는 선교사들에게 그들의 방법을 실행할 정당한 기회를 주도록 하자. 그들은 이 세상 여느 사역자들처럼 유능하고 열심히 일하는 사람들이다. 그렇기 때문에 지금까지 놀라운 성과를 이루어왔다. 그들의 사역이 지속될 것이라고 믿지만, 만일 그렇지 않더라도 그 성과는 그와 반대되는 방법이 시도되는 다른 현장에서의 성과보다 더 나쁘지는 않을 것이다. 전세계의 선교 역사는 돈을 너무 적게 사용하기보다는 너무 많이 사용함으로써 나타나는 피해가 더 많다는 것을 보여준다.[17]

여기에서 보여준 호의적인 태도에도 불구하고, 나중에 쓴 보고서와 편지에서는 점차 한국선교회의 정책에 대해 의문이 많아지고 거리감이 늘어남을 보여준다. 뉴욕 사람들은 총회선교보고를 자주 언급하면서 한국 교회의 엄청난 성장을 기뻐했다. 그들은 새로운 선교사들을 보내면서 한국선교회를 충분히 지원하였는데, 이것은 계속해서 늘어나는 선교의 기회들을 활용하기 위한 것이었다. 그러나 그들은 현지정책 중에서 특히 교육정책에서 불만을 드러내기 시작했다. 네비우스 방법에 관해서 선교본부 직원들은 회의적이 되었다. 나중에 아더 브라운 박사는 그들의 견해를 다음과 같이 표현했다.

> 이런 원칙들은 왜 그 성과가 다른 어느 곳에서보다 한국에서 더 빨리 나타나게 되었는지를 설명하지 못한다. 다른 요인들을 찾아야만 한다.[18]

그 당시 에큐메니컬 선교사 대회 이후, 선교 현장에서 교파 간 협력이 그 시대의 흐름이 되었다. 한국실험은 전적으로 장로교회에 의해 시작되어 발

---

17) Arthur, J. Brown, *Report of a Visitation of the Korea Mission,* (1901), p. 10, 11.

18) Arthur, J. Brown, *One Hundred Years*, p. 420.

전되었다. 다른 교파들은 참여하지 않았고, 그들의 사역은 실험의 성공에 관여하지도 않았다. 이러한 점이 에큐메니컬 협력에 대하여 걸림돌이 되었고, 이 실험에 대해 미국에 있는 선교지도자들은 점차적으로 비우호적인 입장을 갖게 되었다.

한국선교회와 선교본부의 견해 차이는, 1914년 선교본부가 선교회 교육제도의 결정(結晶)이라 할 수 있는 숭실대학을 폐쇄하고, 서울에 다른 대학을 개교하기로 결정했을 때 그 절정에 날했나. 이런 결징은 한국선교회의 교육 정책을 강력하게 거부하는 것이었다.

이런 사건들에 깊이 충격 받은 한국선교회는 총회에 호소했다. 1921년과 1922년 총회는 선교본부의 결정을 무효로 하고, 평양에 있는 대학을 서울에 있는 대학과 더불어 존속시킬 것을 명령했다. 게다가 총회는 한국선교회의 결정을 파기하는 선교본부의 권한을 어느 정도 제한할 것을 결정했다.

이런 일련의 사건들은 다음 장에서 좀 더 상세하게 논의될 것이다.

네비우스 부인의 한국에 대한 견해
1890년 6월

헬렌 코안 네비우스(Helen S. Coan Nevius)는 그녀의 남편 전기[19]에서 그들이 1890년 한국을 방문했을 때 서울에 대한 인상을 기록하였다. 그녀는 미국에서 한국을 불쑥 찾아온 방문객이 아니라 중국에 대한 깊은 지식을 갖고 있는 경험 있는 선교사였기 때문에 그녀의 이야기는 색다른 흥미를 주고 있으며, 또한 아주 자세히 기록되어 있다.

1890년 6월 7일. 서울 근교에서 우리는 도성벽 꼭대기를 따라 높은 언덕

19) Helen S. Coan Nevius, *The Life of John Livingston Nevius, 1829~1893* (New York: Revell, 1895), pp. 448-450.

을 바라보았다. 우리가 몇 마일 아래에서 타고 건넜던 작은 증기선들이 다닐만한 강에는 중국에서와 비슷하게 작은 배들이 계속해서 오가고 있다. 도시의 거리는 우리가 과거에 머물렀던 곳보다 훨씬 더 지저분했다. … 이 나라에서는 왕과 왕비에 대하여 너무 많은 것을 아는 것은 이상한 일처럼 보였다. 황실 인사들을 따라다니는 비밀이나 신비로운 사건들, 즉 그들이 숨어 있었던 어떤 신성한 경내를 벗어나서 탈출했다는 식의 소문이나 비밀스러운 사건들이 퍼져있지 않고, 황실의 사람들이 가끔 한 낮에 공공연하게 자신들의 모습을 드러내는 것을 별로 두려워하지 않는다는 사실이 흥미로웠다. … 어느 부인은[20] 직책상 왕비를 한 번 이상 방문한 적이 있다고 했다. … 이제는 생소한 풍습이 평상의 일처럼 보이는 것이 있다. 이것은 왕비의 죽음으로[21] 모든 신하들이 상중에 있을 때의 일이다. 그날 정오 이후 어느 누구도 하얀 의복과 하얀 모자를 착용하지 않고 거리에 나오는 사람들은 처벌 받을 수 있다는 것이다. 모자는 평상의 길고 검은색과 같은 모양의 것이어야 했다. … 이날 오후 서거한 왕비를 위한 애도 의식이 있다. 왕족들은 왕궁 안에서 울게 되어 있고, 평민들은 왕궁 밖에서 울게 되어있다. 마치 내가 중국에서 살고 있지 않은 것처럼, 이렇게 울며 곡하는 것이 나에게 그리 낯설지 않았다. 왕비가 서거한지 5일째 되는 날, 그 시신이 왕궁 뒷산 꼭대기로 옮겨져, 거기에서 외지고 웅대한 곳에 5개월 동안 안치하게 된다고 들었다. 그 기간이 끝나면 무슨 일이 생길지 모른다.

나는 우리를 너무 친절하게 대접해 준 어느 부부의 가정에 관해 조금 말해야겠다.[22] 그들의 집은 300년이나 된 낡은 가옥을 꽤 아름다운 곳으로 바꾼 것인데, 우리 외국인 가옥들보다 훨씬 예뻐서 처음에는 나 자신이 그런 집에 머물렀으면 하는 생각을 했다. 그러나 곧 나는 우리 외국인들의 집처럼 닫는 문, 여닫이 창문들, 그리고 벽장, 옷장, 욕실 등을 갖추

20) 언더우드 부인을 말한다.

21) 이때의 왕비는 익종비인 신정왕후이다. (역자 주)

22) 언더우드 부부를 말한다.

고 있는 집에서 어느 정도 사생활의 가능성을 보장 받는 것이 얼마나 유익한 일인지 깨닫게 되었다. … 문 밖에서 옷을 입고 있으면서 여기저기로 피하거나 칸막이 뒤로 숨거나 바닥을 기어다니는 것처럼 보일 것이다. 그러는 사이에 틀림없이 이 모든 것들은 개선될 것이다 … 단아한 응접실 벽의 들보들은 꽤 컸고 오랜 연기로 인해 흑단(黑檀)처럼 검게 그을렸다. 모든 벽에는 대나무로 짜여진 큰 한국식 창문이 있었다. 벽은 도배를 했고, 몇 개의 멋있는 그림들이 있었으며, 한 두 개의 소파가 있었다. 그러나 나는 어떻게 그 모든 것을 설명해야할 지 모르겠다. 그것은 편안해 보이기도 하고 한편으로는 아름다워 보이기도 했다. … 언덕 조금 위에 있는 옆집은 어느 박사 집으로 구조는 여기와 비슷했고 단지 조금 더 오래되었을 뿐이었다.[23] 동쪽으로 최근 세워진 여학교가 있고[24], 거의 반대쪽에는 멋진 감리교선교공관이 있다.

6월 17일 목요일. 그제 밤 우리는 서울을 떠나 여관에서 밤을 보냈다. 우리는 전처럼 8명의 가마꾼이 들고 가는 가마를 탔고, 네비우스 박사와 언더우드 박사는 말을 타고 여행을 했다. 다음날 아침 5시30분에 출발하여 즐겁지만 피곤한 여행을 하였는데, 10시 전에 제물포에 도착하였다.

6월 21일 부산. 한 해 중 낮의 길이가 가장 긴, 곧 하지인 이날 한국의 최남단 개항장에 정박했다. 비가 쏟아졌고, 갑판은 음산했고, 아무도 바닷가에 나갈 수 없다. … 이 작은 도시는 역사를 갖고 있다. 일본 황제들 가운데 하나가 한국과 중국을 공격하려고 했을 때 일본인들에 의해 빼앗겨 약 250년 정도 일본인들의 수중에 있었다.[25] 중국인들이 한국인을

---

23) 빈턴 박사의 집을 말하는 듯하다.

24) 부록 3장 참조 (역자 주)

25) 임진년 왜란 이후 초량지역에 있었던 왜관을 지칭하는 듯하다. (역자 주)

도우러 와서 일본인들을 중국 밖으로 쫓아냈고[26], 일본인들로부터 한국의 많은 지역을 탈환하였다. 그러나 남쪽 도시의 일부는 일본인 소유로 남았고, 부산이 그 중 하나였다.[27] 거기는 (일본인들이) 나중에 넘겨주어, 내 생각에 외국 어느 나라도 지금 그 땅 어느 지역의 소유를 주장하고 있지는 않은 것 같다. … 우리가 탄 배는 승객이 너무 많아 거의 선실에 못 들어갈 뻔 했다. L 과 나는 같이 있고, 남편 네비우스는 잠잘 수 있는 곳을 찾아 F 박사와 두 명의 한국 신사들인 주일전권공사[28]와 그의 비서와 나누어 식당칸 뒤쪽 고물에서 자고 있었다. 그 주일전권공사는 표준중국어를 알고 있어 네비우스와 대화할 수 있었다.

---

26) 여기서 중국은 한국의 오타인 듯하다. (역자 주)

27) 부산에 대한 네비우스 부인의 진술은 당시 서양인들이 일반적으로 갖고 있던 것이었다. 부산에 관해 알려진 근대 연구는 제2장 앞부분을 참조하라. 제2장에 나오는 한국의 옛 지도는 몇 세기 동안 존재했던 교역소가 근대항구도시에 위치해 있던 것이 아니라, 지도에 좌수영으로 표기된 한국군사시설과, 한국과 일본의 무역업무를 맡고 있는 동래에 가까운 내륙에 있었다.

28) 강화도조약 이후 고종은 국제정세를 파악하기 위해서 미국과 유럽과 일본에 전권공사를 파견한다. 당시에 고종에 의해서 파견된 주일공사는 김가진, 김사철, 고영희, 민영준, 조병식, 성기운, 조민희 등이 있다. (역자 주)

제7장

네비우스 방법을 따른 교육정책

1896년 한국선교회가 대구선교지부에서 활동하던 베어드 박사를 서울로 전임시켜 교육 자문을 맡겼을 때는, 선교전략이 시행된 지 11년이 되었고, 네비우스 박사의 새로운 계획이 시도된 지 6년이 되었던 때였다.[1] 선교회에서는 한국실험이 만족스럽게 진행되는 데에는 분명한 이유가 있다고 여겼다. 선교사들이 스스로를 훈련시키는 방법은 이제 다음과 같이 입증되었다. 첫째, 좋은 일이기는 하지만 부차적인 많은 일에 그들 자신의 힘을 쏟아 붓지 않아도 되었고, 둘째 그들은 나라 방방곡곡으로 기간이 오래 걸리고 힘들며 때로는 위험을 감수해야만 하는 전도 여행에 헌신하였으며, 셋째 그들은 새로 만들어진 기독교인 모임들을 관리하면서 토착인들의 리더십을 발휘하도록 하기 위해서 선교사들의 역할을 제한시킨 네비우스 방법론을 사용하였다. 기독교에 대한 관심의 물결이 황해도와 평양 지방을 통해서 흘러넘쳤다. 이것이 전국적으로 퍼지지 않을 것이라 믿을 이유가 없다.

1) 일반적으로 한국개신교 선교는 1884년 알렌이 입국하여 의료선교를 시작한 것을 그 시작으로 보고 있다. 이를 기점으로 1885년 4월 5일 언더우드, 아펜젤러가 들어오고, 이후 각국의 선교사들이 들어오면서 1908년까지 거의 완료된 것으로 여겨진다. 1890년 6월 당시 중국에서 선교하던 네비우스는 내한하여 한국 장로교선교사들에게 자신의 방법을 소개하였고, 그의 선교의 중심 사상인 자립(self-support), 자치(self-government), 자전(self-propagation)은 한국 장로교 선교 방향의 중심이 되었다. (역자 주)

분명히 장기적인 차원에서 몇 가지 계획이 나올 만한 때가 무르익었다. 큰 교회가 형성되고 있었다. 어떻게 어린이와 지도자들을 교육시킬 것인가? 베어드 박사는 정책 입안자로 임명되었다. 그의 주된 임무는 마펫 박사가 안식년 휴가로 부재중인 동안 되도록 많이 평양지역을 방문하라는 지시를 이행하면서 순회전도를 계속하는 것이었다. 한국선교회의 두개의 작은 고아학교의 책임을 맡았던 사람들은 전처럼 계속해서 그 학교를 담당했다. 교육자문으로서 베어드 박사의 의무는, 여행 도중 가능한 시간을 활용해서 선교회 교육의 전반적인 관리를 하면서 학교에서 가르치는 일을 하고, 선교사가 들어가지 않은 지역에 이미 세워진 교회가 운영하는 소학교를 위해서 교재를 준비하고 교사들을 훈련시키면서, 선교회가 승인할 교육정책을 수립하는 일 등이었다.

교육자문으로서 베어드 박사는 한국선교회를 괴롭힌 초기 문제 가운데 하나에 관여하였다. 한국선교회는 병원 학교 등 공공시설을 세우지 않는다는 입장이었다. 그러나 작은 소학교를 세운다고 무슨 위험한 일이 있을 수 있겠는가? 학교를 세우지 말라는 것은 정말 당황스러운 일이었다. 모든 다른 선교회들이 학교를 갖고 있었다. 감리교가 했던 첫 번째 일은 소년소녀들을 위한 학교를 시작한 것이었다. 언더우드 박사는 1886년에 소년들을 위한 '예수교학당'[2)]을 시작했고, 1888년에는 소녀들을 위한 학교를 시작했다. 여기에는 분명히 동정의 요소가 있었다. 당시 도시에는 부랑아와 거지아이로 가득했다. 이런 불쌍한 아이들을 돌보는 것보다 더 나은 기독교인의 증거가 무엇이겠는가?

그러나 이것은 교회설립에 필요한 전도사역이 먼저라는 한국선교회 철학에 배치되는 것이었다. 선교사들은 전도사역이라는 본래의 목적이 충분

---

2) H. A. Rhodes, p. 583. (저자 주)
언더우드는 처음에 고아들을 위한 학교를 설립했다. 이 고아원이 1905년 경신학교로 발전하였다. (역자 주)

히 달성되기 전에는 공공시설을 운영하는데 자신들의 시간을 사용할 수 없었다. 따라서 어떤 선교사도 선교의 주요 책무를 소년학교에서 일하는 것으로 삼을 수는 없었다. 그것은 순회전도여행을 다니는 선교사들에게 주어진 추가적인 임무였다. 이것은 확실히 학교에도 만족을 줄 수 없었고 선교사들에게도 불필요한 부담이자 귀찮은 일로 여기게 되었다. '한국실험'에 누구보다도 깊이 관여했던 언더우드 박사는 학교의 설립자였고 언제나 학교 옹호자였다. 1890년 알렌 박사가 사임한 이후, 그는 선임 선교사로서 보다 중요한 다른 일들로 항상 바빴다.

마치 축구경기에서 볼이 이리저리 차이는 것처럼 학교 문제는 매년 연례회의 때마다 등장하는 과제였다. 학교의 존재는 한국선교회 철학에 배치되었다. 그것을 감독하는 일은 누구도 원하지 않는, 부담스러운 일이었다. 게일, 마펫, 밀러 등의 선교사들은 새로운 담당자가 올 때까지 이 일을 담당했지만, 자발적으로 하지는 않았다. 심지어 이것은 여학교에는 해당조차 되지 않았다. 여학교에는 언제나 오랜 여행으로 집을 떠나지 않아도 되는 선교사 부인들과 학교 일을 전담했던 독신 여성들이 있을 뿐이었다.

한국선교회는 그 공공시설의 성격이 학교인지 고아원인지 어느 쪽으로도 분명하게 그 의견을 정할 수 없었다. 로즈(H. A. Rhodes)는 그 점을 서술하는 데 두 가지 용어를 사용했고, 현장에서 선교본부로 보내는 편지에도 그렇게 했다. 로즈 박사는 다음과 같이 기록하였다.

> 네비우스 원칙들을 수행하기 위해, 한국선교회는 1891년 일련의 규칙과 내규를 채택했다. 그 계획을 채택한 이후 첫 번째 결과 중의 하나는 서울의 소년고아원의 운영의 변화인데, 그것은 학교의 학생들도 학교 수업료의 일부를 부담해야 하며, 방학 중에는 그들의 집으로 돌아가야 한다는

것이었다.[3)]

그러나 어떻게 고아들을 방학 동안 집으로 돌려보낼 수 있겠는가? 분명 선교회의 젊은 선교사들은 그들의 선임 선교사들에게 반기를 들었고, 그래서 단지 고아원을 겨냥한 것으로 보이는 규칙들을 채택했던 것이었다. 예를 들면 다음과 같은 조항이다.

> 제C조. 제4항. 예외적인 경우를 제외하고, 부모들이 거지인 경우와 단순히 부양하지 않으려고 학교에 보내는 아이들은 받아들여서는 안 된다.
> 제C조. 제5항. 게으르고 우둔한 소년 소녀들은 학교에서 받아들이지 말아야 하고, 그들이나 그 부모들에 대한 자선 행위의 일환으로 학교에 남아있게 해도 안 된다.[4)]

그러나 선교회의 선임 선교사들, 단지 투표권만을 갖고 있을 뿐, 선교회의 규칙들을 만드는 데 있어서 충분한 지식이나 경험이 없는 게일, 마펫, 베어드와 같은 젊은 신참들에 의해 손쉽게 물러날 사람들이 아니었다. 1897년 교육보고서에서 베어드 박사는 이 규칙들이 여전히 간과되어 있음을 지적하였다.

베어드 박사가 최종적으로 제안한 교육정책은 의심할 나위 없이 일치된 의견의 표현이었다. 교육은 실험적 선교가 된다는 생각, 다른 선교현장에서의 실수들을 되풀이해서는 안 된다는 바람, 교육정책은 꼭 필요한 것으로 지금이 바로 다음 단계를 생각해야 한다는 인식, 그리고 이미 설립된 조그마한 학교에 대한 해마다 들려오는 여러 가지 잡음 등과 더불어, 선교부의 교육정책은 끝날 줄 모르는 매우 열띤 토론 과제였다. 이것은 1896년 4월 22

3) H. A. Rhodes, p. 88.

4) Baird, *Report*, 1897.

일 언더우드 부인이 선교본부에 보낸 편지에서 분명히 드러나고 있다. 이 편지는 개괄적인 경과 보고서였다. 언더우드 부인은 모든 일이 잘 되어 가고 있었고 눈에 띄는 어려움은 없다고 말했다. 대부분의 문제들이 해결되었지만 교육정책 문제만은 아직 남아 있었다. 그녀는 선교회의 다른 선교사들에 대해서 "그들은 한국인들을 구원하기 위한 전도사역을 위해서 한국인의 관심을 끌 학교가 있어야 한다는 점을 믿지 않는다. 병원이 그런 목적을 위해 있음을 믿으면서 말이다"라고 말했다. 그녀는 이 문제에 대해 다음과 같은 소견으로 결론지었다. "교육 문제에 관해서 언더우드와 나만 고립되어 있다. – 그리고 언더우드가 다소 흔들린다." 이와 같은 용기와 확신은 위대한 선교사들을 만들어 내었다. 그러나 동시에 이러한 것은 열띤 토론을 야기하곤 한다.[5)]

1897년 8월 말에 열린 연례회의는 중요한 모임이었다. 선교본부에서 5-6년 정도 일하다가, 처음으로 세계 일주를 하고 있던 로버트 스피어 박사가 특별 초대 손님이었다. 스피어 박사가 참석한 가운데, 베어드 박사의 논문 「우리의 교육정책(Our Education Policy)」이 발표되었고, 논의되었으며, 마침내 채택되었다. 수년간에 걸친 연구와 토론의 열매인 이 정책은 한국실험의 세 번째이자 마지막 단계였고, 이미 기록된 대로, 한국선교회의 '한국실험'에 유일하고 독창적인 공헌이었다. 이 결정은 향후 25년 동안 선교회의 역사와 선교본부의 관계를 지배하게 되었다.

베어드 박사는 선교회연례회의에서 그의 교육정책의 서론을 아래와 같이 발표하였다.

---

5) 당시의 상황 특히 언더우드의 교육 방향에 대해서는 이 책의 10장 '대학문제'를 참조하라. (역자 주)

「우리의 교육정책」

우리의 규칙과 내규 C조 3항을 인용하겠습니다.

모든 학교에서 다음과 같은 두 가지 주요 정신은 유지되어야 한다.

(1) 학교의 주요 정신은 유용한 지식을 다양한 분야에서 교육하고, 따라서 현실 속의 다양한 의무와 책임을 다하는 학생들이 되게 한다.
(2) 학생들에게 종교적이면서 영적인 영향력을 끼치는 것이 학교의 가장 중요한 일이다.

이것에 전적으로 동의하면서, 나는 세 번째 조항을 덧붙이겠습니다.

(3) 미션스쿨의 주목적은 현지교회들과 그 지도자들이 자기 민족 속에서 기독교사역을 왕성하게 할 수 있도록 발전시키는 데 있다.

이상적인 학교란 주로 현지 교회를 대다수의 기독교 학생들과 함께 지속적으로 훈련하기 위해서 세워진 것으로, 이것은 마치 샘물의 근원에서부터 독이 생기는 것을 막기 위한 것과 같은 일입니다.

만일 학생들이 학교의 첫 번째 원칙에 따른 충실한 훈련을 받는다면, 그들이 농부나, 대장장이나, 의사나, 교사나, 또는 정부각료 등 어떤 직업을 가지게 되더라도, 그들은 모두 복음을 적극적으로 전파하는 사람들이 될 것입니다. 선교사 교사라면 우선 학생들을 복음전도자들로 만들어 내야 합니다. 만약 이런 일에 실패한다면, 그가 교육가로서 성공했을지 몰라도, 그는 선교사 교사로서는 실패한 것입니다.

위의 정책 진술에서 베어드 박사가 선교사들의 교육은 근본적으로 교회 어린이들을 위한 것 이상이 되어야 한다고 말한 것에 주목해야 한다. 이것은 확실히 그의 정책에 포함되었지만, 한편 그는 졸업생들의 삶의 책무에 더 많은 관심을 가지고 있었다. 중요한 구절은 바로 위에 언급된 다음과 같은 말이다. "만일 학생들이 그들의 학교의 첫 번째 원칙에 따라서 충실하게 훈련을 받는다면, 그들이 농부나, 대장장이나, 의사나, 교사나, 또는 정부각료 등 어떤 직업을 가지게 되더라도, 그들은 모두 복음을 적극적으로 전파하는 사람들이 될 것입니다."

다음에 나오는 두 개의 인용문은 이것이 정말로 선교회의 공식적인 교육정책이라는 사실을 보여주는 것으로, 이것은 한국선교회와 뉴욕의 선교본부에 의해서 동시에 수용되었다.

선교본부와 한국선교회의 요청으로 1908년 쓰여진 『한국개신교수용사(韓國改新敎受容史, *The Call of Korea*)』[6]는 한국을 위해 기금조성과 지원자 모집을 하려고 전국적인 캠페인(한국선전, The Korea Propaganda)에 사용된 선전 책자였다. 언더우드 박사는 다음과 같이 진술한다.

> 이런 일 가운데, 우리는 이와 같이 한국을 위해서 발전된 교육 제도, 즉 초등, 중등, 대학 교육기관을 모두 합쳐서 운영하는 계획은 주로 기독교회와 그 자녀들을 위한 것이라는 사실에 특별히 주목해야 한다. 물론 외부인들의 입학이 거절되지는 않는다. 하지만, 이것이 선교회가 지녀야할 객관적인 관점이다."

아더 브라운 박사는 1901년 방문 보고서에서, 한국의 교육사역에 대해 다음과 같이 평한다.

> 이것은 미션스쿨을 발전시키는 계획으로, 타국에 있는 선교사들에 대

6) 이 책은 1989년에 이광린의 번역으로 일조각에서 출간되었다. (역자 주)

> 한 연구에 아주 가치 있는 일이다. 기독교 사역자가 될 의도가 없는 소년들도 물론 배제되지는 않는다. … 비록 기독교인이 아닌 소년들을 등록시키려고 노력하지 않겠지만, 소수의 그런 소년들도 역시 입학하게 될 것이다. 분명한 목표는 교회의 봉사를 위해서 교회의 어린이들을 교육하는 것이다.[7]

언뜻 보아 "이 정책의 어떤 점이 그렇게 특별한가?"하고 질문할 수 있다. 그 목적들은 모든 선교 교육의 목적들이 아닌가? 이론적으로는 그렇다. 그러나 실제로 베어드 박사의 정책은 혁명적이었다. 왜냐하면 그것은 일반적으로 받아들여지던 세 가지 관념과 엇갈리거나 심지어 반대였기 때문이었다.

첫째는 학교가 비기독교인들에게 다가가는데 필수불가결한 수단이라는 견해이다. 회교권이나 로마가톨릭 지역에서 학교와 병원만이 적대적인 문화에 들어갈 수 있는 유일한 수단인 것은 전적으로 사실이다. 그것은 한국에 적용되지 않았다. 실험적인 선교로써, 한국은 타국의 상황에 맞게 고안된 방법을 의도적으로 사용하지 않았다. 아더 브라운 박사는 이 견해에 동의했다.[8] 원칙에 있어 한국선교회는 학교를 전도의 수단으로 사용하는 것에 반대하지 않았다. 그것은 바로 베어드 박사가 부산의 조그마한 서당[9]에서 했던 일이었고, 한국 교회의 소학교가 그들의 역사 속에서 계속했던 일이었다. 그러나 정책적으로, 한국선교회는 한국교회가 어느 정도 자립할 때까지는 여러 가지 선한 일을 하느라 그 힘을 허비하지 않도록 결의하였다.

베어드 박사의 정책은 혁명적이었다. 왜냐하면 교육기관을 선교현장의 여왕이 되는 것에서 교회의 시녀의 자리로 떨어뜨렸기 때문이었다. 이집트

7) Brown, *Report*, p. 21.

8) Brown, *Report*, p. 11.

9) 베어드는 소년들을 위한 학교를 개교하면서 그곳을 서당(The Chinese School)이라고 불렀다. 그가 이렇게 한 것은 당시에 한국의 상황을 이용하기 위해서 한 것으로 보이며, 그는 실제로 이곳에서 한국어, 수학, 지리, 성경 등을 가르쳤다. (역자 주)

에서 중동 인도 버마 중국과 일본에 이르기까지, 그 당시 선교현장에서는 가장 큰 특징은 거대한 교육기관에 막대한 선교기금과 시간이 투입되는 것이었으며, 지역의 진보적이고 부유한 비기독교 문화의 요소들에 맞추어 주어야만 하는 것이었다. 교회들은 보잘 것 없고 하찮은 작은 존재였고, 보통 뒷골목에 숨겨져 있었으며, 교회 대부분의 구성원들은 가난하고 사회적으로 비천한 사람들로 구성되어 있었다.

한국선교회의 교육정책은, 충분한 시간이 주어진다면, 훌륭한 선교교육기관들이 강력한 토착교회를 형성하는데 도움을 줄 것이라는 일반적인 견해와 상반되었다. 근대 선교 역사는, 막대한 자금이 몇 세대에 걸쳐 거대한 교육기관에 쓰여졌지만, 이름에 걸맞는 토착교회를 이루지 못했다는 수많은 사례를 제공한다. 한국에 적용된 선교본부의 교육정책은 반대쪽에서 시작되었는데, 강력한 토착교회는 활동적인 기독교학교들과 힘 있는 기독교 교육프로그램을 보장하는 최선의 길이였다.

1909년 아더 브라운 박사는 다음과 같이 말했다. "실제적으로 한국에 있는 모든 기독교단체에는 소학교가 있다."[10] 같은 곳에서 그는 이 학교들에 10,916명의 어린이들이 있음을 기록하고 있다. 같은 보고서에서 그는 모든 교회에 세례 받은 어린이들은 3,163명이라고 기록하고 있다.[11] 이 숫자는 실제로 선교회가 후원할 수 있었넌 것보다 한 국교회가 훨씬 더 많은 기독교학교를 도왔다는 것과, 이 학교들이 비기독교인 학생들과 그들의 부모에게 다가갈 수 있는 중요한 수단이었음을 가리킨다.

많은 선교사 교육자들은 한국선교회의 교육정책이 잘못된 양자택일을 요구했다고 비난했다. 그들은 미션 학교들이 교회와 비기독교 사회에 모두 봉사할 수 있고, 자신의 학교는 실제로 그렇게 하고 있다고 주장했다. 필자

10) Arthur J. Brown, *Report on a Second Visit to China, Japan and Korea*, 1909, p. 189.

11) Arthur J. Brown, *Report on a Second Visit to China, Japan and Korea*, 1909, p. 85.

가 그런 모든 주장을 부인함으로 어떤 보편적인 부정을 증명해보려고 하는 것은 어리석어 보이는 일일지도 모른다. 오늘날 세계의 매우 다양한 정황 속에서 심지어 이런 양자택일이 문제되지 않는 나라도 있을 것이다. 그러나 한국과 1890년대의 선교계에 있어서, 한국선교회는 자신들의 경우는 다르다는 강한 확신이 있었다. 모든 미션 학교들이 다양한 정도로 교회와 비기독교 사회에 항상 봉사한다는 것이 사실이겠지만, 경험상 양쪽의 목표를 균등하게 이행한다는 것은 거의 불가능한 일이다. 하나가 우선이면 다른 하나는 부차적이 되고 만다. 그 기관이 비기독교 문화 속에 있는, 종종 부유하고 귀족적인 다수를 끌어들이는 것을 주된 목표로 삼을 지, 아니면 그 문화 속에 있는 보통 가난하고 비천하며 하잘 것 없는 기독교인 소수에게 봉사하는 것을 제일의 목표로 삼을 지는, 교과과정, 운영에 있어서의 교육 수준, 그리고 학교에서의 학생활동의 본질에 깊은 영향을 끼칠 것이다. 어느 학교도 두 주인을 섬길 수는 없다.

선교본부가 한국선교회의 교육정책을 거부하는 이유는 '대학문제'에 관한 장에서 논의될 것이므로, 여기에서 그것에 관해 자세히 언급하지 않는다. 그러나 언더우드 박사의 견해에 주목할 필요가 있다.[12] 그 세대 어떤 사람도 언더우드 박사만큼 한국과 한국의 교육에 대해 잘 알지 못했다. 그의 저서인 『한국의 근대교육(*Modern Education in Korea*)』[13]에서, 비록 선교회의 견해에 조심스러우면서도 공정하려고 노력했지만, 그는 자신이 선교본부(1914년 이후)에 참석하고 있으며 한국 이외의 다른 지역의 많은 선교회 교육가들

---

12) 이후부터 이 이야기에서 언급되는 언더우드 박사(Dr. Underwood)는 한국 선교의 위대한 개척자 호레이스 언더우드 박사를 가리킨다. 여기에서 그의 아들 원한경 박사(元漢慶, Dr. Horace H. Underwood)가 처음 언급되었는데 그는 그의 아버지가 세운 조선기독교대학(연희전문학교)의 학장으로 몇 년 동안 봉직했다.

13) 이 책은 원한경이 뉴욕대학교 교육대학원(The School of Education of New York University)에 제출한 박사학위 논문을 1926년에 뉴욕에서 간행한 것이다. (역자 주)

이 한국선교회의 견해에 동의하지 않고 있다는 사실에 대해서 숨기지는 않았다. 그는 한국선교회의 정책이 그들의 전체 교육 제도를 '신학교를 준비하는 예비학교'로 만들었다고 불평했다.[14] 베어드 박사의 '농부, 대장장이, 정부각료'에 대한 언급은 그런 불만에 대한 부분적인 답변이었을 것이다. 그러나 언더우드 박사의 다음과 같은 지적은 전적으로 옳았다. 이 정책은 "학생 스스로가 목표를 선택하는 것에서 광범위한 선택을 제공하기보다 오히려 단지 기독교 공동체에 봉사한다는 하나의 목표를 달성하려고 한다는 점에서 분명히 한정되어 있다." 그러나 만약 누군가가 처음부터 끝까지, 즉 선교 교육철학으로부터, 교육방법을 통하여, 교육정책에 이르기까지, '한국실험'은 한국선교회와 선교사들의 노력을 토착교회 설립과 강화라는 하나의 목표를 위해서 의도적이면서도 의식적으로 좁혀서 통제하고, 한정시키고, 또 집중시켰다는 것을 깨닫지 못한다면, 그는 '한국실험'에 대해서 전체적인 초점을 놓치게 될 것이다. 언더우드 박사와 그의 견해에 동조하는 사람들은 학생들에게 관심을 두었다. 그들은 원만하고 교양 있고 생각이 바른 사람을 양성하는 것을 선교 교육의 목표로 삼았다. '한국실험'은 위의 목적을 올바르고 적절하게 받아들이면서도 한편, 교회의 설립에 주의를 집중했고, 기관 그 자체뿐만 아니라 학생들도 그 목적을 달성하기 위한 방편으로 삼았다.

'한국실험'에 대한 비판적인 연구는 두 가지 기본 노선을 따른다. 비판하는 사람들은 우선 그 실험이 철학, 방법, 교육 정책 등의 모든 면에서 잘 조직되고 갖추어진 토착교회의 원대한 목적 달성에 너무 한정되었다고 말한다. 그리고 그들이 모든 노력이 이 하나의 목표에 집중된 실험에 의해 달성된 굉장한 성공을 보았을 때, 그들은 그런 성공은 정치적 경제적 또는 사회적 요인으로만 설명될 수 있다고 말한다.

---

14) Horace Horton Underwood, *Modern Education in Korea* (New York: International Press, 1926), p. 127.

1897년 연례회의는 급속히 발전하는 상황에서 그들의 교육정책에 깊은 영향을 끼친 또 다른 문제에 직면하였다. 이제 전국에 20~30개의 교회가 운영하는 소학교가 있다. 서울에만 6개의 학교가 있었는데, 그 가운데 4개 학교가 그 해에 막 시작된 학교였다.[15] 한국 교회가 진지하게 초등교육 현장에 뛰어들고 있다는 것은 이제 명백했다. 네비우스 방법의 기본 원칙은 스스로 운영할 수 있는 어떤 지역에서도 한국인의 토착교회 사역을 한국선교회가 관여해서 지나치게 돕는 일을 되풀이 하거나 그들과 경쟁해서는 안 된다는 것이다. 이것은 자립(self-support)이라 불리는 것을 격려하기 위한 것이지만, 실제로는 교회를 주도하고 있는 리더십을 격려하고, 자극을 주고 심지어 짐을 지우는 일련의 노력들을 격려하기 위해서 선교사들에게 주어진 한계, 혹은 훈련의 한 부분이다. 따라서 한국선교회는 교회 소학교들의 발전을 격려하면서도, 그런 학교를 돕는 원조비를 선교 운영 예산의 절반으로 제한하는 조치를 취했다.[16]

이 제한 조치의 실제적인 목적을 이루기 위하여 한국선교회는 모든 초등학교 현장에서 철수하기로 결정하였다. 아더 브라운 박사의 1909년 방문 기록에 따르면 교회 초등학교들의 굉장한 발전은 한국선교회의 재정적인 지원 없이 진행되어 가고 있었다. 이 전체 프로그램에서 선교회가 맡은 것은 교회가 아직 들어갈 수 없는 지역에 교재를 준비하는 새로운 영역과 교사 훈련이었다. 이것의 중요성에 대해서는 지나치게 강조할 필요가 없다. 학교는 매일 세워졌지만, 교재도 훈련된 교사도 없다. 이런 결정적인 필요는 마침내 한국선교회를 중등학교와 대학교육의 장으로 이끌었다. 그래서 제2차 세계대전까지 한국교회는 대체로 한국선교회의 보호 속에 남아 있는 것에 만족해했다.

---

15) 1897년 서울 지부의 총보고서(1897 General Report for Seoul Station)

16) Paik, p. 313.

베어드 박사는 이런 상황을 예견했다. 이미 1897년 연례회의 이전에 그는 한국교회를 위해 그의 삶의 주된 역작이 될 일을 시작했다. 그것은 한국교회를 위해 교사들과 전도자들을 준비하는 일이었다. 그는 다음과 같이 보고했다.

> 6월에는 주로 본토 기독교학교의 교사들을 위해, 보통학교가 곤당골[17]에서 수업을 했다. 아주 소박한 업무였지만, 이것은 모든 면에서 올해 내가 한 일들 중 많은 점에서 가장 마음에 드는 일이었다. 교사들과 평양, 부산, 서울, 안악, 장연,[18] 잔다리[19] 등에서 온 사람들이 약 15명 정도였고, 이들이 정동학교의 상급학생들과 더불어 전체 학생의 숫자는 약 25명가량 되었다. 언더우드 박사는 교수법을 강의했다. 에비슨 박사는 일반 위생학을 강의했다. 나는 사도행전 강의와, 한국 기독교 초등학교에 적합한 교육학에 대한 몇 가지 수업을 하였다. 학비는 20달러였는데, 대개 밥값이 학생 당 하루 12센트였다.

베어드 박사는 또한 교과서 문제를 예견했다. 그 해와 다음 몇 년 동안 그는 산수 지리 역사 한글 문법과 성경에 대한 소학교 교재 준비를 보고했다. 숭실대학에 관한 장에서 살펴보겠지만, 그는 이 일을 중등교육과 대학교육의 분야에서도 계속하였다.

이제 교육정책이 만들어지면서, 1897년 연례회의는 두 초등학교에 대한 문제에 다시 한 번 직면하게 되었다. 한국선교회의 철학에 위배됨에도 불구하고 몇 년 동안 존재했던 작은 소년고아원이 이제 네비우스 방법에 배치됨이 발견되었고 새로 채택된 교육정책을 적용시킬 여지도 없게 되었다.

---

17) 곤당골은 현재 서울 남대문로 1가와 을지로 1가 지역이다. (역자 주)

18) 안악과 장연은 황해도에 있는 고을이다. (역자 주)

19) 잔다리(세교동, 細橋洞)는 현재 서울 마포구 서교동 지역이다. (역자 주)

이미 알려진 생존능력을 어떤 특정 기관에만 부여하는 것은 너무 지나친 일이었다.

그 학교를 구할 수 있는 한 가지 방법은 자금지원을 선교본부가 보장할 수 있도록 모범학교를 만드는 것이었다. 사실 이것은 베어드 박사가 1896년 교육자문직을 수락했을 당시의 상황이었다. 그러나 1897년 연례회의에 이런 목적에 쓸 수 있는 돈이 없다는 소식을 미국으로부터 받았다. 이런 상황에 직면하여 학교의 실질적인 책임자였던 베어드 박사와 밀러는 그것과 관련된 모든 것을 단념하였다. '한국실험'이 설 자리가 없었다. 따라서 그 학교는 새문안교회의 초등학교에 합병되었다.

위와 같은 사항이 여학교에는 해당되지 않았다. 아직도 서울에는 소녀들을 위한 교회 초등학교가 없었다. 그러므로 그것은 한국교회의 사역에 경쟁하는 것이 아니었고 선교기관으로 계속되었으며, 마침내 정신여학교가 되었다.

흥미롭게도 어디에선가, 언젠가, 교육기관이 또는 고아원이 문을 닫게 될지도 모른다는 두려움이 선교역사의 현장을 떨게 만들고 있었다. 나중에 한국선교회의 '한국실험'과 그 교육정책을 거부한 사람들 모두는, 이 사건이 중대한 실수의 시작이었다고 회고한다.

아더 브라운 박사는 한국의 교육정책을 거절함으로 그의 오랜, 품위 있고, 축복받은 이력 가운데 가장 격렬한 논쟁에 휘말리게 되었으며, 어쩌면 이러한 사건들로 인해 가장 불행한 기억을 갖게 되었을지도 모른다. 그러나 그는 그 소학교를 학교로서의 모든 기능을 완벽하게 할 수 있는 중학으로 끌어올렸다.[20)]

1934년 경, '대학문제'로 야기된 과거의 상처를 다시 들추어내길 원치 않았던 로즈(H. A. Rhodes)는 반 페이지 정도를 할애해서 그 학교를 폐쇄하는 것

---

20) Brown, *Report of a Second Visit*, 1909, p. 189; *One Hundred Years*, p. 446.

이 옳은지 여부에 대한 고민을 토로했다.[21] 로버트 스피어 박사가 그 논의에 참석하여 반대하지 않았기 때문에 그 결정이 전적으로 잘못되었다고 할 수 없다는 결론을 내렸다!

백낙준 박사는 다섯 쪽이나 할애해서[22] 그 학교의 여러 가지 분명한 결점을 지적하였고 한국선교회보다 스피어 박사가 폐교에 대해 '책임을 져야 마땅하다'는 언더우드의 논쟁에 대해서 언급하였다.[23] 백낙준 박사[24]와 언더우드 박사[25]는 둘 다 그 '폐교'를 과오라고 지적했으며, 그것의 승인으로 다른 학교를 시작하게 허락해 달라는 1901년 서울선교지부의 요청을 언급하였다. 그것은 전혀 사실이 아니었다. 1901년 요청되어 몇 년 후 시작된 학교는 학당(academy)이었다. 한국선교회는 소학교에 손댈 것을 다시 고려하지 않게 되었다.

위의 모든 불만에 대한 충분한 답변은 그 학교가 폐교된 것이 아니라 합병되어, 서울에 있는 새문안교회에서 운영한 영신학교로 계속되고 있다는 것이다.

한국선교회의 교육정책은 서울보다는 교회 발전의 중심지인 평양이 교육 프로그램의 중심지가 되어야 한다는 것이었다. 대학과정이 1905년 시작되었을 때,[26] 필연적으로 이것 역시 평양에서 시작되었다. 비록 전적으로 '한국실험'을 지지했을지라도, 한국선교회의 몇몇 선교사들은, 한국의 수도이며 문화 중심지에 기독교 인문대학(Christian Liberal Arts College)이 설립되는

21) H. A. Rhodes, p. 112.

22) Paik, pp. 221-226.

23) H. H. Underwood, *Modern Education in Korea*, p. 50.

24) Paik, p. 302.

25) Underwood, p. 54.

26) 1897년 학당으로 시작된 숭실은 1900년에 중등교육과정을 시작했으며, 1905년에는 장·감 연합으로 대학교육과정을 시작했다. 이후 1906년에는 대학교육기관으로 공식 출범했다. (역자 주)

것을 볼 수 없다는 사실에 괴로워했다. 비록 세브란스 의학교가 서울에서 다음 해에 시작되었지만, 그것은 더욱 제한된 분야였다. 이는 매우 당연한 감정이었다. '대학문제'에 대한 장(章)은 어떻게 그것이 한국의 상황 속으로 들어갔는지를 보여줄 것이다.

한국선교회는 바로 그 해의 연례회의에서 교육자문을 평양으로 보냄으로 교육정책과 함께 평양에 대학이 설립되는 것에 대한 중요성에 대해서 입증했다. 몇 주내로 베어드 박사는 가족과 함께 평양에 자리를 잡았고, 그곳은 그의 남은 생애 동안 사역의 중심지가 되었다.

이해하기 힘든 동양

소년고아원에 관련된 문제들에 대한 많은 이야기들이 선교회에 퍼지곤 했다. 광장한 이야기꾼이었고 분명히 무진장한 이야기들을 축적하고 있었던 밀러 목사는 이것을 말하곤 했다. 비록 밀러 목사가 학교에 재임할 당시에 일어났던 일은 아니었지만, 그는 선배 선교사들로부터 들은 이야기를 두 눈을 반짝이며 말하곤 했다. 많은 이야기들 가운데서 이것은 동양의 환경에서 일하던 서양인 그룹의 문제를 설명하기 때문이다.

그 기관을 학교로 할 것인가 아니면 고아원으로 할 것인가에 대해 선교회의 견해는 계속 흔들렸다고 한다. 마침내 그것은 고아원이어야 한다는 어려우면서도 신속한 결정이 내려졌다. 이 사실이 선교회와 관련된 모든 한국인들에게 알려졌다. 부모가 있는 소년들은 그들의 집으로 돌려보내졌다. 완전하게 믿을 만한 사람으로부터 그들이 궁핍하고 부모도 가까운 친척도 없다는 사실을 보증 받지 않는 한 어느 소년도 받아들여지지 않았다. 그 소년들은 다른 교과과정이 없었기 때문에 약간의 성경교육과 더불어 평범한 고전 한문 교육을 받았다.

선교회가 한 가지 다른 생각을 하게 될 때까지 모든 것이 순조로웠다. 서울에는 한학자(漢學者)들로 홍수를 이루어 더 이상 한학자들을 양성할 필요는 없다. 한국에 정말로 필요한 사람은 목수, 석공, 대장장이 같은 숙련된 장인(匠人)들이었다. 그래서 한문선생들은 면직되었고, 각종 공구들이 구입되었고, 강사들이 갖추어졌으며, 소년들은 새로운 한국의 숙련공으로서의 그들 앞에 놓인 밝은 미래에 대해서 듣게 되었다. 그러나 24시간 이내 고아원에는 한 명의 소년도 남지 않았다! 부모와 친척들이 와서 소년들을 집으로 데려간 것이다!

이 일 이후 한국선교회는 다시 한 번 동요했다. 결국 곧 "기관은 학교가 되어야 한다!"라는 어렵고도 신속한 결정을 내리게 되었다.

제8장

평양에서의 교육사역 시작 (1897~1899)

이미 기록된 대로, '한국실험'의 세 번째 단계에서 채택된 교육 정책은 그 실험의 첫 번째 단계인 한국선교회의 철학 분야로까지 확장되었다. 말하자면, 교육 프로그램은 교회의 발전이 우선이고, 관련기관들은 교회의 발전에 기여할 때 설립될 수 있다는 원칙 아래 운영되었다.

이 철학에 대한 실질적 지원은 뉴욕선교본부로부터 전해진 교육사역을 위해 사용할 수 있는 재정은 없다는 소식뿐이었다. 1897년 연례회의에서 세 번째 단계를 택한 한국선교회는 선교본부로부터 그들이 계획한 교육프로그램을 위해 사용할 수 있는 재정이 없다는 점뿐만 아니라 지난 몇 년간 유용했던 재정도 삭감한다는 소식을 받았다. 그러므로 한국선교회는 어쩔 수 없이 네비우스 방법에 입각한 수업들로 구성하여 미국으로부터 최소한의 자금을 받아오면서 운영되어 온 고등교육기관과 리더십훈련 방식에 맞게 전체적인 시스템을 발전시켜야 했다.

이 점에 있어 여담이지만 우리는 베어드 박사 자신이 교회가 세워질 때까지 선교사들은 기관에 매이지 말아야 한다는 한국선교회의 결정을 따른 것은 좋은 실례라는 점을 지적할 수 있다. 1896년 교육자문이 되었지만 순회전도는 여전히 그의 주된 임무였다. 한국선교회가 1897년 그의 교육정책을 채택하고 그것을 실행하기 위해 그를 평양에 파송했을 때에도 순회전도는 여전히 베어드 박사의 주된 임무로 계속되었다. 1898년부터 계속된 그의 개인적인 보고서는 집을 떠나 몇 주 동안 순회전도여행을 다니는 때에는 교육사역을 충분하게 관리하기가 불가능함에 대한 안타까움으로 가득했다.[1)] 숭실학당이 이미 4년제 교육과정으로 2층짜리 건물에서 운영되고 있을 때, 1904년이 되어서야 비로소 한국선교회는 정책을 조금 완화해서 베어드 박사를 첫 번째 전임 교육선교사로 사역하게 하였다.

한국선교회는 1897년 무렵 세 가지 교육 문제에 직면했다. 첫 번째는 기존 교회와 새로 시작되는 교회로 몰려드는 남녀 초신자들을 위한 성인 교육 문제였다.[2)] 두 번째는 이미 선교회와 교회에서 전임사역을 하던 신앙서적 매서(권서), 선교사의 조사(助事), 전도자, 학교 교사와 전도부인(bible women)에게 보다 수준 높은 교육이 필요하게 되었다는 점이다. 이들은 비기독교인 배경에서 벗어난 지 얼마 안 되었고, 비록 이들 중 일부가 (전부는 아니고) 당시에 가능한 한문고전교육을 잘 받았을지라도, 정식 기독교 훈련을 받을 기회가 없었다. 세 번째 문제는 새로 시작한 교회에서 만든 학교와 더불어 기존의 30개 이상의 교회 소학교들의 졸업생들을 위한 중등교육의 필요성이었다.

이 세 가지는 모두 시급하고도 절실한 문제였다. 그것은 매일 증가하고 있는 문제들로, 몇 가지 해결책이 즉각 제시되어야만 했다. 그러나 선교본

1) 이 시기에 베어드 박사는 평양선교지부의 서부 구역을 맡게 되었다. 여기는 평양 서쪽에서 압록강까지, 남쪽으로는 제물포까지, 또 북쪽으로는 안주까지 교회발전이 빠르게 확장되는 지역이었다. 베어드 박사의 보고서에서 자주 언급된 그리고 1907년 최초로 안수 받은 일곱 명의 한국인 목사 가운데 한사람이었던 그의 조사(助事) 방기창의 능력과 헌신이 없었다면 그가 이 지역을 감독하는 것이 불가능했을 것이다.

2) 1900년 평양선교지부 보고서는 외딴 골짜기에서 발견된 새로운 두 집단에 대해 언급한다. 그들은 결코 선교사가 방문한 적이 없지만 자체 건물이 있고 이미 정기적으로 모여 예배를 드리고 있었다.

부의 결정에 따르면, 이런 필요를 충족하기 위해 한국선교회의 규모를 확대하는 데 사용할 수 있는 재정은 거의 없었다. 확실히 여러 기관들에게 꼭 필요한 땅을 구입하거나 건물을 짓거나 학교교정을 개발하는 일을 위한 어떤 재정적인 지원도 가능하지 않았다.

이러한 상황에서 실험의 두 번째 단계인 네비우스 방법이 급속히 팽창하는 교회의 요구에 탄력적이면서도 이상적으로 적용될 수 있음이 입증되었다. 네비우스 방법은 수업 또는 강습반 – 베어드 박사는 이를 훈련반이라고 불렀는데 – 체계를 토대로 이미 첫 번째 문제에 대처하고 있었다.[3] 이런 학습반은 가능한 많은 교인들과 초신자들이나 구도자들이 참여할 수 있게 하려고 넓은 지역에 골고루 퍼져 있는 지역교회에서 일정 기간 동안 진행되었다. 지역 사정에 따라 수업기간은 이틀에서 삼일, 일주일에서 열흘 또는 그 이상 계속되었다. 성경에 관한 책들을 1년을 주기로 반복해서 가르쳤다. 동일한 비중으로 기독교인의 생활에 초점이 맞춘 토의 시간이 진행되었다. 이웃과 아내와 자녀 또 정부에 대한 기독교인의 관계가 토의되었다. 역사적으로 기독교인이 박해를 어떻게 견뎌왔는지에 대한 것도 빈번한 주제였다. 또한 기독교인의 결혼식과 장례식이 어떻게 비기독교인의 의식과 다른지도 꾸준한 관심이었다.

성경교육은 본문의 말씀 이상의 교육적 가치가 있었다. 구약시대, 신약시대, 종교개혁 등은 중국 연대기에서 널리 알려진 사건들인 공자시대, 중국의 만리장성의 건설, 중국 왕조의 발흥, 또는 조선왕조의 발흥과 비교되었다. 농부들과 주민들은 서양문화의 발전에 대한 간략한 내용을 소개받았다.

네비우스 학습반은 모두 참여할 수 있는 기초 단계와, 흩어져 있는 교인들의 지도자들을 위해 중심 지역에 개설되어 일주일에서 한 달 또는 그 이

---

3) 이 점에 있어 (종교교육은 차치하고) 일반교육에 있어 네비우스 방법 학습의 유용성에 대한 원한경 박사의 견해(H. H. Underwood, *Modern Education in Korea*, pp. 28-31)를 읽어볼 필요가 있다.

상 계속되는 고등 단계로 나뉘어져 있었다.

무엇인가 다른 것을 할 수 있는 재정이 없는 상태에서 한국선교회는 이미 전임으로 선교나 교회봉사를 하던 사람들이나 그것을 준비하는 사람들을 위한 세 번째 단계 학습반을 개설하는 과정에서 위에서 언급한 두 번째와 세 번째의 교육문제에 직면하게 되었다. 이 학습반들은 이제 전문화되었다. 그것은 권서, 전도자, 또는 안수받을 목회자를 위한 신학반과, 교사를 위한 훈련 과정, 그리고 고등교육을 받아야 하는 교회 소학교 졸업생이나 충분한 학습능력이 있어서 선발된 여러 청년들을 위한 일반 교양반으로 나뉘었다.

이런 앞선 전문화반들은 나중에 교정과 시설을 갖춘 신학교, 성경학교, 중등학교, 대학교 등으로 발전했다. 그러나 이 단계에서 그들은 예배당이나 사랑방, 교사와 학생이 모일 수 있는 곳이라면 어디에서든 한두 달 동안 모였다. 각 프로그램은 관심에 따라 확대되었고 그 필요성은 교회 안에서 명백해졌다.

실제로 신학 수업은 베어드 박사가 교육 자문이 되기 전에 시작되었다. 베어드 박사는 처음에는 위와 같은 여러 장소에서 그리고 나중에는 신학교에서 이런 일들을 도왔다. 한편, 당시에 그 일은 언더우드 박사와 마펫 박사에 의해 지도되었다. 초창기에 베어드 박사는 평양 지역의 네비우스 방법에 따른 학습반을 책임지고 있었다. 그러나 베어드 박사가 책임지고 있는 지역 내에서 교회가 아주 단기간에 성장했기 때문에, 목사 안수받은 모든 선교사들이 관심을 가지고 참여할 수 있는 수업들을 열어주어야 할 요구들이 계속 증가하였다. 베어드 박사는 정규교육과 고등교육 사역에 전력을 기울였다. 다음의 베어드 박사의 1898년과 1899년 보고서에서 발췌한 글들은 그 사역이 어떻게 진행되었는지를 보여준다. '요약'은 베어드 박사의 친필로 되어있다.

훈련반에 대한 보고서

평양선교지부

1897~1898년 윌리엄 베어드

이 지부와 관련된 선교사들과 조사(助事)들에 의해 인도되는 일곱 개의 훈련반이 있는데, 그중 적어도 네 개의 학습반은 한국인 조사와 지도자들로 구성된 여러 그룹의 요청에 의해 개설되었습니다. 이전의 두 개 학습반은 황해도에서 그레엄 리가 지도하였고, 다른 하나는 여성반으로, 여성들이 지도하였습니다. 이것에 대한 개별적인 보고서를 작성하겠습니다. 교사를 위한 반은 위에 추가되어 모두 아홉 개 반이 되었습니다.

한국인들에 의해 유지된 네 개 반은 전적으로 그들 자신의 경비로 그들 가운데서 운영되었습니다. 선교사들이 지도하는 여덟 개 반 중에 네 개는 외국 재원을 사용하지 않고 진행되었고, 다른 네 개는 한국선교회에서 약간의 경비를 부담하고 있습니다.

순안 학습반

이 학습반은 순안 지역의 사천교회에서 열렸습니다. 그곳 기독교인들의 요청으로, 11월에 그들과 함께 8일 동안 학습반을 열었습니다. 제가 떠난 후 한국인 지도자들에 의해 10일 동안 계속되었지만, 동일한 수업으로 간주되었습니다. 왜냐하면 위에 언급된 네 개의 수업 중 어느 것 하나도 그 지도자들에 의해서 진행된 것으로 알려지지 않았기 때문입니다. 무려 31명이나 되는 등록자가 모였으며, 방문객도 끊이지 않았습니다. 그 사람들의 향학열은 대단해 보였습니다. 아침 햇살이 비치기도 훨씬 전에, 옆방에서 들려오는 찬송과 기도, 그리고 공부하는 소리를 들을 수 있었습니다. 그 소리들은 하루 종일 계속되어 늦은 밤까지 계속되었습니다. 선교사를 시중드는 한국인들의 식사를 포함한 모든 비용은 그 지역

기독교인들이 지급했습니다.
그 기간 동안 마가복음 주해가 있었고, '죄와 구원'이라는 중요한 주제에 대한 강의가 있었습니다. 이 학급에서 일어나는 일 가운데 하나는 종종 몇몇 기독교인들이 집에 가서 정령 숭배의 상징들을 제거하는 일을 도와달라고 요청하는 것입니다. 사천교회 기독교인들의 기도로 귀신에게서 해방되었다고 믿는 인접 지역의 한 여인은 그리스도에 대한 신앙을 고백하였습니다. 그리고 이 여인이 수업 기간 동안 큰 광주리에 담긴 쌀떡을 선물로 보냈는데, 이것은 모든 학습반원들이 나누어 먹기에 충분했습니다.
수업이 끝날 무렵, 어떤 사람은 그의 조상들이 옛날에 숭배하던 180년 된 거대한 부처상을 내놓았습니다. 이것은 그들이 우상으로부터 살아계신 참 하나님을 예배하는 자들로 개종한 것을 실제로 보여주는 일이었습니다.

황주 학습반

이 학습반은 그레엄 리의 요청으로 황해도 황주에서 개최되었는데, 휘트모어와 제가 8일 동안 가르쳤습니다. 방문자 그룹을 제외하고, 꾸준히 참석하는 핵심적인 12명을 포함하여 약 18명이 등록했습니다. 이곳 역시 스스로 비용을 부담했습니다. 새로운 지역의 초급반처럼 그것은 그 이상의 학구열을 갖게 하는데 영향을 주었습니다. 최근 황주 지역을 방문해 보니 꾸준히 참석하는 사람들은 그 당시 지도자였거나 새로운 그룹을 조직하기 위한 사람들이었음이 밝혀졌습니다. 이 학습반은 성탄절 직전에 마쳤다가 연휴 기간 이후에 재개되었습니다.

평양겨울신학학습반

이것은 실제로 한 반에 두 학급으로 동시에 개설된 것이었습니다. 이 학습반은 대표자들의 모임이라는 점에서 다른 학습반들과는 달랐습니다.

이 신학학습반은 몇 지역뿐만 아니라 선교지부 내에 있는 전교회를 대상으로 만들어졌습니다. 선교본부의 자금이 중단된 이후, 우리는 신학학습반 운영을 위해 금화 12달러 50센트[4]를 갖고 있었습니다. 평양 지역의 여러 교회는 신학학습반을 위한 후원금을 조성했고, 개인들은 기금을 내놓았습니다. 그러나 그 지역 교회와 단체들이 증가하는 것에 비해서 기금은 부족했기 때문에, 그 그룹의 유망한 지도자들의 기대를 맞춰줄 수 없을 정도가 되었습니다. 유망한 지도자 24명은 자신들을 위한 고급반 수업이 열릴 것을 기대하였습니다. 그러나 점점 더 많은 사람들이 모여들었고, 우리가 그들을 위한 교육을 제공해주어야 한다는 것은 더욱 자명해졌습니다. 수용할 공간이 없을 정도로 사람들이 몰려왔습니다. 등록 총수가 105명이나 되었으며, 등록하지 않은 사람들도 많이 있었습니다. 전체 등록수의 약 3/4 정도가 되는 80여 명의 학생들이 초대장 없이 왔고, 이들은 자비로 또는 고향친구들의 도움으로 학비 전액을 부담했습니다.

기초반과 고급반의 두 개의 반이 동시에 열리게 되었습니다. 리 선생과 휘트모어 그리고 내가 지도했고, 1월 중에 연속수업이 16일 동안 계속되었습니다. 고급반은 히브리서와 갈라디아서 주석 연구를 해나갔습니다. 또한 성경지리도 가르쳤습니다. 연구와 토론은 한국인 지도자들의 지도 아래 밤까지 계속되었습니다. 초급반에서는 보다 기초적인 교육이 제공되었습니다.

이상과 같이 기초반은 적어도 선교본부의 재정지출이 없이 개설된 것을 알 수 있습니다. 고급반에서는 누구를 뽑아서 가르칠 것인지, 그리고 누가 그런 혜택을 받기에 충분할 정도로 수준이 높은 학생인지를 확인하는 것이 더 중요한 일이었으므로, 사실 비용문제는 부수적인 것이었습니다. 그러므로 이와 같이 훌륭한 지도자들을 위한 겨울신학학습반 비용을 감당할 수 있는 충분한 예산을 거듭 요청합니다.

이 신학학습반은 광범위한 지역을 아우르는 지도자들이 모인 것이기 때

4) 당시의 화폐에 관련한 내용은 부록 2장을 참조하라. (역자 주)

문에, 우리는 이 모임으로부터 연합하게 하는 효과를 기대하고 있습니다. 그들이 가까운 거리에서 와서 깨끗하고 청결한 상태이든, 먼 중국 접경으로부터 와서 먼지투성이에 발병이 난 상태이든, 북쪽 지역의 거친 사투리를 쓰든, 보다 세련된 말을 쓰는 남쪽에서 왔든, 그들은 공통된 소망과 신앙, 박해, 그리고 이교의 미신에서 힘들게 벗어난 것과 관련된 고통과 슬픔에 대한 이야기를 함께 나누었습니다. 그들과 함께 주님을 기리면서 드린 기도와 찬양은 오랫동안 지속된 지역적 편견에 사로잡힌 질투심을 뿌리째 뽑았고, "그들이 하나 되게 하소서"[5]라는 주님의 기도를 이루는 데 도움이 되었습니다.

학교 교사반

학교 교사반은 여기서 열린 학습반 중의 하나이며 그 통계는 아래에 나와 있는 학급 개요에 포함되어 있지만, 교육보고서에 더 정확히 기록될 것입니다.

그것들 중에서 한국인들에 의해 개설된 네 개 또는 더 많은 기초 학습반들에 관한 도표들을 여기에서 제공할 수는 없습니다. 물론 이 학습반들은 전적으로 한국인들의 재정으로 개설되었습니다. 제가 그 모임들을 둘러보는 동안, 필요와 진도에 따라 조사(助事)들에 의해 강의가 이루어졌습니다.

이 모든 학습반들의 특징 중 하나는 전도사역을 했다는 것입니다. 시간은 거의 언제나 몇 사람들이 나가서 외부인들에게 전도하는 데에 맞추어져 있습니다. 겨울반 모든 참가자들이 적어도 토요일 하루를 이런 방식으로 보냈습니다. 몇몇은 그 도시의 관문에 위치해 있었고, 몇몇은 중심가에, 몇몇은 마을로 가서 전도를 하고 책을 팔았습니다. 그들이 고향으로 가지고 간 이러한 정신은 그 후 몇몇 알려진 경우처럼 신자들의 새로운 그룹을 형성하게 되었습니다.

5) 요한복음 17:11 (역자 주)

끝으로 이 학급들의 세 가지 특징에 주의를 기울여 주시기 바랍니다.

1. 적극적인 전도 분위기
2. 중생, 성장, 성화케 하시는 성령님의 대리자로서의 성경에 가장 큰 중요성을 두는 것
3. 다른 방식의 선교 사역과 비교했을 때, 비용이 적게 들었다는 점

이러한 임시적 성격의 학습반들은 이제 전문적이고 조금 더 상시적인 것으로 보강되어야 합니다. 엄선된 사람들은 즉 뽑힌 사람들은 다른 학급에 좋은 영향을 주는 것에 초점을 맞춘 상급학교에 편성되어야 합니다. 지도자가 될 사람들에게는 보다 철저한 교육이 절대적으로 필요합니다. 기초적으로, 이런 수요를 창출하고, 그에 필요한 것을 충족시키는 데 있어서, 훈련반은 하나의 강력한 요인이 되었습니다.

윌리엄 베어드

1898년 10월 위의 보고서의 통계 요약

평양 훈련반의 개요

이름	등록	선교회	선교사	지역 교회	자립	기간	담당
1. 순안	평균 31*	0	0		31 모두	8일	베어드 목사
2. 황주	18* (평균12)	0	0		12 모두	8일	휘트모어 목사 베어드 목사
3. 재령		0	0		10 모두		리 목사
4. 평양 겨울반 고등반 기초반	34 71) 105*	7	16(?)	2~3	80	16일	리 목사 휘트모어 목사 베어드 목사
5. 갈모루**							리 목사

Summary of Pyeng Yang Training Classes.

Names	Enrollment	Supported by mission	Missionaries	Native Church	self supported	Duration	Conducted by
1- Soonan	(average 31 *)	0	0		31 all	8 days	Rev. Baird.
2- Whangjoo	18 * (average 12)	0	0		12 all	8 "	Rev Whittemore Rev Baird.
3 Chairyung		0	0		10 all		Rev Lee
4 Pyeng Yang Winter Classes							
Advanced.	34						
5 Primary	71 } 105 *	7	16(?)	from 2 to 3	80	16 days	Rev Lee. Rev Whittemore Rev Baird.
6 Kalmoroo							Rev Lee
7 Special Class Pyeng Yang	from 7 to 20 (Average 10)	0	?	0	10 all(?)	30 days(?)	Rev Baird
8 Woman's Class	24 * to 60	0	4	20		10 "	Mrs. Lee. Mrs. Baird. Rev Baird.
9 Teacher's Class	16 *	5	3	0	8	12 "	Rev. Moffett Rev Lee. Rev. Baird
~~Total~~	~~3??~~	~~12~~	~~23~~	~~23~~	170 Many		~~6 persons~~
Sa Sin	25 15	0			all	6 "	Rev Whittemore
Total	345	12	23	23	170		

* Many irregular attendants

There were also four classes held by Korean helpers or leaders at native expense.

The total expense to the ~~mission~~ Board of these eight classes was forty yen (twenty dollars) to which the missionaries added about eighty yen (forty dollars). The amount of the native contributions cannot be reached even approximately but were quite considerable.

이름	등록	선교회	선교사	지역 교회	자립	기간	담당
6. 평양 특별반	7~20* 평균 10	0	?	0	10 모두 (?)	30일(?)	베어드 목사
7. 여성반	24*~60	0	4	20		10일	리 목사 부인 베어드 부인 베어드 목사
8. 교사반	16*	5	3	0	8	12일	마펫 목사 리 목사 베어드 목사
9.사소 ***	25/15	0	0	0		6일	휘트모어 목사
합계	245	12	23	23	170		

* 비정기적으로 참여한 학생
한국인 조사 또는 지도자들이 인도하는 4개 반의 비용은 한국교회가 부담하였다. 8개 반의 한국선교회에 대한 총비용은 40엔(20달러)으로, 선교사들이 약 80엔(40 달러)을 추가하였다. 한국인의 기부금 액수가 여기에 도달하지는 못하지만 대체로 적지 않은 금액이었다.

** 황해도 황주군 석산리(역자 주)

*** 평안북도 선천군 사소리(역자 주)

위에서 언급한 '학교교사반'에 대한 보고서는 베어드 박사가 그 전 해에 서울에서 시작했던 정규훈련을 평양에서 계속한 것을 보여준다. 교회 소학교 교육의 질을 높이기 위한 한국선교회의 책임을 통감하면서, 그는 이런 교사훈련 강좌를 매년 계속했다. 기독교 교육에 대한 이런 사역을 더 확대하기 위해, 1906년 감리교의 참여를 권유했고, 그해 여성 교사들을 포함시키는 혁신적인 조치가 취해졌는데, 이것이 한국 최초의 성인 남녀공학을 실시하려는 노력이었다.

1910년 숭실대학의 안내책자에는 다음과 같이 쓰여 있었다.

> 시골학교 교사들을 위한 한 달 과정의 교사반은 매 여름마다 개최된다. 그 과정을 이수하는 데는 7년이 걸리지만, 학년 수료증은 매년 발급했

다. 매년 150~300명이 참석했다. 이 교사반 덕분에 우리 학교 전체 시스템이 통합되었고 강화되었다. 이 교사들은 5,000~10,000명[6] 가량이 모이는 학교들을 대표한다.

그러나 한일합방 이후, 일본이 그들 특유의 정규교육체계를 구성함으로, 이 학습반은 중단되었다. 일본어가 공식 언어가 되었기 때문에 베어드 박사가 심혈을 기울여 만들었던 초등학교 교재도 역시 사용할 수 없게 되었다.

베어드 박사는 임시 학습반들이 정규 학습반들로 대체하면서 보다 철저한 교육을 시행해야 할 시간이 되었다고 지적하면서 그의 1898년 훈련반에 관한 보고서를 끝맺었다. 다음에 발췌된 그의 1899년 보고서는 이런 방향으로 나아가는 첫 번째 단계에 대해 기록하고 있다.

1899년 교육 보고서

윌리엄 베어드, 평양, 한국

선교지부를 잠시 떠나면서 저는 평양의 교육사역과 관련된 몇 가지 계획에 대한 진술과 제안을 하려고 합니다. 저는 기독교 노선을 따른 교육사역이 이곳에서 가장 필요한 사역 가운데 하나라는 믿음과 함께 그것을 맡으려는 바람을 가지고 이 지부에 왔습니다. 교회들을 돌아다니며 이 신념은 더욱 확고해졌고, 몇 달간 체류하면서 점점 커졌습니다.
저는 서울에서 학교 사역과 관련된 일을 해보려고 생각했었습니다. 그러나 그 관련성은 단지 이름뿐이었고, 거기에는 정책을 수행할 여지나 가능성이 전혀 없었습니다. 한국선교회 재정으로 운영되는 소년들을 위한

6) 로즈는『미국 북장로교 한국 선교회사』(385쪽)에서 당시의 상황을 기록하면서 선교회 관할 구역에 200여 개의 초등교육시설이 있고, 그 학생들의 규모는 15,000여 명의 학생들이 등록되어 있었다고 언급한다. (역자 주)

소학교는 여기에 계획된 것이라기보다, 그들에게 안정적인 교육을 제공하기 위해 재정적으로 지원을 하거나 또는 노동으로 협력하려는 상급 학년 학생들을 위한 지방의 기독교 학교입니다. 파크대학(Park College)과 그와 유사한 학교들은 현지교회를 위한 교육기관들의 가능성을 제시해 주었습니다.

이런 이상을 마음에 품고, 저는 평양에 도착하자마자, 나중에 더 큰 학교의 지도자가 되거나 또는 어느 학교에나 학문적인 소양을 갖춘 교사와 같은 유용한 사람이 될 것이라는 기대로, 몇몇 소년들에게 다소 높은 수준의 학문을 가르쳤습니다. 그 이후 서울을 방문하는 일, 빈번한 지방 순회, 선교지부의 다른 긴급한 일들을 먼저 해야 했기에, 효과적인 사역을 만들어가기 위한 시간이 너무 적었습니다. 모든 교육가들에게 알려진 대로 효과적인 학교 교육은 일정에 따라 하루 일과를 수행하면서 학생들과 꾸준히 만날 때 가능한 것이라고 한다면, 지금까지 시도된 일에 대해 너무 큰 기대를 하지 않는 것이 좋습니다. 학교일을 생각하면서 준비한 특별한 수업들이 있었습니다. 지난 해(1898년) 봄학기에 다른 일과 연관되어 4개월 반 동안 매일 강의를 했지만, 실제로 강의를 할 수 있었던 기간은 겨우 지난 연례회의가 있었던 12월 20일부터 1월4일 사이였습니다. 매일 강의는 한국인 교사들에게 맡겨졌고, 저는 그 수업에 대한 복습을 가끔 진행했습니다.

숭실학당에서 처음에 수업을 시작한 이후 약 60여 명의 신청자가 있었습니다. 이들 대부분은 자격이 미달되었거나 등록금을 낼 형편이 못 되어서 불합격되었습니다. 개교 이후 한 번에 가장 많이 등록했을 때가 13명이었고, 총 등록자는 22명이었으며, 평균 출석은 10명이었습니다. 올해 제가 가르치는 동안 12명이 출석했습니다. 이들과는 별도로 등록하지 않고 비정기적으로 출석한 학생들도 있었습니다. 지원자 대부분은 지방 출신이었고, 거의 모든 지역에서 왔습니다. 많은 사람들이 장래성이 있는 학생들이었고, 자신의 학비를 충당하기 위한 근로 활동을 꺼려하지 않았습니다. 이것은 (1)우리 교회 우수반 소년들은 교육받기를 소망하고 있으며 이를 위해 기꺼이 일할 태도가 갖추어져 있다는 것과 (2)이런 수업은 그들의 절실한 욕구를 충족시켜 주었을 것이라는 점을 보여줍니다.

성경 지리 산수 그리고 역사과목은 비정기적으로 개설되었습니다. 시험결과는 1년 동안 학교를 다닌 상급반 소년 몇몇이 지리나 역사 등에 대해 상당히 총괄적인 지식을 갖고 있음을 보여주었습니다. … 그들에게 주된 수업 과목은 성경 공부였고, 학교에 가장 오래 다닌 학생들은 저나 한국인 교사들과 함께 주석과 더불어 신약성경의 대부분을 읽었습니다. 그들의 공부를 도우려고, 작년 초에 교사 한분을 도서관 사서로 임명하고 약 60여 권의 중국어와 한국어 도서를 구입해서 교실 하나에 도서관을 만들었습니다. 학생들을 비롯한 다른 사람이 이 책을 빈번하게 그리고 유용하게 사용하였습니다.

작년에 밭을 구입했고, 3~8명의 소년들이 학비를 마련하기 위해 학교에서 일했습니다. 그 학생들은 좋은 성품과 능력을 가진 소년들이었고, 스스로 학비를 충당할 수 있는 사람들과 함께 공부를 계속했습니다. 반나절을 일하고 양식을 제공 받았고, 다른 것들은 스스로 마련했습니다.

그동안 진행되어 왔던 것보다는, 교육 사역을 위해서 필요한 것을 보고 느낀 대로 몇 가지 적어본다면, 그것들은 (1)필요성, (2)우리가 시도해야 할 교육 사역의 특징, 그리고 (3)성취 방안에 대한 나의 제안 등입니다.

'심사숙고된 강의의 성격' 장에서 베어드 박사는 계속해서 아래와 같이 말했다.

저는 등주(登州)의 마티어 박사(Dr. Mateer of Tengchow)[7]에 의해 주어진 교육 사역의 원칙보다 더 나은 것이 마련될 수 있다고 생각하지 않습니다. 마티어는, "우리 미션 스쿨은 (1)기독교적이어야 하고, (2)자국어를 사용하

7) 등주(登州)는 중국 산둥반도에 있는 펑라이(봉래蓬萊)의 옛 이름으로 조선과의 교역에 있어 중심지였다. (역자 주)

며, (3)철저해야 합니다"라고 말했습니다. 여기에 나는 '(4)학교는 학생들의 환경에 맞지 않는 교육을 피해야만 합니다'를 추가하고 싶습니다.

베어드 박사는 선교회에 교육 사역을 전담할 선교사의 중요성을 주장했다. "오직 가르치는 일에 전념할 수 있는 선교사는 그 효율성과 철저함에 있어 필수조건입니다." 베어드 박사는 자조부(自助部)와 관련된 가능성에 중요한 여지를 남겨 두었나. 베어드 박사는 학생들이 자조부에서 돈을 벌기 위해 할 수 있는 가능한 일들 가운데는 정원일, 새끼줄 꼬기, 비누 만들기, 빗자루 만들기, 제혁, 목수일, 재단일, 그리고 책 제본 등이 있음을 언급했다. 보고서를 끝맺으며 그는 교육사역의 재정보고서를 날짜를 자세히 기입하여 제출했다.

자립부의 수입 및 지출 (엔, silver yen)

수입	
밭 구입을 위해 휘트모어(N. C. Whittemore) 목사로부터	$115.00
밭 구입을 위해 베어드로부터	26.06
소년들의 급료를 위해 휘트모어로부터	30.30
소년들의 급료를 위해 휘트모어로부터	9.59
책 제본 등 소년들의 근로 수입	21.70
야채 판매 수입	92.87
씨앗 값을 헌트(W. B. Hunt) 씨로부터	15.00
수입 합계	$310.52
지출	
밭	$141.06
비료	35.63
쟁기	8.50

연장, 재료 등 …………………………………………	10.10
씨앗 ………………………………………………………	25.00
방학중 밭 일꾼 ……………………………………………	23.30
근로에서 돌아온 소년들의 급식비 ………………………	193.54
지출 합계 …………………………………………………	$432.14
초과지출 …………………………………………………	$121.61
식물, 밭 등의 현시가 (최소한) …………………………	$150.00
교사 등 학교의 기타 경비 ………………………………	$136.65

RECEIPTS AND EXPENSES FOR
SELF SUPPORTING DEPARTMENT
(in silver yen)

RECEIPTS	
Through Rev. N. C. Whittemore for Fields, ...	$115.00
From W. M. Baird " " , ...	26.06
From N. C. Whittemore, for boys' wages, ...	30.30
" " " " " " " , ...	9.59
Rec'd from labor of boys, bookbinding, etc., ...	21.70
Rec'd from sale of vegetables, etc., ...	92.87
From W. B. Hunt, in gift of seeds, ...	15.00
Total receipts, ...	$310.52
EXPENDITURES	
Fields	$141.06
Fertilizer, ...	35.63
Ploughing, ...	8.50
Tools, materials, etc., ...	10.10
Seeds, ...	25.00
Field hands, during boys' vacation, ...	23.30
Board of School boys in return for labor, ...	193.54
Total expenditures, ...	$432.14
EXCESS OF EXPENDITURES OVER RECEIPTS, ...	$121.61
PRESENT VALUE OF PLANT, FIELDS, ETC., ... at least. . .	150.00
OTHER EXPENSES OF SCHOOL, TEACHER, ...	$136.65

제9장

숭실,
진리를 숭상하는 학교

崇 숭
實 실
學 학
堂 당

1901년 베어드 박사는 한국인 친구들에게 새로 설립하려는 학교의 이념을 표현할 만한 이름을 의논하였다. 며칠 후 베어드 박사가 가장 장래성이 있는 학생 중 하나로 생각했던 비서 최광옥[1)]이 오른쪽에 보이는 대로 네 개

숭실의 교장들

1) 최광옥은 1904년 숭실중학을 제1회로 졸업하고, 일본 유학 후 경신학교, 숭실중학에서 교육구국운동을 전개했고 신민회 등 애국계몽운동단체에서 민족운동을 전개했다.

의 표의문자로 쓰여진 종이 한 장을 가지고 왔다. 한국어로 위의 두 글자는 '숭실'로 읽고, 그 뜻은 "진리를 숭상한다"이다. 아래 두 글자는 '학당'으로 읽으며, 그것은 학교를 지칭하는 일반적인 용어였다.

이 사진은 1931년 10월, 초대 교장이었던 베어드를 비롯한 숭실 설립자들을 기념하기 위한 졸업생 모임에서 찍은 것이다. 왼쪽에 서있는 사람이 베어드의 평생 친구이며 동료였던 사무엘 마펫 박사로 그는 1910년대 후반부터 1920년대 초반 몇 년 동안 교장으로 봉직했다. 오른쪽에 서있는 사람은 조지 매퀸으로 이 사진을 찍을 당시 교장이었다.

교장으로 봉직한 다른 분들은 라이너(R. O. Reiner)와 엘리 모우리(Eli Mowry)이다. 라이너는 베어드 박사가 사임한 직후 몇 년 동안 봉직했고, 모우리는 교사로 또 여러 행정직에서 일하며 일생을 한국에서 봉사하며 숭실에 헌신하였다. 모우리는 매퀸 박사 이임 이후 어려운 시기부터 제2차 세계대전에 이르는 동안 교장으로 있었다.

1. 숭실중학

이 간략한 장은 숭실중학과 숭실대학의 역사나 이 학교와 관련된 재능이 많고 헌신적이었던 한국인과 선교사들에 관하여 말하려는 것이 아니다. 이 책의 다른 부분들처럼, 우리의 관심은 베어드 박사이다. 여기에서 숭실을 소개하는 이유는 그의 삶에 숭실이 차지하고 있는 비중이 매우 크기 때문이다. 즉 숭실은 그의 선교이론이 실천된 중요한 현장이었기 때문이다.

안식년에서 돌아오자마자 베어드 박사는 즉시 학당의 수업을 재개했고, 더불어 그의 주된 임무인 시골교회 순회를 계속했다. 그의 부재 시 스왈른

(W. L. Swallen)[2]이 학당을 관리하였다. 학생 수는 30여 명으로 늘어났다. 건물 부족으로 학당은 선교지부의 사랑방을 사용했다. 이 사랑방 건물은 후에 선교사 자녀들을 위한 학교가 되었다. 학당에서 일을 하면서 스왈른 박사는 학당의 유용성을 깨닫게 되었고, 학교 건물을 짓기 위해 상속받은 1,800엔의 유산을 한국선교회에 헌납했다.

이 건물의 머릿돌은 1901년 4월 11일에 놓여졌다. 건물은 9월 개교 때를 맞춰 완공되었다. 그 해 보고서에서 베어드 박사는 이 건물을 '그레엄 리 최고의 역작'으로 말하였다. 이것은 결코 과장된 칭찬이 아니었다. 다방면에 천재성을 지니고 있었던 그레엄 리는 이미 숙련된 건축가였다.[3] 그는 한국 건축양식을 사용하여 부분적으로 유리문과 창문, 그리고 찬장과 선반과 옷장 등의 설비를 개조하여 평양에 있는 초기 선교사 거주지를 전부 건축했다. 역사적인 중앙교회(장대현교회) 건물을 통해, 그는 한국의 목수들이 넓고 광대한 바닥 공간의 지붕을 덮을 무거운 기와를 지탱하기 위해 어떻게

---

2) 스왈른(William L. Swallen 소안론蘇安論 1859.3.24~1954.5.8)은 미국 오하이오 출신이다. 농과대학을 졸업 후 신학을 공부하여 미북장로교 선교사로 1892년 부인과 함께 내한, 서울·평양·원산 등지에서 선교활동을 하였다. 1901년 조선예수교장로회공의회 초대 회장에 피선되었으며, 사무엘 마펫 등과 함께 평양신학교를 발족하였다. 찬송가에 있는 「찬송하는 소리 있어」와 「하늘 가는 밝은 길이」는 그가 작사한 것이다. 그는 또한 안식년 차 미국에 다녀오면서 사과묘목 300그루를 가져와 대구선교지부에 절반을, 남은 절반은 평양선교지부에 전달하여 평양근처, 주로 황주에 있는 신도들에게 나누어 재배하게 하였는데 이것이 대구사과와 황주사과의 유래가 되었다.

3) 다음의 인용문은 아더 브라운 박사가 평양선교지부 건축물로 인해 얼마나 두드러진 인상을 받았는가를 보여준다. 여기 언급된 모든 건물은 그레엄 리에 의해 설계되고 건축된 것으로 이 공적은 대부분 그에게 있다. "평양선교지부는 내가 지금까지 본 현명한 선교사 건축가에 의하여 이루어진 최고의 건물이다. 나는 미국과 유럽에 있는 선교회의 많은 지부뿐만 아니라 우리 선교지부 아홉 군데를 방문한 후에 이 글을 쓴다. 거주지는 바라던 만큼 꽤 편안했다. 숭실중학과 장대현교회는 훌륭했고 그 용도에 맞게 아주 잘 지어졌다. 외부 형태가 현지 건물들과 조화를 이루어 외부인이 1/4마일 떨어진 언덕에서 보았을 때 조금도 낯설게 보이지 않을 정도였다. 건물외관이 눈에 거슬리게 이질적이지 않았고, 본질적으로 이국적이라는 인상도 주지 않았다." Brown, *Report of a Visitation of the Korea Mission,* (1901), p. 28.

지붕틀을 사용하는지 보여주었다.

개교할 때부터 한국인들이 학교의 운영과 후원에 참여했다. 1901년 평양 선교지부의 보고서는 다음과 같이 말하고 있다.

> 각 지역에 있는 학교의 운영은, 맨 처음부터 다른 모든 일처럼 한국교회에 후원과 관리를 이양할 때를 미리 생각하여, 책임을 맡은 선교사와 두 명의 다른 선교사, 그리고 두 명의 한국인으로 구성된 실행위원회의[4] 관할 하에 놓여 있었다.

베어드 박사는 1903년 보고서에 다음과 같이 기록하고 있다.

> 3월 5일 주일을 학당을 위한 특별 기도의 날로 정했는데, 그때 75개 한국교회들의 학교를 위한 기부금이 88엔[5]에 이르렀다.

2. 숭실대학

상로교와 감리교는 처음부터 평양에서 나란히 사역했지만, 서로 협력하지는 않았다. 베어드 박사는 이런 미묘한 관계를 깨뜨리려고 했다. 1905년 봄, 그는 서울에서 열린 감리교선교회의 연회에 참석해서 고등교육의 협력 계획을 개진하였다. 그 당시 숭실은 한국에서 가장 크고 최고의 시설을 갖춘 중등교육기관이었다. 1904년 학당의 첫 번째 학급이 졸업을 했고, 대학과정의 학급들이 이미 시작되었다. 협력은 양쪽 모두에게 유익한 것으로 보

4) 이 '실행위원회'는 오늘의 관리위원회 또는 이사회에 해당된다.

5) 당시의 화폐에 대한 설명은 부록 2장을 참조하라. (역자 주)

였고, 감리교는 잠시 주저하다가 마침내 이 사역에 동참했다.[6] 그리하여 평양에 기독교연합으로 숭실대학이 세워지게 되었다.

비록 감리교선교회가 외관상 이 협력에 만족하지 못하고 몇 년 후에 물러나고 말았지만, 지역 환경은 친근했고 외견상 매우 성공적이었다. 감리교는 그레엄 리가 지은 격물학당 건물과 함께, 학당과 어울리도록 인근 대지에 2층짜리 벽돌 건물을 지었다. 장로교는 대학 건물로 견고한 벽돌 건물을 지었다. 감리교는 매우 훌륭한 세 사람을 선생으로 지원했다. 베커 목사(Rev. A. L. Becker)는 기관(학당과 대학을 합한)의 서기 겸 회계였고, 물리학과와 화학과의 학과장을 맡았다. 블리스 빌링스 목사(Rev. Bliss Billings)는 역사학과장이었다. 칼 루푸스(Carl W. Rufus–후에 미시건대학교의 수학과로 갔다)는 수학을 맡았다. 장로교의 베어드 박사가 연합한 대학의 교장이었고, 조지 매퀸(1905)과 엘리 모우리(1909)도 교수로 임명되었다. 또한 애니 베어드 여사는 사실상 전임으로 가르쳤다. 안나 데이비스 숍(Anna Davis Shops 기계창)[7]의 로버트 맥머트리(Robert McMurtrie)는 대학과 중학의 근로학생들을 후원했다.

---

6) 감리교의 망설임은 비록 그들이 자본금과 관리비용의 1/3만을 부담했지만 행정과 관리에 있어 동일한 지분을 줌으로 해결되었다.

7) 베어드 박사의 친구였던 그레엄 리와 사무엘 데이비스는 1902년에 베어드와 숭실대학을 돕기 위해서 5,000달러를 기부했는데, 이를 가지고 숭실기계창을 열게 되었다. 이 건물의 이름은 데이비스의 부인의 이름을 따서 안나 데이비스 숍이라고 불렀다. (역자 주)

| 숭실중학의 첫 사진

베어드 박사 박자중 선생 (뒤쪽줄)

이 사진은 1901년 여름 직전에 찍은 것이다. 학당 건물이 마침 그때 완공되었고, 이 사진은 평양선교지부 사랑방 앞에서 찍은 것이다.

한국 풍습이 그 당시 남녀공학을 허용하지 않았지만, 베어드 박사 왼편에 여자옷을 입은 몇몇 학생들이 보인다. 그때 아직 여학교가 없었지만 애니 베어드 여사의 영향으로 한 두 명의 여학생을 데려왔을 것이다. 머리를 딴 남학생들은 아직 결혼하지 않은 학생들이다. 결혼한 학생들은 머리에 상투를 틀었고 넓은 챙과 춤이 높은 모자를 썼다.[8] 한문반 학생들은 기혼이든 미혼이든 날개가 있는 투명한 모자를 썼다.[9] 박자중 교수는 다른 형태의 모자를 썼는데, 좀 더 편안하고 평범한 차림이었다.

박자중 교수는 한문과 동양 역사 과정을 가르쳤다. 베어드 박사 부부는 다른 선교사들의 도움을 받아 수학 자연과학 영어 성경과 기타 과목들을

---

8) 갓을 가리킨다. (역자 주)

9) 이 모자를 정자관(丁字冠)이라고 하는데, 조선시대 사대부들의 학자다운 풍모를 보여주는 것으로 널리 쓰였다. (역자 주)

가르쳤다.

▌1916년 숭실캠퍼스

숭실대학 본관 도서관(숭실학교 구 교사) 숭실중학 교사 기계창

이 사진은 베어드 박사의 서재 창문에서 본 전경이다. 앞에 내려다보이는 길을 따라 등나무 정자를 지나가면, 작은 골짜기 건너 능선에 '한국실험'의 교육정책으로 인해 발전된 교육기관이 보인다. 베어드 박사가 그 정책의 창안자였고, 그 기관의 설립자요 공헌자였으며, 그 건물 설계자였다.

이 전경을 담은 사진이 없었기 때문에 캠벨 박사(Dr. Archibald Campbell)가 각 건물들의 스냅 사진의 도움으로 기억을 더듬어 이 그림을 그렸다.

감리교와 협력했을 때, 숭실대학은 1908년 첫 번째 대학부의 두 명이 졸업할 때까지 매년 새로운 학급을 증설했다. 그러므로 대학과 중학을 별개로 나누지 않기로 결정했다. 그것은 한 관리위원회 산하의 하나의 기관이었고, 역사, 수학, 자연과학 등 실로 독립적인 학과들로 나뉘어 있었다. 각 학과는 그때의 필요에 따라서 대학 수준이나 중학 수준의 학급들을 개설했다. 학과장은 상급반을 가르쳤고, 그는 상시적으로 하급반을 위한 조교들과 강사들을 훈련시켰다. 오늘날 이것은 좋지 않은 교육적 관례로 생각되지만, 그 당시 한국에서는 다른 방도가 없다. 이것은 융통성을 최대한 발휘하여 기관 운영비를 최소화하기 위한 것이었다.

1900년 경 약 30명 남짓이었던 중학은 1905년에는 102명으로, 1910년에는 498명으로 증가했다. 제2차 세계대전이 발발하기 직전 폐교되었을 당시 520명의 학생이 있었다. 대학은 최초의 졸업생을 배출한 1908년 18명의 학생이 있음을 보고했고, 1910년에는 54명의 학생이 있었다. 1938년 학교가 폐교될 때는 160명의 학생이 있었다.

3. 대학 건물

1909년 선교본부는 대학 건물을 짓기 위해 7,000달러의 예산을 책정했다. 겨울에 어는 것을 방지하기 위한 중앙난방 기구들과 실험실을 갖춘 3층짜리 넉넉한 크기의 건물이 필요했다. 베어드 박사는 단순한 한국식 건축양식은 안 된다고 생각했다. 그는 우아하고 유연한 선을 지닌 한국식 기와지붕을 가진 건물을 설계했는데, 기와의 엄청난 무게를 지탱하기 위해서 단단한 내외곽 벽돌 벽들을 설치하였다.

설계 시안을 미국에 있는 설계사에게 보냈는데, 평면도, 청사진, 설계명세서를 그리려면 1,000달러를 지불해야 한다는 연락이 왔다. 이 가격이 정상가보다는 훨씬 싼 것이었지만, 베어드 박사는 그 비용을 지불할 여유가 없다. 그는 직접 설계도를 만들 준비를 했고 애니 베어드 여사는 평면도를 맡았다. 나중에 그는 만일 얼마나 많은 돈이 들어올 것인지를 알았더라면,

1,000달러를 지불했을 것이라고 말했다.

맥머트리에게 빌린 건축메뉴얼을 가지고, 베어드 박사는 26장에 달하는 영문 보고서를 만들기 위해서 건축의 모든 분야인 벽돌과 기와, 사용될 목재의 품질, 벽에 칠은 얼마나 많이 해야 하는지, 석회의 종류, 칠할 때 혼합해야 할 모래와 소털의 양, 그리고 문, 창문 등을 자세히 검토했다. 이것은 한국어로 번역되었는데 그때부터 한국에 있는 모든 선교회의 건축가들을 위한 '건축가의 고전'이 되었다.

이 당시에 한국에서 대부분의 숙련된 건축업자들은 중국인이었다. 설계 명세서를 손에 들고 몇몇 한국인들이 그 일에 입찰할 수 있었는데, 베어드 박사는 2년 전 강계에서 선교사 주택들을 지었던 한국인이 낮은 입찰 가격을 제시한 것을 알고는 기뻤다. 그 사람은 신뢰할 만한 사람이었다. 이것은 부산에서 베어드 박사가 경험했던 것과는 현저히 달라서, 그가 한국에서 경험했던 행복한 일 가운데 하나가 되었다.

애니 베어드 여사의 손에는 항상 '무엇인가가 들려져' 있었다. 그녀는 토페카의 대학시절 몇 가지 예술 작품과, 데생과 유화를 그렸지만, 건축 설계에 대한 경험은 없다. 그녀는 그것을 혼자서 익혔다. 1910년은 필자가 중국 즈푸에 있는 학교에 가기 전 집에 머물렀던 마지막 해였다. 기억하기에 애니 베어드 여사는 바느질 책상으로 쓰던 것을 설계 책상으로 개조해서, 그해 내내 거기에 구부리고 앉아 일했었던 것 같다. 평면도, 전면, 측면, 그리고 배면 입면도를 그렸고, 예비 설계, 최종 설계, 청사진을 만들기 위해 잉크로 사본을 만들었으며, 문이나 창문을 단지 몇 인치 이쪽이나 저쪽으로 옮겨야 했기 때문에 며칠 몇 주에 걸쳐서 작업이 계속되었다.

건물은 잘 지어졌다. 선천선교지부의 사려있고 능숙한 선교사였던 제인 사무엘(Miss Jane Samuel)은 필자에게 이렇게 말했다. "그 대학 건물은 마치 당신의 아버지 같았습니다. 견고하고, 유용했으며 매우 세련되었습니다."

4. 대학 교재

사립이든, 교회가 세운 것이든, 아니면 공립이든 간에 어떤 부문에서든 한국에서 가장 오래된 인문대학은 숭실대학이다. 한국에서 교과서 문제는 학년이 올라갈 수록 매우 긴급한 것이 되었다. 특히 대학 강의에 있어 그것은 더욱 더 심각한 문제였다. 한국어로 된 어떤 종류의 도서도 없다. 한국인과 일본인 교수들이(베어드 박사는 1910년 한일합방 이후 자격을 갖춘 몇 명의 일본 기독교인들을 데려왔다.) 사용할 수 있는 중국어와 일본어로 된 몇몇 교과서가 있었지만 선교사들은 그것들을 사용할 수 없다. 그래서 베어드 박사는 한국어가 전체 교육의 언어가 되어야 한다고 정했다. 그는 다른 언어로 교육을 받은 사람은 대부분 자기 민족과 대화하는데 어려움이 있다는 네비우스와 중국의 마티어(Mateer)[10]의 견해에 동의했다. 그러므로 교과서 준비는 고등교육 현장으로 들어가는 가장 중요한 항목이었다.

1902~1903년 보고서에서 베어드 박사는 지리학, 세계사, 한국인을 위한 문법과 철자법에 대한 교재들을 인쇄할 준비를 거의 마쳤고, 산수, 대수학, 천문학 교재와 성경의 몇몇 책에 대한 연구는 많이 진척되지 못했다고 기록하였다. 애니 베어드 여사는 식물학, 생물학, 동물학 그리고 이와 관련된 과목의 교재를 준비하였다. 교재들은 과정에 따라 준비되었다. 학기별 학과 자료는 하루 수업 분량에 따라 분류되었다. 이것은 (자조부에 속한 학생인) 한국인 서기의 도움으로 교사들에 의해 한국어로 번역되었다. 그러고 나서 서기가 수업 자료를 등사하여 수업 시간에 학생들에게 나누어 주었다. 다음 날 학생들은 과제를 제출하고, 첫 번째 종이에 간단한 시험을 치른 후, 다

10) 마티어(Robert M. Mateer 1853~1921)는 미국 북장로회 목사이다. 1881년 중국 산동 지역에 선교사로 파송되어 네비우스와 함께 거의 40년간 중국 선교 활동을 했다. 그는 네비우스 방법 비판자 가운데 한 사람이다. (역자 주)

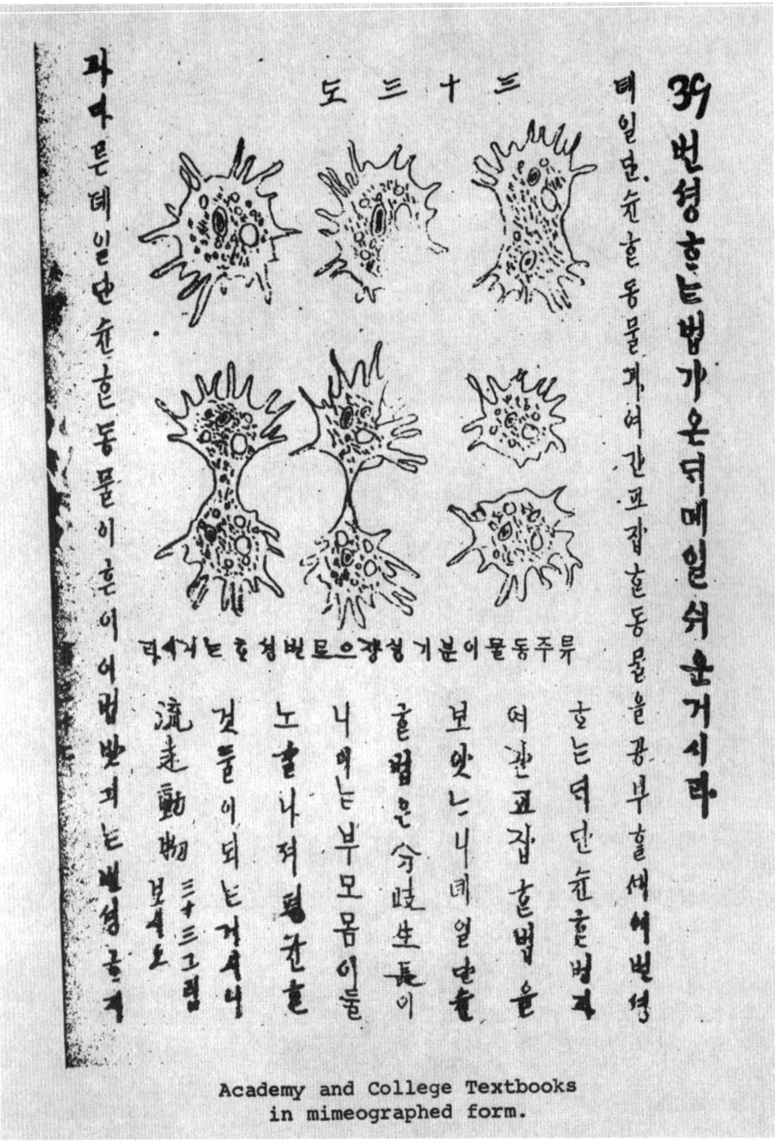

여기에 있는 것은 애니 베어드 여사가 번역한 데이빗 조던(David Starr Jordan)의 『동물의 생활』 137쪽이다.
39장: 번식의 가장 단순한 형태
그림 33: 아메바의 분열에 의한 자체 번식

음 강의 자료를 받았다. 받은 종이를 모아 학기말에 그것을 묶으면 학생들은 그 과목의 교재를 갖게 되는 것이고, 여분의 복사본은 교사가 다음 학기 수업을 위해 교재로 활용했다. 학급에서 수 년 간 시도한 후 등사본은 최종 개정판으로 만들어, 한글 활자를 갖추고 있는 후쿠인(福音) 인쇄소에 보내 인쇄했다. 이 인쇄소는 요코하마에 있는 기독교 인쇄소였다. 이러한 초기 교과서와 최초의 고등학교와 대학 수준의 한국어 교재들은 현재 박물관에 보관되어 있다.

5. 자조부(自助部)

대부분 구호 기금으로 운영되는 서울의 한 학교가 잘 운영이 되지 않는 것을 보고 베어드 박사는 평양의 교육 프로그램은 이런 형태가 되어서는 안 된다고 생각했다. 그는 자조부가 그가 원하는 프로그램에 긴요한 부분이 되어야 한다는 것을 깨닫게 됐다. 그는 인디애나의 농장에서 어릴 때 일했던 경험이 있었다. 이 경험이 그를 육체적인 노동을 하면 품위가 떨어진다고 하면서, 긴 의복을 입고, 결코 노동을 하고 있는 것처럼 보이지 않으려고 손톱을 길게 기른 한학자들의 동양적 사고에 반대하게 만들었다.

실제로 베어드 박사는 만약 학교가 원하는 학생들을 받아들이려면, 자조부가 운영되어야만 한다는 사실을 깨달았다. 그는 교회에서 봉사하려고 계획하고 있는 여러 지역교회에서 온 소년이나 젊은 학생들을 원했다. 한국교회는 85%가 농촌에 있었다. 당시 기독교로 몰려든 사람들은 한국의 농부와 평민들이었다. 이들의 형편은 만성적인 영양부족으로 수백만 명이 생명을 잃어가고 있는 인도나, 미국 남북전쟁과 제2차 세계대전 사이의 홍수와 기근으로 인해서 선교의 역사에서 가장 크게 기억될 만한 사건 중에 하

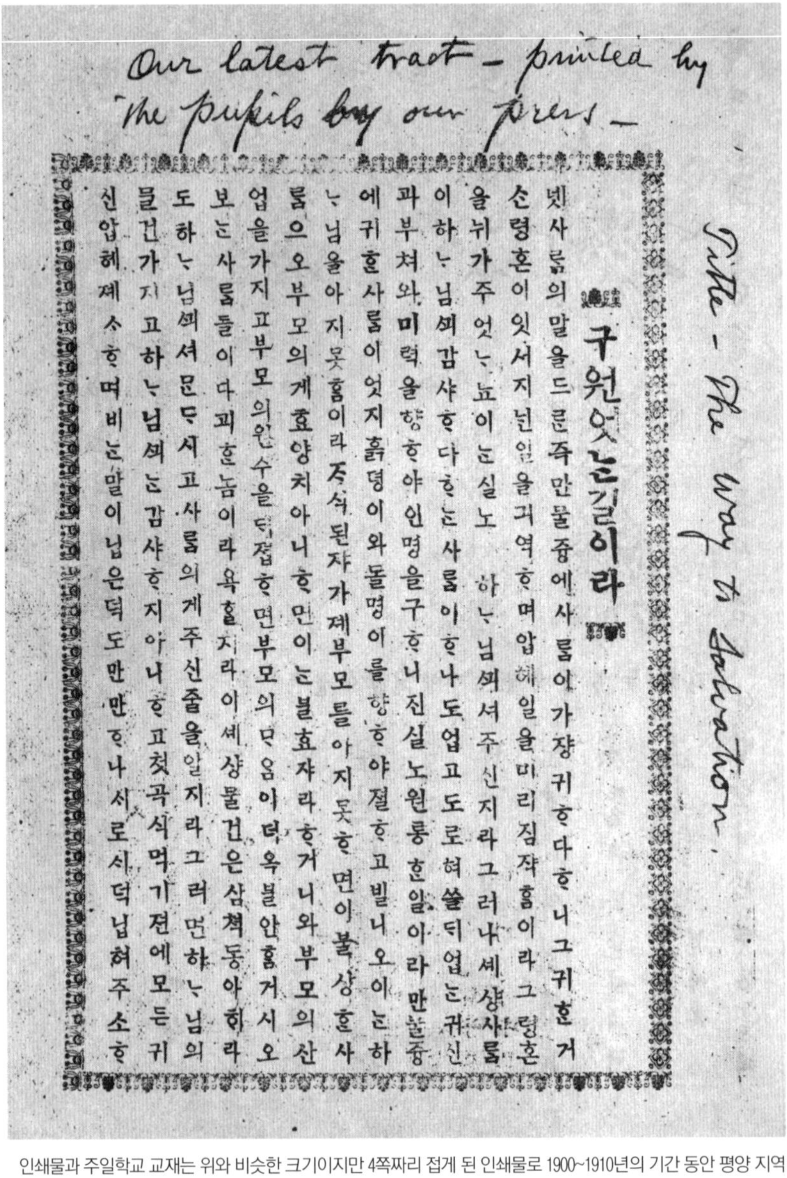

Our latest tract – printed by the pupils on our press –

Title – The way to Salvation.

구원엇ᄂᆞᆫ길이라

녯사름의말을드른즉만물즁에사름이가쟝귀ᄒᆞ다ᄒᆞ니그귀ᄒᆞᆫ거
ᄉᆞ령혼이잇서지닌일을긔역ᄒᆞ며압헤일을미리짐작ᄒᆞᆷ이라그령혼
을뉘가주엇ᄂᆞ뇨이ᄂᆞᆫ실노 ᄒᆞ나님ᄭᅴ셔주신지라그러나세샹사름
이하ᄂᆞ님ᄭᅴ감샤ᄒᆞ다ᄒᆞᄂᆞᆫ사름이ᄒᆞ나도업고도로혀쓸ᄃᆡ업ᄂᆞᆫ귀신
과부쳐와미력을향ᄒᆞ야인명을구ᄒᆞ니진실노원롱ᄒᆞᆫ일이라만눌즁
에귀ᄒᆞᆫ사름이엇지흙뎡이와돌명이를향ᄒᆞ야절ᄒᆞ고빌니오이ᄂᆞᆫ하
ᄂᆞ님을아지못ᄒᆞᆷ이라ᄌᆞ식된쟈가졔부모를아지못ᄒᆞ면이불샹ᄒᆞᆫ사
름으오부모의게효양치아니ᄒᆞ면이ᄂᆞᆫ불효쟈라ᄒᆞ거니와부모의산
업을가지고부모의은수을ᄃᆡ접ᄒᆞ면부모의ᄆᆞ음이더옥불안ᄒᆞᆯ거시오
보ᄂᆞᆫ사름들이다괴ᄒᆞᆫ놈이라욕ᄒᆞᆯ지라이셰샹물건은삼쳑동아ᄒᆞ라
도하ᄂᆞ님ᄭᅴ셔문ᄃᆞ시고사름의게주신줄을알지라그러면하ᄂᆞ님의
믈건가지고하ᄂᆞ님ᄭᅴᄂᆞᆫ감샤ᄒᆞ지아니ᄒᆞ고첫곡식먹기젼에모든귀
신압헤졔ᄉᆞᄒᆞ며비ᄂᆞᆫ말이넙은덕도만만ᄒᆞ나시로시덕넙혀주소ᄒᆞ

인쇄물과 주일학교 교재는 위와 비슷한 크기이지만 4쪽짜리 접게 된 인쇄물로 1900~1910년의 기간 동안 평양 지역 교회에서 사용하기 위해 자조부 학생들이 수십만 장씩 인쇄하였다. 가장자리에 필기체로 쓴 것은 베어드 박사가 신시내티에 있는 그의 형에게 설명하는 글이다.

나인 '중국 구제(China Relief)'[11]라는 말을 만들어 낸 중국보다 나았다. 비록 한국의 농민들도 부패한 관리들과 탐욕스러운 지주들로부터 불의와 압제에 시달렸지만, 한국에는 굶주림이 그렇게 심각하지는 않았다. 농촌 경제는 상상이 가능한 정도의 자급자족 구조를 가지고 있었다. 각 가정은 자신들의 양식과 그 자체로 옷을 만들 수 있는 섬유인 누에고치를 키우고, 면화와 마를 재배했다. 그들은 잉여 곡물과 콩, 그리고 옷감 몇 필을 소금, 철제 연장, 일반적으로 사용되는 놋쇠로 만든 가정용품들과 교환했다. 동양석 기준에서 그들은 유복한 생활을 하였다. 그러나 그것은 물물교환 경제로, 그들의 수중에 현금이 거의 들어 올 수 없었기 때문에 그들은 자신의 자녀를 학교에 보낼만 한 돈은 없었다.

초기의 계획과 보고서에서 베어드 박사는 모든 학생들이 일주일에 몇 시간을 근로에 참여하는 미주리에 있는 장로교 대학인 파크 대학을 모델로 자주 인용하였다. 그러나 최종적으로 체계가 세워졌을 때, 숭실은 파크대학과는 달랐다. 학교는 모든 학생들에게 동일한 학비와 학생회비를 청구했다. 거기에 구호 대상 학생은 없다. 학교 자체가 근로 시간을 요청하지 않았다. 약 반 정도의 학생들이 수업료를 냈기 때문에 어디에서나 편안하게 공부할 수 있었다. 반면 나머지 반은 자조부에 등록되었다. 자조부는 그들의 학비 전액과 기숙사비를 학교에 지불했고, 가능한 한 학생들은 근로로 그 비용을 갚았다. 따라서 학교는 항상 흑자였다. 모든 손실은 자조부로 돌아왔다. 1902~1903년 보고서에서 베어드 박사는 어떻게 운용되었는지에 대한 계산서를 제공하였다.

---

11) 이는 1898~1901년 사이에 있었던 의화단난 때에 미국군에 의하여 미국시민, 유럽인들 그리고 다른 나라 사람들을 구출해낸 원정사건을 말한다. 이는 8개국 연합군대에 의하여 1900~1901년 사이에 수행되었다. 이 사건은 시민의 구출적전에 그치지 않고 의화단난을 진압하는 것으로 연결되어 1902년 베이징에서 의화단난이 최종 종결되었다. (역자 주)

근로부

근로부는 직업교육을 위해서 계획된 것이 아니라, 학교에서 학생들이 자신을 스스로 돕게 하기 위해서 계획되었는데, 33명의 학생들이 고용되었습니다. 그들은 반나절 일을 하면서 난방과 전기가 들어오는 숙소와 수업료, 그리고 음식을 제공받았습니다. 또한 그들에게 책과 옷이 제공되었습니다. 주어진 일은 인쇄실, 학교 운동장 관리, 계약된 노동, 지도 그리기, 복사, 짚신 만들기, 관리일 등을 돕는 것이었습니다. 학생들의 일의 대부분은 그다지 많은 기술이 필요하지는 않지만 다소 수익이 생기는 일이었습니다. 그러나 그 노동의 수입의 반 정도는 그들의 생활비로 들어가는 것이었습니다.

학생을 지원하는 일에 한국선교회에 필요경비를 청구하지 않았습니다. 학생지원비의 재원에 대해서 명확하게 알지 못한 채로, 매년 그것이 추정되었을 뿐입니다. 지난 해 학생들의 기숙사비로 지불된 돈은 512엔이었습니다. 이 비용의 결산은 아래와 같습니다.

학생 근로 수입	245.54엔
학생들 납입금	34.34엔
한국 교회의 헌금	88.76엔
한국선교회 외국인 친구들이 기부금	141.32엔
	509.96엔

위의 자료에서 알 수 있듯이 한국인들로부터 들어온 수입이 학생들의 기숙사비의 2/3 정도를 분담하고 있었습니다.

학교 인쇄소는 주일학교 공과, 교회에 보내는 편지들, 통지서와 전단을 계속 인쇄하였습니다. 총 461,609페이지가 인쇄되었습니다.

그레엄 리와 일리노이 주 록 아일랜드의 데이비스(S. S. Davis of Rock Island, Illinois)로부터 받은 기부금은 선교회의 승인 하에 '안나 데이비스 산업부'(Anna Davis Industrial Department; 기계창)라 부르는 것과 관련된 사업장을 구입하거나 만드는데 사용되었습니다. 그레엄 리에 의해 세워진 새로운 사업장은 이제 거의 완성되었습니다.

경상비

경상비 지출은 가능한 한 적어야 합니다. 학교가 한국선교회에 지불해야 할 총 비용은 강사비와 연료비의 두 항목으로 총 398.78엔이었습니다. 기타 일반 경비나 설비비의 항목들은 외국인 후원자들에 의해 충당되었는데, 그 자세한 보고는 숭실 실행위원회에 의해 선교지부에 보고되었습니다.

이 보고서는 일리노이주 록 아일랜드의 사무엘 데이비스(Samuel S. Davis)에 대해서 처음 언급하는데, 그는 부유한 벌목업자로서 태평양 연안 서북부의 웨이어하우서(Weyerhauser) 벌목 가문과 사돈관계에 있었던 부유한 제재업자였다. 그레엄 리의 친구였던 그는 숭실, 특히 자조부의 든든한 후원자가 되었다. 안나 데이비스 사업장 건물들보다 더 중요한 것은 그가 로버트 맥머트리의 사업장 현장 주임 봉급을 30년 이상 지급했다는 사실이다. 그들만의 성경과 소요리문답으로 유명한 스코틀랜드구파교회[12]의 장로인 맥머트리

12) 중세 후반기를 지나 16세기에 접어들면서 스코틀랜드에도 종교 개혁의 물결이 밀려들기 시작하였다. 스코틀랜드의 종교개혁의 아버지는 바로 John Knox(1515?~1572)이다. 그는 1553년 영국에 친카톨릭 정권인 메리 여왕이 등장하면서, 프랑스의 프랑크 포트로 망명해서 영국인들을 위해 목회를 하다가, 에드워드 기도서에 대한 그의 비평적 입장 때문에 분열이 생겨서 칼뱅이 종교개혁을 하던 제네바로 가서 칼뱅의 열렬한 제자가 되었다. 1555년 후반 낙스는 잠시 스코틀랜드에 귀국하여 머물렀는데, 약 9개월이 체류 기간 동안 그는 스코틀랜드 국민들 사이에 퍼져 있는 개혁에 대한 열망을 확인하게 되었다. 다시 제네바로 돌아온 낙스는 스코틀랜드 개혁 세력의 요청에 따라 1559년 5월 귀국을 하게 된다. 그는 귀국하여 개혁 운동을

는, 록 아일랜드의 미국 병기공장 현장 주임으로 있었고, 데이비스씨와 함께 그곳 교회의 협동장로였다. 그는 1907년에 한국에 도착하여 베어드 박사의 자조부에 대한 짐을 덜어 주었다. 맥머트리의 삶과 용감한 스코틀랜드인의 기질, 이상적인 장인 정신은 측량할 수 없을 만큼 커다란 영향력이 있었다. 그것은 세대를 이어가면서 학생들의 자질을 갖추는데 도움을 주었으며, 그 학생들 가운데 다수가 오늘날 한국 정부와 산업체와 교회의 지도자가 되었다.

6. 인쇄기

신시내티에 있는 존 베어드 박사[13)]의 교회 교인이었던, 워너(Warner) 씨는 인쇄업자이자 출판업자였는데 베어드 박사가 1899년 안식년을 마치고 한국으로 돌아갈 때 샌프란시스코에서 인쇄기를 구입하는 데 큰 도움을 주었다. 베어드 박사는 그 인쇄기가 "10×15 챈들러 앤드 프라이스 고든(ten by

---

열렬히 시작한다. 그리고 그의 개혁 세력은 이제 국회의 지배 세력이 되어 1560년 낙스가 기초한 칼뱅주의적 신앙고백을 신조로 채택하고, 1주일 후에는 교황권을 배격하고 미사를 금하는 조처를 취하였다. 이때부터 스코틀랜드의 교회는 왕과 귀족의 손을 떠나 평민의 교회로 자리를 잡게 된다. 1560년에는 소위 제 1회 스코틀랜드 총회(General Assembly)를 열고, 그 다음에는 '제 1 교회 치리서'(First Book of Discipline)를 국회에 제출하여 장로교회 조직을 전국적으로 실시하려 하였다. 또한 성서적인 근거가 없는 모든 축일은 폐지하고, 주일만 지키도록 하였으며, 공중 예배를 위해 일명 '낙스의 예전'이라 부르는 '공동 예배 규범서'(The Book of Common Order)를 작성하여 1564년 총회에서 승인 받았다. 낙스는 1572년 사망하게 되는데, 그 이후 스코틀랜드는 제임스 6세가 영국의 왕(제임스 1세)이 되면서 두 나라가 같은 영향권 아래 놓이게 된다. 그러나 낙스의 뒤를 이어, 스코틀랜드에는 Andrew Melville(1545~1623)이 개혁을 계속하면서, 장로교를 정립하고 체계화하는데 공헌하게 된다. (이상은 장신대 주승중 교수의 「장로교의 예배」에서 취한 글이다. 역자 주)

13) 베어드 박사의 형(역자 주)

fifteen Chandler and Price Gordon)"[14]이라고 그의 형에게 기술하였다. 그 인쇄기는 페달로 조작하는 것이었다. 인쇄기는 증기선으로부터 고베에서 옮겨 실은 후, 작은 일본 화물선에 실려 진남포에 도착하여, 거기서 다시 나무로 만든 나룻배에 옮겨 실어 막대기로 받치고 끌어당겨 대동강에서 평양으로 운반되었다. 샌프란시스코에서 인쇄기를 포장했던 나무 상자는 파손되어 있었다. 인쇄기는 기적적으로 손상되지 않은 채로 나룻배로 운반되어 왔으며, 수백 명의 사람들이 몰려들어서 지금 막 외국 사람들이 가지고 온 마치 귀신과도 같은 이 기계를 구경하였다. 그것은 단단한 막대기로 묶어서 12명의 건장한 사람들의 어깨로 들어 강가로 운반되었는데, 때로는 그것이 통과하기에 충분할 정도로 넓지 않은 도시의 꼬불꼬불한 길을 통과해 서문 밖에 있는 숭실중학 운동장에 도착했다.

이 인쇄기는 교회 발전에 굉장한 영향을 끼쳤다. 지역 단체의 지도자들이 예배를 인도하고 성경을 가르치는 일에 도움이 되는 적절한 교재를 가지는 것은 네비우스 선교방법의 성공에 절대적으로 필요하였다. 국제 주일학교 공과에 기초를 둔 이 교재는 선교사들과 한국인들로 구성된 위원회에서 사전에 몇 달간 준비되었고, 자조부에 의해 매 주일 별도의 종이에 인쇄되었다. 1900~1910년 사이 수십만 장이 제작되었고, 이것은 의심할 것도 없이 황해도와 평안남북도 지역의 농촌과 고립된 산골에 사는 새로운 신자들의 모임이 자발적으로 또 현저하게 늘어나게 되는 중요한 요인이 되었다.

숭실에서 학생들이 선교사들의 조교로서 선교사들의 교재준비를 도왔고, 그 교재를 직접 인쇄하고 배포하고 사용하는 일까지 함께 했다는 사실은 학교가 얼마나 교회와 긴밀한 관계를 가지고 있었는지를 보여주는 것이다.

---

14) 10×15는 인쇄기의 크기를 말하고, 챈들러 앤드 프라이스 고든은 인쇄기 회사를 말한다. 이 회사는 Harrison T. Chandler와 William H. Price에 의해 오하이오주 클리브랜드에 1881년 설립되었다.

베어드 박사는 인쇄기를 다루어 본 경험은 없었지만, 기계를 만지는 데 재주가 있는 그레엄 리의 도움을 받았다. 한국인들은 영리했는데, 베어드 박사는 그의 보고서 가운데 하나에서 자조부 학생들이 몇 달 만에 인쇄기를 능숙하게 작동할 수 있게 되었다고 말하고 있다.

(숭실대학에 관한 내용은 제11장의 「오늘의 숭실」에 집중되어 있다.)

이 쪽과 다음 쪽에 있는 것은 1900~1901년도 평양선교지부의 보고서 일부이다. 이것은 상업인쇄소의 설립 및 출판허가를 가지고 있지 않았고, 베어드 박사가 미국에서 인쇄기를 구입한지 몇 달 안 된 상황에서 나온 출판물이기 때문에, 그레엄 리와 베어드 박사가 그들의 새로운 기계로 인쇄했을 것이 거의 분명하다. 36페이지를 인쇄하고 그 영어로 인쇄된 지부보고서를 들고 시골에서 서울로 연례회의에 가는 한 쌍의 청년들의 기뻐하는 모습을 상상할 수 있을 것이다.

KOREAN

PRESBYTERIAN MISSION

REPORT FOR 1900-1901

OF THE

PYENG YANG STATION

PRESENTED TO THE ANNUAL MEETING

HELD AT

SEOUL, SEPTEMBER, 1901.

MISSIONARIES.

NAME	ARRIVED IN KOREA.
Rev. S. A. Moffett, D. D	Jan. 1890
Mrs. S. A. Moffett, M. D.	Dec. 1897
Rev. and Mrs. Wm. M. Baird	Feb. 1891
Rev. Graham Lee	Sept. 1892
Mrs. Graham Lee	May, 1894
Rev. and Mrs. W. L. Swallen	Nov. 1892
J. Hunter Wells, M. D	June, 1895
Mrs. J. Hunter Wells	Oct. 1896
Rev. N. C. Whittemore	Oct. 1896
Miss Margaret Best	July, 1897
Rev. Wm. B. Hunt	Oct. 1897
Mrs. Wm. B. Hunt	Oct. 1898
A. M. Sharrocks, M. D	Sept. 1899
Mrs. A. M. Sharrocks	Sept. 1899
Rev. and Mrs. Geo. Leck	Oct. 1900
Miss Eliza Miller Howell	Oct. 1900
Rev. Chas. F. Bernheisel	Oct. 1900
Mrs. M. A. Webb (Not under appointment)	May, 1894
Miss Louise Ogilvy (Not under appointment)	June, 1900

ANNUAL REPORT OF PYENG YANG STATION, FOR THE YEAR 1900-1901.

It is with continued gratitude to the Great Head of the Church that we present the following imperfect record of His work in this station for the past year. We praise Him for what our eyes have seen and our ears heard in evidence that He is still able to save them to the uttermost that come unto God by Him. Under various heads a part of this work is reported below in the consciousness that no complete record is possible, and that our faith is not sufficient to measure the final results. With much earnestness we wish to press upon ourselves and others the words of Christ, "I must work the works of Him that sent me while it is day: the night cometh when no man can work."

I. Evangelistic Work.

The preaching of Christ crucified, and belief in Him as the only salvation for lost men, is the prime aim and purpose of all our work in Korea. All agencies and means have this as their great object. Evangelistic work is not therefore a separate department, but sums up all departments into one supreme endeavor. The work tabulated below, under the names of individuals, is not intended as the report of those individuals alone. It is the joint work of the whole station, men and women, missionaries older and newer, acting as an organized body through various means and agencies for the accomplishment of certain evangelistic ends. The work has been carried out in pursuance of united plans, and in accordance with the appointments of the Mission, Council and Station. Though not any where tabulated as a part of the work, the laying of the plans of campaign, and the perfecting of lines of policy are essential prerequisites for effective action, and in these all

제10장

대학문제

1912년이 되자 한국실험은 굉장한 성공을 거두었다. 다른 나라의 선교회들은 50년, 75년 또는 100년을 사역해왔지만, 한국에서는 비교적 짧은 시간에 아래의 아담스 보고에 나타나 있는 것과 같은 성과를 보였다.

> 선교를 시작한지 30년[1] 안에 10만 명의 교인을 가지고 자체 노회와 총회를 갖춘 자치적인 교회로 성장하였습니다. 이 교회는 실제적으로 자립한 교회입니다. 우리 장로교해외선교본부 산하에서 운영되는 총 27개의 선교회 가운데 현지인 목사의 24%, 교회의 33%, 성찬 받는 사람의 34%, 자립한 교회의 83%가 한국선교회에 있습니다. 반면, 선교사들의 10%, 예산의 8%가 이 나라에서 사용되고 있습니다.[2]

이러한 성공은 특히 교육 분야에서 두드러졌다. 베어드 박사의 교육 정책을 따라, 그가 평양으로 부임한 이후 15년 동안 평양 지역에서만 약 100개 이상의 초등학교가 생겼고, 약 3,000명 이상의 남녀 학생들을 교육했고, 그

1) 보통 미국북장로회의 한국선교 시작은 알렌이 내한한 1884년으로 본다. 그래서 1909년 선교 25주년을 기념했다. (역자 주)

2) *Presentation of Difficulties*, p. 13. 이 장에서 페이지 숫자만 주어진 모든 참고문헌은 제임스 아담스 박사(Dr. James E. Adams)의 *Presentation of Difficulties*로 참고문헌 목록을 참조하라.

지역의 한국 교회들에 의해 거의 100% 재정지원이 이루어졌다. 그가 만들어낸 초등학교 교과서들과 정규반에서 교육시킨 교사들은 다른 지역의 많은 학교와 학생들에게 도움을 주었다.

이제 한국의 많은 지역에 상당한 수의 기독교 중등학교들이 생겨났는데, 평양에 있는 중등학교가 가장 규모가 크고 시설이 좋았다. 마침내, 이 모든 체계 가운데 절정은 감리교와 함께 공동으로 운영하였고, 50명 이상의 학생들이 다녔던 기독교연합대학, 숭실이 세워진 것이다. 근대 선교의 역사에서 이처럼 성장하는 교회와 교육 제도가 완벽한 협조를 하고, 매우 긴밀하고 중요한 관계를 가지면서 서로 의지하고, 동시에 상대를 지지하고 강화시키는 일은 없다.

선교사들의 친구들이 물어볼 수 있는 모든 것은 이 실험이 아무래도 한 세대 동안은 계속되어야 한다는 것 또는 잘 이루어진 체계가 마침내 이루어낼 수 있는 것이 무엇인가일 것이다. 그러나 바로 그때 1914년 1월에 뉴욕에 있는 선교본부가 평양에 있는 숭실대학의 문을 닫고, 다른 교육 정책에 의해 운영될 다른 대학을 서울에 열도록 결정하는 일련의 사건이 벌어졌다.

이번 장에서 다루게 될 이와 같은 일련의 사건들은 '대학문제(The College Question)'로 알려져 있다. 이 문제에 대해서 논쟁이 격렬하던 3년 동안 이 문제는 마치 끓고 있는 '마녀의 가마솥'처럼 되어 버렸다. 왜냐하면, 이 문제는 당면한 과제인 대학의 위치와 성격에 대한 것 뿐 아니라, 기본적인 철학과 방법, 한국선교회와 선교본부의 권한의 문제, 그리고 그 외에도 처음부터 계속 따라다녔던 여러 가지 문제들에 대한 거의 모든 차이점들을 부각시켰기 때문이다. 당시 통신의 어려움이 사태를 더 악화시켰는데, 항공 우편도 없었고, 전화도 없었으며, 단지 전신만 있었는데, 비용이 너무 비싸서 선교본부의 허가가 있어야만 사용할 수 있었다.

이것과 더불어 서론 격으로 우리는 이 문제와 관련된 다양한 요소들을 계속해서 살펴볼 것이다.

숭실대학을 설립하고 발전시킨 장본인으로서, 미국 북장로교 선교본부의 한국선교회는 이 문제에 가장 깊게 관련되었다. 이미 언급한 것처럼 한국선교회의 선교철학과 그 방법과 교육정책은 한국실험에 전적으로 집중되었다. 이미 살펴본 것처럼 한국선교회는 이 실험에 완전히 헌신하였다. 그들의 철학, 방법론, 그리고 교육정책은 이미 자세하게 설명한 바 있다. 한국선교회는 자신들의 실험이 당시 선교사들의 사고 규범에서 벗어났다는 점을 충분히 인식하고 있었다. 또한 그들은 모든 혁신가들이 그랬던 것처럼 그들 자신들도 규범론자들의 극심한 반대에 부딪히게 되어서 물러나게 될 수 있을 것이라는 점도 잘 알고 있었다.

한국실험이 크게 성공하자 두 가지 결과가 나타났다. 첫째, 한국실험을 반대한 사람들의 분노가 증가했다. 둘째, 한국선교회의 방어적 집착심리가 강화되었다. 한국선교회는 자신들이 하나님의 특별한 은총을 입어 후대의 선교사들에게 축복이 될 만한 새로운 방법을 보여줄 수 있게 되었다고 여겼다. 한국선교회는 비판자들로부터 그들의 실험을 바르게 변호해야 할 의무감을 느꼈다. '대학문제'는 이런 의무감을 더 크게 증가시켰지만, 한편 이것은 '대학문제'가 발생하기 훨씬 전부터 이미 존재하고 있었다.

1900년 4월 뉴욕에서 개최된 에큐메니컬 세계선교대회는 네비우스 방법에 대한 찬반토론의 전쟁터였다. 이미 중국과 영국에서 출간된 네비우스 박사의 저서 『선교교회의 개척과 발전(*The Planting and Development of Missionary Churches*)』의 첫 영어판이 1899년에 뉴욕의 장로교선교본부에 의해 출판되었다. 책의 서문에는 그 책이 논쟁의 여지가 있음을 인정하고 있다. 전통적인 생각을 가지고 있는 선교사들은 현장에서 자신들이 거부한 개념들이, 미국에서 자신들이 속한 선교본부에 의해 장려되고 있다는 사실을 감지하지 못했을 것이다. 1900년 에큐메니컬 세계선교대회가 개최되는 동안 완고한 사람들은 마치 전차를 타고 소리치면서 단단히 싸울 준비를 하고 있는 것처럼 보였다.

선교분야에서 유명한 인물인 인도의 어윙과 중국의 마티어가 네비우스의 관점을 개인적이고 직접적이며 상세하게 때로는 신랄하게 공격하는 데 앞장섰다.[3] 네비우스 박사는 1893년에 타계했다. 그가 있었던 중국이나 다른 선교지에서 온 사람들은 아무도 그를 변호하지 않았지만, 한국선교회가 대신 변호했다. 선임 선교사인 언더우드 박사에게 대부분의 시간이 주어졌는데, 감동적이고 설득력 있게 연설했다. 의사 에비슨, 빈턴, 베어드 부부, 밀러는 모두 그들의 역할을 수행했는데, 때로는 다른 주제에 관한 연설에서 네비우스 견해를 끄집어내기도 했다.

이런 배경에서 그들의 실험이 10년간 유례가 없는 성공과 함께 '대학문제'가 제기 되었을 때, 만일 감리교가 평양에 있는 대학에서 철수해서 서울에 자신들이 운영하는 대학을 시작하려고 했다면, 한국선교회는 감리교(한국선교회는 감리교에서 이 실험을 결코 받아들이지 않았다고 알고 있다)와 다툴 분위기는 아니었다. 그들은 서울에 있는 몇몇의 장로교인들이 그런 대학에 협력하기를 원한다면 그것을 중요한 문제로 여기지 않았을 것이다. 사실 1911년에 선교회는 서울에 있는 장로교 계통의 경신학교가 감리교 계통인 배재학당과 함께 대학수준의 수업을 시작하는 것을 허락했다. 그러나 장로교 교육 과정의 최고봉인 숭실대학에 대해서 문제가 제기되었을 때에는 한 치의 양보도 없다.

감리교의 상황은 전혀 달랐다. 그 당시 한국에는 북쪽과 남쪽에 두 개의 감리교선교회가 있었다. 송도와 서울에 사역의 중심을 두었던 남감리교는

3) 어윙은 인도에서의 사역으로 영국 국왕으로부터 기사 작위를 수여받은 후 해외선교본부장(President of the Board of Foreign Missions)을 역임한 저명한 J. C. R. Ewing의 형제인 아더 어윙(Arthur Ewing) 목사이다. 마티어는 칼빈 마티어(Calvin Mateer)와 친족 관계인 R. M. Mateer로 필자가 알지 못하는 사람이다. (저자 주)
마티어(Robert M. Mateer 1853~1921)는 미국 북장로회 목사로 1881년 중국 산동 지역에 선교사로 파송되어 네비우스와 함께 거의 40년간 중국 선교 활동을 했다. 그는 네비우스 방법 비판자 가운데 한 사람이다. (역자 주)

평양에 있는 대학에 전혀 관심을 두지 않았다. 그러므로 이 일과 관련하여 언급되는 감리교회는 북감리교선교회를 의미하지만, '대학문제'에 대한 교파간의 논의에 있어서는 두 선교회가 항상 보조를 같이했다.

감리교에는 '한국실험'과 같은 것이 전혀 없었다. 본국 사무실에서 선교회의 초기 노력에 깊은 영향을 미쳤던 엘린우드와 같은 사람이 감리교에는 없다. 네비우스 박사가 1890년 한국을 방문했을 때 감리교는 네비우스 원칙을 수용하지 않았다. 교육에 있어 그들은 다른 선교지에서 보편적으로 통용되는 관례를 따랐다. 토착교회를 세우는 느린 과정을 기다리지 않고, 감리교는 서울에 일류 대학을 세우고 싶어 했다. 감리교의 유명한 사무총장인 프랭크 메이슨 노스(Frank Mason North)[4]가 한국 방문 길에 한 말에 의하면, "기독교적 이상으로 사회에 영향을 미치는 대학을 세우려고" 한 것이었다.

이런 차이점이 에큐메니컬 세계선교대회에서 드러났다. 적대자들로 둘러싸인 언더우드 박사는 네비우스 방법을 잘 변호하면서 다음과 같이 말했다.

> 따라서 두 개의 미국 감리교선교회들과, S.P.G 선교회[5]는 예외로 하고, 한국에 있는 모든 선교사들은 네비우스 계획을 채택했습니다.[6]

이것은 오히려 다음 감리교측 강연자인, 남감리교선교회의 리드(C. F. Reid)를 더욱 주목받게 만들었다. 여느 감리교도들처럼 상황이 곤란해지자

4) 프랭크 메이슨 노스(Frank Mason North 1850~1935)는 미감리회 감독이자 해외선교부총무로 해외선교와 교회연합운동에서 유명했다. (역자 주)

5) S.P.G선교회는 영국 성공회의 선교 기관인 복음전도협회(The Society for the Propagation of the Gospel)를 가리킨다. (역자 주)

6) 네비우스 박사의 『새로운 방법』. 의사록(*Minutes*), vol. Ⅱ, p. 301.

그는 존 웨슬리의 가르침을 상기시켰다. 그는 존 웨슬리의 교훈은 복음전도와 자급을 전적으로 강조하므로 한국이나 어디에서든 감리교인들은 웨슬리에게만 충실하면 되고, 네비우스는 잊어버려도 된다고 단언했다.[7] 흥미롭게도 존 웨슬리는 여러 중요한 측면에서 네비우스의 견해와 방법을 암시했는데, 1900년경의 감리교는 오늘의 감리교와 마찬가지로 분명히 존 웨슬리의 가르침과는 큰 차이가 있었다.

이런 의견 차이에도 불구하고, 장로교는 한국에 있는 장로교선교회와 감리교선교회가 고등교육 현장에서 서로 경쟁하거나 속이는 일이 있어서는 안 된다고 생각하였다. 베어드 박사는 1905년 감리교 연회에 참석해서 협력을 촉구했다. 이것은 그 해 가을에 실제로 효력을 발휘하였다. 그러나 감리교가 자본금의 3분의 1만을 제공하면서 행정이나 관리에는 동등한 발언권을 갖는다는 조건하에 이 연합에 참여했다는 것은[8] 그들이 연합하는 일에 대해 별로 마음이 내키지 않은 채로 설득당한 것처럼 보인다. 1912년에 이르러 감리교는 평양에 있는 대학에서 벗어나고 싶어 했고 서울에 다른 학교를 시작하려고 했다.[9]

필자는 감리교 쪽의 자료를 보지 않았기 때문에 왜 감리교가 불만을 갖고 철수했는지 그 이유를 분명하게 말할 수는 없다. 우선 숭실대학의 교장이었던 베어드 박사에 대한 개인적인 불만과 관련이 있었을 것이라고 쉽게 생각해 볼 수 있다. 베어드 박사는 그의 신학에 있어서 또 교육가로서 아주 보수적이었다. 감리교 사람들은 베어드 박사가 학교 운영에 있어서 자신들

---

7) *Minutes*, vol. Ⅱ, p. 309.

8) Adams, *Presentation of Difficulties,* p. 78.

9) 일제는 1911년 6월 식민지 지배 교육을 강화하기 위한 조선교육령을 반포하였다. 1911년에는 사립학교령을 공포했는데 이는 사립학교의 인가조건을 까다롭게 하여 많은 민족계열의 학교들을 문을 닫게 만들었다. 1919년 3.1운동 이후에는 유화정책으로 전환했는데, 1922년에는 조선교육령을 개정하였다. (역자 주)

의 권한을 제한했지만, 그들은 본래 예의 바른 사람들이어서 당시에는 그것에 대해서 명확하게 인식하지는 못했었다고 생각했을지도 모른다. 베어드 박사의 문헌들에 대해 연구한 것에 따르면, 필자는 베어드 박사가 그 연합을 성공적인 것으로 간주했다고 확실하게 말할 수 있다. 베어드 박사는 감리교 동료들의 전문적인 능력을 높게 평가했고, 그들에 대한 개인적인 애정도 가지고 있었다. 따라서 감리교의 철수는 실망스런 일이었다.

물론 어떤 상황에서도 개인적인 이유들이 그 하나의 가능성으로 배제될 수는 없지만, 한편, 그 시기의 다른 사건들을 살펴보면 선교의 방법과 정책이 감리교가 연합을 파기하는 데에 중요한 영향을 끼쳤음을 확실하게 알 수 있다. 1905년과 1906년에 중등 수준의 연합교육사역이 감리교와 장로교에 의해 세 군데 다른 지역에서 착수되었다. 서울에서는 장로교의 경신학교와 감리교의 배재학당 운영에 두 교단이 서로 연합했다. 평양에서는 감리교가 이미 장로교에서 개교한 남학교 숭실과 여학교 숭의 운영에 참여했다.[10] 이와 같은 노력의 결과물인 세 곳의 연합은 감리교의 일방적인 조치로 끝나고 말았다. 숭실에서의 연합의 끝은 불행한 분열이라는 결과와 더불어 '대학문제'를 야기하게 되었다. 평양 숭의학교에서의 연합은 더 지속되었지만 같은 식으로 끝났다. 그것이 '대학문제'처럼 유명한 사건이 되지는 않았지만, 학교 자체를 생각해보면, 그것은 동일하게 심각한 불행을 초래한 사건이었다.

서울의 배재학당과 경신학교의 연합은 북감리교 감리사의 성명서로 인해 1년 만에 갑자기 끝나버렸다.

> 여러 선교회가 연합으로 학교교육을 하는 것은 개별적으로 본국의 도움을 받는 것보다 더 좋은 학교를 만들 것이라는 점에 의심의 여지가 없

10) Paik, p. 302, 310; H. A. Rhodes, p. 165, 166.

> 습니다. … 그러나 우리의 목표인 학교사역의 탁월성뿐 아니라, 학교의 도움으로 개개의 선교회를 강화시키는 측면에서 볼 때, 우리는 이 연합으로 인해 상처를 입었습니다. 이와 같은 학교간의 연합은 단지 서로 다른 두 교회간의 유기적인 연합을 위한 첫 번째 단계를 위해서는 가능한 일입니다. 그러나 두 교회간의 다른 전통과 상반된 의견들, 그리고 조화롭지 못한 사역 정책으로 인해서 우리 사이에는 끊임없는 갈등과 심각한 손실만 야기될 뿐이고, 결국 서로간의 감정적인 앙금만 쌓이게 되었습니다.[11)]

위의 글은 베어드 박사가 숭실중학과 숭실대학을 운영함에 있어서 감리교와 함께 한 연합의 토대가 얼마나 취약했는지를 보여준다. 이런 사실에도 불구하고, 또는 이런 사실 때문에, 그는 이미 언급된 자금 조달과 행정에 관해서 기꺼이 양보한 것이었다. 서울에서의 연합이 그렇게 갑작스럽게 끝났음에도 불구하고, 평양에서의 연합이 생각보다 오랜 동안 지속된 것은 놀라운 일이었다. 왜냐하면 두 선교회간의 '조화롭지 못한 선교정책'이 서울에서보다도 더욱 더 눈에 띄었기 때문이었다. 해가 갈수록 두 교회의 성장과 발전에 차이가 더 분명해졌다. 평양 지역에서 감리교가 장로교와 동등한 조건에서 시작되었지만, 그들이 1905년 학교운영에 참여했을 때, 전교생 160명 중에 단지 15명이 감리교 소속 학생이었다.[12)] 감리교가 장로교보다 더욱 많은 장학금을 주었지만, (장로교는 장학금을 주지 않았는데, 뛰어난 학생들은 자조부에서 일하는 것이 허락되었다.) 모집한 학생은 전체 학생 중 1/3이 채 되지 못했다. 감리교는 스스로 생각하기에 네비우스 방법에 바탕을 둔 한국실험을 거부했는데, 결과적으로 두 선교회의 '조화롭지 못한 선교정책'의 극명한 대조를 보여주는 상황 속에서, 감리교가 연합을 계속하

---

11) Paik, p. 303.

12) H. A. Rhodes, p.165.

는 일은 매우 당황스러운 것임에 틀림없었을 것이다.[13]

그들의 사역이 급속도로 성장했기 때문에, 몇몇 장로교인들은 거드름을 피우며 업적에 대해 자랑을 했을 것이고(감리교인들은 장로교인들이 그랬을 거라고 느꼈을 수도 있다), 또 다른 장로교인들은 기독교인으로서 또는 선교사로서 우월감을 나타냈을 가능성도 있다. 더욱이 선교 방법론에 있어서, 모든 교회의 문제와 마찬가지로, 어떤 행위, 심지어 100년 동안이나 반복된 실수까지도 신성시 되어 왔었다. 미국에 있는 신교본부들과 한국선교현장에 있는 한국실험의 반대자들은 그들이 일반적으로 수용해 왔던 방식을 몇몇 신참내기 젊은 장로교인이 다른 현장에서 벌어진 피해야 할 '실수'로 간주했다는 것을 알고 틀림없이 격분했을 것이다.

감리교측 불만의 원인이 무엇이든지 간에, 1912년 3월에 열린 감리교연회에서 한국 전체를 위한 하나의 연합기독교대학을 설립하여 그것을 서울에 두기로 결정함으로 그 동안의 여러 가지 일들이 하나의 정점에 이르게 되었다. 그리고 '대학문제'가 시작되었다.[14] 아래에 인용된 언더우드 부부가 베어드 박사에게 보낸 편지에는, 그것이 숭실대학의 폐교와 관련되었다는 것이 명확하다는 점을 분명하게 언급하고 있다. 서울과 그 근교에는 평양과 평안도 일원에서 이루어진 것과 같은 교회의 발전이 없었기 때문에, 장로교인들에게는 서울에 설립하기로 한 대학은 그들의 전체 선교철학과 교육정책의 본질적인 특징인 성장하는 교회와 밀접하고도 중요한 관계를 가질 수 없다는 점 또한 명백했다. 서울에 설립될 학교가 전적으로 기독교적이겠지만, 그것은 '피해야 할 실수들' 가운데 하나로, 다른 나라에서 시행되고 있

13) 감리교 역사학자는 이 나라 다른 지역뿐만 아니라 교회 성장이 폭발적으로 일어난 지역인 북서지방에서의 그들 사역의 발전에 있어 이런 지체에 당황해 하였다. 쉐어러는 그들의 해명을 요약하였다. Shearer, p. 168. 이것에 대한 필자의 관점은 네비우스 방법에 대한 부록 4장에서 찾아볼 수 있다.

14) Adams, *Presentation of Difficulties*, p. 6.

는 선교이론들에 기초하게 될 것이다. 그러므로 한국선교회에게 있어 이 문제는 단순히 200마일 떨어진 서울이나 평양, 어느 곳이 대학을 위한 최상의 장소인가 하는 문제가 아니었다. 그것은 1900년 에큐메니컬 세계선교대회에서 격론했던 네비우스 방법, 한국실험 등에 대한 공격의 재연이었다. 선교사 세계에 널리 인정된 '한국실험'의 성공이, 완강한 적대자들에게는 결코 묵인될 수 없는 것이었다.

제7장 끝 부분에서 장로교선교회의 한 그룹이 '한국실험'과 그 교육정책을 지지하면서도, 정치적으로나 문화적으로 한국인의 생활중심지인 서울에 기독교 대학이 없음을 아쉬워했음을 언급했다. 이 그룹은 작지만 매우 영향력이 있었다. 그 그룹의 지도자는 언더우드 박사였다.

'대학문제'는 필자가 어릴 때부터 알고 있었던 것으로, 자세히 알지는 못하지만, 필자는 '대학문제'가 아버지를 몹시 염려하게 했다는 점을 인지하게 되었으며, 또한 아버지가 일종의 어떤 불의의 희생자였을 것이라는 시각으로 '대학문제'를 읽기 시작했다. 필자의 외삼촌인 한국선교회총무였던 제임스 아담스 박사는 그 문제에 너무 깊게 관여하였다. 선교회의 많은 사람들은 아담스 박사가 이 문제에 심리적으로 너무 깊게 관여했기 때문에, 말년에 그의 생을 정신병원에서 보내야 했던 것이라고 생각했다. 필자는 아담스 박사의 병인 뇌경색이 이 문제 때문이라는 견해는 의학적으로 뒷받침되지 않는다고 생각한다. 그리고 '대학문제'에 대해 필자가 구할 수 있는 모든 자료들을 검토한 결과, '대학문제'의 진짜 희생자와 피해자는 베어드 박사나 아담스 박사가 아니라 언더우드 박사라고 확신하게 되었다.

언더우드 박사는 에큐메니컬 세계선교대회에서 네비우스 방법에 대해서 훌륭하고 설득력 있게 대변했으며, 실제로 한국선교회의 견해를 공식적으로 설명하고 있는 『한국의 부름(*The Call of Korea*)』(1908)의 저자인데, 필자의 견해로는 '대학문제' 때문에 그는 잘못된 자리에 서게 되었다고 생각한다. 그는 실험의 적대자들과 합류했던 것으로 보인다. 그것이 평생 우정을 쌓아왔던 친구들과 멀어지게 되는 결과를 가져왔다. 그의 아들은 1916년 그의 사망을 이야기하면서 다음과 같이 말했다.

> 많은 어려움을 딛고 또한 스프루(장흡수부전증)[15]라는 동양의 풍토병과 싸우면서 한국에서 매우 열심히 사역한 그 긴 기간이 그의 죽음에 가장 큰 영향을 미쳤지만, 한편, 임종 바로 전 몇 년 동안의 분쟁과 그의 동기와 인격에 대한 공격이 그의 삶을 비통하게 했을 뿐만 아니라, 그의 삶의 마감을 재촉했다.[16]

이 주제에 대한 언더우드 박사의 모든 문헌을 살핀 결과, 필자는 그가 네비우스 방법이나 한국실험의 교육정책에 대한 그의 견해를 바꾸었다는 생각을 지지할 근거를 찾지 못했다. 그는 실험이 최종 결론에 이를 때까지 계속 되어야 하고 숭실대학은 선교본부와 한국선교회의 지지와 지원을 받으며 평양에 존속되기를 희망했다. 이것 외에도 언더우드 박사는 서울에 전적으로 기독교적이지만 교회 프로그램과 밀접하게 결합되지 않은 단과대학이나 종합대학교의 필요성을 느꼈다. 더구나 그는 평양에 있는 대학에 대한 지원을 줄이지 않고도 그의 형인 존 언더우드나 루이스 세브란스 씨를 통해 이런 목표가 달성될 수 있을 것이라 확신하고 있었다. 그의 형 존과 루이스 세브란스는 이미 서울에 세브란스병원과 세브란스의학교를 설립하도록 기부했다.

언더우드의 이와 같은 생각은 베어드 박사가 아더 브라운 박사에게 1912년 11월 8일 쓴 편지에 가장 잘 나타나 있었다.

---

15) 색깔이 엷은 발효선 분을 대량으로 배설하여 생기는 영양불량상태(인터넷 포털 사이트의 생명과학대사전 참조) (역자 주)

16) H. H. Underwood, *Modern Education in Korea*, p. 135.

> 감리교 연회의 결정이 알려진 후 바로 쓴 편지에서 언더우드 박사 또한 서울에 대학이 세워져야 함을 열성적으로 주장하면서, 그는 "우리 모두는 지금 최선을 다해야 합니다. 그리고 저는 결코 당신이 설립한 기관을 통한 고귀한 일에 대한 나의 진심어린 후원을 거둘 생각이 전혀 없으니 안심하셔도 됩니다."라고 말하였습니다. 같은 시기에 쓰여진 편지에서 언더우드 부인은 다음과 같이 말했습니다. '우리는 모두 그 일을 최대한 도와야 한다는 사실을 믿고 있기 때문에, 저는 우리 전체선교회가 평양에 있는 대학을 지속할 것을 확신하고 있으며, 또한 교사가 다 충원된 것도 보고 있습니다. 저는 비록 평양에 연합대학과 함께 서울에 또 다른 대학이 더 생기기를 바라는 마음이지만, 하나님이 이 모든 일을 인도하심을 믿습니다. 그리고 만일 하나님이 한 곳에는 장로교대학을 다른 곳에는 감리교대학을 두시는 것이 최상이라고 여기신다면, 더 말할 필요가 없겠습니다.'

언더우드 부인은 대학 위치 문제에 대한 여러 가지 가능한 해결책들을 아주 정확하게 분석했다. 언더우드 부부의 편지와 베어드 박사가 인용한 아더 브라운 박사에게 보낸 편지에 들어있는 정신은 한두 가지 해결책을 찾으려는 선의를 보여준다. 언더우드 부인의 첫째 대안은 사실 1921년 총회의 결의사항이었다. 그렇지만 총회의 결의는 비극적인 논쟁으로 한국선교회 내의 동료들이 갈라지고, 자매선교회와 불화하게 되고, 선교본부와 한국선교회 사이의 관계가 더 나빠진 후에 이루어진 것이다. 언더우드 부부의 편지 어조는 그런 논쟁이 필요하지 않았다는 것을 암시한다. 필자도 역시 그것은 필요하지 않았다고 믿는다.

1912년 3월 전체 한국을 위한 하나의 기독교 대학이 서울에 위치해야 한다는 감리교 연회의 제안이 교육평의회(Educational Senate)에 제출하기 위해서 만들어졌다. 1909년에 베어드 박사는 한국에 주재하는 모든 주요 선교회들–감리교선교회 두 곳, 장로교선교회 네 곳(호주, 캐나다, 남장로교, 북장로교)–

을 대표하는 교육협의회(Educational Association)를 구성하는 데 중추적인 역할을 담당하고 있었다. 이 선교회들은 모두 중등학교를 가지고 있었고, 연합회는 공동 문제 연구와 교육과정과 교과서의 표준화, 그리고 교육가들이 정부의 요구사항들을 다루는 데 협력하여 대응할 수 있도록 하기 위한 일종의 해결장소 같은 곳이었다.

대학 수준의 사역이 한국전역에 걸쳐서 필요하다고 인식되었을 때, 이 조직을 통해서 사역하기로 결정되었을 만큼 이 협의회가 매우 유용해졌다. 그 이름이 교육평의회로 바뀌었다. 규약이 작성되어 각각의 모든 한국선교회와 선교본부의 승인을 받았다. 규약은 다음과 같은 핵심 내용을 담고 있다. "위원회에 참가한 각 선교회에서 중등학교나 인문대학, 기술학교, 혹은 특수학교 등을 설립하거나 유지하고자 하는 경우 그 학교들의 위치나 숫자는 이 위원회에서 결정된다."[17] 규약은 또한 미국에 있는 선교본부들이 공동위원회를 구성할 것을 규정하였다. 이 공동위원회는 정책 구성의 권한은 없다. 공동위원회는 교육평의회가 한국에 세울 대학 또는 대학들을 돕기 위한 장려 및 재정 관리인으로서의 역할을 할 뿐이다.

교육평의회는 연합대학에 대한 선교회들의 의견을 조사하기 시작했다. 이에 대한 응답으로 감리교는 3월에 서울에 하나의 대학을 추천하는 결의를 했다. 8월과 9월에 남장로교선교회와 호주장로교선교회는 이미 평양에 설립되어 있는 대학에 참여하기로 만장일치로 결의했다. 호주장로교선교회는 추가로 서울은 적절한 장소가 아니라는 결의를 했다. 북장로교선교회는 9월에 있었던 연례회의에서, 만일 한국에서 사역하는 다른 선교회가 현 숭실대학의 감리교–장로교 연합에 참여하기를 원한다면 (이미 영어로 The Union Christian College로 명명하였다) 그렇게 하도록 환영할 것이고, 학교의 위치는 평양에 그대로 계속 있어야 한다고 36대 6으로 가결했다.

---

17) Adams, *Presentation of Difficulties,* p. 5.

호주장로교선교회와 남장로교선교회의 결의는 아주 중요한데 왜냐하면 한국실험과 그 교육정책의 이상이 학교의 위치문제보다는 훨씬 더 중요하다고 생각했음을 보여주기 때문이다. 이 선교회들은 한반도 남쪽에서 사역하였다.[18] 지리적으로 서울은 그들에게 평양보다 200마일이나 가까웠다. 그러나 그들은 한국실험을 통해 이루어진 것을 보여주는 대학에 헌신적이었기 때문에, 그들 선교회에서 보내는 학생들이 왕복 400마일을 더 가야 하는 불편함을 기꺼이 감수하기로 만장일치로 결의했다.

교육평의회가 10월에 모였을 때 그들은 위에 언급된 상황에 직면했다. 그들은 그것이 준비된 대학이고 그들이 원하는 위치에 있다면, 하나의 대학으로 충분하다는데 모두 동의한 것이 분명하다. 북장로교선교회는 그들의 연합기독교대학이 모든 한국을 위한 연합대학이 되기를 명백히 원했고, 호주장로교선교회와 남장로교선교회처럼 지리적으로 불리한 선교회조차도 이미 평양을 승인했으므로, 그들은 서울에 세우자는 감리교선교회의 제안을 받아들이기를 신중히 거부했고, 심지어 채택하지도 않았다.[19]

그렇지만 감리교는 자신들의 의견이 무시되는 것을 원하지 않았다. 베어드 박사에게 보낸 편지에 명시되었듯이, 언더우드 부부가 장감연합대학이든 교파대학이든 두 도시에 두 대학이 허락될 것이라는 것을 감지했음에도 불구하고, 감리교선교회는 서울에 오직 한 대학만을 갖기로 결정했다. 교육평의회가 12월에 다시 모였을 때, 감리교선교회 임원회는 같은 시기에 서울에서 회의 중이었는데, 만일 그들의 제안이 승인되지 않는다면 교육평의회로부터 정식으로 탈퇴하여 교육평의회의 권위를 따르지 않을 것이라고 알려 왔다.[20]

---

18) 호주 장로교는 부산을 중심으로 경상남도 지역에서, 남장로교는 전라도와 충청도 지역에서 사역하였다. (역자 주)

19) Adams, *Presentation of Difficulties*, p. 62.

20) Adams, *Presentation of Difficulties*, p. 62.

그들 협력체의 붕괴에 직면하여 다수가 감리교의 요청에 양보했다.

> 한국을 위한 하나의 연합대학의 문제와 위치의 문제는 다음과 같이 결정되었다.[21)]
> – 부재자를 포함하여 교육평의회에서 투표하였다.
> 결과는 평양에 7표, 서울에 6표가 나왔다.[22)]
> – 결과는 공동위원회에 보고되었다.
> – 각 선교회의 투표도 공동위원회에 보내졌다.
> – 공동위원회의 결정이 최종결정이다.

감리교의 제안은 하나의 새로운 연합대학을 서울에서 시작하려는 것도 아니었으며, 평양의 숭실대학은 장로교가 운영하도록 하고, 서울에 감리교 대학을 열도록 허락해 달라는 것은 더더욱 아니었다는 것에 주목해야 한다. 만일 이 요청들 가운데 하나라도 똑같이 중요하게 여겨졌더라면, 교육평의회는 그것이 해체되는 쪽을 선택했을지언정 양보하지는 않았을 것이라고 가정할 아무런 이유가 없었다. 감리교는 평양이 아니라 서울에 위치한 하나의 연합대학이라는 입장을 고수했고, 결과가 어떻게 되건 상관하지 않기로 했다. 어쩌면 그 하나의 결과로 숭실대학, 즉 장로교선교회의 관점에서는 너무 소중한 열매이고 감리교선교회 자신들도 몇 년 동안 가장 호의적으로 서로 협력했던 그 학교가 문을 닫게 될지도 모른다는 사실이 그들의 눈에는 별로 중요하게 여겨지지 않았던 것 같다.

교육평의회 규약이 여기에서 논의가 되는 문제에 최종적인 권한을 가지고 있지만, 이상하게도 소수에게 무기력하게 굴복한 것은 다른 요인으로 설명될 것이다. 교육평의회에 협력하는 6개 선교회 대표들은 그들의 교인 수–

---

21) Adams, *Presentation of Difficulties*, p. 55.

22) Adams, *Presentation of Difficulties*, p. 71.

선교회가 세운 민족교회들[23]—에 기초하는데, 감리교는 처음부터 이런 기준에 따라서 장로교에 주어지는 대표의 수보다 두 배를 주지 않으면 교육평의회에 참여하지 않겠다고 했다.[24] 그래서 만일 장로교 대표 한 명이나 두 명이 북쪽의 캐나다장로교 지역이나,[25] 저 먼 남쪽의 호주장로교선교회나 남장로교선교회 지역에서 서울까지의 긴 여행을 못할 경우, 감리교 대표단은 교육평의회의 주어진 회의의 투표에서 다수가 되거나 비기거나 할 것이다. 이것은 실제로 1912년 12월 회의에서 일어났다.[26] 교육평의회에서 투표는 평양이 7표, 서울이 6표였다. 현장의 의견을 잘 반영한 좀 더 정확한 평가는 전체 6개 선교회의 모든 선교사들의 투표수였다. 이것의 결과에 따르면 적어도 평양에 최소한의 호의를 보이는 투표의 결과는 평양에 63표, 서울에 37표였다.

우리는 1912년 3월부터 12월까지 한국에서 있었던 사건들을 살펴보았다. 같은 기간 미국에서도 여러 일들이 있었다. 1912년 4월에 미국장로교 모임에서 해외선교본부는 한국교육평의회의 구성을 승인했고, 공동위원회(Joint Committee) 대표로 로버트 스피어와 아더 브라운을 임명했다. 6월 27일 공동위원회는 첫 번째 모임을 가졌다.

그 당시 미국에서 공동위원회의 위원들보다 더 뛰어난 기독교인이나, 한국을 더 잘 알고 있는 사람들이나, 혹은 선교 사역에 더 헌신된 그룹을 찾기는 힘들 것이다. 전미국장로교에서 탁월한 위치에 있는 스피어와 아더 브라운에 대해서는 이미 언급한 바 있다. 북감리교는 수 년 동안 선교 분야의 거장이었던 프랭크 메이슨 노스(Frank Mason North)와 존 가우처(John F.

23) 이 책에서는 교회를 지칭하면서 민족교회(national church), 토착교회(native church) 등의 여러 단어가 등장하는데, 그때그때의 상황과 문맥에 맞게 번역하였다. (역자 주)

24) Adams, *Presentation of Difficulties*, p. 78.

25) 캐나다장로교선교회는 함경도 지역에서 사역하였다. (역자 주)

26) Adams, *Presentation of Difficulties*, p. 71.

Goucher)[27]를 임명했다. 가우처는 그의 이름을 딴 가우처 대학의 학장으로 그 대학은 볼티모어에 있다. 감리교선교본부가 1885년 한국에서 사역을 시작할 수 있게 된 것은 가우처의 개인적인 노력이 컸다. 남장로교선교본부의 체스터(S. H. Chester), 남감리교선교본부의 쿡(E. F. Cook), 캐나다장로교선교본부의 맥케이(R. P. Mackay)에 대해서는 필자가 개인적으로 아는 바가 없다. 호주장로교선교본부는 대표를 임명했지만 거리가 멀어서 도착하지 못했다.[28]

첫 번째 모임에서 공동위원회는 여러 가지 사항 중에서 다음과 같이 두 가지를 권고했다.

> 한국 전체를 통틀어 한 개의 대학만 있게 한다. 학교의 위치는 선교사들과의 협의를 거친 후에 선교본부들이 결정한다.
> 만일 평양으로 학교 위치가 결정되면, 현재 그곳에 있는 대학을 좀 더 큰 규모의 연합대학(Union College)으로 개편한다. 만일 서울로 결정되면 평양에 있는 학교는 중등학교[29]로 축소된다.[30]

---

27) 고종황제가 미국에 보낸 사신 민영익은 미국 여행 도중(1883년) 가우처 박사를 만나서 한국 실정에 대해서 알리고 이것이 계기가 되어서 감리교의 한국선교의 출발점이 되었다. 이듬해 일본주재 감리교 선교본부의 맥클레이는 한국 정부와의 교육과 의료사업을 타진했으며, 이것이 계기가 되어서 1884년 한국에서 의료선교가 시작되게 되었다. (역자 주)

28) 호주장로교선교회는 이 점에 대해 교육평의회에 공식적으로 항의를 했다. 이 문제를 공동위원회에 위임함으로 선교회는 위치에 대한 최종결정에 참여할 기회를 놓쳤다. 100%가 평양에 찬성했다.

29) 본문에서 중등학교란 종합대학이 아닌 전문교육기관 수준의 대학을 말한다. 한편 당시 일본 정부는 사립학교법을 발표하여(1911년) 대학 설립조건을 대폭 강화하였다. (역자 주)

30) Adams, *Presentation of Difficulties*, 27. 언더우드 박사는 그해 여름 뉴욕에 있었는데 공동위원회의 첫 두 모임에 참석했음에 주목해야 한다. 베어드 박사에게 보내는 그의 편지에서 아주 그대로 그는 첫 번째 모임의 권고안 둘 다를 반대한다고 기록하였다. 그들의 결정은 서울에 대학을 안세우거나 숭실의 폐교를 의미하는 것이었다. 그는 이런 양자택일에 반대했다. H. H. Underwood, *Modern Education in Korea*, p. 131 참조.

이 권고들은 정책의 문제였고, 공동위원회를 세운 법조항에 따르면, 교육평의회에 특별하게 주어진 동일한 규약 속에 포함되어 있었다.

이것은 공동위원회에서 지적된 것으로 보인다. 7월 24일 모임에서 공동위원회가 이럼 점에 대해서 다음과 같이 보고하였다.

> 선교본부의 협력에 의해 임명된 미국의 공동위원회는 한국에서 진행되고 있는 모든 종류의 연합 교육 사역(미국에서의 협력적 자문 활동이 요구되고 있다)에 영향을 끼치는 문제들을 다루기 위해 구성되었고, 협력하는 선교본부들이 이 설명을 승인하기 위해서는 서로 의결을 거쳐야 한다는 사실을 투표로 결정하였다.[31]

이런 결의는 교육평의회에 치명적인 타격이었는데, 이 규약에 의해서 교육평의회에 주어진 권한이 4월이 되기 전에 취소되었기 때문이다. 그 결의가 언제, 어떻게 현장에 전달되었는지에 대한 분명한 기록은 없다. 분명한 것은 교육평의회는 1912년 12월까지도 모른 채, 모임에 참석한 장로교 회원 몇의 부족으로 기능이 마비되기에 이르렀고, 이 지경이 되자, 결정권을 공동위원회에 넘겨달라는 감리교의 요청을 들어주어야만 하는 처지에 이르게 되었다. 필자는 감리교가 그것을 알았는지의 여부를 알지 못한다.

교육평의회가 이 결의를 잘 알지 못했거나 1914년 5월 19일까지 그 중요성을 이해하지 못했다는 것은 분명하다. 1913년 내내 교육평의회는 공동위원회가 자신의 권한을 침해했다고 항의했다. 1914년 4월 6일 교육평의회는 이 문제에 대해서 장문의 편지로 강경한 입장을 보여주었다.[32] 5월 19일 공동위원회 역시 강경한 장문의 답장을 보내왔다. 1912년 7월 24일 공동위원회가 한국의 연합교육에 대한 모든 문제의 권한을 갖도록 선교본부가 승인

---

31) Adams, *Presentation of Difficulties*, p. 27.

32) Adams, *Presentation of Difficulties.*, p. 49-51.

한 결의는 선교본부만이 그 책임이 있으며, 결코 교육평의회의 규약에 의해 제약을 받지 않는다는 내용이었다. 여기에 공동위원회 각 회원들이 개별적으로 서명하였다.[33] 그때 교육평의회는 그 규약이 단지 종이조각에 불과하며 더 이상 존속할 이유가 없다는 것을 분명히 깨달았다. 6월 13일 교육평의회는 공동위원회와 선교본부로부터 받은 대우에 항의하였다.[34]

여기에서 이 결의로 야기된 분노와 불만을 논의하는 것은 무익한 일이다. 아무도 선교본부가 권한을 부여하거나 보류하거나 철회할 권리에 의문을 제기하지 않았지만, 철회의 사실이 분명해지기 전 거의 2년에 걸친 공백 때문에 현장과 본국 본부 사이의 긴장과 신뢰상실과 동기에 대한 의심이 몹시 심화된 것은 분명한 사실이다.

1912년 말에서야 '대학문제'의 사안이 분명하게 선이 그어졌다. 그 첫 번째는 북장로교를 위시한 호주장로교와 남장로교 그리고 일부 캐나다장로교에 의해 전폭적인 지지를 받은 것으로, '한국실험'에 철저하게 헌신했고, 그 성과에 의해서 고무된 그들은 숭실을 위해 끝까지 싸우려고 했다. 왜냐하면 숭실은 그들의 노력의 정점에 있는 것이었기 때문이다. 감리교와 공동위원회와 선교본부가 원하는 서울에 하나의 연합대학을 세우는 일에 대해서 말하자면, 그것은 시대에 뒤쳐진 철학과 선교방법론으로의 회귀일 뿐이며, 다른 나라에서 시도되었으나 목표에 이르지 못한 것으로, 한국에서는 처음부터 거부된 것일 뿐이었다. 즉 그것은 '피해야 할 실수들'의 하나였다. 이러한 고비용 저효율의 방식을 따르는 사람들은 그것으로부터 아무 것도 얻지를 못했다.

한편 감리교와 공동위원회, 그리고 선교본부는 중국이나 일본이나 인도에 비교해 볼 때 한국에 잘 갖추어진 기독교 대학이 없다는 점을 유감스럽

33) Adams, *Presentation of Difficulties*, p. 68-70.

34) Adams, *Presentation of Difficulties*, p. 66-68.

게 생각했다. 그들은 장로교가 '한국실험'에 착수할 때부터 그것을 거부했다. 그 실험의 결과인 평양의 대학은 그 발전이 교회의 발전과 긴밀하게 연결되어 있는 것인데, 다른 나라에 있는 거대한 교육기관들과 비교할 때 아주 하찮은 것이었다. 그들은 장로교회와 감리교회의 성장을 비교한 것에 대해서 분개했다. 수년 동안 평양의 대학에 관여한 후에, 그들은 빨리 그것에서 벗어나 다시는 그런 노선에 따른 교육에 참여하지 않는 것을 강하게 원했다.

이런 두 그룹 사이에 캐나다선교회와 북장로교의 몇몇 장로교 교인이 있었다. 북장로교의 사람 중 언더우드 박사 그리고 에비슨 박사는 서울에 기독교대학을 간절히 원했고 그것이 '한국실험'과 관계없는 것이 되어야 한다는 점을 인정했다. 그들은 한국실험을 지지했지만, 서울의 대학이 한국실험을 손상시키지 않고 설립될 수 있을 것이라 생각했다.

이런 논점을 염두에 두고, 1913년에서 1914년 사이의 방대한 서신들을 모두 다루는 대신 아래의 요약된 형식의 내용을 다루는 것으로 충분할 것이다.

'대학문제'의 경과 순서
1911~1914년

1911년: 한국의 모든 선교회를 대표하는 한국선교연합교육부(Educational Association of Korea)가 조직되다.

1912년: 전국에 걸쳐 대학 수준의 교육 발전을 기대하며 협의회가 교육평의회로 재편되다.[35] 최종적으로 6개 선교회와 본국 선교본부가 승인한 규약에 따르면 교육평의회가 현장 교육기관의 설립과, 그 정원, 성격, 위치에

35) Adams, *Presentation of Difficulties*, p. 5.

대한 광범위한 권한을 가지게 되다. 단지 재정과 승격 관련 문제를 다루기 위해서 선교본부는 미국에 공동위원회를 구성하다.

1912년 3월: 감리교 연례회의에서 교육평의회를 상대로 한국 전역을 위한 하나의 대학이 서울에 위치해야 한다는 문제를 제기하기로 투표하여 결의하다.[36)]

1912년 4월 15일: 미국 장로교 해외선교본부는 교육평의회의 규약을 승인하고, 공동위원회 대표로 로버트 스피어와 이디 브리운을 임명하다.[37)]

1912년 6월 27일: 공동위원회는 첫 번째 모임에서 한국의 대학에 관한 정책을 권고하다.[38)]

1912년 7월 24일: 공동위원회는 두 번째 모임에서 선교본부의 규약에 명시된 교육평의회의 권한을 파기할 권한을 추가적으로 요청하다.[39)]

1912년 8월: 남장로교선교회는 평양의 연합기독교대학에 참여하기로 만장일치로 결의하다.[40)]

1912년 9월: 호주장로교선교회는 서울에 대학을 설립하는 것에 반대하고, 평양의 대학에 계속해서 협력하기로 결의하다.[41)]

1912년 9월: 북장로교선교회는 한국 전역에 한 대학만을 두는 것에 대해 36대 6으로 결의하다. 평양에서 계속될 연합기독교대학(숭실대학)에 다른 선교회들도 참여하도록 권유하다.[42)]

1912년 10월: 교육평의회는 감리교선교회의 질의를 검토하다. 하나의 대

---

36) Adams, *Presentation of Difficulties*, p. 6, 56-57, 62.

37) Adams, *Presentation of Difficulties*, p. 5, 26.

38) Adams, *Presentation of Difficulties*, p. 27.

39) Adams, *Presentation of Difficulties*, p. 27.

40) Adams, *Presentation of Difficulties*, p. 56.

41) Adams, *Presentation of Difficulties*, p. 58.

42) Adams, *Presentation of Difficulties*, p. 28.

학을 결의했으나, 이미 평양에 대학이 있는 것이 기정사실이므로 서울로의 위치 선정 논의를 거부하다.[43]

1912년 12월 20일: 교육평의회가 다시 모이다.[44] 감리교선교회 임원회는 서울에 하나의 대학을 세우려는 제안이 받아들여지지 않을 경우 평양에서 하던 연합교육사역에서 철수하기로 결정하고, 교육평의회에서 탈퇴할 것을 알려오다. 감리교회의 주장과 몇몇 장로교 대표단이 모임에 참석하지 못해 기능이 마비되어 교육평의회는 대학의 위치 선정 문제를 공동위원회에 위임하기로 결의하다.

1913년 2월 25일: 교육평의회로부터 위탁을 받은 공동위원회는 한국에서의 교육사역을 위한 모든 수준의 교육을 포함하고 있는 균형잡힌 프로그램을 작성했으며, 또한 위원회는 대학의 위치로 서울을 추천하다.[45] '대학문제'에 있어 그들 앞에 놓인 이 프로그램에 대해 모든 선교사들이 투표할 것을 지시하다. 이 투표에 대해 공동위원회는 다음과 같은 단서를 달다.

> 만일 서울이 다수결로 결정된다면, 문제가 최종적으로 해결된 것으로 간주되어, 땅을 구입하고 건물을 짓기 위한 재원을 확보하는 즉각적인 노력이 이루어질 것이다. 하지만 만일 평양이 다수결로 정해지면, 선교본부는 결정을 재고하고, 좀 더 검토하여 보류중인 결과에 더 이상의 조치를 취하지 않는다.[46]

1913년 3월 31일: 공동위원회의 결정사항을 보고받지 못한 상태에서 교

---

43) Adams, *Presentation of Difficulties*, p. 62.

44) Adams, *Presentation of Difficulties*, p. 62.

45) Adams, *Presentation of Difficulties*, p. 41.

46) 이 결정은 4월 15일자 선교본부 편지 145호에 의해 드러날 때까지 선교회에 보고되지 않았다. 그렇게 지체된 것은 선교본부의 승인을 기다렸기 때문이다.

육평의회는 현장에 있는 모든 선교사들을 대상으로 투표를 진행하다.[47] 투표자 128명 가운데 서울 38명, 평양 71명, 기권 19명이었다.[48]

1913년 4월 15일: 선교본부 편지 제145호는 선교사들의 투표요구와 2월 25일에 열렸던 공동위원회 모임의 회의록을 보고하다.[49] 아래의 사항이 추가로 보고되다.

> 공동위원회는 감리교가 서울반을 고려하고 있기 때문에 평양에 찬성투표를 할 수 없다. 공동위원회는 대학의 위치보다는 연합이 더 중요했기 때문에, 서울이 되어야 한다고 생각했다.

> 선교본부는 '평양에서의 사역을 파기'할 어떤 생각도 없었고, 누가 어떻게 그런 생각을 갖게 되었는지 몰랐기에 참으로 당혹스러웠다."[50] … "선교사들이 이 일에 손을 떼게 할 그 어떤 의도도 없다. 오히려 그 반대로 돕고 싶었던 것이 사실이다. 현장에 있는 사역자들이 그것을 결정했다면, 나는 여기 있는 모두가 기꺼이 따를 것이라고 생각한다. 그러나 선교사들이 교착상태에 빠졌을 때 선교본부가 그 문제를 처리하는 것 외에 다른 방안이 없다."[51]

1913년 7월 25일: 선교본부 아더 브라운 총무가 마펫에게 보낸 편지[52]

> "선교본부는 어떤 한 지부를 위해 장소 문제를 강요하지는 않는다." … "그러므로 선교사들 자신들은 그들이 원하는 곳에 대학을 둘 기회를 갖

47) Adams, *Presentation of Difficulties*, p. 33.

48) Adams, *Presentation of Difficulties*, p. 62.

49) Adams, *Presentation of Difficulties*, p. 28-30.

50) Adams, *Presentation of Difficulties*, p. 30.

51) Adams, *Presentation of Difficulties*, p. 30.

52) Adams, *Presentation of Difficulties*, p. 31.

고 있는 셈이다."

1913년 8월 13일: 교육평의회의 총무인 아담스는 공동위원회의 지시로 실행된 선교사들의 두 번째 투표 결과를 보고하였다.[53] 투표자 121명 가운데, 서울 37명, 평양 63명, 기권 21명이었다.

1913년 9월 4일: 한국선교회의 실행위원회가 선교본부에 보고하다.[54]

이미 어떤 장로교 선교지역(26개국에서 장로교선교회가 사역하고 있었다)보다도 가장 크고, 빠르게 성장하고 있는 교회의 지도자들과 어린이들에게 협의의 우선권이 있다는 점에 대해 선교본부의 주의를 환기시키다.

"… 적어도 전체 교인의 1/3 이상은 여기에 대학이 위치하면서 발전되어야 한다는 생각에 찬성할 것입니다."[55]

"… 평양을 선호하는 이유는 한 기관의 모든 영향력이나 모든 활동력이 이와 같은 큰 교회의 봉사로부터 나오게 되기 때문이다."[56]

서울에 대학을 두려는 공동위원회와 선교본부의 주장은 교육기관은 전도를 위한 것이라는 당시의 선교전략적인 관점을 따르고 있다. 이런 견해는 "다른 선교지역처럼 상대적으로 어렵고 힘든 상황에서는 옳을 수 있지만,"[57] 한국에는 해당되지 않는다.[58]

1913년 9월 20일: 교육평의회 총무인 아담스는, 공동위원회가 이미 서울이 아니면 안 된다고 결정을 해 놓고, 각 지역의 장점에 관한 문제를 연구하

---

53) Adams, *Presentation of Difficulties*, p. 34.

54) Adams, *Presentation of Difficulties*, p. 74-79.

55) Adams, *Presentation of Difficulties*, p. 74.

56) Adams, *Presentation of Difficulties*, p. 75.

57) Adams, *Presentation of Difficulties*d. p. 75.

58) 아담스 박사의 *Presentation of Difficulties*에 다섯 페이지에 인쇄된 이 편지는, 이 책에서 한국 실험의 세 번째 단계라고 불렀던 교육정책에 대한 한국선교회의 공식적 입장에 따른 가장 선명한 진술문이다. 선교본부가 관여하는 한 그것은 최후의 업적이다.

기 위한 중립기구로 위촉된 사람들을 받아들인 점에 대한 질의서를 그들에게 보냈다.[59] 만일 그렇다면, 선교사들에게 투표와 재투표를 요구한 것은 단지 그들이 상대를 가상해서 혼자서 권투연습을 하게 만드는 것일 뿐이다.

1913년 10월 21일: 선교본부 편지 제177호.[60]

아더 브라운 박사가 선교현장과 공동위원회의 차이는 교파의 방침에 따라 다르다는 것을 인식하다. 서울에 찬성하는 것만이 최종적이라는 공동위원회의 2월 25일자 단서를 한국선교회에 상기시키다.[61]

1914년 1월 12일: 공동위원회가 소집되다. 대학 위치를 서울로 결정하다.[62]

1914년 2월 2일: 선교본부가 공동위원회의 결정을 승인하다.[63]

1914년 2월 24일: 선교본부 편지 제196호.[64]

지금까지의 몇 가지 세부적인 사실을 요약하면 다음과 같다.

다른 쟁점들과 함께 두 개의 대학도 가능하다는 잘못된 생각으로 인해 현지 선교사들은 위치선정 문제에 대해서 더욱 혼란스러워졌다.[65]

따라서 교파의 방침에 따른 위치선정에 대한 차이는 선교본부가 결정해야 한다.[66]

8월 13일자 현장 투표결과에 대한 아담스의 보고서는 아래와 같이 재해

59) Adams, *Presentation of Difficulties*, p. 37.

60) Adams, *Presentation of Difficulties*, p. 38.

61) Adams, *Presentation of Difficulties*, p. 39.

62) Adams, *Presentation of Difficulties*, p. 39-41.

63) Adams, *Presentation of Difficulties*, p. 46.

64) Adams, *Presentation of Difficulties*, p. 42-49.

65) Adams, *Presentation of Difficulties*, p. 42.

66) Adams, *Presentation of Difficulties*, p. 42.

석 되었다.[67] 투표자 121명 가운데 63명, 즉 52%만 평양을 지지했고, 나머지 48%는 평양에 반대하거나 아무래도 상관없다는 사람들이다. 이것은 동점에 가깝기 때문에, 선교본부가 이 문제를 해결해야 했다. 사실 선교본부의 회원들이 셈에 포함된다면 서울을 찬성하는 측이 실제로 다수가 된다.[68]

이런 사실들에 비추어, "… 현장의 선교사들에 의해 해결하려던 위치선정 문제를 다루었던 선교본부와 공동위원회의 선의의 노력이 무위로 끝났다. …"[69]

지리적인 위치는 대학의 기독교적 특징을 결정하지 않는다.[70]

평양에 있는 연합대학은 감리교가 그것을 반대하기 때문에 어차피 가능하지 않다.[71]

존 모트(John R. Mott)[72]와 교회의 다른 지도자들도 서울에 찬성했다.[73]

한국의 새로운 시대에 알맞은 교육이 요청된다.[74]

위의 사항들을 고려하여 선교본부는 연합기독교대학을 서울에 두기로 한 공동위원회 1월 12일자 결정을 승인하다.[75]

1914년 4월 6일: 교육평의회는 규약에 의해 마땅히 교육평의회에 제 분야

---

67) Adams, *Presentation of Difficulties*, p. 42.

68) Adams, *Presentation of Difficulties*, p. 48.

69) Adams, *Presentation of Difficulties*, p. 43.

70) Adams, *Presentation of Difficulties*, p. 43.

71) Adams, *Presentation of Difficulties*, p. 43.

72) 존 모트(John R. Mott 1865.5 25~1955.1.31)는 평신도 선교사로 무디의 영향을 받아서 학생자원운동(Student Volunteer Movement)를 시작했으며, 일본, 중국, 한국 등을 다니면서 선교에 헌신하였다. 그는 1885년부터 1915년까지 YMCA국제위원회 서기를 하였고 에딘버러의 세계선교대회(World Missionary Conference) 조직위원의 한 사람이었다. (역자 주)

73) Adams, *Presentation of Difficulties*, p. 45.

74) Adams, *Presentation of Difficulties*, p. 45.

75) Adams, *Presentation of Difficulties*, p. 46.

에서 공동위원회가 주도권을 갖는 것에 항의하다.[76]

1914년 4월 14일: 한국선교회 실행위원회가 아더 브라운 박사에게, 선교본부 편지 제196호에 있는 모든 주장에 실제로 항의하는 편지를 보내다. 위원회 모든 위원이 서명하다.[77]

1914년 4월 18, 22일: 선교회의 64명의 회원 가운데 48명이 서명하여 강력한 어조로 공동위원회의 결의와 선교본부 편지 196호에 대해서 이의를 제기하고, 미펫 박사는 공동위원회 장로교 내표로서 아더 브라운 박사에게 그의 선교회를 지지해 줄 것을 간청하는 편지를 보내다.[78]

1914년 4월 23일: 아담스 박사가 아더 브라운 박사에게 보낸 편지[79]는 다음을 지적하다: 선교현장에 알리지도 않은 채, 선교본부는 이전에 교육평의회에 부여하였던 권한을 공동위원회에 부여했다.

8월 13일자 투표 결과에 대한 아담스 박사의 계산을 재해석한 것은 의회관습에 전적으로 위배된다. 아더 브라운 박사는 "종교적인 상투어나, 조작된 계산이나, 명성이나 지식이나 권위의 위협적인 억측에 의해 동요되지 않을 그룹에 대해서" 다루고 있다.

1914년 5월 19일: 공동위원회가 교육평의회에 편지를 보내다.[80]

1912년 7월 24일자 공동위원회의 요청을 각 교파의 모든 선교본부들이 승인한 것은 오직 그들의 책임일 뿐이고, 한국의 교육평의회의 규약과는 전혀 맞지 않는다. 공동위원회 모든 회원이 서명하다.

1914년 6월 13일: 교육평의회는 공동위원회와 선교본부가 내린 조치에

76) Adams, *Presentation of Difficulties*, p. 49-51.

77) Adams, *Presentation of Difficulties*, p. 80-83.

78) Adams, *Presentation of Difficulties*, p. 83-84.

79) Adams, *Presentation of Difficulties*, p. 52-55.

80) Adams, *Presentation of Difficulties*, p. 68-70.

대해서 항의하다.[81] 서울을 지지하여 '대학문제'를 해결하려는 공동위원회의 결의를 거부하다.

1914년 7월 8일: 선교본부 편지 제228호.[82]

선교회의 항의에 대한 응답.

선교본부의 입장을 좀 더 시간을 가지고 다시 연구하면 선교사들은 그들의 차이를 해결할 수 있을 것이라 기대한다. 연합대학문제는 더 이상 선교현장의 문제가 아니다. 재정과 새로운 인원은 부득이 선교본부의 결정을 필요로 하므로 모든 여섯 개의 선교본부가 모두 함께 참여해야 한다.[83]

한국은 솔직히 두 개의 대학을 허락할 만큼 크지도 않고 중요하지도 않다.

한국선교회가 대학의 위치와 형태에 대해서 의견이 갈리기 전까지 그랬던 것처럼, 선교본부도 마찬가지로 고등교육에 있어서 전적으로 연합사역을 그 중심가치로 생각하고 있었다.

보다 적은 숫자의 보다 수준 높은 대학이 필요하다.

"그러므로 한국에서의 현안을 두 개의 대학으로 해결하려는 것은 결코 바람직한 안이 될 수 없다."

"더 발전된 조정안이 나올 때까지, 선교본부는 선교회가 현재의 능력에 맞는 연간 예산의 한도 안에서 지금 평양에 대학 사역을 위해서 정한 지원을 중단하지 않도록 해야 한다. 그러나 이것은 단지 적절한 시기, 즉 선교본부가 결정하게 될 그 기간 안에 한국을 위한 단 하나의 대학을 평양에 세워야 한다는 적절한 이유를 발견하지 못한다면, 선교본부의 이런 조치가 선교본부가 평양에 있는 대학의 존속을 암묵적으로 동의하고 있는 것으로 여겨져서는 안 된다."[84]

---

81) Adams, *Presentation of Difficulties*, p. 66-68.

82) Adams, *Presentation of Difficulties*, p. 70-74.

83) Adams, *Presentation of Difficulties*, p. 71.

84) Adams, *Presentation of Difficulties*, p. 73.

더 이상의 조치는 선교회의 8~9월 연례 모임에서 결정할 때까지 보류한다.

1914년 8월 28일: 연례회의에서 한국선교회는 다음과 같이 결의하다.[85)]

"… 선교본부 편지 제228호를 승인함으로 선교본부의 허락에 따라 우리는 선교본부가 다른 지시를 할 때까지 평양에 있는 연합기독교대학과의 협력 관계를 계속한다."

1914년 12월 8일: 선교본부 편지 제249호.[86)]

선교본부가 한국선교회의 교육정책을 거부하다. 편지는 "선교회의 다수가 대학의 문을 교회의 젊은이들에게만 열어주는 정책을 옹호하고 있다는 우리의 생각"[87)]을 확인했다고 적고 있다.[88)]

중동으로 간 최초 선교사들이 보낸 1833년 편지[89)]를 인용함으로 위의 관점을 반박한다. "우리는 여러분의 배려와 이교도 자녀들에 대한 끊임없는 기도를 권유합니다."[90)]

선교본부는 중요한 양보를 하였다.[91)]

"선교본부는 한국선교회의 뜻을 존중해서, 아래의 몇 가지 조건이 충족

85) Adams, *Presentation of Difficulties*, p. 87.

86) Adams, *Presentation of Difficulties*, p. 87-92.

87) Adams, *Presentation of Difficulties*, p. 88.

88) 이 책 제7장에 인용된 아더 브라운 박사의 진술은 1901년 적어도 그가 선교정책을 더 정확하게 이해하고 있었음을 보여준다.

89) Adams, *Presentation of Difficulties*, p. 89.

90) 1833년 무슬림 땅으로 갈 준비를 할 때의 교훈을 한국의 폭발적인 교회 성장의 상황에 적용한다면, 선교회는 뉴욕에 있는 총무들은 마치 부르봉 왕가의 나폴레옹처럼 "배운 것도 없고, 잊은 것도 없다(They learn nothing, they forget nothing)"고 말하고 있는 것이라고 생각하면서 그들의 절망감을 한 번 더 확인했다.

91) Adams, *Presentation of Difficulties*, p. 89.

된다면, 평양의 대학이 '전문대학(junior college)'으로 된다는 가정 하에, 한국 선교회의 원하는 것을 들어줄 수 있습니다. 첫째, 그 학교의 학생은 기독교인으로만 제한합니다. 둘째, 선교본부가 일상적인 선교의 목적으로 지원한 비용과 선교인력으로만 학교를 유지할 수 있어야 합니다. 그리고 끝으로 다른 선교회와 선교본부들의 지원은 받을 수 있도록 허락합니다."

"선교본부의 이번 결정은 선교본부가 내릴 수 있는 최선의 것이라는 점을 한국선교회의 대다수가 받아들일 수 있기를 진심으로 바랍니다. … 그리고 선교본부가 이것을 최종 결정으로 삼은 그 취지를 각 선교회들이 서로 이해하고 협력하여 서울에 대학을 두는 일을 함께 하기를 촉구합니다."[92]

선교본부 편지 제249호로 '대학문제'가 일단락되었다. 선교본부와 공동위원회는 한국에는 하나의 연합대학이 있어야 한다는 주장을 굽히지 않았다. 두 개의 대학으로 하는 안이 선의를 가지고 있는 사람들 간에 합의될 수 있을 것이라는 언더우드의 추정에도 불구하고, 그리고 선교본부가 그런 가능성을 조사하도록 그들에게 허락하지 않은 것에 대한 현지 선교사들의 불평에도 불구하고,[93] 공동위원회와 선교본부는 완강했다.[94] 이 점에 대한 선교본부의 양보가 바로 '대학문제'의 첫 번째 단계의 결말을 지었다. 그것은 두 개의 대학을 허가하지는 않고, 하나의 대학(college)과 또 하나의 전문대학(junior college)을 허가한다는 것이었다.

이런 합의 아래 서울에 대학을 설립하는 안이 즉시 실행에 옮겨졌다.

92) Adams, *Presentation of Difficulties*, p. 90.

93) Adams, *Presentation of Difficulties*, p. 50, 51, 63.

94) Adams, *Presentation of Difficulties*, p. 29, 42, 72.

1914년 1월 12일 공동위원회의 결정이 세상에 알려지자마자 바로 수업이 실제로 시작되었다. 조선기독교대학[95]이라는 이름이 대략 1916년 중에, 늦어도 1916년 2월 이후에야 선택되었고, 선교본부는 여전히 서울의 대학을 연합기독교대학이라고 불러,[96] 한국선교회를 몹시 화나게 했다. 그럼에도 불구하고 그때부터 한국선교회는 서울의 대학이 설립되었다는 사실을 받아들였다. 그러나 그것은 한국실험의 원칙에 위배되었고, 선교본부에 의해 억지로 된 일이기 때문에, 한국선교회는 서울 학교의 참여를 거부했다. 그렇지만 서울에 설립된 대학에 대해서는 논의조차도 하지 않았다.

한국선교회가 선교본부의 제 249호 편지의 '대학문제'에 대한 최종결정을 받아들이지 않았기 때문에, 그들은 다시 교단총회에 호소하였는데, 이것이 바로 '대학문제'의 두 번째 단계이다. 이 단계는 1921년과 1922년 총회에서 최종 결의를 할 때까지 계속되었다.

선교본부가 한 발 물러서서 화해의 손길을 내민 것을 한국선교회가 마지못해 수용한 것이 표면적으로는 이상하게 보인다. 애니 베어드 여사는 1914년 여름을 매사추세츠 주의 노스필드에서 지내고 있었다. 한국에서 일어난 일들을 알려주기 위해 아더 브라운 박사는 사려 깊게도 그가 한국선교회에 보낸 7월8일자 편지 사본(선교본부 편지 제228호)을 그녀에게 보내주었다. 그 편지의 한 단락에서 아더 브라운 박사는 12월 8일자 선교본부 편지 제249호에서 최종적으로 확인된 양보를 예상하였다. 애니 베어드 여사는 이것을 재빨리 알아채고 남편에게 한국선교회가 부딪히게 될 이 일들을 받아들이도록 재촉하라는 내용의 편지를 썼다. 비록 숭실이 4년제 대학이지만, 그 당시의 확실하지 않은 초등교육과 중등교육의 수준에 비추어 볼 때, 과연 입학

95) 조선은 '조용한 아침'이라는 뜻의 한국을 지칭하는 이름이다.

96) Adams, *Presentation of Difficulties*, p. 93.

하는 학생들이 대학공부를 잘 감당할 준비가 되어 있는지, 최고 학년이 미국에 있는 전문대학의 최고 학년보다 나은지 의문이었다. 그리고 한국 교회가 발전하려면 앞으로 20년 이상의 기간이 더 필요한 것처럼 한국의 대학교육도 이러한 단계가 필요하다는 점은 당연한 것이다.

만일 1914년 1월 12일 공동위원회의 결의에서 숭실을 폐교하라는 지시 대신 이 타협안이 제시되었다면, 필자는 한국선교회가 그것을 오히려 감사하며 받아들였을 것이라고 생각한다. 1912년과 1913년의 사건들은 한국선교회를 마치 다윗의 군사들처럼 아직 선교본부와 대결할 준비가 되지 않은 채 '마음속에 분노만 심해지는 상태'로 내몰았다. 1914년의 사건들은 그들을 이런 상태의 정점에 이르게 만들었다.

무엇보다도 한국선교회는 숭실을 폐교하라는 지시(선교본부 편지 제196호, 2월 24일자)[97]를 믿을 수 없었으며 그것에 몹시 당황하였다. 분명 선교본부가 이전 편지에서 경고했음에도 불구하고 한국선교회는 정말 그렇게 되리라고 생각하지 않았었다. 숭실대학의 가치는 그렇게 하찮은 것이 아니었다. 숭실은 지구상 어느 장로교 선교현장에서도 볼 수 없었던, 가장 크고 활동적이고 빠르게 성장하는 민족교회의 필요에 완전하게 부합하는 시스템의 한 부분으로, 초등/중고등 학생들을 비롯한 수 천 명의 학생들이 생활하고 있었던 현장이었다. 그런데 어떻게 선교본부가 이런 교회의 존재와 그 교회가 필요로 하는 대학에 그렇게 냉담할 수 있었을까?

숭실대학을 폐교한다는 달갑지 않은 소식을 전한 편지에는 한국선교회를 화나게 하는 다른 사안들을 담고 있었다. 위치 선정의 문제를 현장에 있는 모든 선교사들의 투표로 결정할 것이라고 지속적으로 되풀이해서 약속한 후, 최종적으로 투표가 이루어져 63대 37표로 평양을 찬성하는 것으로 판명되었을 때, 선교본부는 이 숫자를 다수가 서울을 지지하는 것으로 재해

97) Adams, *Presentation of Difficulties*, p. 42-49.

석했고, 선교사들은 결정할 능력이 없다고 모욕을 주어 상처를 받게 했다.

이 선교본부 편지 제196호는 3월 중순쯤 한국에서 받아볼 수 있었다. 4월 14일에는 실행위원회의 모든 회원들이 서명하고, 그 편지에 담긴 모든 내용에 이의를 제기하는 항의서가 뉴욕으로 전달되었다. 이것에 뒤이어 4월 18일과 22일에 한국선교회의 회원 64명 가운데 48명이 각기 서명한 더욱 강력한 항의서가 보내졌다.

선교본부는 항의서에 대한 응답으로 몇 가지 중재안이 담긴 편지를 보냈는데(7월 8일자 선교본부 편지 제228호)[98] 이것이 한국선교회를 더욱 분노하게 만들었다. 왜냐하면, 조금 더 시간을 가지고 선교본부의 입장을 재검토함으로써 현지 선교사들이 선교본부와의 의견 차이를 좁힐 수 있기를 바란다는 상투적인 말로 편지가 시작되었기 때문이다.

선교 현장에 미리 이해를 구하지 않은 채로, 1912년 7월에 있었던 공동위원회와 선교본부의 결정에 의해 교육평의회의 규약이 사실상 무효가 되었다는 공동위원회의 편지(1914년 5월 19일)의 내용이 알려지게 되자, 한국선교회는 여기에서 드러난 선교본부의 동기뿐만 아니라 장차 그들이 행사할 압력에 대해서 불길한 예감과 의혹으로 가득하게 되었다.

그동안 한국실험은 충분한 지식과 이해, 그리고 선교본부의 격려로 단계적으로 수행되었다. 교육정책의 세 번째이자 최종 단계가 채택되었을 때, 스피어 박사는 연례회의에서 침묵함으로써 어쨌든 동의하는 것처럼 보였다. 17년 동안 한국선교회는 공개적으로 그 정책을 따랐고, 선교학을 배우는 학생들로부터 위대한 성공이라 불리는 것을 해냈다. 그러나 양보와 화해의 제의가 제안된 바로 그 편지에(1914년 12월 8일자 선교본부 편지 제249호) 그 동안의 교육정책이 풍자되었고, 그것이 단호히 거부되어 있었기 때문에, 한국선교회에는 화해를 할 마음이 남아 있지 않게 되었다.

---

98) Adams, *Presentation of Difficulties*, p. 70-74.

1914년 초로 돌아가서, 한국선교회는 에큐메니컬 세계선교대회에서 드러났던 네비우스 방법에 대한 반감이 다시 나타났다는 것을 깨닫게 되었다. 1914년이 되면서 한국선교회는 공동위원회와 선교본부가 '대학문제'가 시작되기 이전에 이미 결정을 했다는 것과, 장황한 내용을 담은 서신왕래, 투표와 재투표, 지루하게 길었던 공동위원회와 교육평의회 사이의 모임들이 단지 겉치레였다는 것을 깨닫기 시작했다. 이런 견해는 1913년 2월 25일의 공동위원회의 결정으로 더욱 분명해졌다. 선교사들의 투표를 요청하면서, 다음과 같이 선언하였다. "만일 다수가 서울을 찬성하면, 그것이 문제의 최종 해결책으로 간주될 것이다. … 그러나 만일 다수가 평양을 찬성하는 것으로 입증되면, 선교본부는 그들의 입장을 재고하여 다른 조치를 취하지 않을 것이다. …" 한국선교회의 사람들 가운데서, 자신들은 현장과 본국에서 '한국실험'을 반대하는 사람들의 공모의 희생자가 되었다는 것과, 감리교가 제기했던 결정권을 비롯한 전체 문제를 공동위원회에 회부하자는 주장은 실제로 현장에서보다는 뉴욕에서 계획된 것이라는 강한 의심이 제기되었다.

지금 어떤 강한 감정의 폭발 직전에 이른 상황에서 한국선교회의 기류는 그 기초에 올바로 서는 것이 한국실험에 대한, 선교의 역사에 대한, 선교 방법을 배우고 있는 학생들에 대한, 그리고 하나님에 대한 도덕적인 의무라고 느끼게 되었다.

1914년이 시작되자 또 다른 요소가 관심을 가지고 있는 모든 사람들을 극도의 흥분 상태로 몰아갔다. 그것은 바로 에큐메니컬 세계선교대회에서 네비우스 방법을 단호하게 변호하고 설득력 있게 대변했던 사람이, 지금은 '대학문제'에 있어 상대편으로 넘어간 것처럼 보인다는 것이었다.

숭실대학을 폐교하기로 한 공동위원회의 결정이 승인되었던 1914년 2월 2일 선교본부회의에서 언더우드 박사에게 보내는 전보의 내용이 결정되었다. 그 내용은 언더우드 박사에게 서울 근교에 대학부지 구입을 위해 한국

선교회 회계로부터 돈을 받으라는 것이었다. 이 전보는 즉시 전송되었다. 선교본부의 조치에 대한 편지는 2월 24일에 쓰였기 때문에, 3월 중순 이전에 한국에서는 그 편지를 받아 볼 수가 없다. 한국선교회는 공동위원회 모임과 이 모임에서 중대한 결정이 내려질 것이라는 점을 알고 있었다. 무슨 결정이 났는지 알려고 긴장하며 기다리는 동안 전보가 도착했는데, 한국선교회와 실행위원회가 그것을 해독했을 때, 그들은 대학 부지로 서울 근교의 국유지를 확보하는 문제에 대하여 1912년과 1913년 언더우드 박사와 선교본부사이의 직접적인 서신왕래가 있었다는 사실을 처음으로 알게 되었다.

어느 선교사든 대체로 어떤 주제로든 선교본부에 편지를 쓸 수 있지만, 토지 구입, 선교회 재산과 재정, 정책과 공식적인 절차에 대한 서신왕래는 선교회 실행위원회의 의장과 뉴욕에 있는 선교본부 총무 사이에서만 가능한 내용이었다. 언더우드가 선교본부와 주고받은 그 편지를 비밀편지라고 부르는 것은 정확한 표현이 아닐 수도 있겠지만, 그것은 분명히 이와 같은 통상적인 절차를 무시하는 것이었다. 뉴욕에 보관되어 있는 마이크로필름에 따르면, 그 편지의 서두에는 순진하게도 국유지를 꽤 유리한 가격으로 얻을 수 있으리라는 아주 희박한 가능성에 대해 기록되어 있다. 물론 선교회의 공식적인 통로를 통해 이런 민감한 교섭을 하려고 하는 것은 가당치 않은 일이었다. 왜냐하면, 선교회 실행위원회는 '대학문제'가 해결될 때까지는 조금도 그것을 허락하지 않았을 것이었기 때문이다.

여기에는 언더우드 박사가 베어드 박사에게 보낸 우호적인 편지나 공동위원회 첫 모임의 두 가지 결정에 대한 그의 용기 있는 반대 등에 대해서 모순되는 것은 없다. 그는 서울에 대학이 설립되기를 바랐고, 평양에 있는 대학에 피해를 주지 않고도 이 목표를 달성할 수 있으리라 확신했다. 그러나 1914년 2월의 긴장된 분위기 가운데, 일어난 해외전보 수신사건은 그야말로 일어나서는 안 될 일이었다. 항상 언더우드 박사를 네비우스 방법의 위대한 옹호자라고 여기면서도 그가 서울에 대학을 세우려고 활동했던 것을 다소 의아하게 생각했던 한국선교회의 대다수 선교사들은 이제 그는 '한국실험'의 적대자 편으로 완전히 넘어갔다고 확신하게 되었다. 그들은 이것을 미국과 한국 현지에 있던 적대자들에 의해 한국실험에 대한 반대음모를 꾸미고 방조하는 또 다른 증거로 간주하였다.

실행위원회는 회계에게 토지매입은 한국선교회에 의해 결코 고려되지 않은 항목이고 청구서에 들어있지도 않은 항목이므로 구입비를 미리 지불하지 말라고 요청했다. 계획은 실패했고 괴로움만 커졌다. 실행위원회 역시 이런 변칙적인 절차를 선교본부에 강경하게 항의했으나[99] 격식을 차려 쓴 그 편지는 한국선교회의 감정을 다 표현하기에는 턱없이 부족했다.

서울에 대학 부지를 구입하라는 언더우드에게 보내진 전보사건과 그 불운한 결과를 시작으로 1914년에는 위에서 언급한 일련의 사건들이 일어났다. 각 사건은 모든 의혹과 의심을 확인하도록 하였다. 결과가 축적되었다. 곤란에 곤란이 겹쳤다. 12월이 되었을 때, 화해 제의 같은 것은 이제 더 이상 거론조차 되지도 않았다. 한국선교회는 서울에 위치한 대학에 관여하기를 거부했고 총회에 청원할 계획에 착수했다. 그들은 장로교 선교사로서의 그들의 권한과 선교회의 권리를 짓밟혔다고 느꼈다.

로버트 스피어 박사는 한국선교회의 1915년 연례회의에 참석했다.[100] 계속된 경건회에서 그는 두 가지 생각을 제시했다. 개인이나 선교회의 권리는 주님을 위한 제단에 바쳐질 때에 존재한다. 그리고 모든 기독교인들은 높은 수준의 삶을 향하여 지속적으로 노력해야 한다. 성찬식에서 그는 몇몇 선교회 지도자들의 이름을 부르며, 선교회에 더 높은 영적 수준의 삶을 간청했다. 지난 3년 동안에 있었던 사건을 생각하며, 뉴욕선교본부의 한국실험

---

99) Adams, *Presentation of Difficulties*, p. 84.

100) 당시 스피어 박사는 선교본부에 보고서를 쓰면서 "모든 문제가 얽히고 복잡해져서 해결될 가능성이 거의 없는 것이 분명하다"고 보고 했다고 한다(로즈, 『미국 장로교회 한국 선교회사』 465쪽). 이것이 당시의 분위기를 잘 말해주고 있다. (역자 주)

에 대한 반대 기획을 확신하면서, 선교사들은 스피어 박사 앞에 줄지어 앉아 무표정한 침묵 속에 바닥을 응시했다. 그것은 스피어 박사가 일찍이 경험하지 못한 거부에 가까운 무엇이었을 것이다.

수도 서울과 교회 성장의 중심지 평양의 지역감정으로 인해서 더욱 악화되었던 마펫 박사와 언더우드 박사 사이의 개인적인 반목 때문에 '대학문제'와 그 모든 끔찍한 여파가 발생했다는 의견에 대해서, 이것은 오늘까지도 계속되고 있는 이야기이기는 하지만, 이는 분명 이 사건의 논점을 벗어나는 것이다. 그것은 1914년 사건이었는데, 특히 언더우드 박사에게 보낸 전보가 처리된 방식과 그 시기가 의혹과 의심을 폭발시켰다. 이로 인해서 오랜 우정은 깨어지고 깊은 감정의 골이 생기게 되었으며, 아들 언더우드 박사는 이로 인해서 그의 부친의 생명이 단축되었다고까지 생각하게 되었다. 1911~1913년의 시기로 되돌아가 이런 감정들을 살펴보는 것은 역사적인 오류일 것이다. 몇 가지 개인적인 불화를 '대학문제'의 원인으로 삼는 것은 역사적인 사실들과, 관련된 선교 철학의 기본적인 원칙들을 무시하는 것이고, 게다가 그것은 두 사람을 비하하는 것이다. 그렇지만 선교본부의 총무들이 전체 문제가 개인적이고 지역적인 질투심의 문제로 귀착된다고 믿었다는 것에는 의심할 여지가 없다. 우리가 살펴보고자 했던 몇 가지 이유들, 즉 민족교회의 문제와 연관된 기본적인 선교 철학의 문제를 다루기를 거부하면서, 그들은 다른 이유를 찾아야 하는 심적인 필요가 있었다. 그들은 이 원인을 개인적인 불화에서 찾았다.

스피어 박사가 성찬식에서 한국선교회 지도자들의 이름을 불렀다는 사실은 그가 정말로 이것을 믿었다는 점을 보여주는 것이다. 한국선교회의 부정적인 반응은 그것은 사실이 아님을 알고 있었기 때문이었고, 취향의 문제는 별개로 하더라도, 선교본부가 진짜 문제를 인지하지 못했다는 것을 보여주기 때문이었다.

실제로 필자가 언더우드 박사에 대해 가지고 있는 기억은 그가 평양에 있는 신학교에서 강의하기 위해 평양에 와 있던 시기에 집중되어 있다. 이런 방문은 한두 달간 계속되었고, 그는 항상 마펫 박사의 집에 머물렀다. 이런 사정은 '대학문제'가 시작될 때까지 계속되었다. 두 사람은 다 명석하고 확고한 사람들이었다. 언더우드 박사는 열정적이고 활동적이며 진취적이었다. 반면에 마펫 박사는 느긋하고 인간적이고 자존심이 강했다. 두 사람은 여러 면에서 달랐지만 서로 존중하고 존경했다. 그들의 개인적인 불화는 '대학문제'의 결과이지 원인은 아니었다.

이제 우리의 이야기로 돌아가자. 이미 설명한 대로 '대학문제'의 두 번째 국면에서 서울에 대학을 설립하는 안에 대해서는 이의가 제기되지 않았다. 그 문제는 해결됐다. 한국선교회는 숭실대학을 정식대학의 수준으로 회복하고, 현장에서 정책을 결정하고, 선교본부의 간섭 없이 지역 상황에 맞는 방법들을 적용할 한국선교회의 권한에 관하여 총회의 결정을 확실하게 받기 위해 두 번째 단계를 시작하였다.

선교회는 재판소가 아니며 장로교 재판국의 위계체제는 선교본부–선교회 관계에 적용되지 않음을 전원이 동의했다. 총회는 몇 가지 원칙을 세운 후에 모든 해외 사역을 해외선교본부에 위임했고, 사건의 본질상 선교본부가 최종 결정을 하도록 했다. 그럼에도 불구하고 한국선교회의 실험은 선교본부의 충분한 지식과 (적어도 침묵으로) 동의함으로 시작되었고, 실험이 진행된 20여 년 동안 그것이 한국 상황에 훌륭하게 적용되었음을 보여주었으며, 한국선교회가 대학의 위치선정에 있어 36대 6으로 평양을 지지했는데도, 선교본부가 한국실험을 거부하고 한국선교회에 압력을 가했을 때, 선교사들은 선교본부의 변덕스런 정책변화와 독단적이며 위압적인 권력행사로부터 자신들과 그들의 일생의 사역을 지켜야 할 필요성을 느끼게 됐다.

지금까지 선교사나 선교회가 선교본부의 결정을 총회에 호소할 수 있는 정해진 절차는 없었다. 선교본부의 총무들이 이것에 대해 별로 좋게 여기지 않은 것은 당연한 일이었다. 왜냐하면 가장 성공적인 선교지의 하나로 선교본부의 홍보자료에 격찬한 한국선교회에서 이런 호소를 했다는 사실은 문제를 더욱 악화시킬 것이었기 때문이다. 총회에 이 문제를 제기하기 위해서 선교회가 1916년에서 1920년까지의 시간을 들였다는 점은 마치 미로와 같은 총회 소송 절차에 뉴욕 전문가들이 얼마나 잘 대응하고 있었는지, 반면, 선교현장의 사람들은 얼마나 무지하고 무능하게 대응했는지를 여실히 보여고 있다.

그러나 마침내 끈질긴 노력 덕분에 총회는 뉴욕 스키넥터디(Schenectady)의 토머스 굿(Thomas R. Good)를 의장으로 하는 조선위원회를 구성했다. 위원회는 1920년 여름에 모임을 갖고, 선교본부와 한국선교회 대표들의 이야기를 듣고, 엄청난 양의 서신을 읽었다. 선교본부가 '대학문제'의 첫 단계를 처리한 방식에 대한 한국선교회의 불만이, 『미북장로회 한국선교회의 제문제(諸問題)(*Presentation of Difficulties which have arisen in the Chosen (Korea) Mission of the Presbyterian Church in the U.S.A.*)』라는 200쪽짜리 소책자로 발간되었는데, 이 장에서 인용하고 있는 서간들은 모두 이 책자 속에 있는 것들이다. 이 소책자는 한국선교회 대표인 제임스 아담스 박사와 사무엘 마펫 박사가 작성한 것이었다. 위원회는 두 부분으로 된 보고서를 제출했는데, 둘 다 총회의 승인을 받았고, '대학문제'의 최종 해결책이었다. 첫 부분은 1921년 총회 의사록의 96~100 쪽에서 볼 수 있고, 두 번째 부분은 1922년 총회 의사록의 126~129쪽에 실려 있다.

첫 번째 부분은 문제가 되고 있는 특별한 쟁점들을 다루었다. 먼저 문제의 복잡성과 많은 양의 서신에 대해 고충을 토로하고 나서 다음과 같이 결정했다.

a. 어떠한 차이점들이 있었을지라도 관련된 모든 당사자들은 양심에 따라 확고하게 행동했다.

b. 선교본부의 결정은 총회로부터 부여된 권한을 단 한 번도 넘어서지 않았다.

c. 선교본부가 수도 서울에 연합기독교대학 설립을 지지한 정책은 다른 선교지에서 성공적으로 이루어지고 있고, 일반적으로 받아들여진 교육정책과 조화를 이루는 것이다.

d. … (우리는) 머지않아 서울에 강력한 기독교대학이 필요하다고 생각한다. … 장소 문제는 현장에 있는 교육평의회에 의해서 미국에 있는 공동위원회에 위임되었고, 엄격한 고려사항으로 몇 가지 혼란이 발생했음에도 불구하고, 선교본부와 한국선교회의 연합운동에 참여함으로 우리는 한국선교회가 공동위원회의 결의를 최종적인 것으로 받아들여야 한다고 생각한다.

e. 선교본부가 평양대학을 학당으로 부르고, 평양대학을 전문학교나 중등학교로 하여 발전을 제한하는, 그리하여 서울에 설립될 대학에 종속시키는 정책을 채택하는 판단의 오류를 범했다. 우리는 평양을 중심으로 하는 훌륭한 전도사역을 통해서, 교회의 어린이들을 양성하면서 아울러 미래의 기독교 지도자들을 성장시키는 데 전념할 수 있는 대학으로 발전시키는 한국선교회의 정책을 옹호한다.

f. (이 항목은 1915년에 일어난 문제를 다루고 있으므로 본래의 '대학문제'와는 관련이 없는 부분이다.)

조선위원회 보고서의 두 번째 부분은 1년간 연기되었는데 여러 견해와 비평을 듣기 위해 여러 선교회에 발송되었기 때문이었다. 이 부분에서 선교본부의 권한이 인정되었고, 선교지부나 선교지부내의 소수 선교사들이 총회선교본부의 결정에 대해서 호소할 수 있는 절차가 마련되었다. 선교본부–한국선교회 관계에 있어서 그것은 선교본부의 최종 권위 아래 있는 것으로 그것은 옳은 것이었으며, 제2차 세계대전 때까지 계속된 몇 가지 현명한 조항들에 담겨 있었다. 제2차 세계대전 이후에 민족교회들이 선교본부와 현장 관계의 문제에 끼어들면서 전체적인 상황이 변했다.

선교본부 측의 강압적인 결정에 대한 한국선교회의 불평에 관련하여, 두 번째 부분은 한국이나 '대학문제'를 언급하지 않은 채 선교본부가 이번 경우에 한 일을 되풀이 하지 못하게 했다. 그리고 다음과 같이 규정했다.

> 그러나 만일 그런 감독하는 권한을 행사하는 데 있어서 총회로부터 그렇게 하라는 지시가 없는 한, 그 사역이 선교회의 판단에 어긋난다면 어떤 선교 지역 안에서 새로운 연합 사역에 참가하지 않는 것이 선교본부의 정책이다.

조선위원회의 결정은 양쪽을 다 만족시켰던 것으로 보인다. 아더 브라운 박사는 그것이 "서울의 연합대학에 대하여 다른 선교회와 협력해야 한다는 선교본부의 견해를 이의 없이 승인한 것으로" 생각했다.[101] 한국선교회도 만족하였는데, 이는 숭실대학이 정상적인 상태로 회복되었고, 한국 교회의 중요성이 인정되었으며, 한국선교회 자체도 이번 경우 같은 선교본부의 처리가 되풀이 되지 않을 것이라는 보장을 받았기 때문이었다.

조선위원회 결정의 하나는 한국선교회가 서울의 대학, 즉 조선기독교대학을 관리하는 선교활동에 즉시 참여해야 한다는 것이었다. 한국선교회는 그렇게 했다. 제2차 세계대전 후 철의 장막 뒤로 숭실은 평양과 함께 무대에서 사라졌고, 한국에 있는 모든 선교회는 조선기독교대학에 총력을 기울였다. 이 학교가 오늘날 세브란스연합의과대학과 합쳐져서 연세대학교가 됐고, 한국의 중요한 기독교대학이 되었다. 그와 거의 같은 때에 연합신학대학원이 설립되었다. 이로 인해 연세대학교는 한국에 있는 모든 교파의 기독교 운동과 긴밀한 관계를 가지고 직접적인 공헌을 하게 되었다.

여기에서 '대학문제'를 다루는 이 장을 끝맺는 것이 좋을 것이다. 이것은 필자가 계획했던 것으로서 동기 문제에 관여하지 않고, 사실들과 행동 하나

---

101) *One Hundred Years*, p. 447.

하나, 그리고 시대별로 설명하려고 했다. 사실은 밝혀지게 되었다. 그러나 역사학 박사 과정에 있는 필자의 딸은 지금까지 나온 자료를 끈기 있게 읽고는, 이 문제에 대한 유용한 제안을 하지 않고 책을 마친다면, 이 책은 아주 불충분한 자료가 될 것이며, 훌륭한 기독교인들이며 당대의 위대한 선교 지도자들인 스피어 박사와 아더 브라운 박사, 그리고 해외 선교본부는 왜 가장 성공적인 한국선교회에 그런 이상한 대우를 했는지를 더 설명해야 한다고 주장했다.

로버트 스피어 총무와 아더 브라운 총무는 당대에 유능하고 헌신적인 선교 행정가들이었다. 기독교인들은 자신들의 약점보다는 장점을 보이고 있는 영역에서 실수를 저지르곤 한다.

행정가들은 인간적인 요인을 포함한 여러 요소들을 이해해서 어떤 달성 가능한 목표를 세우고 그 목표를 실행할 수 있는 단계들을 만들어내기 위해서 고용된 사람들이다. 1912년에 어떤 중요한 분열만 없었다면 두 개의 연합대학 또는 두 개의 교파별 대학의 설립이 가능했을 것이다. 거의 10여 년에 걸쳐서, 모든 관련자들을 몹시 기분 나쁘게 만들고 갈등을 일으키는 끔직한 소동이 지난 후 총회는 해결책을 지시했다. 그 해결책은 성공적이었고, 1912년에 그렇게 잘 되었던 것처럼 그것이 해결되는 데는 여러 가지 이유가 있다. 분명히 그 결과가 보여주듯이 총무들은 도달할 수 없는 목표를 세웠고, 관련된 사람에 대해서 그리고 이념적인 요소들을 잘못 이해하고 있었다. 이것은 어설픈 행정이었다.

더구나 권한에는 책임이 따른다. 공동위원회가 교육평의회에 주어진 권한을 취소하였을 때, 결정권과 정책입안권이 모두 선교본부의 손으로 되돌아갔는데 그것은 총무의 손에 넘어간 것을 의미했다. 그들은 발생한 일에 대해 책임을 져야만 했다.

선교본부와 참으로 그렇게도 유명한 총무들이 왜 그렇게 행동했는지를 이해하기 위해서는 세 가지 질문에 대한 답을 해야만 한다. 한국선교회는 이런 질문에 대해서 만족할 만한 답을 받지 못했기 때문에, 한국선교회는 선교본부 내부의 몇몇 회원들의 동기에 대해 혼란과 의심에 빠졌던 것이다.

첫째로, 왜 총무들은 한국 교회의 존재를, 그리고 더 나아가서 그 중요성을 무시했을까? 현장에서 보낸 편지들은 이 점에 선교본부가 주의를 기울일 것을 촉구했다. 현장으로부터 온 편지의 객관적인 통계나 공식적인 내용 여기저기에, 평생을 교회에 바쳤지만 이제는 그런 사실이 무시되고 더욱이 위태롭게 되었다고 느끼는 사람들이 진심이 고동치고 있었다. 총회의 결의는 평양대학을 유지하는 결정적인 요인으로 특별히 교회를 언급했다. 그러나 아담스 박사의 200페이지 분량의 책인 『미북장로회 한국선교부의 제문제』에서 우리는 선교본부의 편지들은 이 점이 고려되어야 할 요인으로 인정하지 않았음을 보게 된다. 특히 이해할 수 없는 것은 선교본부의 홍보연설이나 문헌 그리고 총회에 제출한 보고서에는 총무들이 한국 교회에 대해 감동적인 보고를 하였고 그것을 잘 알고 있었다는 점이다.

둘째로, 왜 총무들이 한국 전체에 오직 하나의 연합대학만을 고집했을까? 이것은 모든 일을 망쳐버릴 화근이었다. 언더우드, 베어드, 아담스, 마펫, 실행위원회의 공식 편지와 개인적인 편지들, 모두가 하나의 대학을 주장하지는 않았다. 왜 총무들은 하나의 4년제 대학과 2년제 전문대학이라는 안이 거부될 정도에 이를 때까지 이런 가능성을 연구하는 것조차 허락하지 않았을까?

두 개의 대학이 한 개의 대학보다는 항상 비용이 더 많이 든다고 말하는 것은 쉬울 것이다. 이에 대해 선교사들은 굉장한 계획을 말하지만 선교본부의 총무들은 자금을 마련해야만 한다. 사실상 총무들도 이 점을 거듭 말했다. 그들은 일본, 중국, 그리고 인도의 수억 명의 사람들의 필요를 고려했을 때, 1,200만에서 1,500만의 인구를 가진 조그마한 한국에 두 개의 대학을 둘 여건은 안 된다는 것을 보이기 위해 통계 기록들을 제시하였다. 이런 숫자가 사실이기는 하지만, 그들은 선교본부가 한국교회의 존재를 무시하고 있다는 점만을 강조하는 것일 뿐이었다.

총무들이 경제적 요인의 책임을 벗어나려는 것은 어렵지 않다. 왜냐하면 그것은 행정가들이 유념해야 할 적법한 것이기 때문이다. 그렇지만 이 경우에는 그리 수월하지가 않을 것이다. 서울에 있는 대학을 위해서만 마련된 재원은 금방이라도 쓸 수 있게 준비되었고, 그렇지 않고서는 집행될 수 없다는 것은 이미 잘 알려져 있었다. 이것이 언더우드 박사가 서울에 있는 대학이 평양에 있는 대학에 손해를 주지 않고 시작할 수 있다고 주장한 이유이다. 이 기금의 출처인 언더우드 박사의 형과 루이스 세브란스 씨는 모두 다 선교본부 일원이었다. 서울을 도우려는 그들의 태도와 의향은 잘 알려져 있었다.

남장로교선교본부의 체스터(S. H. Chester) 박사가 공동위원회에서 최종 결정을 위한 투표에서 서울을 선택했을 때, 그것은 한국에 있는 선교회의 만장일치된 견해에 반한 것이었다. 그는 이 점에 대해 변명하면서, "… 대학의 위치를 서울로 정하는 조건으로 거액의 기부가 이미 있었고 다른 약정도 있었다고 들었다. …"[102]고 해명했다.

한국선교회는 이 모든 일들을 알고 있었으므로 선교본부의 경제적인 호소를 액면 그대로 받아들일 수 없다.

셋째로, 왜 공동위원회의 장로교 대표들이 한국에서의 그들의 사역의 중요성을 변호하지 않았을까? 한국에서 장로교의 이해관계는 세계 모든 지역의 장로교 사역과 관련해서 볼 때 감리교보다도 훨씬 더 중요한 것이었다. 이 장의 첫 부분에서 인용된 단락은 한국 교회가 다른 선교 지역의 장로교 교회들에 대해 상대적으로 얼마나 중요한가를 보여준다. 한국선교회는 선교본부의 관리 아래 있는 가장 큰 선교회였다.

이것은 감리교의 상황에는 적용되지 않았다. 한국에서의 그들의 사역은

---

102) Adams, *Presentation of Difficulties*, p. 47.

일본이나 중국, 인도와 같은 규모가 크고 성공적인 선교지와 비교했을 때 그다지 성공적이지 못했다. 상대적으로 한국은 선교지로서 그들에게 별로 중요하지 않았고, 다소 한국을 경시하는 경향이 있었으며, 그들은 오히려 다른 선교지의 성공을 강조했다.

한국에는 4개의 장로교선교회에 대비하여 두 개의 감리교선교회가 있었다. 한국에 나와 있는 선교사들의 전체 수에서 감리교는 1/3이 조금 못되었다. 한국 내 감리교회는 장로교 규모의 1/5 또는 1/6정도였다. 그러므로 뉴욕에서 온 편지는 감리교는 100%가 서울을 지지하고, 장로교는 거의 90%가 평양을 지지하듯 교파의 노선에 따라 다름을 시인하였고, 장로교 선교사들은 왜 공동위원회에서 다수를 차지하는 장로교인들이 현장에 있는 그들의 지지자들을 대변하는 조치들을 취하지 않았는지 이해할 수 없다. 장로교인들이 어떻게 그렇게 무관심하고, 관대하고 무력할 수 있을까? 왜 소수의 감리교인들이 모든 주도권을 쥐고 모든 결정을 내리도록 했을까?

한국 안에서 두 선교회의 관계는 공식적으로는 예의를 지켰고, 선교사 개인들 간의 관계는 일반적으로 원만했고, 몇몇 선교사들의 우정은 상당히 깊었다. 그럼에도 불구하고 두 교파의 교회 성장의 불균형은 오히려 묘한 상황을 만들어냈다. 장로교는 공동체와 연합문제에 있어서 자신만만했고 적극적이었다. 장로교인들이 그들의 형제인 감리교인들에 대해 가진 감정은 마치 혈액의 철분처럼 칼빈주의 신학이 제공하는 좋은 면이 부족하다는 아쉬움이었다. 그들이 네비우스 방법을 결코 채택하지 않은 것도 유감스런 일이었고, 그것이 바로 그들의 사역이 계속해서 뒤떨어지는 이유라는 것을 감리교인들이 깨닫지 못하는 것도 이해할 수 없다. 그럼에도 불구하고 감리교인들은 좋은 사람들이었고 주님을 사랑했으며 결코 배제되어서는 안 되었다. 장로교인들이 그들에게 좀 더 친밀한 관계를 가지고자 하면 어디에서든지 가능했다. 만약 백낙준 박사에 의해 인용된 진술문이 어떤 기준이라면,[103] 감리교인들은 장로교와의 우호관계의 진전을 호랑이 얼굴의 미소[104]로 여겨야 한다.

이 수년 동안의 이야기는 장로교의 설득을 감리교가 수세적인 자세로 대하는 이유를 보여주는 것이었다. 베어드 박사와 장로교인들은 감리교인들을 숭실대학에 참여하도록 재촉하였고, 그들을 맞아들이기 위해 중요한 양보를 하였다. 우리는 장로교가 감리교를 교육평의회 가입을 허용하기 위해 제시한 유리한 조건들을 보았다. 그와 똑같은 일이 선교지 분할에도 적용되었다. 감리교는 분할의 근거가 되는 현장에서의 인력 보장보다 더 많은 지역을 가지려고 요구하면서 대체로 그런 협상에 참여했다. 교육에서 연합 노력의 붕괴는 매번 감리교측의 일방적인 결정에 의해 발생했고,[105] 대부분의 경우 장로교에 중대한 재정적 손실과 기타 손실을 끼쳤다.

그러므로 감리교인들은 장로교인들을 보수적이고 독선적이며 자기만족에 거만한 사람들로 보았을 수도 있으나, 엄밀히 말해서 그들이 장로교인들을 강경하고 편협한 교파주의이며 반에큐메니컬이라고 보았다고 말할 수는 없다. 장로교인들은 감리교인들을 어떤 일에서든지 배제하려고 하지 않았다. 그들은 한국에서 발견하고 배우고 성취한 좋은 것들을 기꺼이 감리교인들과 나누려고 했으나, 장로교인들의 생각에는 너무나도 분명한 한 가지가 있었다. 그것은 만일 감리교인들이 주장한대로 되었다면 한국실험도 네비우스 방법도 교육정책도 숭실대학도 많은 한국교회들도 존재하지 못했을 것이라는 점이다.

뉴욕으로부터의 편지가 모든 것을 감리교측 의견을 따르기로 하자, 감리

---

103) 이 책의 278쪽 각주 11번을 참조하라.

104) '호랑의 얼굴의 미소(the smile on the face of the tiger)'는 관용구로 한국 속담에 '겉과 속이 다르다'는 정도의 말로 표현될 수 있을 것 같다. 이 표현은 현재에도 계속 쓰이고 있고, 특히 소설 제목에 많이 등장하곤 한다. (역자 주)

105) H. A. Rhodes, p. 419.

교가 원하지 않은 평양은 선택될 수 없었고, 감리교가 서울을 요구했기 때문에 서울이 될 수밖에 없었으며, 감리교와의 연합이 다른 무엇보다도 더 중요했다는 것 등에 대해서 장로교인들은 소스라치게 놀랐고 또한 격분했다. 이로써 한국에서의 30여 년 동안의 수고와 성과를 저버린 것인가? 선교본부 사람들이 정신이 나갔는가? 그들이 자신들에게 속한 선교사들의 판단을 존중하지 않았을지라도, 어느 곳이든 그들 선교지에 있는 많은 교회들의 이해와 미래 리더십을 보호하려는 책임감을 못 느꼈단 말인가? 만일 감리교가 그들의 특권인 서울을 옹호했다면, 장로교는 어디를 주장했을까? 왜 그들은 자신의 입장을 밝히지 못했을까? 그들은 용기 있는 사람이었나, 아니면 겁쟁이였나? 장로교선교회는 명백히 이것을 충성과 지지를 기대할 이유가 충분히 있는 사람들에 의한 배반행위로 간주했다.

그들이 위의 질문들에 대한 납득할 수 있는 대답을 선교본부 편지에서 찾을 수 없었기 때문에 네비우스 방법에 대한 한국선교회의 분위기는 그들로 하여금 뉴욕의 총무들 역시 실험을 반대하는 사람들이고, 실험의 성과인 교회를 무시했고 불신하려 했으며 교육정책의 정수인 학교를 폐쇄시키려고 했다는 생각을 갖게 했다. 이것은 새롭고 강한 감정적 요인을 그 분위기 속에 끌어넣었다.

세 가지 질문에 대한 선교본부의 응답은 한 가지 점에 집중되어 있었고 모든 서신교환에 뚜렷하게 나타난다. 모든 다른 고려할 점들에 어두운 그림자를 던진 것은 에큐메니컬 원칙이었다. 연합사업, 연합기관은 무엇보다 교파적인 고려 사항을 밀어붙였다. 한국장로교회와 그 필요의 문제, 하나의 대학이냐 두개의 대학이냐 하는 문제, 장로교회가 감리교회보다 더 빠르게 성장하고 있다는 사실, 이런 모든 사항은 본질적으로 교파적인 문제이고, 나라 전체를 포괄하는 총체적인 에큐메니컬 방식 안에서 해결돼야 한다는 것이었다.

한국실험이 관계되어 있는 한, 총무들은 선교회가 그것을 해보도록 허락했지만, 만약 그것이 에큐메니컬 원칙에 방해가 된다면 그만두어야 한다는 것이었다. 그들은 한국교회의 성장이 네비우스 방법이나 실험에 기인한다고 믿지 않았기 때문에, 이 둘 중의 하나나 아니면 둘 다를 포기한다고 하더라도 교회에 해가 되지는 않을 것이라고 확신했다.

선교본부 총무들은 '장로교의 이익을 보호하기 위해' 공동위원회에서 일한다고 생각하지 않았다. 그들은 한국에서 가능한 가장 훌륭한 기독교교육을 위해 건설적인 계획을 세웠다. 그리하여 수도인 서울에 연합대학을 세우기로 결정했다.

한국선교회가 무척 많은 관심을 가졌던 쟁점들을 고려하는 것조차 교파적인 면을 강조하는 것이었다. 그것은 왜 한 교회가 다른 교회보다 더 빠르게 성장했는가에 대해 감리교와 장로교가 서로를 비난할 기회를 준 셈이다. 뉴욕 사람들은 진짜 문제는 교파간의 경쟁, 개인적인 악의, 지역적인 질투라고 확신하는데 대체로 이견이 없다. 본국에서 매우 많은 명성을 얻었던 곳인 한국에서 그들이 이러한 문제들을 양보했다면, 그들은 모든 것을 완전히 양보하게 되었을 것이다. 아프리카나 남아메리카, 그리고 아시아에는 별로 경쟁하지 않는 교파별 대학이 많았다.

선교사들은 선교본부로부터 받은 편지에서 이런 내용을 읽었지만, 그들은 그것을 문자 그대로 받아들일 수는 없다. 그들 역시 에큐메니컬 원칙을 믿고 있었다. 그들은 숭실대학을 에큐메니컬 및 연합기관으로 만들기 위해 진정한 희생을 하였다. 그러나 그들은 이 원칙을 다른 고려사항보다 우선하지는 않았다. 하지만, 선교본부는 그렇게 했고 그래서 다른 방법을 찾았으며, 이것이 그들이 가지고 있었던 실험에 관한 동기들과 관련해서 그들을 불리하게 만들었다는 점에 대해서 믿을 수가 없다.

한 가지 점에서 선교본부의 논쟁은 예상을 뒤엎었다. 만약 연합이 최우선적인 고려의 대상이었고, 연합이 위치 선정보다 훨씬 더 중요했다면, 그들이 되풀이해서 말했듯이 왜 평양에 있는 연합기독교대학을 있는 그대로 계속하지 않았는가? 감리교는 철수하여 서울로 장소를 정하려고 했는데, 왜 그랬을까? 여기에는 분명히 연합 보다는 다른 이유가 관련되어 있다. 이것은 마침내 총무들이 그들 자신의 이전의 교육정책 진술서와는 조금이지만 아주 명확하게 다르다는 것을 재진술한 후, 한국선교회의 교육정책을 단호하게 거부하게 한 것이었다.

이제 마침내 한국선교회는 그들의 의심이 옳다고 생각하였다. 그들은 선교본부와 그 직워들이 에큐메니컬 세계선교대회에서 분명히 했딘 네비우스 방법에 반대하는 공동위원회의 감리교인들 및 다른 선교본부들과 연합했다고 확신했다. 이런 생각은 교육평의회의 규약이 취소된 것과 거의 동시에 서울 근교에 대학 부지를 구입하기 위해 2년 동안 서신교환이 있었다는 것을 알게 된 것과 합쳐져서, 한국선교회는 자신들과 자신들의 실험이 잘 꾸며진 계획의 희생자이고, 지난 2년 동안의 서신교환은 뉴욕에서 이미 결정된 사항들의 눈가림일 뿐이라고 확신하게 되었다. 하나님은 실험을 옹호하는 그들의 도덕적 책임감에 축복하셔서, 그들이 '대학문제'의 두 번째 단계를 제안하면서 총회에 호소할 수 있도록 해 주셨다.

요약하자면, 필자는 선교본부와 높이 존경받는 총무들이 다음과 같은 이유로 한국에서 오류를 범했다는 의견을 제시하는 바이다.

첫째, 그들의 에큐메니컬 원칙에 대한 전적인 헌신은 '대학문제'와 관련된 실제적인 문제들을 직시하지 못하게 했거나 직시하고 싶어 하지 않게 하였다. 그들의 관심 아래 있는 다른 장로교 선교 지역에는 찾아볼 수 없었던 한국장로교회가 존재할 필요성이 있었다. 감리교가 장로교와 동시에 동일한 조건에서 출발했지만, 이제는 한국에서 감리교가 장로교의 5분의 1에 불과하다는 사실 뒤에는 확실한 선교철학과 한국실험이라고 하는 논거가 있다.

둘째, 진짜 문제를 분별하지 못했기 때문에 잘못된 것들, 즉 개인적이고 지역적 시기심과 편협한 교파주의를 당면한 문제로 받아들이게 했다.

셋째, 그들은 지역 상황에 대한 적절한 고려 없이 에큐메니컬 원칙을 엄격하게 적용했다.

선교본부와 한국선교회의 상반되는 견해는 다음과 같이 말할 수 있겠다:

선교본부는 소수의 교파적인 희생 없이는 에큐메니컬이라는 목적을 달성할 수 없다고 생각했다.

한국선교회는 장로교의 장자상속권이 에큐메니컬이라는 팥죽 한 그릇에 팔렸다고 생각했다.

결론적으로 한 가지 질문이 남는다. 한국만이 이런 현상이 나타나는 유일한 선교지인가? 인간의 본성이 무엇이든 간에 이렇게 생각하는 것은 비합리적이다. 한국의 경우 다른 점은 선교회의 실제적 규모와 뚜렷하게 성공을 거둔 한국실험이라고 하는 프로그램에 의해서 강화된 견실한 지도력 등이 있었고, 이 모든 것으로 인해서 그들이 중앙집중화된 권위로부터의 강압에 맞설 수 있었다. 만일 이런 것 가운데 하나라도 결여되었다면 한국이 견디어낼 수 있었을지 의문의 여지가 있다. 지도력이 미미한 작은 선교회들은 이런 상황에 직면했을 때, 그냥 받아들여야만 했을 것이다.

필자의 주의를 끄는 아주 비슷한 상황은 몇 해 동안 장로교회와 한국선교회에서 일했을 때 멕시코에서 했던 소위 신시내티 플랜이다. 필자는 이 경우에 대한 기록을 찾을 수 없었으나 갖고 있는 유일한 지식은 멕시코 장로교회의 혹독한 비판이다. 일반적으로 인정된 부분적인 자료에 의하면, 신시내티 플랜은 거의 같은 시간에 한국에서 일어난 일과 조목조목 현저하게 유사함을 보여준다. 그것은 교파들끼리 그들의 사역지의 정중한 분할로(그 자체로서는 유익하고 뛰어난 견해), 멕시코의 실제적 상황에 대한 고려 없이 뉴욕의 선교본부에 의해 엄격하게 집행되었다. 필자의 생각에는 이 경우가 잘못된 방법으로 올바른 일을 하려는 시도의 대표적이고 교과서적인 실례이다.

멕시코에서 일어난 일과 한국에 발생한 일 사이에는 중요한 차이가 있다. 한국에서 그 문제는 순전히 선교본부와 선교회 사이의 일이었다. 그 당시 한국교회는 무슨 일이 일어났는지 알지 못했고(숭실이 실제로 폐교했을지라도 그것은 달라졌을지도 모른다), 오늘의 한국에 '대학문제'로부터 현실적으로 피해가 될 것은 없다. 그러나 멕시코에서는 그것이 신교본부와 멕시코교회, 특히 장로교회 사이의 문제가 되었다. 그 당시 야기된 괴로움, 원한, 그리고 의심은 수년 동안 지속되었고, 아직도 멕시코 교회에 상처를 주고 있다.

제11장

베어드 박사의 교육사역 요약, 오늘의 숭실

1. 교육사역과 베어드 박사와의 지속적인 관계

베어드 박사는 1916년 숭실대학을 사임했다. 선교본부는 베어드 박사가 설계하고 체계화시켰던 교육정책을 거부했다. 그가 그런 활동 현장에서 물러나는 것이 더 나았다. 이미 제5장에서 살펴본 것처럼 베어드 박사는 기독교 문서 선교와 성경 번역과 그 개정하는 일을 하면서 여생을 보냈다.

몇 통의 서신을 주고받은 일을 제외하고는 베어드 박사는 대학의 위치 선정 문제에 대한 논쟁에 크게 휘말리지 않았다. 숭실대학으로 야기된 문제이기는 했지만, 이제 그것은 한국선교회와 선교본부 간의 문제가 되었다. 더 깊은 대응은 한국선교회의 실행위원회와 그 의장에 의해 이루어졌다.

베어드 박사가 자신의 교육이론이 거부된 것에 대해 어떤 분노를 느꼈든지 간에, 그는 그런 분노가 자신의 인생을 좌우하도록 놔두지 않았고, 좌절이나 자기연민 같은 사치스러운 감정에 빠지지도 않았다. 그는 하나님이 세속의 일이나 교회의 일을 다스리고 지배하신다고 철저하고 신실하게 믿었기 때문에, "뒤에 있는 것은 잊어버리고 앞에 있는 것을 좇으라(빌립보서3:12)"

는 원칙을 따랐다.

필자는 아버지와 함께 한국에서 선교사로 있던 1923년부터 1931년 기간 동안에는 앞 장에서 논의된 '대학문제'의 세부사항에 대해서 잘 몰랐었다. '대학문제' 그 자체는 필자가 미국에서 교육받던 동안에 발생했으며, 당시에 필자가 알고 있었던 것은 아버지는 이에 대해 깊은 관심을 가지셨고, 결국 아버지는 자신의 인생과도 같았던 학교를 떠나게 되었다는 것이었다. 이와 같이 필자는 관련된 일에 대해 어렴풋하게 알고 있었다. 학교를 떠난 이후 베어드 박사는 다른 일들에 전념했고, 그 일들을 하면서 행복해했다. 그는 '대학문제'에 대해 질문을 받으면 대답할 말이 많이 있었지만, 그의 입장은 '이미 문제가 해결되었는데 왜 아직도 그 문제를 벗어나지 못하고 있느냐?'는 것이었다. 이 문제에 대해서 호기심을 가지고 조사하기 시작한 때는 필자가 은퇴하고 나서였다. 필자는 베어드 박사의 편지와 보고서들을 살펴보면서, 당시 일어났던, 아직도 여전히 믿을 수가 없는 일련의 사건들을 알게 되었다.

베어드 박사가 미국선교본부와 한국선교회가 운영하는 대학 사역을 그만두었다고 해서 그것이 베어드 박사가 한국 교회 안에 있는 초등교육과의 관계를 끊은 것을 의미하는 것은 아니었다. 베어드 박사의 연례 보고서에 따르면 그는 1900년부터 평양 시내와 그 주변 시골 지역에 있는 교회학교들의 자문으로 활동했다고 한다. 마펫 박사는 다른 시골 지역에서 이 책임을 수행했다. 베어드 박사는 한국교회의 요청으로 죽을 때까지 이 책임을 계속했다. 아래에 인용된 보고서에서 그는 자신을 도시학교의 '교장(principal)'으로, 그리고 시골 학교의 '관리자(superintendent)'로 언급하고 있다. 사실 그 관계는 두 경우 모두 자문이라는 점에서 같아 보이는데, 굳이 그 차이를 설명할 필요는 없을 것 같다.

그는 1910~1911년에 대해서 다음과 같이 보고했다.

나는 평양의 초등학교 교장으로서 아래와 같이 보고합니다. 남학교에서 369명의 학생들이 있었는데, 그 가운데 113명은 중등학교 과정[1]에 있었습니다. 아홉 명의 한국인 교사들이 이 학생들을 가르치고 있으며, 교사들 대부분은 숭실중학의 졸업생이거나 아니면 사범학교 졸업생들이었습니다. 여학교에는 모두 183명이 다녔고 그 가운데 70명은 고등학교 과정에 있었습니다. 다섯 명의 여선생님들이 이 학생들을 가르치고 있으며, 이들 중 몇몇은 여학당[2]의 졸업생이거나 아니면 사범학교 재학생들이었습니다. 한국교회의 헌금으로 건축된 새 여학교 건문은 가을에 사용하게 되었습니다. 남학교 건물은 2월에 화재로 인해 소실되었습니다. 화재가 발생한 날, 교회 지도자들이 모여, 더 나은 형태로 재건축을 하기 위한 기금을 확보하고 새 건물을 설계하기 위한 위원들이 지명되었습니다. 총독부 학무국과 그 외 여러 곳에서 위로 전보를 보내왔고, 도지사를 비롯한 여러 관리들과 언론사 대표들이 직접 전화를 걸어왔습니다. 그런 전보에 답신을 보내고 전화에 응답하는 일 등은 새로운 정권하에서 건물 소실에 관련된 행정절차의 한 부분을 차지했습니다.

학교들은 교회 지도자들이 임명한 학교 이사회의 책임 아래 운영되고 있습니다. 교장과 한국인 관리자는 교회지도자들과 학교 이사회가 선출하고 있으며, 교사들 또한 같은 방법으로 선출하고 있습니다. 한국인 관리자는 매일 교실에서 교사들을 관리하고, 모든 일을 감독하고 있습니다. 남녀 학교에서 교실에서의 실질적인 일들은 한국인 관리자와 한국인 교사들이 담당했습니다. 관리자와 이사들은 학교 행정에 대하여 나와 항상 협의하고 있습니다. 교사 임명, 모금, 봉급액의 결정, 일정을 조정하는 일, 학생들의 졸업과 관련된 문제들, 졸업장 수여, 학습과정의 표준화 등에 관해서, 지도자들은 결정을 내리기 전에 교장인 나와 지속적으로

1) 당시 일제가 발표한 조선교육령에 따르면 조선인들이 참여하는 중등교육과정은 고등보통학교와 실업학교가 있었다. (역자 주)

2) 숭의여중을 말한다.

> 협의하고 있습니다. 이런 문제들을 협의하기 위해서 대략 한 해에 30여 회가 넘는 많은 회의를 합니다. 학생들이 보여준 발전은 만족할 만한 결과를 가져왔습니다.

1913년~1914년 보고서에서 그는 평양 외곽의 학교에 대해 말하고 있다.

> 여기 시골 학교의 관리자로서, 나는 작년 한 해 동안 많은 시간을 할애해서 그 학교들을 유지하고 지도하는 일을 도왔습니다. 마펫 박사의 경우처럼, 나도 올 봄에 한두 달 동안 학교의 문제들을 해결할 수 있는 도움을 받기 위해서 온 사람들을 상담하고 조언하는 데에 많은 시간을 보냈습니다. 이런 문제들은 학습과정이나 교과서 문제, 교사 확보, 학교위치와 학제조정 문제뿐만 아니라 재정, 자금 확보, 학교 자산의 보호 등 많은 것들이었습니다. 문제 중에는 아주 복잡한 것들도 있어서 조정하는 데 많은 시간이 걸리기도 했습니다.
>
> 우리 학교는 이제 모두 총독부의 학무국과 협의해서 교육평의회가 결정한 동일한 학습과정을 가르치기로 했습니다.

통계는 다음과 같다. 128개 학교에 155명의 교사들과 일본어를 가르치는 한국인 44명이 있다. 이 학교 가운데 약 10개 학교는 여학교이고, 나머지 다른 학교들은 남학교이다. 이러한 초창기의 학교 가운데, 몇몇 학교는 소년소녀들이 함께 학교에 다니기도 했다. 학생들은 남녀 합해서 3,382명이었다. 이들 학교들을 위해서 한국인들은 수업료를 인상하고, 교회 헌금, 기증과 기부 등의 자금을 모아서 모든 학교의 경비를 감당하였다. 그 금액은 모두 20,625엔 이었다.

2. 오늘의 숭실대학

베어드 박사가 1916년 교장직에서 사임한 후에도 숭실대학은 교회와 밀접한 관계를 갖는 정책을 계속해서 유지했다. 숭실대학의 졸업생들은 한국장로교회의 뛰어난 목사, 교사, 학교행정가, 교회의 장로들이 되었다. 오늘날도 확실히 한국장로교회의 책임 있는 지도자 그룹에는 반드시 숭실 졸업생들이 큰 비율을 차지하고 있다.

베어드 박사 다음에, 제2차 세계대전 때까지 몇 분이 교장으로 길게 또는 짧게 봉직했는데, 조지 매퀸 박사가 가장 오랫동안 봉직하면서 가장 돋보이는 지도력을 발휘했다. 그는 학교 구내에 기숙사와 커다란 강당, 체육관을 지었고, 베어드 박사가 휘트모어 씨의 기부를 받아서 자조부를 돕기 위해서 구입한 논과 밭에 농학과를 발전시켰다. 1930년대에 총독부 학무국이 설비를 늘릴 것과 더 높은 기준을 요구하는 등 끊임없는 압력을 행사했기 때문에, 만일 매퀸 박사가 시카고의 크로웰(H. D. Crowell), 일리노이 주 록 아일랜드의 데이비스 가족, 펜실베니아 주 타이터스빌(Titusville)의 쉐이드(Scheide) 가족, 피츠버그 제일장로교회의 친구들, 그리고 다른 여러 사람들로부터 특별한 기부를 확보하지 못했다면, 학교는 문을 닫게 되었을지도 모른다.

기독교학교들에게 총독부가 요구한 일본군의 수호신 천조대신(天照大神)의 신사에 참배하라는 명령에 따르는 대신, 숭실대학은 1938년에 자진해서 폐교하였다. 매퀸 박사는 신사참배거부세력의 지도자로서 널리 알려졌기 때문에, 그의 한국 거주 허용을 총독부가 철회하였다. 일본군장교들의 광신(狂信)주의에 의해 그의 생활은 위태로웠다.

제2차 세계대전이 끝난 후에는, 38선으로 인해 평양이나 북한에 들어갈 수가 없었다. 선교사들은 그곳으로 돌아가서 사역을 재개할 수 없었다. 마치 숭실대학은 이제 끝난 것처럼 보였다. 한국선교회는 대학 사역에 사용할 수 있는 모든 재원을, 곧 연세대학교로 이름이 바뀌는 조선기독교대학에 집중시켰다.

한편 차츰 공산주의 정권의 압박이 북쪽에 있던 많은 숭실 졸업생들에게 느껴지기 시작하자, 새로이 해방된 한국의 정치, 교육, 그리고 종교 생활의 영향력 있는 지도자들은 생존을 위해 남쪽으로 도망할 수밖에 없었다. 인천 상륙 이후, 유엔군이 평양에 도착했지만, 다시 중국 공산군이 전쟁에 개입함으로 후퇴하게 되었고, 퇴각하는 군대에 앞서 남쪽으로 도망한 수백만의 피난민 중에는 많은 숭실대학의 졸업생들과 친구들이 있었다.

제2차 세계대전 이후에 한국에서 나온 믿기 어려운 이야기 가운데 하나는 공산주의를 피해서 온 이들 피난민들이 한국선교회로부터의 최소한의 도움과, 미군으로부터의 상당한 물질적인 도움, 그리고 자신들의 커다란 희생으로 서울 근처 한강 남쪽의 땅을 확보하여, 정부의 허가를 받아 건물을 세우고, 교직원을 모아 숭실대학을 재건했다는 것이다.

모두가 숭실대학의 졸업생들인 이 그룹의 지도자는 우호익 교수[3]였다. 그는 대학을 졸업한 후에 일본에서 공부하고 돌아와, 매퀸 박사가 교장으로 있던 시절, 대학에서 가르쳤다. 숭실대학을 재건하는 데 끼친 그의 공헌이 아주 컸기 때문에, 그가 1962년 은퇴할 때에 이사회는 그를 명예 학장으로 추대하였다.

학교가 자립하기 위해 애쓰던 시절에, 당시 문교부에 있던 허증수[4] 씨와

---

3) 우호익(禹浩翊) 선생은 1934년 설립된 진단학회를 만드신 발기인 중의 한사람이다. 그는 국화인 무궁화를 학문적 차원에서 깊이 있게 체계적으로 연구하기도 하였다. 그는 또 1953년 10월 10일 숭실학교 개교기념일을 맞이하여 재건준비위원회를 구성하였으며, 드디어 1954년 4월 15일 인가를 받아 서울 영락교회 교육관에서 개교를 하고 그 부학장을 맡았는데 실질적인 학교운영은 그가 하였다. 1958년에는 명예학장이 되었다. 1983년 86세를 일기로 하였다. (역자 주)

4) 허증수(許增秀) 선생은 호주 선교사의 도움으로 숭실전문학교 영문과를 마쳤다. 해방 후 미

역시 정부에 있던 배민수 박사[5]가 대학 인가를 받는 데 도움을 주었다.

우호익 교수가 문학부장(Dean)으로 실제 행정을 담당하고, 한국에서 가장 큰 영락교회의 목사이자 장로교 총회장인 한경직 박사가 학장[6]을 맡았다.

최초로 전임으로 학장직을 수행하게 된 김성락 박사[7]는 로스앤젤레스의 한인장로교회의 목사직을 떠나 한국으로 돌아오라는 권고를 받았다. 그는 숭실대학의 최초로 2대에 걸친 졸업생이었다. 그의 아버지 김선두 목사는 2

군정청에 근무했으며 국비 유학생으로 호주 멜버른 대학에서 공부하고 동아대 교수, 부산대 교수로도 근무했다. 한국전쟁 중인 1952년 11월 14일 제1공화국의 5대 문교부 차관으로 일했고, 그 후 경희대학교 교수와 경희초급대학 총장을 지냈다. (역자 주)

5) 배민수(裵敏洙 1896~1968) 박사는 충북 청주 출신이다. 숭실중학교에 재학시절 학생 30여 명과 함께 조선국민회를 결성하여 항일투쟁을 벌이던 중, 1918년에 붙잡혀 복역하고 1919년 출감하였다. 그러나 곧 함경북도 성진군의 3·1만세운동에 연루되어 함흥감옥에서 복역하고, 1921년 출옥한 후 1928년 숭실전문학교 문과를 졸업하였다. 1933년에 미국 시카고의 매코믹 신학교를 수료하고 귀국, 1934년 목사안수를 받은 후 농촌운동에 투신하였다. 미국의 그린리프로부터 연 4,000달러씩 4년간 기부 받아 장로회총회본부 안에 농촌부를 신설하고 초대 총무가 되었다. 활발하게 농촌계몽강연활동을 하다가 일경에 쫓겨 1938년 미국으로 피신하였고, 그곳에서 재미한인독립운동을 전개하다가 1951년 귀국하여 농민운동을 재개하였다. 1964년에는 대전에 기독교여자농민학교, 1968년에는 경기도 고양군 일산에 삼애 농업기술학원을 설립하였다. (역자 주)

6) 한경직(韓景職 1902.12.29~2000.4.19) 목사는 평안남도 평원군 공덕면 출신이고 주요 경력으로 홀트양자회 이사장, 세계선명회 이사장, 대한예수교장로회 총회장, 한국기독공보사 사장, 한국기독교교회협의회 회장, 영락학원 이사장, 숭실대학 재건 초대 학장, 이사장을 지낸, 한국개신교의 가장 존중받는 성직자이다. 오산학교(1916~1919), 숭실대학(1922~1925)에서 수학 후에 미국 프린스턴 신학교를 졸업, 1934년 의산노회에서 목사 안수를 받았다. 1945년 8월 15일 윤하영 목사와 함께 기독교사회민주당을 조직하였으나 그해 10월 월남, 12월 베다니전도교회를 설립하고 이듬해 이를 영락교회로 개명하였다. 1954년 숭실대학 재건을 주도하여 초대 학장이 되었다. 대한예수교 장로회통합교단의 정체성을 형성하고, 해방 이후부터 1980년대까지 한국 개신교의 양적 성장에 크게 기여하였다. 상훈으로는 1970년 대한민국 국민훈장 무궁화장, 1985년 프린스턴 신학교의 '모교를 빛낸 영예의 동문상', 1992년 템플턴상, 1998년 '대한민국 건국공로장'을 수훈하였다. 숭실대학교에 그를 기념하는 한경직기념관이 있어 채플 겸 대강당으로 사용하고 있다. 한경직 목사는 제6대 학장으로 1954년 5월부터 1958년 9월까지 봉직했다. (역자 주)

7) 김성락 목사는 제7대 학장으로 1958년 9월부터 1964년 11월까지 봉직했다. (역자 주)

기로 졸업했고, 탁월한 목사였으며, 1918년 총회장을 역임했다. 김성락 박사는 숭실의 과거에 대한 지식뿐 아니라 미국 장로교회에 수년간 있으면서 체득한 지혜와 경험을 갖고 학장직에 임했다.

김성락 박사를 뒤이어 이 그룹에서 유일하게 숭실 졸업생이 아닌 고병간 박사[8]가 학장직을 맡았다. 그는 저명한 교육가로서 국립 경북대학교와 연세대학교의 총장으로 봉직했다. 그가 1966년 12월 불시에 사망했을 때, 서울에 있는 선교회 신문은 그를 "… 유능한 의사이자, 훌륭한 행정가이며, 헌신된 기독교인이며, 충성스러운 애국자이고, 따뜻한 친구였다."라고 묘사했다.[9]

현 학장인 김형남(Hermon Kim) 박사는[10] 수년 동안 총회의 회계로 봉사한 양심적인 장로교회 장로이다. 그는 한국 섬유 산업을 주도하고 있는 사람 중 하나로 공장의 고용인들과의 노동관계에 기독교적 원리를 적용시켰다. 학장이 되기 전, 그는 기숙사를 짓는 데 돈을 기부함으로 숭실대학에 대한 그의 관심을 보여주었다. 그는 맥머트리의 안나 데이비스 작업장에서 시간당 미화 3센트를 받고 일하기도 했던 숭실 동문이다.

한국 교회와 사회 전반에 걸쳐 극심한 혼란과 고통의 시기였던 1950년대와 60년대에 목회자나 평신도로서 이들보다 더 뛰어난 영향을 발휘하거나

8) 고병간(高秉幹 1900~1964) 박사는 평안북도 의주 출생. 의주 신영소학교, 선천 신성중학교를 졸업했다. 3·1운동에 참가하였다가 붙잡혀 1년 6개월간 옥고를 치렀다. 세브란스의학교를 졸업한 뒤 1934년 일본 교토제국대학[京都帝國大學]에서 의학박사학위를 취득하였다. 1945년 10월 대구의과대학(지금의 경북대학교 의과대학) 학장, 1951년 문교부차관, 1952년 경북대학교 총장 및 의과대학 학장, 연세대학교 총장, 1961년 세브란스병원 원장, 이후 숭실대학 제8대 학장(1964.11~1966.12)을 역임하였다. (역자 주)

9) *Korea Calling*, 1967년 2월.

10) 김형남 박사는 제9대 학장으로 1967년 2월부터 1972년 2월까지 봉직했다. 저자가 이 책을 쓴 해가 1968년이므로 현학장이라고 표기했던 것이다. 숭실대학이 대전에 있는 대전대학교와 합쳐 종합대학교인 숭전대학교가 되었을 때, 김형남 학장은 초대 총장이 되어 1972년 2월부터 1973년 1월까지 봉직했다. (역자 주)

더 커다란 공헌을 한 그룹을 찾기란 여간 어려운 일이 아니다. 그들은 성실한 인격과 도덕적 자질을 보여주었는데, 이러한 것들이 없다면 교회와 사회는 기능을 할 수 없을 것이다. 이러한 점들은 베어드 박사가 '진리를 숭상하라(Venerate Truth)'는 뜻의 '숭실(崇實)' 교명에서 그가 소망했던 자질들이다. 처음부터 그는 한국인들이 대학의 지도자들이 되기를 원했고, 대학이 교회를 섬기기를 원했다. 책임 있는 졸업생들은 그런 원칙을 따르고 있었다.

3. 숭실대학의 기록 요약

지금은 한국 서울의 상도동 135번지[11]에 위치해 있는 숭실대학은 이제 한국에서 가장 큰 대학도 아니고, 가장 시설이 좋은 대학도 아니다. 그러나 숭실대학에는 몇 가지 특징들이 있다.

1. 숭실은 한국에서 가장 오래된 인문대학이다.

2. 숭실은 근대 선교역사에서 네비우스 철학과 방법을 엄격하게 좇아서 발전한 거의 유일한 대학이다.

3. 아래와 같이 민족교회와 아주 밀접한 관계를 드러내고 있는 미션대학으로는 숭실대학교가 거의 유일하다.

가. 처음부터 학교 운영의 주체로 자국인을 세웠다.

나. 현재 한국교회의 최고 치리기구(총회[12])와 관계를 갖고 있다.

다. 목회자와 교사로 또는 헌신된 평신도로 교회를 섬기면서 지도력을

11) 행정동명의 변화로 2016년 현재는 서울시 동작구 상도로 369로 표기한다. (역자 주)

12) 2016년 현재 대한예수교 장로회 총회(통합측) 소속대학이며 총회는 총 11명의 이사 중 두 명을 파송하고 있다. (역자 주)

2016년 현재 숭실대학교 전경

발휘하는 졸업생들의 숫자가 많다.

라. 지혜롭고 용감한 리더십의 특성을 보여주는 것으로, 이들 목회자들과 평신도들은 교회 안에 기소위원회, 재판국, 위원회와 더불어 각종 프로그램 등을 진행하고 있다.

4. 선교역사를 볼 때, 전쟁의 소용돌이를 지나는 거의 20년 동안 학교 문이 닫혀있었으며, 캠퍼스 건물과 시설을 모두 잃어버린 후에, 선교본부나 한국선교회의 지원이 그다지 많지 않았음에도 불구하고, 이 대학의 졸업생들과 한국교회 지도자들이 이 학교를 38선 이남에 재건했다는 사실은 전무후무한 일이다. 이것은 선교의 첫 번째 본분은 교회를 세우는 것이고, 그 다음 그 교회가 필요로 하는 형태의 기관들을 발전시켜야한다는 네비우스 선교 철학을 잘 보여주고 있다.

베어드 박사의 교육이론은 선교학교의 첫 번째 목적은 기독교인들을 기술적으로, 지적으로, 영적으로 훈련하여, 그들이 설교자나 교사나 농부나 상인 등 그들이 어떤 직업에 종사하던 간에 그들은 그리스도를 증거하는 사람이 되게 하는 것이다. 이런 베어드 박사의 교육 이론은 한국선교회 교육자들에 의해 대부분 거절되었고, 특히 너무 편협하다는 이유로 1914년 12월 미국장로교 해외선교본부에 의해 거부되었다. 다른 미션 대학들이 자신들이 수립한 더 폭넓은 목표를 달성했는지의 여부는 역사가 결정하도록 남겨 두어야 한다. 그러나 한 가지 사실은 분명하다. 그것은 바로 어느 대학도 숭실대학이 채택하고 달성했던 한 목표, 즉 '교회를 섬기겠다'는 아주 집약적인 목표에 상응할 만한 성취를 이루어내지 못했다는 점이다.

1956년 서울 남쪽의 숭실대학 캠퍼스

왼쪽에 두 개의 강의동이 있다. 새로운 캠퍼스는 오른쪽 건물의 봉헌식과 더불어 시작되었다. 난민을 위한 미군 원조 물자에 의해 이 건물이 세워지게 되었다.

오른쪽 사진에서 첫 번째 강의동의 모퉁이가 보인다. 옆의 기숙사는 당시 학장이었던 김형남 박사에 의해 세워졌다.[13] 그 오른쪽에 있는 기숙사는 미국 장로교회의 저명한 평신도였던 하워드 퓨(Howard Pew)에 의해 세워졌다.[14] 오른쪽 끝이 학교식당이다.

13) 형남관이라는 공식 명칭이 있던 이 기숙사를 학생들은 그 건물이 하얀색으로 되어있어 white house, 백악관으로 애칭했는데, 이 건물은 그 기능을 다하여 현재는 그 자리에 중앙도서관이 자리하고 있다. (역자 주)

14) 이 건물은 1959년에 건립되었고 2016년 현재는 교수들의 연구관으로 사용되고 있으며 연구관으로 불린다. (역자 주)

농학과가 나중에 캠퍼스에 신설되었다.15) 이 곳간은 축산설비의 주요 부분이다.

▎1958년 7월 찌는 듯이 더운 날 공사중인 숭실대학 캠퍼스에서

리처드 베어드　　　프랭크 윌슨　　　한경직　　　김형남

왼쪽부터 설립자의 아들인 리처드 베어드, 미국연합장로교의 해외사역 교육부 총무인 윌슨 박사, 숭실 재건 후 첫 번째 학장이었으며 서울에 있는 영락교회 담임목사 한경직, 한국 산업의 역군이며 당시 학장이었던 김형남

15) 1961년 12월에 농촌사회학과를 개설, 1965년 12월 농학과로 개편하였다가 1970년 2월 폐과하였다.

박사이다. 한국 장로교회의 탁월한 목회자와 장로를 찾아야 한다면, 동창인 위의 두 신사가 적격일 것이다.

아래 사진은 서울 숭실중학 건물이다. 이 건물 역시 동창들에 의해 세워졌다. 현 교장인 김취성 교수는 103쪽의 사진 맨 앞에 보인다.

제12장

인간 베어드, 선교사 베어드

어느 누구도 자신의 아버지를 바로 분석하고 평가할 수는 없을 것이다. 생각이 있는 사람이라면 감히 시도하지도 못한다. 필자는 이 책에서 인용된 일기, 편지, 보고서 등의 여러 문서들을 읽으며 아버지의 모습 속에 있는 알지 못했던 한 인간을 발견하게 되었기 때문에 이런 노력을 계속할 수 있었다.

필자가 어렸을 때, 베어드 박사에 대한 모습은 친절하고 공정했지만 결코 아무런 응석이나 다 받아주시는 아버지는 아니었다. 그는 규율을 아주 엄격하게 지키는 사람이였다. 하지만 그는 시행을 할 수 없는 규칙을 만들거나 억지로 시키려고 명령을 하지는 않았다. 그는 단호한 체벌을 인정했으나 세심한 설명 없이 또는 사전에 주의 없이 화가 나서 야단을 치지는 않았다. 겁을 주거나 달래지도 않았다. 천방지축 세 아들을 엄격하게 다스렸으므로 (딸은 아들들보다 어려 좀 더 나은 상태에 있었다), 그는 아주 엄격하고 냉정한 규율에 따라 논리적으로 움직이는 기계처럼 보였다.

성년이 되면서 필자의 어릴 적 시각은 많이 바뀌었다. 아버지의 논리가 종종 아주 의아하게 보이기도 했다. 제1차 세계대전 기간에 베어드 박사는 아들 셋이 군대에 갈 나이가 되었다는 것 말고는 다른 분명한 논리적 이유 없이 강고한 평화주의자가 되었다.

신학교 시절에 필자는 자라면서 받은, '엄격하게 안식일을 지키라[성수주일(聖守主日)]'는 원칙은, 반드시 지켜야 할 성경의 가르침이라기보다는 오히려 아버지가 신실한 언약교회 교인이었던 어머니에 의해 양육되었기 때문이라는 것을 알게 되었다. 베어드 박사는 철저한 논리로 규격화된 기계같은 사람이라기보다, 오히려 다소 비논리적이고 감성적이고 부드러운 마음을 가진 어른이었다.

필자가 선교사가 되어 한국에 돌아온 1923년에서부터 베어드 박사가 돌아가신 1931년까지, 베어드 박사는 문서 사업과 번역 사업에만 몰두하였다. 선교회의 위원회나 프로그램 사역에서는 손을 뗐다. 그는 자신의 상아탑에 있는 나이든 학자의 완벽한 본보기처럼 보였다.

그러나 이 책을 준비하면서 알려지지 않은 부분에서 나타난 역설적인 면을 살펴 볼 수 있었다.

아버지는 운동이나 경기 같은 육체적인 활동을 좋아하는 사람이 아니라, 학자이고 신학자이고 이론가였다. 그러나 상황에 따라서는 아주 힘든 여행을 하였고, 셀 수 없이 힘든 개척자 생활의 어려움을 견디어냈다. 그는 육체적으로는 아주 강인했던 것으로 생각된다. 아버지는 한국의 주막이라 불리는 여관의 열악하고 비위생적인 환경을 잘 견디었다. 아버지와 함께 있던 한국인 심부름꾼 소년과 심지어 건강한 마부들도 병이 나서 뒤에 남겨두어야 했을 때도 있었다. 어빈 박사는 그와 함께 여행을 마치고 돌아와서는 장티푸스 열로 6주 동안 누워있었다. 한국인들은 어린 왕[고종]의 섭정 대원군이 '강철같은 심장'을 갖고 있다고 했다. 마찬가지로 베어드 박사도 매우 건강해서 많은 선교사들의 최대의 적이었던 사악한 병균에 의해서 전혀 고통을 당하지 않았다. 그의 형이 그에게 건강관리를 잘 하라고 했을 때, 그는 이전 의사 휴 브라운 박사는 결핵으로 미국에 돌아가서 거기에서 사망했고, 지금의 의사는 장티푸스로 누워있고, 아내 애니는 감기에 걸렸지만, "나는 조금도 아프지 않다"고 대답했다. 그는 그 당시 주막에서 주던 형편없는 음식을 잘 소화했을 뿐만 아니라, 그것에 대해 농담까지 하였다. 그의 일기장에는 요즘 아주 우울하고 기운이 없는데, 이것이 "내 마음에 들어온 마귀 때문인지, 내 위장에 들어온 한국 주막 음식 때문인지" 확실히 모르겠다고 쓰여 있다.

그는 보수적이어서 상상력이 풍부하거나 모험을 좋아하거나, 대담하기보다는 철저하고, 신중하고, 꾸준한 편이었다. 그러나 북쪽에서 큰 변화[1]에 직면했을 때, 그는 선교 역사에 전례 없는 상황을 인식할 능력이 있었다.

그가 교육 자문이 되었을 때, 한국선교회에서 교육 사역을 위해서 더 이상 재정 지원을 할 수 없다고 알려왔지만, 그는 다른 현장에서와는 달리 지역 상황의 필요에 아주 적합한 프로그램을 채택할 수 있었다. 조용하고 수줍은 사람으로, 그는 결코 고압적인 행정관이나 관리 유형이 아니었다. 그러나 그는 초등학교부터 대학까지 교육 체계를 세웠고, 필요한 곳에 적당한 것을 만들어 냈으며, 가까이에 있는 인적자원을 사용하고 훈련시키고, 그들을 지배하기보다는 격려하고 지도하였다. 그리고 마침내 그의 혁신과 실험이 큰 성과를 거두는 것으로 나타났을 때, 그는 선교본부의 거부에 직면하게 되었다. 그는 미워하거나 원망하는 대신 그의 학자적 재능을 다른 사역에 사용할 수 있었다.

비록 크게 알려져 있지는 않았지만, 그는 진정 위대한 점들을 갖고 있었다. 필자는 그런 분이 아버지인 것이 기쁘다.

무엇보다도 베어드 박사는 믿음의 사람이었다. 그는 하나님이 그 손을 드셔서 예수 그리스도를 통해 세상을 구속하신다는 것과, 항상 그렇듯이 오늘도 그 목적을 이루시기 위해 개인과 교회 안에서 역사하신다는 것을 믿

---

1) 평양을 중심으로 그 주변과 북쪽지역 전역에서 일어난 교회부흥을 말한다. 이는 세계선교사에 유례없는 일로 평가되고 있다. (역자 주)

었다. 그가 자신의 처음 선교지로 한국을 선택한 것도 바로 이런 믿음 때문이었고. 이로 인해 그가 네비우스 방법을 받아들인 것은 당연한 것이었다. 믿음으로 그는 자신의 가장 많은 힘을 기울였던 일에 도전을 하였던 북쪽의 큰 변화에 직면할 수 있었고, 또한 믿음으로 그는 이런 일이 없었다면 볼 수 없었던 자신의 성격의 여러 요소들을 볼 수 있었다. 이 믿음은 그가 한국인들을 신뢰하게 하였고 처음부터 그들을 책임 있는 자리에 둘 수 있었다. 그는 한국인에 대한 어떤 환상도 없었고, 어느 정도 설득력 있게 그들의 약점들을 열거할 수 있었다. 그러나 그런 약점은 인간 본성에 타고난 것들이고, 하나님은 인간 본성을 구속하시기 위해 역사하신다. 이런 믿음 때문에 그는 불굴의 의지로 자신의 소망이 좌절되고 꺾이는 전 과정을 이겨낼 수 있었다. 하나님은 모든 것들을 선하게 인도하시는 분이다.

베어드 박사의 믿음은 그에게 이 험한 세상에서 아무나 받을 수 없는 그런 상을 가져다 주었다. 그는 위대한 주님을 발견했고, 그분께 자신을 드렸고, 결코 그분을 의심하지 않았다. 주님을 따르면서 그 어떤 희생도 이것보다 위대할 수 없고, 자신의 전 존재를 걸어야 하는 위대한 근원, 즉 십자가의 길에 들어갈 수 있었다. 이런 십자가의 길을 통해 그는 이 세상 어디에서도 만날 수 없는 사귐을 누렸다. 함께 십자가를 따르던 동료들, 외국인 선교사들 중에 어떤 이들은 상황에 잘 적응하지 못하는 사람들과 별난 사람들도 있었고, 그들 중 어떤 이들은 특별한 천재들도 있었으며, 그들 중 어떤 이들은 영적 그리고 지적 거인들도 있었다. 이들은 가장 친밀한 동역자 모임을 이루었다. 이런 교제에서 그는 서로 아주 다르기는 하지만 그의 신앙과 의지 안에서 그와 하나가 된 두 명의 훌륭한 여인들에게서 사랑과 애정을 받았다. 그는 자신이 섬겼던 한국 사람들로부터 애정과 존중을 받았다. 그러고 나서 그가 사랑하는 숭실대학의 문을 닫게 하고, 한국 교회에 가슴이 찢어질 듯한 일들을 야기한 제2차 세계대전이 발발하기 전에 하나님은 그를 데리고 가셨다. 분명히 길고도 슬픈 인류의 역사에서 베어드 박사만큼 그렇게 축복받고 보상받은 사람은 거의 없을 것이다.

그는 "믿음으로 나라들을 굴복시키고, 공의를 만들고, 약속을 손에 넣고, 사자의 입을 막은 사람들"의 무리에 속하였다. 그들은 바첼 린지(Vachel Lindsay)가[2] 묘사했던 그런 사람들이다.

> 최후의 결말은 무엇일까?
> 우리는 결과를 알 수 있을까?
> 그리스도는 모하메드보다 더 오래 계실까?
> 칼리의 제단[3]은 계속될까?
> 이것이 우리의 멋진 신앙이고,
> 우리가 가진 열렬한 소망이다. 누가 우리를 비웃을까
> 예수의 이름으로
> 세상은 거듭날 것이다.

---

2) 바첼 린지(Vachel Lindsay 1879년~1931년)는 일리노이 주 태생의 미국 시인이다. 대표작으로는「부츠 장군, 천국에 들어가다」(1913년),「콩고강(江), 그 밖의 시」(1914년),「중국의 나이팅게일」(1917년) 등이 있다. (역자 주)

3) 칼리의 제단은 힌두교의 피의 신인 칼리의 제단을 말한다. 이 신은 파괴와 피의 신으로 칼리의 사원에는 동물들을 제물로 바치기 때문에 종일 피 냄새가 진동한다. 예전에는 사람을 공양했다고 한다. 시바신의 아내인 칼리는 화가 나면 얼굴이 검은색으로 변하고 사람의 해골로 관을 썼으며 호랑이 가죽을 입고 두개골로 장식된 무기를 써서 우주의 안정성을 해치는 아수라를 무찌르는 것으로 베다에 나온다. 그는 윤회를 끊고 시간을 파괴하는 신이라 한다. (역자 주)

The End

… 그리고 짐은 무겁고, 가야할 길은 멀다![4]

4) 『논어』의 "짐은 무겁고 가야할 길은 멀다[임중이도원(任重而道遠)]"를 생각나게 하는 구절이다. (역자 주)

부록 1

1890년대의 한국 화폐

1890년대의 한국 화폐

필자가 알고 있는 한국 화폐에 대한 가장 최근의 연구는 왕립아시아학회 한국지부회보(the Transactions of the Korea Branch of the Royal Asiatic Society) 4권 2장 63쪽 이후에서 찾아볼 수 있다. 이 글은 1930년경 이치와라 박사의 글로 그는 조선총독부 재무국장이었다. 이 글에 있는 정보는 한국 선교의 선구자인 윌리엄 베어드 박사의 편지나 보고서가 아니라, 몇몇 잘 알려진 문헌들과 대부분 이치와라 박사의 글에서 수집한 것이다.

1891년 2월14일 베어드 박사는 부산에서 다음과 같은 글을 썼다: "이곳에서 유통되는 유일한 화폐는 '엽전'으로 '다섯 가지의 엽전'이 있다. 현재 1은화(85센트)로 이천백 개 정도의 엽전을 구입할 수 있다." 인도 노회(The Indian Synod) 교회 문서에 실린 다른 편지를 보면, "엽전은 너무 무거워 말에 30달러 가치 정도만을 싣고 다닐 수 있다"고 되어 있다.

아래 보이는 것들이 한국 엽전의 모양이다. 엽전에 표기된 한자를 읽을 수 있지 않는 한 이것들은 중국과 동양 다른 지역에서 수세기 동안 사용된 비슷한 주화들과 구분하기 어렵다. 고려시대부터 현존하는 엽전을 볼 때 한국은 천년동안 또는 그 이상 이런 종류의 화폐를 사용해 왔다는 것이 거의 확실하다. 동양에 있는 외국인들은 보편적으로 동전이라 부르지만, 한국에서는 이것을 항상 놋쇠로 만들었다.

중국은 동전에 그것이 주조될 당시 통치한 황제를 표시하는 표지를 새긴다. 그것으로 통치 범위에서 연대를 추정할 수 있다. 한국은 중국의 속국이었기 때문에 실제로 1392년에 건국된 조선시대 초기부터 한국 동전에는 황제의 통치 표시를 하지 않았다. 대신 "항상 똑같게 또는 공정하게 널리 통용된다[常平通寶]"는 뜻의 '상평통보'라 발음되는 글이 새겨져 있다.

아래 모양의 것처럼 일반 동전은 동일한 가치로 통용되는 세 가지 크기의 것들이 있다(주조할 때 가치가 증가한다). 동전의 뒷면을 보면 한자, 부호와 숫자(여기에서는 2와 5가 보이는데 1부터 9까지 되어있다)는 주조하여 새겨 넣은 특징이 있다.

화폐의 앞면 　 화폐의 뒷면

앞면 　 뒷면

앞면 　 뒷면

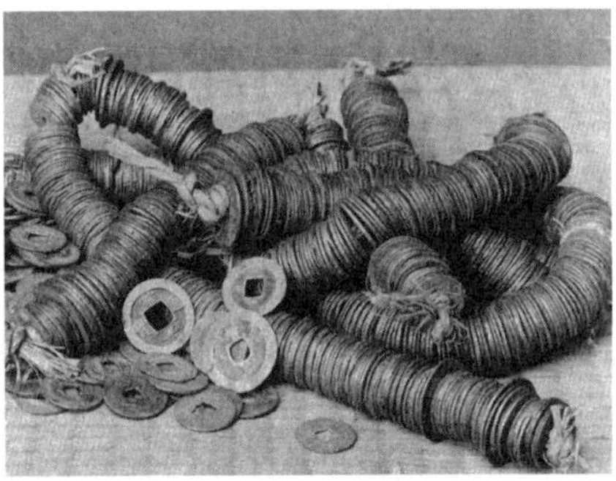

왼쪽에 있는 엽전 둘이 상평통보의 앞면이다. 커다란 엽전의 뒷면을 보면 한자로 수치가 적혀 있는데 100의 가치가 있고, 작은 엽전은 5의 가치가 있다. 섭정을 맡은 대원군이 1592년 히데요시에 의해 파괴된 경복궁 복원을 위한 재원을 마련하기 위한 노력으로 1866년과 1883년 이 엽전을 발행했다. 이것은 명령에 의해 발행된 화폐로 어떤 엽전도 금속의 실제 무게에 있어 그것이 나타내는 가치를 갖고 있지 못하였다. 화폐 발행은 이미 나빠진 상황 속에서 혼란을 야기할 뿐이었다. 1894년 5의 가치를 갖고 있던 엽전은 그 현금가치가 하락하였다.[1] 100의 가치는 계속 통용되었는데 항상 실제 가치에 대해 논쟁이 야기되었다.

한국 화폐의 실제 단위는 냥으로 100전의 가치에 해당되었다. 의심할 바 없이 그것은 대원군의 착안으로 100전의 가치가 한 냥을 의미하였다. 그런 노력이 실패하자 영국의 옛 금화처럼[2] '냥'은 그것을 나타내는 동전 없이 화폐 단위로 계속 사용되었다. 가지고 다니기 편리하게 하려고 엽전은 보통 줄을 가운데 구멍에 넣어 묶었다. 그레엄 리의 소장품에서 발견된 아래 사진은 줄로 묶은 엽전을 보여준다.

어떤 사람이 200냥을 줘야 집을 살 수 있었다는데, 1냥짜리 꾸러미 200개를 가지고 있어야 했다. 각 꾸러미의 무게가 한 파운드 보다 조금 더 나갔지만 구매자는 집을 사기 위해 구입 가격의 돈을 운반할 두 명의 일꾼과 무거운 보따리를 옮길 말이 있어야 했다.

베어드 박사가 1893년 부산에서 서울로 육로로 올라올 때 그는 170냥을 가지고 왔다고 말했다. 이것은 대략 200파운드 정도의 무게였음에 틀림없다.[3] 따라서 베어드 박사는 그 여정에서 말 두 필 가운데 하나는 화폐를 운

1) Hulbert, *History of Korea*, Vol. 2, p. 270.

2) The British Guinea는 현재 계산상의 통화단위로만 사용된다. (역자 주)

3) 200 파운드는 약 90.1kg에 해당된다. (역자 주)

반할 목적으로만 사용했어야 했다. 베어드 박사의 일기에는 주막 음식 값이 20전에서 40전 정도였다고 기록되어 있다. 그는 마부에게 하루에 500전을 지불했고 그들과 그들의 말에게 먹을 것을 제공했다. 말 두 필과 두 명의 마부 등 베어드 박사 일행에게 하루에 1,270전이 필요했는데 그것은 무게가 14파운드 또는 그 이상이었을 것이다. 서울까지 12일에 걸친 여정에 156냥 또는 놋쇠 무게 175파운드 정도가 필요했다.

유일하게 통용되는 현금을 가지고 미지의 땅을 탐험하는 일은 오늘 우리가 상상할 수 없는 많은 문제들을 야기한다. 종이 돈, 우체국, 은행 또는 금융기관이 존재하지 않았다. 개항장을 벗어나면 수표를 현금화하거나 신용대부를 받을 수 있는 곳이 없다.

첫 번째 내륙답사여행 곧 경상도 지역 여행에서 베어드 박사는 그런 제도를 알지 못해서 현금이 고갈되어 주막 주인에게 지불할 돈이 없자 부산에 있는 아내에게 하인 한명을 보내 돈을 가져올 동안 (비용이 계속 늘어남에도) 한국인 조사와 함께 계속 머물러 있었다.

일행의 보호 없이 혼자 여행하는 일꾼은 돌아오는 여정에 강도를 만날 두려움이 있었다. 또한 50에서 75파운드의 주화를 등에 짊어지고 50마일 정도를 걸어갈 마음이 내키지 않았을 것이다. 따라서 그는 부산 근처 불교 사원에 가서 사찰관리원에게 그 현금을 맡겼다. 이 일꾼은 그에게 베어드 박사가 머물고 있는 곳 근처에 있는 사찰에 수표를 가지고 가게 했다. 그는 거기에서 현금을 받았고, 모든 것이 순조로웠다. 베어드 박사가 다른 경우에도 이런 종류의 서비스를 이용했는지는 증거가 없지만, 이 이야기는 금융기관의 부재 시 불교 사찰은 꽤 많은 기본재산을 가지고 있어서 그 자체로 어느 정도의 기본적인 은행 서비스를 제공했다는 사실을 보여준다.

조정에서도 같은 종류의 서비스를 제공했기 때문에 금융기관이 전혀 없었다고 말하는 것은 옳지 않을 지도 모르겠다. 세금을 곡물로 내게 된 이래 정부는 평안도 북쪽에 '참(站)'이라 부르는, 전국에서 세금으로 바친 곡물을 맡아 저장하는 곡물 저장소를 관리하였다. 조정의 명령으로 이 곡물들은 지방 관리들의 임금으로 주어졌고, 일부는 근처 시장에서 팔아 현금으로 바꿔서 서울로 보내거나, (1876년 이후) 수출하기 위해 항구로 운송되었다. 이런 운송을 위해 조정은 각 '참'에 말 몇 필을 준비해두었다. 말 사육은 정부 독점이었다.[4] 모든 최상의 말은 왕궁과 군대 때문에 서울에 있었다. 보잘 것 없는 말들은 공무용으로 '참'에 보내졌다. 가장 안 좋고, 늙고, 약한 것은 개인에게 팔려나갔다.

이것은 조정을 유일한 은행으로 만들었고, 다수의 곡물 상인과 운송기관과 숙박업자들도 역시 조정에 의해서 만들어졌다. 관리들은 그들의 여정에서 그들의 필요에 따라 '참'에서 건강한 말과 신선한 곡식과 연회와 현금을 제공받았다. 서울 중앙관청에 현금을 맡긴 개인 역시 지방 '역참(驛站)'이 이런 서비스를 그들에게 제공하라는 명령서를 받을 수 있었다.

선교사들은 이런 제도를 별로 사용하지 않았다. 언더우드는 1889년 그들의 잘 알려진 신혼여행으로 강계와 압록강 하류에 갈 때 이 제도를 사용해 보았는데,[5] 그것이 그들을 일행인 서울 사람들과(마부들, 가마꾼, 병사) 그들이 하룻밤을 보낸 위원군에 있는 지방 '참'의 사람들 사이에 심한 말다툼에 휩쓸리게 하였다. 게일 박사는 그것을 알아보았고, '참'의 사람들이 외국인에게 아주 초라한 말을 제공했다고 그의 『한국 스케치(Korea Sketches)』에 기술하였다. 베어드 박사 역시 그 제도에 대해 서술하며 '참'의 사람들과 중앙 정부 사이에 마찰이 있었다고 말하였다. 왜냐하면 '참'은 정부를 속이려고 했고, 정부는 그것을 감시해야 했기 때문이다. 물론 한 쪽은 속였고 다른 쪽은 잘 알지 못했다. 그런 경험을 몇 번 한 후 선교사들은 그 제도를 외면했다.

---

4) Gale, *Korean Sketches*, "한국의 조랑말".

5) Underwood, *Fifteen Years among the Topknots*, pp. 65-75.

한국 화폐와 환전에 대한 질문을 하기 전에 1900년대 초까지도 '냥'은 한국교회의 재정을 공급하는 화폐의 기본으로 계속되었다는 것을 기록하는 것이 좋겠다. 1900~1901년도 평양선교지부 보고서에서 우리는 다음과 같은 항목을 볼 수 있다.

> "여선교회는 전도자들의 봉급으로 매달 10냥을 약정했다."
> "여러 가지 목적을 위한 기부금 총액이 5만 4천 54냥 또는 8천 6백 48엔 63센[6]이었다."

몇몇 곳에서 베어드 박사는 '126.89냥'의 헌금에 대해 보고를 하는데, 이것은 126냥 89전을 의미한다고 생각된다.

이 시기 동양을 통한 국제교역에 있어 화폐 단위는 은화나 멕시코 달러였다.[7] 중국 은화와 일본 은화 엔은 은이라는 내용은 같아도 그 당시 각 나라의 국제신용도에 따라 그 가치가 달랐다. 이런 점을 조사하지는 않았지만, 필자의 생각에 멕시코 달러는 교역에 있어 또는 터키와 근동과 아프리카에서 사용된 유럽에서 주조된 (자기 나라에서는 사용하지 않았지만) 마리아 테레사(Maria Teresa)화[8]와 더불어 은화라는 내용에 있어 표준에 맞추었다.

이 국제적인 멕시코 은화 또는 일본 은화는 5냥이나 500전의 가치가 있는 것으로 되어있다. 냥–전의 비율이 국내에서 일정하다는 조건에서 한국의 해외 신용도와 세계 시장에서 은과 구리 가격의 추이에 따라 은전 엔화의 비율 변동이 심했다. 베어드 박사는 은화가 650에서 2,100까지 변동이 있음을 기록했다. 미국 선교사들에게 환전의 위험은 일본은화와 멕시코

6) 100전이 1엔 (역자 주)

7) 당시 19세기는 은본위제였다. 1840년 캘리포니아 전쟁 전에는 은화인 멕시코 달러가 널리 통용되었으며, 그이후에도 멕시코 달러는 보편적으로 사용되었다. (역자 주)

8) 오스트리아의 옛 은화로 무역에 쓰였다. (역자 주)

은화의 (당시의 금본위 제도에 따라서) 상대적 가치가 변하는 것에 있었다. 1900년 후 금화 1은 보통 은화 2의 가치가 있었지만, 1890년대는 은이 일반적으로 더 비쌌고, 1891년 미국 돈으로 85센트까지 올랐다고 베어드 박사는 기록하였다.

이런 변동들은 국제 투기꾼들에게는 뜻밖의 행운이었음에 틀림 없었는데, 우리는 일본이 그것을 어떻게 이용했는지를 보아야 한다. 그러나 그들은 한국의 국내가격에 큰 영향을 미치지 못했다. 1893년 베어드 박사의 서울로의 여정에서 그는 하루에 최소 비용으로 1,270이 필요했다고 기술하였다. 은화는 800과 미화 65센트였는데 이것은 베어드 박사 전체 일행의 하루 총 비용으로 미화 1.028달러에 해당되었다. 12일 동안 여행 경비는 최소 12.324달러였다.

짐을 가볍게 하기 위해 베어드 박사는 종종 한정된 비용을 가지고 가기도 했고 일본 은화 몇 개나 엔을 가지고 가기도 했다. 일반적으로 시골 사람들이나 작은 동네의 주막 주인들은 그런 동전을 본 적이 없었고 사용해 본 적도 없다. 그러나 큰 동네에서는 읍내의 상인들이나 관리들은 그를 고려하여 그의 은화를 바꾸어 주었다. 대구 근방 한 읍내에서 아무도 그의 은화를 받지 않았을 때, 한 관리가 그를 측은히 여겨 몇 개의 은화를 바꾸어 그에게 650전을 주었다. 부산에서 시세가 대개 1,000전에서 1,500전 사이일 때의 시기였기 때문에, 베어드 박사는 틀림없이 이 일을 겪으면서 그의 스코틀랜드 선조들이 그들의 무덤에서 유령처럼 일어나는 장면을 보는 것과 같은 생각이 들었을 것이다.

조선왕조 497년(1889년에) 조정은 아래와 같은 동전을 발행했다. 큰 동전은 10이고, 작은 것은 5이다. 그 화폐('푼')를 나타내는 아주 훌륭한 한자가 써 있는데, 필자는 왜 이런 동전에 화폐 용어가 아닌 '문(文)'이라는 문학적인 용어가 쓰였는지 모르겠다. 이치와라는 한국의 첫 번째 은화가 이 동전들과 관련되어 발행되었다고 말한다. 동전처럼 뒷면에는 조선왕조를 상징하는 오얏이 많이 사용되는 대신 잘 사용되지 않는 '음양'문양이 새겨져 있었다. 이 상징은 천도교에서 많이 사용되는 것이었다.

이 동전들이 한 세트로 정부에 의해 동시에 발행되었다 해도 그들의 가치는 화폐가치의 변동에 따라 매일 달라진다. 은화는 국제 은화와 관련되어 있다. 구리 동전은 한국의 옛 통화제도인 '냥'과 관련이 있다. 만일 은화가 500의 가치가 있으면 10문의 동전은 2센트에 해당될 것이다. 그러나 은화가 2,000의 가치를 가졌던 시기도 있었다. 이것은 우리에게 1890년의 한국 통화와 관련된 본질적인 문제를 생각나게 한다. 어떻게 한국의 원래 화폐인 '냥'이 국제 은화와 관련되어 또는 일본 은화 '엔'과 관련되어 억제되었는가?

콘로이(Conroy)는 그의 책『일본의 한국 침탈 1868~1910(*The Japanese Seizure of Korea, 1868~1910*)』에서[9] 일본이 한국에 관련된 정책을 결정하는데 있어서, 특히 부산을 개항장으로 개방하는 문제에 대하여, 1870년 5월 '사다조사(Sada Inquiry)'의 중요성을 말한다. 이 연구서는 흥미로운 제안을 하고 있다.

---

9) Hilary Conroy, *The Japanese Seizure of Korea, 1868⊠1910*. (Philadelphia: University of Pennsylvania Press, 1960), p. 22.

> 일본에서는 물가가 비싸지만, 한국에서는 그렇지 않다. 따라서 일본인들이 한국에서 물건을 팔아서는 이윤을 내기 힘들다. … 그러므로 교역의 방법이 바뀌어야 한다. 다른 나라들이 일본에서 통화수단으로 서양 화폐를 사용하는 것처럼, 일본은 한국 돈의 가치를 억지로라도 낮추어야 한다. … 만일 우리가 한국의 항구 세 곳을 개방할지라도 우리의 화폐가 유통되지 않는다면 우리는 이윤을 기대할 수 없다.

한국 화폐의 가치를 강제로 낮추는 것에 대한 제안은 신중하게 다루어져야만 했다. 은화 화폐와 '냥' 화폐의 지속적인 변동은 호기를 제공했다. 한국의 부동산, 곡물, 노동자의 일당이 모두 '냥'을 기초로 했다. '냥' 화폐의 가치가 하락하여 동시에 이것이 일본 은화 '엔'에 대해 억제할 수 있다면, 이것은 일본 자본이 한국경제에 뚫고 들어갈 장점이 될 것이 분명하다.

필자의 주의를 끈 첫 번째 시도가 에비슨 박사의 『회상록(*Memoirs*)』에 나와 있다.[10] 그는 동진형이라는 최초의 한국은행이 1892년에 시작되었다고 기술했다. 이것은 1897년 천일은행[11]이 되었다. 그는 이 은행이 일본자본과 연계되어 시작되었고 '열 냥, 1,000엔, 1.00'라고 기록된 문서를 발행했다고 기술하였다. 분명히 그는 1,000 또는 1은화를 의미했을 것이다. 한국어로 열이 10을 의미하는데 이것은 한국 화폐를 통상의 가치보다 절반으로 억제하려는 시도였다.

오랜 기간 정권을 유지하면서 금융구조를 형성해 왔기 때문에, 조선왕조 501년이 되는 1893년 최초로 은으로 된 '냥'을 주조할 수 있었다.[12] 이것이 아래 왼쪽에 있는 작은 동전이다. 이것은 한국역사에서 화폐 단위인 '냥'

---

10) Oliver R. Avison, *Memoirs,* p. 656.『올리버 에비슨이 지켜본 근대한국 42년』

11) 강화도조약 이후 일본계 은행들이 설립되기 시작했는데, 그런 은행들과는 달리 천일은행은 최초로 설립된 민족계 은행으로 알려져 있다. 설립 시기는 1899년이다. (역자 주)

12) 이를 대동은전이라고 한다. (역자 주)

을 분명하게 표시하고 디자인한 유일한 동전이다. 이것에 자연적으로 수반된 것은 가운데 있는 은화인 5냥의 제작으로, 일본은화와 멕시코은화처럼 은화라는 내용에 있어서 동일했다. 이것은 한국의 기본 화폐를 500전, 5냥이 은화 1에 해당되는 원래 가치로 돌려놓았다. 헐버트는『한국역사(*History of Korea*)』에서 1푼(센트)짜리 동전과 5푼(센트)짜리 동전이 동시에 발행되었다고 말한다.[13)]

무슨 이유에서인지 이치와라 박사는 1냥짜리 동전에 대해 언급했음에도 5냥짜리 동전의 목록을 보여주지 않는다. 5냥짜리 동전이 소량만이 만들어졌는지도 모르겠다. 은화는 국내에서 사용될 뿐만 아니라 국제교역에 사용되게 하려는 의도가 있었다. 그러나 한국 밖의 사람들은 '냥'을 알지 못했고, 5냥짜리 동전은 이례적인 것으로 간주되었다. 어쨌든 다음 해인 1894년 오른쪽에 있는 동일한 동전이 발행되었다. 다른 점이라고는 영어와 한자로 1환이라 표기되었고, 한글로 닷 냥(5냥)이라고 표기된 것이었다.

13) Hulbert, *History of Korea*, Vol. 2, p. 270.

1897년 일본은 서울을 확실히 장악하였다. 중국과 러시아의 영향은 줄어들어 전혀 회복되지 않았다.[14] 그해 위에 보이는 훌륭한 화폐 세트가 유통되었다. 반원(50전, 半圓), 20전, 10전짜리 은화였다. 5전, 1전, 반전짜리는 동전이었다. 이것들은 일반적 사용을 위해 충분한 양이 주조되었고 한국이 1910년 일본에 합방될 때까지 계속되었다. 처음으로 한국은 은화를 바탕으로 완벽한 화폐를 주조했다. 이 시기쯤 지폐도 발행되기 시작했다. 이 세트가 아직도 일반적으로 사용되는 '냥'이라는 화폐와 어떻게 관련되었는지를 여기에서 지적하기에는 부족하다. 이 질문은 옆에 있는 다른 동전을 발행하는 것으로 답이 되었다. 이것은 2½센트 짜리다. 필자는 이 동전이 언제 처음으로 주조되었는지 모르지만 여기 동전은 1898년을 뜻하는 광무(대한제국) 2년이라 표기된 것을 보여준다. 이런 종류의 특별한 동전이 우리가 여기에서 본 훌륭한 세트로 거의 동시에 발행되었다는 것은 기이해 보인다. 그러나 그 이유는 그것이 새로운 화폐와 "냥" 사이에 함께 연결된 화폐이고, 연결고리라는 점과 '냥'이 10으로 또 은화로 평가절하되었다는 점에 주목하면 금방 분명해 질 것이다. 이 동전은 ¼냥으로 시세가 떨어졌다. 한국어로 그

---

14) 1897년 고종은 그 해를 광무 원년으로 선포하고 국호를 대한제국으로 고쳤다. 1894년 청일전쟁 이후 실질적으로 대한제국에서 중국의 영향력은 그다지 크지 않았으나, 1904년 러일전쟁에서 패배하기까지 러시아의 영향력은 상당했다. (역자 주)

것은 2전 5푼 또는 2½센트이다. 이것은 '냥'이 1893년 은화 20전 대신 1897년 화폐인 은화 10전에 해당되게 만들었다.

이 동전은 널리 사용된 '냥'을 대신할 목적이었고 그 당시부터 막대한 양을 발행하였다. 헐버트는 『대한제국멸망사(*Passing of Korea*)』[15]에서 그 동전을 언급하고 있는데, 그는 그것을 악화(惡貨)로 그리고 한국 화폐의 가치를 끌어내린 것으로 혹평하고 있다.[16] 그는 한국에 다량의 위조화폐가 있었고 심지어 일본에서 한국으로 유입되기도 했다고 말한다. 이치와라는 도대체 왜 그 화폐가 발행되었는지에 관해 자세히 언급하지 않고 그 화폐를 악화라고만 말한다. 그는 또한 위조화폐가 많았다고 했다.

이 화폐 발행의 이유가 무엇이었든 1900년부터 1910년까지의 시기에 현찰의 유통이 정지됨으로 나라에 쓸모없는 화폐가 넘치게 되었다. 은행 출납원과 교회 회계 담당자들은 십자형 철사로 줄을 친 40개의 칸이 있는 작은 판을 만들어 널리 사용하였다. 한줌의 동전을 이 작은 판에 넣어 모든 공간에 동전이 들어갈 때까지 흔든다. 나머지는 꺼내게 되는데 회계 담당자는 1엔이 2½전의 가치가 있음을 구별하였다.

에비슨 박사는 그의 책 『회상록(*Memoirs*)』에서 1901년 6월 18일 수표다리에서 청나라 주둔 부대와 한국 병사 사이에 격렬한 싸움이 있었고 집 몇 채가 파괴되었다고 기록하였다.[17] 조정은 중국 상인들에게 2,000달러의 배상금

---

15) 이 책은 1999년 집문당에서 신복룡의 번역으로 출간되었다. (역자 주)

16) Hulbert, *The Passing of Korea* (New York. Young People Missionary Movement, 1906), p. 235.

17) Avison, *Memoirs,* p. 672. 『올리버 에비슨이 지켜본 근대한국 42년』

을 지급했고 이 돈은 5전짜리로 지불되었다. 의심할 것도 없이 이 화폐가 사용되었다. 이 화폐로 지급한 것은 조정이 중국을 기분 나쁘게 하거나 의도적으로 귀찮게 하려는 것이 아니었다. 수세기 동안 동전으로 채무를 갚았다. 이 동전은 중국동전으로 대체되었다. 그것은 채무를 정리하는데 사용되었다.

이때부터 이 화폐의 유통이 정지되었다. 은행과 우체국은 새로운 화폐나 새로 발행되어 통상 사용되는 지폐로 대체하였다. 부유한 집안의 보물상자나 구두쇠의 금고가 원래의 가치인 5냥보다 두 배나 높은 10냥의 가치를 지닌 은화로 채워졌다.

결론을 짓기 전, 이 시기 돈에 대한 한국 용어인 냥, 전 그리고 푼은 무게를 나타내는 단위라는 것을 말할 필요가 있다고 본다. 옛 한국에서 무게를 나타내는 냥은 서양 무게인 1.2온스와 같다. 16냥이 한 근(파운드)이었다. '전'은 '냥'의 1/10이었고 '푼'은 전의 1/10이었다. 제2차 세계대전까지 이 두 무게 단위가 금과 은을 측정하는 단위로 한국에서 사용되었다. 그러나 이제까지 이 부분을 연구하는 동안 필자가 발견할 수 있었던 것은, 동전의 이름으로서의 이런 용어들의 사용은 그들의 실제 무게와 상관이 없다는 것이었다.

결론적으로 한국 화폐 가운데 그 다량의 금속은 어떻게 되었을까? 그 엄

에비슨(Oliver R. Avison 어비신魚丕信 1860.6.30~1956.8.29)은 영국태생, 캐나다 출신 선교사이자 의사이다. 1892년 6월에 입국하여 1935년 11월까지 한국에서 체류하였다. 제중원의 제4대 원장, 세브란스 의학전문학교와 연희전문학교 교장을 역임하였다. 1884년에는 토론토의 온타리오 약학교를 졸업, 그해 다시 1884년 토론토 대학교 의과대학에 편입하여 1887년 6월에 졸업하였다. 1885년 7월 제니 반스와 결혼, 1892년 9월 선교 모임에서 언더우드(Horace Grant Underwood)로부터 해외 선교의 제안을 받고 1893년 미국장로회해외선교부 의료선교사가 되어 그해 입국하였다. 1904년 9월 제중원을 새로 신축하였고 기부자(Louis H. Severance 1838~1913)의 이름을 따서 세브란스 병원으로 이름을 바꾸었다. 1908년 6월 에비슨에 의해 조선 최초의 면허 의사 7명이 배출되었다. 1915년 조선기독교학교(Chosun Christian College)가 언더우드에 의해 개교하자 에비슨은 부교장에 임명되었고, 1916년 교장인 언더우드가 사망하자 교장으로 취임하였다. (역자 주)

청난 양이 대단했을 것임이 분명하다. 5명의 일행을 위한 열흘에서 12일 동안의 여정을 위한 돈이 200파운드라니! 한국 정부가 일반 채무를 갚기 위해 수 백 년 동안 그것을 주조한 것은 이익이 있는 작업이었기 때문이었다. 한국에는 은행이나 저축기관이 없었기 때문에 모든 부유층, 구두쇠, 검소한 늙은 농부들은 그것을 감추어 두었다. 모든 유복한 집안은 그것을 담아둔 커다란 자물쇠가 달린 나무 궤를 가지고 있었는데, 자물쇠가 뜯겨질 수 있기 때문에 저장물을 지붕 기와 밑이나, 온돌의 석판 아래, 또는 뒷동산 평석에 감추어 두기도 했다.

유통이 정지된 후, 놋쇠가 한국에서 가정용품으로 일반적으로 사용된 이래 사람들은 동전들을 사서 녹여서 다른 물건을 만들어서 썼을 것으로 생각된다. 그러나 정부 관리들은 다른 나라처럼 일본에서도 마찬가지였다. 동전들은 정부 창고에 쌓였고 그리고는 잊혀졌다. 세계 2차 대전 동안 일본은 그들의 마지막 몸부림으로 도처에서 쇠붙이를 찾았는데, 이 막대한 은닉물이 생각났다. 그것은 인천으로 옮겨져 일본으로 수송될 예정이었다. 그러나 미국 잠수함이 그 배를 격침시켰다. 전쟁 종료 시 그것은 인천에 있는 육군병기창에서 발견되었다. 맥아더 장군의 부하이며 필자의 친구인 에드워드 바(Edward H. Barr) 대령이 1946년 12월에 그것을 발견했다. 거기에는 그것을 쌓아올린 서너 개 이상의 더미가 있었다. 각 무더기는 길이가 약 150피트에 바닥 폭이 10피트였으며 높이는 대략 5피트 정도였다.[18) 비활성 금속 속에 수세기동안 원했던 꿈과, 무수한 구두쇠들의 탐욕과, 2세기 동안 황폐화된 후 수도를 재건하려는 옛 대원군의 강한 욕망, 그리고 이와 유사한 수 만 가지의 환상들이 묻혀 있을 것이다.

그 후 어떻게 되었는지 필자는 알지 못한다. 그것은 신임관료들에 의해 새로운 결정을 기다리며 인천 병기창에 아직 있을지도 모르겠다.

18) 150피트는 45.72미터, 10피트는 약 3미터, 5피트는 약 1.5미터이다. (역자 주)

부록 2
평양선교지부

근대 선교활동 중 가장 위대한 세기의[19] 역사에 대한 기록이 완성될 시점이 되면, 한국에 있는 평양선교지부는 그 시대 가장 위대한 지부로 소개될 것이다. 아래의 기준을 기초로 하여 이와 같은 주장이 펼쳐질 것으로 생각된다.

1. 토착교회의 실질적 역량과 그 활력과 생기는 평양을 중심으로 조선(대한제국, 일제강점기) 전지역으로 전개됨
2. 선교사의 여러 가지 활동들, 즉, 전도, 의료, 교육, 농촌, 및 사회적 활동의 다양화가 이 평양선교지부를 중심으로 이루어짐
3. 외국 선교지부의 실질적 숫자와 그것을 대표하는 선교본부의 숫자

대체로 선교지 전역에 있는 선교지부와 교회는 미국북장로교의 사역에 속해있지만, 다른 교단들도 또한 관련되어 있었다. 감리교는 항상 연합기독교병원(지도의 2번)에 깊이 관련되어 있었다. 몇 개의 다른 장로교회 기관

---

19) 케네스 라투렛(Kenneth Scott Latourette)은 7권으로 된 *History of the Expansion of Christianity*(『기독교 확장사』)에서 19세기를 3권에 할애하여 다루며 "위대한 세기"라고 지칭하였다. 그것은 그 시대에 수많은 선교사들이 나왔기 때문이다. 이 책은 아직 국역되지 않았다. (역자 주)

1/6 평방마일로 축소한 선교지 지도 (120에이커)

여자고등성경학교 50명의 학생
여자성경구락부 150명의 학생
여자기술학교 100명의 학생

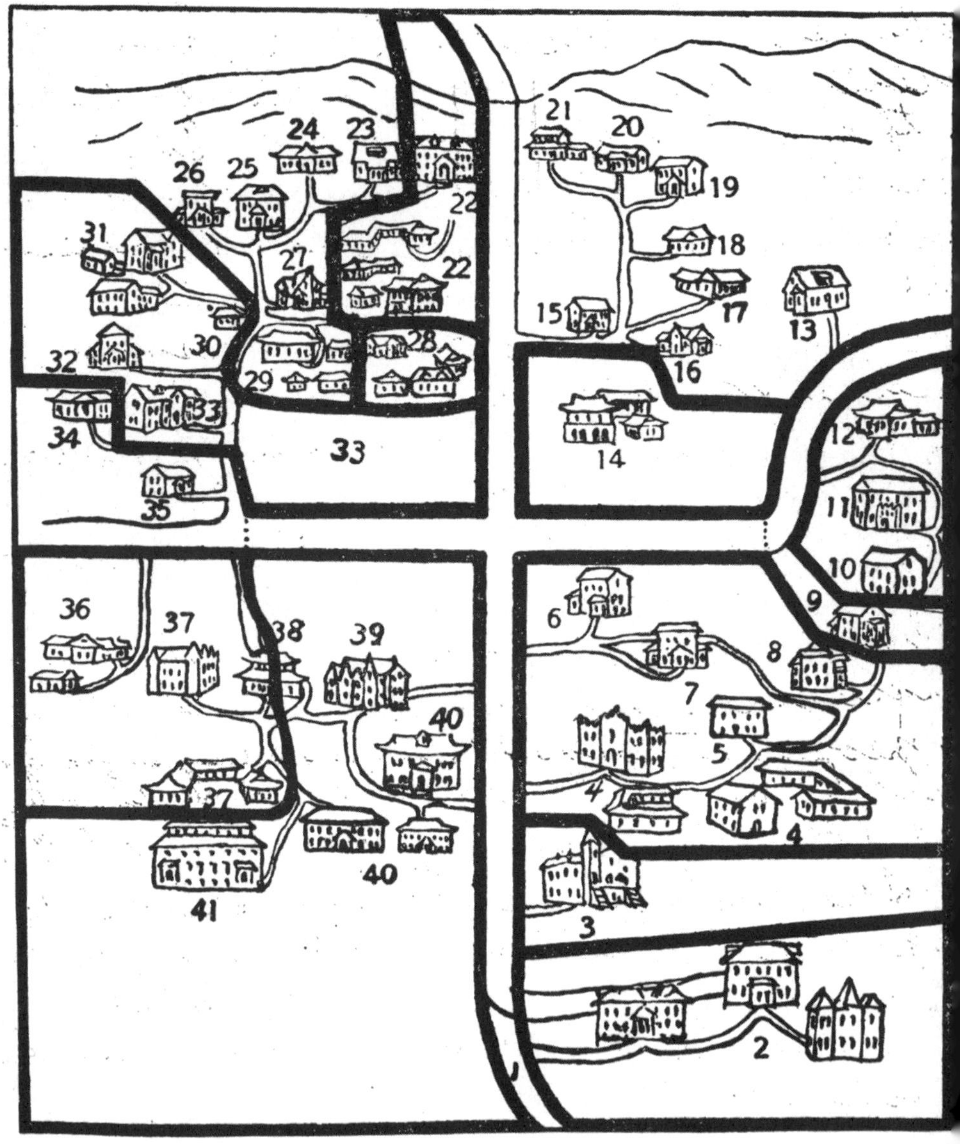

장로교 구내 공관

1. 입구
2. 연합기독병원건물
3. 서문밖교회
4. 신학교 행정건물 및 기숙사
5. 엥겔 박사 사택
6. 클라크 박사 사택
7. 럽 박사 사택
8. 레이놀즈 박사 사택
9. 파커 박사 사택
10. 숭의여학교 가정과 건물
11. 숭의여학교 행정 건물
12. 스눅 여 선교사 사택과 여학생 기숙사
13. YMCA 숙소
14. 남자 성경학원 건물
15. 해밀턴 선생 사택
16. 루즈 선생 사택
17. 스왈른 박사 사택
18. 블레어 박사 사택
19. 로버트 박사 사택
20. 힐 선생 사택
21. 번하이젤 박사 사택
22. 여자 성경신학원 및 성경학교
23. 필립 선생 사택
24. 모우리 선생 사택
25. 여성 사역자 숙소
26. 비거 박사 사택
27. 매퀸 박사 사택
28. 도리스 여선교사 사택 및 룰라 웰스 학교
29. 마펫 박사 사택
30. 외국인 학교 교사 숙소
31. 외국인 학교 기숙사 및 진료소
32. 라이너 선생 사택
33. 외국인 학교, 운동장
34. 베어드 박사 사택
35. 맥 머트리 선생 사택
36. 안나 데이비스 작업장(기계창)
37. 숭실중학 건물 및 기숙사
38. 숭실대학 도서관
39. 숭실대학 과학관
40. 숭실대학 본부 및 기숙사
41. 숭실대학 강당

들은 장로회신학교(4번)와 연합기독교대학인 숭실대학(38~41번)에 관련되어 있었다. 그들은 호주장로교(5번), 남장로교(8, 9번), 캐나다장로교이고, 후에 캐나다연합교회(7번)가 참여했다. Y.M.C.A.(13번) 또한 이 공동체의 한 부분이었다.

1930년쯤 평양선교지부는 어느 정도 일정한 양식에 맞춘 지도를 작성했는데 그것은 미국에 있는 선교본부와 후원자들에게 보내는 편지에 사용될 수 있도록 편지지 뒷면에 인쇄되었다. 베어드 박사 사후 1931년 로즈 베어드 여사는 미국에 있는 친지들과 후원자들에게 그녀의 남편의 죽음을 알리기 위해 편지를 보냈다. 그때 그녀는 이 편지지를 사용했다. 그 사본이 베어드 박사 서류 사이에 넣어져 보관되어 있다. 그 편지는 등사인쇄용지에 로즈 베어드 여사가 직접 필기체로 써서 인쇄되었다. 그 편지는 여기저기 지도의 몇 곳을 언급하고 있다.

1913년 9월에 제2회 대한예수교장로회 총회가 있었다. 위의 사진의 대중 집회는 주일 오후에 개최되었으며, 이곳은 후에 평양 외국인 학교 운동장이 되었다. 은퇴한 총회장 언더우드 박사는 강단 자리 오른쪽에서 네 번째에 있음이 거의 확실하다.

사진사는 후에 맥머트리 김나지움[20]이 지어진 곳 근처의 마펫 박사 마당 돌담 위에 서서 이 사진을 찍은 것이 분명하다.

왼쪽 지평선 쪽에 신학교 건물과 기숙사가 있다. 평양 성벽(표석은 옮겨졌다)의 가파른 경사지에 서 있는 두 그루의 나무와 그 오른쪽에 서문이 보인다. 좀 더 떨어진 곳에 감리교선교회의 여성병원이 있다. 가장 중앙에 숭실대학 건물이 서있다. 그 오른쪽에 어느 정도 떨어진 곳에 숭실대학을 위해 감리교가 지은 과학관 곧 격물학당이 있다. 이 건물은 감리교가 1914년 철수한 후 다른 용도로 사용되었다. 오른쪽 끝이 숭실중학 건물이다.

아래 사진은 평양 성벽의 가파른 경사지의 반대 방향이다(나중에 서문교회 부지가 되었다). 왼쪽에 대학 건물이 있다. 오른 쪽은 신학교이다. 가운데 공터는 위 사진에 있는 집회가 열렸던 장소이다. 선교회 숙소의 지붕이 뒷

20) 리처드는 김나지움이라 표기했는데 그의 집을 지칭하는 것으로 보인다. (역자 주)

배경의 능선을 따라 나무들이 있는 곳에 보인다. 마펫 박사가 죽은 후 한국 교회는 사진 속의 세 사람이 서 있는 길 쪽에 마펫기념관을 세웠다.

아래의 사진은 그레엄 리의 소장품이다.

부록 3

참고문헌

Adams, James E. *Presentation of Difficulties which Have Arisen in the Chosen (Korea) Mission of the Presbyterian Church in the USA.*

200쪽의 이 소책자는 '대학문제' 해결을 위해 총회가 임명한 조선 위원회의 요구에 따라 1920년 아담스에 의해 개인적으로 인쇄되었다. 저자의 사본과 캘리포니아 두아트의 웨스트민스터 가든스의 로이 스미스(Roy K. Smith) 여사가 소유한 사본 이외에, 유일하게 알려진 사본은 뉴욕 3041 브로드웨이에 위치한 선교사연구도서관에 소장되어 있다. 사무원이 손으로 쪽 번호를 기록하는 과정에서 일어난 실수 때문에, 이 책에서 인용한 쪽 번호가 다른 사본의 번호와 다소 다를 수 있다.

Allen, Horace N. 『한국사연표』 *Chronological Index of Korean History.* In Missions Library, 475 Riverside Drive, New York City.

Avison, Oliver R., M.D. 『회상록(올리버 에비슨이 지켜본 근대한국 42년)』 *Memoirs.*

이 회상록은 목격자들의 자료이기 때문에 그 가치가 크고, 흥미 있는 사건과 간접 설명들이 들어 있다. 타이프 된 사본 중 남아있는 것은 네 개 뿐이다. 캔사스 주 로렌스의 캔사스 대학교 비정규대학과정의 책임자인 에드워드 에비슨 교수가 갖고 있는 유일본이 아직 가족의 손에 있다.

Brown, Arthur J. *One Hundred Years*, New York, Revell, 1936. *Report of a Visitation of the Korean Mission*, 1901.

______. *Report on a Second Visit to China, Japan and Korea*, 1909.

미장로교 해외선교본부에 의해 출판된 위의 두 보고서는 뉴욕시 475 리버사이드 드라이브에 위치한 선교도서관에 소장되어 있다.

Clark, Charles Allen. 『한국교회와 네비우스 방법』 *The Korean Church and the Nevius Methods*. New York, Revell, 1930.

______. *The Nevius Plan for Missionary Work*. Christian Literature Society, Seoul, 1937.

Conroy, Hilary. 『일본의 한국강점』 *The Japanese Seizure of Korea*, 1868~1910. Philadelphia, University of Pennsylvania Press, 1960.

Ecumenical Missionary Conference, New York, 1900. Official Report. Volumes I and II.

Gale, James S. 『한국스케치』 *Korean Sketches*. New York, Revell, 1898.

Harrington, Fred H. 『물신과 일본』 *God, Mammon and the Japanese*. University of Wisconsin Press, 1944.

______. 『한국 그 영토 백성 문화』 *Korea. Its Land, People and Culture of All Ages*. A symposium published by Hak Won Sa, Seoul, Korea, 1960.

Hulbert, Homer B. 『한국사 *History of Korea*』 2 volumes. 1906. Revised by Clarence N. Weems, Hilary House, New York, 1962.

______. 『한국의 쇠퇴』 *The Passing of Korea*. New York. Young People Missionary Movement, 1906.

McCune, Mrs. Evelyn B. 『한국의 예술』 *The Arts of Korea*. Tuttle. Rutland, Vermont, 1962.

McCune, George M. 『부산의 일본교역소』 *The Japanese Trading Post at Pusan*. Korea Review, Vol. 1, No. 1, pp. 11-15. March 1948.

______. 『한국의 중일관계』 *Korean Relations with China and Japan, 1800~1864*. Ph.D. dissertation. manuscript copy in University of California Library.

Nevius, Mrs. Helen S. Coan. 『존 리빙스턴 네비우스의 삶』 *The Life of John Livingston Nevius*, 1829~1893. New York. Revell, 1895.

Nevius, John L. 『중국과 중국인』 *China and the Chinese*. Philadelphia. Presbyterian Board of Publication. 1882.

______. 『선교교회의 개척과 발전』 *The Planting and Development of Missionary*

Churches. New York. 3rd Edition. Foreign Mission Library of the Presbyterian Board, 1899.

Paik, George L. 『한국개신교선교사』 *The History of Protestant Missions in Korea*, 1832 ~1910. The Union Christian College Press, Pyongyang, Korea. 1929.

Rhode, Harry A. 『미국장로교의 한국선교사』 *The History of the Korea Mission of the Presbyterian Church in the USA, 1884~1934*. YMCA Press. Seoul. 1934.

Shearer, Roy A. 『한국교회성장사』 서명원(쉐어러의 한국명)역, (서울: 대한기독교서회, 1992), *Wildfire: Church Growth in Korea*. Eerdmans, Grand Rapids. 1966.

Soltau, T. Stanley. 『한국 은자의 나라』 *Korea the Hermit Nation and Its Response to Christianity*. World Dominion Press, London, New York. 1932.

Transactions of the Korea Branch of the Royal Asiatic Society, Vol. IV, part 2. Article on Korean Coinage by W. Ichiwara, PhD.

Underwood, Horace Grant. 『한국개신교수용사(韓國改新教受容史)』, 이광린 역, (서울: 일조각, 1989) *The Call of Korea*. New York. Revell, 1908.

Underwood, Horace Horton.『한국의 근대교육』 *Modern Education in Korea*. International Press. New York. 1926.

Underwood, Mrs. Lillias H. 『상투쟁이들 속에서의 15년』 *Fifteen Years among the Topknots*. New York. American Track Society. 1904.

부록 4

네비우스 방법에 대한 몇 가지 견해

한국에서 실행되었던 네비우스 선교사역 방법은 이미 많은 저자에 의해서 매우 상세하게 소개되었다. 따라서 이 글에서는 그런 노력을 반복하지는 않을 것이다. 이 글의 주요 목표는 한국에서 네비우스 방법이 실행되었던 과정과 그 결과물들이 다른 선교지에서의 선교방법들과 어떤 점에서 다른지에 대해서 다루는 것이다. 그 다음 목표는 네비우스 방법이 한국에서의 다른 지역보다도 서북지역에서 예외적인 성공을 거둔 이유가 어디에 있는지에 대해서 살피면서, 오늘날 네비우스 방법에 대한 사람들의 일반적인 편견들에 대해서 살펴보고자 한다.

마치 누가가 자신의 복음서 서두에 “데오빌로 각하”를 수신인으로 이야기하면서 자기 자신을 “말씀의 목격자와 일꾼 된 자”로 소개하고 있는 것처럼, 이 글의 저자도 – 아닐 수도 있겠지만 – 역시 이러한 내용의 글을 쓰기에 알맞은 사람이다. 왜냐하면, 저자는 네비우스 방법이 가장 성공적으로 시행되었던 평양지역을 섬기던 선교사의 자녀로 태어나서, 유년시절 당시의 평양 지역을 섬기던 유명한 선교사들, 예를 들어, 마펫, 언더우드, 아담스, 리, 휘트모어, 헌트, 스왈른, 블레어, 베어드(저자의 아버지) 등의 선교사들이 네비우스 방법을 성공적으로 이끌기 위해서 실행했던 여러 가지 일들에 대한 기억들을 그대로 가지고 있기 때문이다. 이들은 굳은 의지와 확신을 가지고 있었다. 그들은 서로 여러 가지 점에서 확연히 다른 사람들이었지만, 이들 모두는 네비우스 방법이야말로 선교사역을 성공적으로 이끌 수 있는 가장 중요한 열쇠라는 점에서는 정확하게 일치한 의견을 공유하고 있었다. 저자는 12살쯤에 중국 산둥성의 즈푸라는 곳에 있는 학교에 다닌 적이 있다.[21] 이곳은 네비우스가 선교사역에서 자신의 실험을 시작한 곳이었다. 그러나 그는 동료 선교사들이 자신의 실험에 그다지 동의하지 않고 있다는 것을 느끼고 있었다. 칼빈 마티어(Calvin Mateer)는 이미 세상을 떠났지만, 헌터 코르벳(Hunter Corbett) 박사 등 다른 위대한 선교사들은 아직 살아있었다. 필자는 관련된 이슈들에 대해서 충분하게 이해할 수 있었던 것은 아니지만, 사람들이 너무 가부장적이고 규율에 지나치게 순종하는 경향이 있었기 때문에, 분명 하나님께서 허락하시고 축복하신 선교방법인 네비우스 방법에 대해서 반대하고 있다는 사실을 깨닫고 실망감을 감출 수 없었다.

성인이 된 후에, 필자는 만주와 근접한 지역의 장로회 소속 선교사로 활동하였다. 여기에 있는 한 장로회에는 30에서 40여 명의 한국인들이 있었고 두 명의 안수받는 선교사들이 그 지역을 섬겼으며, 다른 어떤 선교방법을 생각할 필요 없이, 네비우스 방법은 모든 면에서 매우 잘 실행되고 있었으며 모든 사람들이 이 방법을 받아들이고 있었다.

제2차 세계대전이 일어나자 필자는 더 이상 한국에서 사역할 수가 없어서, 미주지역으로 사역지를 옮기게 되었으며, 1942년부터 1955년까지 중미와 남미 지역의 장로교 선교 현장에서 사역을 감당하였다. 이 경험은 필자에게 각기 다른 삶의 원리와 문화를 가지고 있는 지역들, 즉 한국과 다른 지역의 선교사역들을 비교할 수 있는 안목을 제공해주었다.

21) 1891년 당시 선교사들을 위한 외국인학교가 없었기 때문에 선교사 자녀들은 중국에 있는 외국인학교에 다녔다. 1903~4년에 비로소 평양에 선교사 자녀들을 위한 외국인 학교가 세워졌다. (역자 주)

네비우스 방법과 다른 선교지에서 사용된 방법들과의 가장 결정적인 차이는 무엇인가?

이것은 저자가 한국에서 18년 동안 머물면서 선교사역을 감당하던 시기에 저자를 계속해서 괴롭혔던 질문이다. 저자가 섬기던 장로교 노회[22]의 대부분의 선교사역은 만족스럽게 진행되었으며, 한국의 전체적인 상황도 비슷했다. 필사에게는 선교사역에 어떤 큰 변화를 주어야 한다는 부담감이 없다. 따라서 필자가 네비우스 방법의 역동성을 충분히 보지 못하게 만들었을지 모른다. 물론 필자는 네비우스 방법이 성공적일 수 있었던 이유는 그것이 복음전도와 자립을 강조하고 있기 때문이라는 사실을 잘 알고 있다. 그러나 필자의 양심에 비추어 볼 때, 나 자신과 동료선교사들이 다른 지역의 선교사들보다도 더 눈에 띄게 복음에 대한 열정이 넘쳐서가 아님을 잘 알고 있다. 자립이라는 측면에서 생각해보더라도, 필자는 교회 장소를 제공하고 정기적으로 목회자에게 급여를 제공하는 일들이 어떻게 한국의 신자들을 다른 지역의 신자들보다 더 성숙하고 책임감이 있으며 하나님께 헌신되었다고 말할 수 있을지, 그 이유도 역시 분명하게 찾지 못했다. 그럼에도 불구하고, 네비우스 방법에는 분명히 어떤 역동성이 숨어 있다. 그것은 무엇인가?

네비우스 방법에 대해서 기술하고 있는 책들이 이 점에 대해서 잘 말해주고 있다. 이런 책들은 분명 네비우스 방법이 얼마나 인상적인지에 대해서 자세히 들려주고 있다. 하지만, 어떤 점이 한국에서 일어난 일과 다른 나라에서 일어난 일이 그렇게 큰 차이를 만들어 낼 수 있었는지에 대해서는 충

22) 1907년 처음으로 독립된 노회가 형성되었으며 1910년에 조선장로회총회가 만들어졌다. 초대 노회장은 마펫 박사이다. (역자 주)

분하게 설명해주지 못하고 있다. 몇 명의 권위있는 저술가들이 아래와 같이 몇 가지 기준들을 제시해주고 있다.

클라크(C. A. Clark, 곽안련) 박사는 『한국교회와 네비우스 선교정책(*The Nevius Plan for Mission Work in Korea*, 41-42쪽)』[23)]에서 열 가지 기준들을 열거했다.

1. 선교사들이 광범위한 지역을 순회하면서 개인적으로 전한 복음.
2. 선교사역 전반에 걸쳐서 성경을 중심에 둔 점.
3. 자전(혹은 자력전도, self-propagation)
4. 자치(self-government)
5. 자립(self-support)
6. 모든 신자들과 지도자들을 위한 단계별 사경회
7. 성경에 기초를 둔 엄격한 훈련
8. 각 지역에서 다른 선교지부들과의 지역 배분 및 상호 협력과 연합
9. 신자들의 법률적인 분쟁에 대한 미개입
10. 스스로 자립할 수 있는 능력을 키워주기 위해서 신자들 간에 경제적인 실생활에 도움을 주는 일.

클라크 박사의 기준들은 한국에서 실제로 어떤 일들이 있었는지에 대해서 잘 보여주고 있다. 언더우드(H. G. Underwood) 박사는 『한국개신교수용사(*The Call of Korea*, 109-110쪽)』[24)]에서 네 가지 기준들을 말하고 있다. 이것들은 클라크 박사는 그의 유명한 책 『선교 현장의 교회 개척과 성장(*The Planting and Development of Missionary Churches*)』에서 네비우스의 가르침과 매우 비슷하게 언급한 적이 있었던 내용과 비슷하다. 그것들은 아래와 같다.

---

23) 박용규, 김춘섭 공역, 『한국교회와 네비우스 선교정책』 (서울: 대한기독교서회, 1994) (역자 주)

24) 이광린이 번역 출간하였다. (역자 주)

1. 각 사람들은 자신이 부르심을 받은 곳에서 머무르면서 일한다.
2. 교회 조직과 그 운영방법을 현장 교회의 형편에 맞게 발전시킨다.
3. 교회지도자들은 선교활동을 위한 모든 방안을 스스로 마련할 수 있는 기독교인들 가운데 선출되어야 한다.
4. 자신들의 전통에 맞는 양식으로 스스로의 교회 건물을 세운다.

허버트 블레어(Herbert E. Blair)목사는 1934년 한국선교 희년행사(the Korea Mission Jubilee)를 준비하는 글에서 세 가지 기초적인 원리를 제시했다.[25)]

1. 이교도의 모든 관습을 끊어내는 것을 요구함
2. 아래의 것들을 통한 성경에 기초한 철저한 교리 교육
   a. 주일학교 교육에 의해서
   b. 성경연수대회를 발전시켜서 – 등급을 나누어서 지역 교회 단위나 혹은 몇 교회 연합 단위로 진행함
   c. 단기 성경학원에 의해서 – 지역 교회의 평신도들을 훈련하기 위해서 큰 단위의 기관들을 구성함
3. 아래와 같은 항목에 대해서는 선교본부의 후원기금을 거절함
   a. 교회 물품이나 건물을 짓기 위한 자금(물론 예외가 있기도 했음)
   b. 목회자와 복음전도자들의 급여

위의 것들을 읽어가다 보면 독자들은 아래의 질문들을 하게 된다:

---

25) 블레어 박사의 글을 주의 깊게 살피기 위해서, 필자는 1930년대 한국선교회 실행위원회의 의장이면서 네비우스 방법에 대해서 가장 권위자로 알려진 솔토(T. S. Soltau 소열도) 박사의 생각을 빌려왔다.

이와 같은 권위 있는 저술가들이 기초적인 기준들에 대해서 서로 의견을 조율하기 위해서 모임을 가질 수는 없었던 이유는 무엇인가?

그들이 말한 것들은 매우 중요한 것들이기는 하지만, 정작 정말로 눈에 띄는 것은 없다. 사실 이와 같은 것들은 모든 선교현장에서의 실제적인 목표들이 제시된 후에 거기에 추가되어야 할 항목들이다.

가장 권위 있는 책으로는 클라크 박사의 『한국교회와 네비우스 선교정책(*Nevius Plan of Mission Work in Korea*)』[26]이라는 점은 틀림없는 사실인데, – 필자는 그렇게 받아들여져야 한다고 생각한다 – 그는 이 책 271쪽에서 한 가지 가장 중요한 항목을 제시하고 있다.

> 그러므로, 필자는 한국교회의 성공에 가장 중요한 기초는 한국교회가 사경회를 정말로 중요하게 강조해 왔다는 점에 있다고 믿게 되었다. … 만일 이것이 그대로 진행되고 있다면, 자립, 자전, 자치에 대해서 걱정할 필요가 없다. 그들은 자신들을 스스로 돌볼 것이다. …
>
> 어떤 사람은 '어떻게 하면 우리도 그와 같이 사경회에 전념하게 될 수 있을까요?'하고 묻게 될 것이다. 그 대답은, '잔치를 베풀라, 그러면 사람들이 모일 것이다'이다.

여기에 필자가 가장 의심하고 있는 부분이 나오고 있다. 다른 선교지에서의 필자의 경험에 비추어보면, 선교사들은 자신의 선교지역의 교회 평신도들을 위해서 수련회나 사경회 모임을 제공하거나 기도회를 열기도 한다. 이런 행사들은 주로 선교의 초창기에 열게 되는데, 조금 더 많은 사람들의 참

26) 클라크 박사의 한국 이름은 곽안련이다. 이 책은 그의 대표작으로 1994년에 대한기독교서회에서 박용규, 김춘섭 등에 의해서 번역 출간되었다. (역자 주)

여를 유도하기 위해서 각종 흥밋거리를 공짜로 제공해 주곤 한다. 하지만, 그 결과는 항상 실망스럽다. 일에만 매달려 있는 사업가들과 힘든 일을 하는 기술자들, 그리고 그 외 직업을 가지고 있는 회중들은 시간을 내기가 여간 어려운 것이 아니다. 참석자들은 주로 일이 없거나, 별로 쓸모없거나, 퇴직한 사람들이어서 단지 재미있게 시간을 보내면서 사람들을 만나기 위해서 참석했을 뿐이지, 교회의 실질적인 지도자가 될 만한 능력을 가지고 있다고 볼만한 사람들은 아니었다. 그래서, 앞으로 생각해 볼 문제인데, 왜 유독 한국에서만 사람들이 선교사들이 제공하고 있는 네비우스 방법에 기초한 사경회에 참여하기를 좋아하는지에 대해서는 여전히 의문이 남는다.

그러므로, 수많은 기준들을 살펴본 결과, 필자는 네비우스 방법이 엄청난 성공을 거두고 있었던 시점에 한국을 관할했던 미국선교본부의 총무로 일하고 있는 아더 브라운 박사의 한 의견에 동의하게 되었다: "이러한 원리들은 한국이 다른 선교지역에 비해서 더 큰 성과를 내고 있는 이유에 대해서 충분한 설명을 하지 못하고 있다. 분명 다른 이유들을 찾아보아야 한다" (*One Hundred Years*, 420쪽). 그러나 필자는 아더 브라운 박사가 다른 이유를 한국의 정치, 경제, 사회적인 특별한 상황에서 찾고자 했던 점에 대해서 전적으로 동의하는 것은 아니다. 물론 이러한 요소들은 매우 중요한 것으로 나중에 다시 다루게 될 것이다. 그러나 여기에서 필자가 중요하게 생각하는 것은, 이 방법이 성공을 거둔 이유는 바로, 그 주변 상황이 아니라, 네비우스 방법 그 자체에 있다는 사실이다.

이러한 사실은 2차 대전 기간에 필자가 한국을 떠나서 남미 콜롬비아에 있는 장로교 해외선교지부로 옮겼을 때에 명확하게 드러났다. 그 당시(1942년) 남미에 스페인어를 사용하고 있는 대부분의 장로교 선교지에서는 수도나 주요 도시 지역에서 교육사업에 집중해서 선교사역을 하고 있었다. 거의 대부분의 지역에서 그 학교의 이름을 콜레지오 아메리카노(Colegio

Americano)[27]라고 불렀다. 선교사들의 대부분의 시간과 경비는 이 학교들을 위해서 사용되었다. 항상 그런 것은 아니었지만, 학교의 선생님들이나, 학부모들, 그리고 동문들은 그 지역에서 가장 교양이 있는 사람들이었다. 지적이고, 열정적이며, 프로테스탄트 사상의 특징에 대해서 잘 교육을 받은 사람들이었던 그들은, 수적으로는 많은 편이 아니었지만, 그 지역에서 전문적인 직업인과 사업가 그리고 때로는 정치인들을 대표하는 사람들이었다. 선교회의 자산 규칙에 따라서 교회의 건물은 선교회로부터 제공을 받기는 했지만, 이 도시의 회중들은 대체로 스스로의 힘으로 교회를 운영하고 있었다. 그들에게는 그들이 직접 안수해서 세운 목회자들이 있었으며, 이 목회자들은 선교 학교에서 시간제로 일하면서 생활비를 충분히 충당할 수 있었다. 이것은 학교 직원으로 일하고 있는 선교사들을 자유롭게 해 주어서, 선교사들은 일요일에는 그 지역의 슬럼가나 공장지역에서 예배를 인도할 수 있는 여유가 있었다. 이런 모든 일들은 순조롭게 진행되었다. 분명 이곳에서도 복음전도나 자립의 원리가 무시되지는 않고 있었다.

이런 주요도시 주변에 농촌 교회들과 마을교회들이 있었다. 이 두 교회 간의 회중들의 격차는 상당했다. 도시 교회의 회중은 지식인층을 중심으로 하는 상위 그룹의 사람들이었던 반면에, 시골교회의 회중은 – 마치 공장지역이나 슬럼가에 있는 교회처럼 – 약한 소외계층의 사람들이어서 토지도 소유하지 못했고, 대부분 문맹인 소작농들이었다. 선교사들은 이런 시골지역의 교회에서 비정기적으로 예배를 인도하였다. 선교회가 조금 더 큰 교회에서 일을 할 수 있도록 하기 위해서 복음전도자들과 목회자들의 급여를 지급하였다. 활동력이 있는 평신도나 학교의 선생님이나 교육선교사들이 도시와 가까운 교회들에 가서 주일 예배를 인도하곤 했다. 때로는 학교의

27) 스페인어로 '콜레지오'라는 단어는 학교를 뜻한다. 대부분의 콜레지오 아메리카노는 초등학교였고, 일부 학교는 고등교육과정을 포함하기도 했지만 영국이나 미국의 대학교육 수준의 기관은 없다.

학생들로 구성된 전도팀이 선교버스를 타고 이런 지역들에 가서 예배를 인도하기도 했다. 이런 노력들은 매우 훌륭했고 복음적이었지만, 간헐적으로 진행될 수밖에 없다. 이런 상황 때문에, 선교사나 복음전도자들이 그들과 함께 살거나 정기적으로 예배를 인도하러 오는 누군가가 있는 경우에는 상당히 많은 회중들이 교회에 모여들었다. 그러나 만일 선교사나 복음전도자들이 다른 지역으로 옮기게 되거나 혹은 선교버스가 고장 나는 경우가 발생하게 되면, 예배를 인도할 수 있는 사람이 아무도 없었기 때문에, 회중들의 숫자는 금방 줄어들었고, 교회 건물은 몇 주 혹은 몇 달씩 비어있게 되었다.

이런 기간 동안에 시골교회의 신도들은 선교사들에게 편지를 보내거나 전화를 해서 언제 올 수 있는지 확인하면서, 그들을 위해서 예배를 인도할 수 있는 누군가를 보내달라고 호소하기도 했다. 이와 같이 불쌍한 영혼들은 너무 무지하고, 천하고, 무력해서 자신들이 스스로 예배를 드려보고자 하는 생각조차 하지 못한다는 사실은 선교사들에게, 도시 교회의 활동적인 지식인 신도들에게, 그리고 심지어 시골교회의 미천한 신분의 소작인들에게 너무나도 평범하고 명백한 일로 받아들여졌다.

이 시기에 필자는 콜롬비아 시누(Sinu) 강 지역의 한 공동체에 대해서 듣게 되었다. 그것은 다른 시골 지역에 접근이 보다 용이한 지역의 사람들이 복음을 전해 듣고, 그중 많은 사람들이 세례를 받은 후에 진도인 그룹을 만들었으며, 그리고 그들은 우체국이나 소형비행장이 있는 가장 가까운 도시로부터 70마일(약 110 킬로미터) 이상 떨어진 정글지역으로 이동해서 나사렛(Nazaret, 영어로는 Nazareth)이라 불리는 공동체를 시작했다는 소식이었다.

이 공동체는 기술적으로는 그곳에서 가장 가까운 지역(약 80마일, 약 130 킬로미터)에 살고 있는 콜롬비아인 장로교 목사의 감독을 받고 있었다. 그는 말을 타거나 보트를 타고 1년에 한두 번 정도 이곳을 방문하곤 했다. 작년까지 선교사들도 가끔씩 이 지역을 방문하곤 했다. 나사렛 공동체는 선교회로부터 자금지원을 거의 받지 않는다. 이 지역은 말라리아와 열대 전염병이 계속되는 곳으로 알려져 있기 때문에 아무도 선교중심지로 이 지역을 생각하거나 목사나 복음전도자들이 가족을 데리고 거기에 오고 싶어 하지 않는다. 그래서 선교자금이 들어갈 필요도 없다.

필자는 한국에서 18년간 있으면서 시골지역에서 선교사역을 하였다. 필자가 콜롬비아에 파송되었을 때에 선교본부는 그곳의 매우 약한 시골지역 교회들을 위해서 일하도록 지시를 내렸다. 그래서 필자는 나사렛 공동체를 방문하기로 결심했다. 나사렛에 도착하자마자, 필자는 그곳에서도 네비우스 방법이 완전하게 실행되고 있음을 보고 상당히 놀랐다. 여기의 농부들은 도시 근교나 다른 시골 지역의 사람들보다 모든 면에서 더 가난하고 불리한 조건에서 살고 있지만, 그들은 그들 공동체 중에 한 사람을 세워서 정기적으로 모여서 예배를 드리고 있었다. 그들은 자신들의 교회 건물을 세웠는데, 이것은 비록 야자나무 지붕으로 엮은 엉성한 것이었지만, 그들의 예배 장소로 쓰였다. 심지어 3학년제나 혹은 4학년제로 운영되는 학교도 있었다. 교사들의 봉급은 선교회의 지원을 받고 있었는데, 필자가 도착하기 전에 약간의 문제가 발생했다. 하지만, 여전히 그 학교는 계속 운영되고 있었다.

더 흥미로운 것은, 그들은 스스로 전도하는[자전] 원칙도 실천하고 있었다는 점이다. 거기에는 매 주일마다 예배를 인도하는 소녀로 구성된 서너 개의 그룹이 있다. 이들 중 두 개의 그룹은 이미 교회를 세웠다. 나사렛 공동체 안에 살고 있는 가족은 정글 속에 다른 지역으로 이주해서 살면서 나사렛으로부터 전도팀을 초청하곤 했다. 남녀 젊은이들로 구성된 팀은 때로는 네다섯 명으로, 또 때로는 그 이상의 인원으로 구성하기도 하는데, 이들은 걷거나 혹은 나귀를 타고 상당히 먼 거리에 살고 있는 그들의 친구들의 집을 찾아 여행을 했다. 그들은 토요일 밤에 그 친구의 집에서 예배를 드리고, 일요일 아침에는 근처에 몇 마일 떨어진 다른 믿지 않는 이웃들의 집에 가서 예배를 드리고, 일요일 오후에는 다시 나사렛으로 돌아왔다.

여기에는 분명 네비우스 방법이 실행되고 있다. 시누 지역의 기독교인 농부들과 도시 지역의 마을에 살고 있는 기독교인 소작농들과의 차이는 과연 무엇인가? 그 대답은 시누지역의 사람들은 자신들 스스로의 결단으로 예배 중심의 프로그램을 만들어 내었다는 점이다. 한국과 남미에서 본 것들을 생각해 본 결과, 필자는 한 가지 핵심적인 것이 마음에 떠올랐다: 그것은 바로 '예배주도(the Worship Initiative)'이었다.

도시 근교의 사람들은 도심의 동료 기독교인들과 비교해서 자신들이 열등하다는 사실을 잘 알고 있기 때문에 주도권을 가지고 어떤 것을 시작하기를 두려워했다. 이러한 모험을 시작하고자 했던 사람들은 그들의 동료 농부들로부터 '할 수 있다'는 격려를 받는 것은 아니었으며, 선교사들이나 교육받은 동족들에게 영향을 받은 것은 더더욱 아니었다. '예배주도' 프로그램은 외부의 지도자, 복음전도자, 선교사 그리고 전도팀들에 의존해서 시작되었다. 시누 사람들은 다른 지역에서 있으면서 그들 자신의 신앙을 위해서 소중한 것이 무엇인지 발견하게 되었고, 그들이 다시 외부 지도자들의 도움을 전혀 받을 수 없는 정글로 돌아왔을 때에, 그들은 비록 도시의 사람들에 비해서 충분한 교육을 받은 것도 아니고 세련된 말솜씨를 갖춘 것도 아니지만, '예배가 주도적인 역할을 하는' 프로그램을 시작하기로 결정하였다. 그 결과 그들은 필자가 거기에 처음 방문하기 전에 복음전도, 자치, 일정 수준의 자립, 그리고 지도력을 발전시키기 위한 교육프로그램을 시작하는 등 이미 많은 것들을 성취하였다.

필자는 3년 동안 나사렛에 머물렀다. 필자가 거기에 도착했을 때, 선교회와, 콜롬비아 장로회에 속한 사람들과 나사렛 사람들 모두는 아무런 의심 없이 필자가 설교, 주일학교, 기도회 등의 모든 교회프로그램을 맡게 될 것이라고 생각하였다. 무엇보다도, 인근 80마일(약 130 킬로미터) 내에서는 필자가 장로교에서 안수 받은 유일한 목사였다. 필자는 그곳에서 무엇을 했을까? 스페인어를 아주 조금 밖에 하지 못했기 때문에, 필자는 이런 일들을 하는 것을 거절했다. 그리고 '예배주도'는 계속되어야 한다고 주장했다. 필자는 주일 예배에 한 달에 한 번만 설교하였다. 다른 주일에는 예전에 해 오던 대로 다른 지역 교회의 지도자들이 예배를 인도하였다. 덕분에 필자는 '소녀전도그룹'을 방문할 수 있었다. 당시 선교회로부터 교회나 학교를 위해서 어떤 지원도 받지 않았다.

이 경험을 통해서 네비우스 방법이 다른 것에 비해서 확연하게 다른 근원적인 특징은 바로 지역 신앙공동체 안에 '예배주도' 정신이 녹아들어가 있다는 점이라고 필자는 확신하게 되었다. 이것이 바로 네비우스가 선교교회를 발전시키기 위한 새로운 계획을 수립하면서 성취하려던 것이고, 바로 한국선교회가 그 방법으로 성취한 것이다. 사실 자립은 이것을 위한 기계적 장치였을 뿐이다. 이것이 그 방법을 활동력 있게 만들어서, 전도, 자립, 자치, 사경회, 지도자 훈련 등의 모든 선교 프로그램이 어떤 인위적인 외부 압력이나 자극없이 아주 자연스럽게 진행될 수 있도록 만들어준 원동력이 되었다.

이런 나의 판단은 그 후 몇 년 동안 멕시코, 칠레, 브라질에서의 '오순절운동'[28]을 보면서 더욱 확고해졌다. 이것이야말로 진정한 네비우스 방법이었다. 선교사나 선교회의 도움없이 전도자들이나 교육기관들이나 혹은 남미의 장로교 선교본부의 다른 관련된 일들에 물질적으로 후원했으며, '예배주도'는 한 그룹의 낮은 지위의 신자들로부터 시작되어 다른 사람들에게로 전파되어서 마침내 많은 사람들이 변화되었으며, 많은 교회가 세워졌고, 학교들이 시작되었다. 어느 누구도 복음전파나 자립을 강조하지 않았다. 그것은 자발적으로 일어난 일이었다.

'오순절운동'이 남미 지역의 가장 낮고 무식한 노동자들로부터 시작되었

---

28) 19세기의 감리교의 창시자 웨슬리 이후, 성령세례에 대한 논쟁을 시작으로 발전된 것으로 그 결과 성결운동과 함께 태동하게 되었다. 20세기 초 미국 켈리포니아 아주사 지역에서 폭발적인 부흥운동이 일어나게 되었으며 이것이 전미주 지역과 아시아 남미지역으로 확산되었다. (역자 주)

지만, 그 순수한 종교적인 운동은 활동력이 있어서 의사나 변호사 혹은 다른 교육받은 사람들에게 전파되었다. 그것은 마치 살아있는 생명체처럼 활동적으로 움직였다.

필자는 1955년 멕시코 장로교 총회에 참석한 적이 있다. 총회는 실력 있는 법률자문이 필요해서 두 명의 믿을만한 변호사를 찾기 위해서 멕시코 사업가로 구성된 장로위원회를 구성하였다. 멕시코장로교선교본부가 몇 년에 걸쳐서 "콜레지오 아메리카노"에 많은 자금과 인력자원을 쏟아 부었던 한 지역에서, 장로회총회는 믿을 만한 사람들은 두 명을 찾을 수 있었는데, 그들은 오순절교단 소속 변호사들이었다.

우리는 여기에서 한국에서 지역공동체의 건강한 시민들이 네비우스 방법을 따르는 수업들, 즉 선교사들이 제공하는 단기성경학교에 참석했던 이유를 발견하게 된다. 남미의 '예배주도' 운동에서 한국의 신자들과 비슷한 사람들은 바로 일요일마다 스스로 예배를 드리면서 지역 교회 회중들을 교육하거나 그들에게 말씀을 전하기 위해서 책임을 다했던 사람들이다. 이런 점에서 그들은 자신들이 부적합하다는 생각에 양심의 부담을 느끼고 있었다. 그들은 자신의 비용을 써 가면서 이런 수업들에 참여하기 위해서 모였을 뿐 아니라, 선교사들에게 이와 같은 기회들을 더 많이 제공해 달라고 조르기까지 하였다.

물론 이 문제에는 인간적인 요소들도 들어있다. 만일 가정교회 하나를 세우는데 성공하는 것이 비전도지역에 복음전도자를 파송하거나, 교회가 있는 지역에 평신도 목회자를 파송하기 위한 급여를 제공할 수 있는 열쇠가 된다면, 그것은 일종의 추가보상을 제공하는 것과 같다.

네비우스 방법이 성공했던 여러 이유들 중에 가장 중요한 이유가 여기에 있다. 교회에서 급여를 받는 일을 얻을 수 있는 열쇄는 마을 사람들을 교화해서 그들을 자신의 회중으로 만드는 능력에 달려 있다. 마을 사람들에게 이 사람은 마치 언제든지 열어볼 수 있는 책과도 같은 존재이다. 급여를 받는 일이 생기게 되면, 그들은 그 일에 적합한 사람을 찾아서 세웠다. 전통적인 방법에서는 급여를 받기 위해서는 사람들은 종종 선교사들에게 잘 보여서 그들의 지갑을 열게 만들면 되었었다. 이야말로 완전히 나쁜 경우이다.

'예배주도'를 생각해보려면, 우리는 이 두 단어의 중요성에 대해서 깨달아야 한다. '주도'라는 단어가 중요한 이유는 토착민들의 그 어떤 운동도 자신들이 먼저 주도권을 쥐고 시작하지 않으면 성공할 수 없기 때문이다. 만일 그들이 자신들 내부에서 계속해서 지도자들 만들어내고 키워낼 수 없다면, 그것은 금방 실패하고 만다. 이것은 쉐어러가 그의 책 『한국교회성장사(*Wildfire: Church Growth in Korea*, 188쪽)』에서 이야기한 "계속해서 재생산 할 수 있는 양식"이다. 이것이 가장 중요하다.

'주도'만큼 중요한 단어가 바로 '예배'다. 이 단어의 힘은 의심의 여지없이 종교성에서 왔다. 그것은 시골재건, 마을개량, 공공보건, 농업개선, 마을위생 혹은 초등교육 등과 같은 일들이 아니다. 물론 한국의 평양과 콜롬비아의 나사렛에서는 이러한 발전들이 있었다. 예배는 인간이 자신의 영혼의 문제와 직면해서 궁극적인 힘을 지닌 존재를 숭배하면서 기도를 하게 만드는 것이다. 이것은 또한 "계속해서 재생산 할 수 있는 양식"을 제공해주는데, 왜냐하면 이것은 자신이 서 있는 그곳에서 모든 사람들을 만날 수 있게 해주기 때문이다. 그들은 예배의 의미를 이해하고 있다. 2천년에 걸쳐서 수많은 공예품, 예술품, 기술 등의 문화적인 유산을 창조해왔던 한국의 농부들부터, 근대 사회의 구조 속에 들어가지 못할 뿐 아니라, 자신의 기원인 인디언 문화로부터 전해내려오는 기술이나 관습들도 다 잃어버린 채 사기가 꺾여서 살아가고 있는 남미의 수많은 농부들에 이르기까지, 이 모든 사람들은 무엇인가를 숭배하면서 살아오고 있다. 그런 대상이 미신이든, 자연의 정령이든, 집안의 신들이든, 부처님이나 조상님이든, 콜롬비아의 친퀴쿼라

(Chinquinquira)[29]에 있는 기적의 성모상이든, 혹은 "힘 있는 성인"이든 간에, 이 사람들은 이런 대상들을 숭배하고 찬양하면서 예배를 드리고 있다. 그들은 이러한 대상 앞에 나와서 그들의 안녕을 위해서 도움을 청하면서 필요한 것을 구하고 있다. 또한 그들은 이 대상들에게 감사의 표시를 한다. 그들이 이해하고 있는 이와 같은 종교의 의미를 바탕으로, 이제 그들은 자발적으로 이러한 종교적인 예식의 대상을 우주를 창조하신 하나님으로 바꾸었다. 이 하나님은 그들에게 구원을 허락해주신 분으로 그리스도를 통해서 자신을 계시하셨고, 무한한 사랑을 보여주신 아버지이며 유일한 신이시다. 이와 같은 예배의 대상에 대한 방향전환은, 정글 속에 살고 있는 원시부족이나 대학을 졸업한 지식인들이나 할 것 없이, 모든 사람들에게 똑같이 일어나는 첫 번째 전환점이다. 원시부족들이나 지식인들이나 모두 자신들이 숭배하고 있는 영원한 능력을 가지고 있는 거룩한 존재에 대해서 완전하게 이해할 수는 없다. 단지 우리가 알고 있는 것은 예배 대상에 대한 방향전환은 사람들의 시야를 넓게 해주고, 교육을 가능하게 해주며, 마침내 변화를 경험하게 해 준 첫 단계라는 점이다. 모든 과정에서 이러한 첫 단계가 중요한 이유는, 심지어 어떤 사람이 자신의 능력보다도 더 높은 능력을 경험한 경우가 있다고 하더라도, 성장은 점진적으로 이루어지는 것이지 한 번에 과도하게 이루어지는 것이 아니기 때문이다.

남미의 선교사역에서 이러한 식견을 얻게 된 것처럼, '예배주도' 프로그램을 떠올리자마자 우리가 자연스럽게 한국의 자립을 언급하게 되는 것은 너무나 명백한 사실이다. 우리가 이미 이야기한대로, 단순히 돈을 가지고 있다는 사실 만으로 자동적으로 성숙한 기독교인을 만드는 일에 도움이 되리라고 생각하는 것은 어리석은 일이다. 오히려 그것은 전혀 도움이 되지 않는다. 그러나 자립은 마치 기계와도 같다. 그것은 마치 미성숙한 새신자가

29) 콜롬비아의 성지로 산타페 안티오퀴아(Santa Fe de Antioquia) 근처에 있다. (역자 주)

그들에게 신앙의 성숙과 '제자도'의 발전을 가져온 것은 '예배주도' 신앙 때문이라고 확신하게 한다.

이 부분을 마치고 다음 부분으로 넘어가기 전에 네비우스 방법에 대해서 한두 가지 정도만 더 언급하려고 한다. 그 방법 자체와 그 방법의 핵심인 '예배주도'는 놀라운 활동력을 지니면서 엄청난 결과를 만들어낼 수 있기에 충분함에도 불구하고, 그것은 또한 모든 선교의 방법에 있어서 가장 취약한 구조를 가지고 있기도 하다. 왜냐하면 어떤 선교사나 선교회도 그것을 쉽게 파괴할 수 있기 때문이다. 그것을 파괴하고 싶으면, 자금과 네비우스 방법에 대한 완전한 무시만으로도 충분히 가능하다. 시누가 바로 그 예이다.

필자가 나사렛을 떠난 후, 장로교 선교본부는 가장 유능한 목회자를 보내고 그에게 급여를 제공하면서 시누의 선교사역을 감독하게 했다. 그리스도에게 헌신된 사역자인 그가 나사렛에 가는 것은 너무도 당연하게 보이는 일로, 그는 그 지역 교회 프로그램 전반에 대해서 완전한 책임을 맡게 되었다. 거의 비슷한 시기에 한 선교지부인 퀘브래다 혼다(Quebrada Honda)지역에 다른 한 선교회에서 급여를 받게 될 또 다른 복음전도자를 파송하고 싶다는 연락을 받게 되었다. 시누의 사역은 계속되었고, 필자는 나사렛과 퀘브래다 두 지역이 모두 선교회로부터 상당한 관심을 받는 지역이라고 생각하게 되었다. 그러나 그들은 자신들의 오랜 전통에 따라서 급여를 받는 선교사들을 파송하기로 했다. 이것은 네비우스 방법을 따르면서 '예배주도' 방식의 선교를 하는 것이 끝나가는 계기가 되고 말았다.

새로 시작하는 교회든 오래된 교회든 어떤 교회라도 다른 어떤 대안이 있을 때에 자립의 원리를 채택했다고 가정하는 것은 잘못이다. 한국에서는 교회의 모습을 갖추기도 전에, 전국의 신자들의 수가 200여 명이 되기도 전에, 한국선교회는 한국교회를 위해서 네비우스 방법을 채택하였다. 만약에 오늘날 한국장로회총회에서 자립의 원리에 대해서 투표를 한다면, 그 원리는 많은 사람들의 반대 의견에 부딪히게 되면서 폐기되었을지도 모른다. 선교 교회도 사람들에 의해서 구성되었다. 만일 산타클로스에 대해서 투표를 한다면 사람들은 반대표를 던지지 않을 것이다.

우리는 이제까지 '예배주도' 프로그램도 네비우스 방법의 한 중요한 특징을 공유하고 있다는 점을 살펴보았는데, 이제는 네비우스 선교사에 대해서 그리고 초기 한국선교회에 대해서 살펴보도록 하자.

네비우스의 사역에 대한 연구들을 살펴보면, 비록 네비우스가 다른 용어를 사용하고 있기는 하지만, 실질적으로 '예배주도' 프로그램은 그가 새로운 방법을 찾아가면서 고민했던 것이다.

네비우스 방법에 있어서 '자립'이 그것의 처음이면서 마지막으로 간주되고 있는가에 대해 이해하기 위해서는, 우리는 네비우스의 역작 『선교교회의 설립과 발전(*The Planting and Development of Missionary Churches*)』을 볼 필요가 있다. 우리는 네비우스가 선교를 시작하고 처음 20여년 정도는 전통적인 선교방법을 채택하고 있었음을 기억해야 한다. 이것은 만일 한 선교회가 20 곳을 돌아다니면서 말씀을 전해야 한다면 각각의 장소에 20여 명의 복음전도자들을 보내면서 그들에게 급여를 제공해주는 방법이다. 네비우스는 이와 같은 선교방법은 복음전도자 중심으로 운영되는 것이기 때문에, 결국 이 방법은 새로운 신자들을 더욱 성숙하고 책임감 있으며 활동적인 제자들로 키우는 데에는 충분하지 못하다고 확신하게 되었다.

그러므로, 네비우스의 책 첫장에는 이러한 기존 방법에 대해 비판하고 있다. 네비우스는 급여를 받고 일하는 복음전도자를 두는 체계의 사악한 요소들에 대해서 나열하고 있는데, 그것은 매우 실질적이면서도 중요한 것들이었다. 그럼에도 불구하고, 이 모든 것에 더해서 기존 선교회에서 지불해오던 비용을 교회들이 지급하도록 함으로 결국 선교회의 비용을 크게 절감할 수 있게 하는 방안만이 추가되고 말았다. 기존에 급여를 받아오던 복음전도자들은 곧 울음을 터뜨릴 수밖에 없다. 왜냐하면, 자립해야 하고, 한 푼이라도 아껴야 하며, 구두쇠처럼 지내야하기 때문이다. 그러나 선교회의 입장에서 이것은 경제적으로 궁핍한 신자들을 사랑하는 방안이었다.

네비우스는 그의 책 2장부터 자신의 프로그램에 대해서 소개하고 있는데, 여기에서 그는 각 지역의 예배 공동체에 '예배주도' 프로그램을 정착시키려고 했음이 분명하다. 예배가 훈련된 복음전도자에 의해서 인도되는 것이 아니라, 공동체의 농부들, 장인들, 상인들에 의해서 인도될 것이기 때문에, 네비우스는 그의 교회 프로그램을 아래와 같은 환경으로 만들기 위해서 노력을 기울였다:

1. 예배 프로그램을 설교 중심보다는 가르치는 요소를 극대화 하는 방향으로 전환한다. "우리는 계속되어지는 강론의 내용이 중국에서는 이제까지 거의 알려지지 않은 것이었음을 기억해야 한다." (36쪽)

2. 각각의 예배에 모든 신자들이 참여할 수 있는 기회를 가진다. "우리의 목표는 남녀노소 할 것 없이 모두 조금 더 많이 배운 사람들에게서는 배우는 학습자가 되고, 자기들보다 못한 사람들에게는 교사가 되어야 한다." (32쪽)

3. 책임을 맡은 농부를 비롯한 평신도들이 예배를 인도하고 가르치기에 적절하고 이해하기 쉬운 간단한 자료들을 제공한다.

4. 이러한 평신도 지도자들을 위한 특별한 사경회의 기회와 예배 인도 훈련 프로그램을 제공한다.

네비우스 박사는 그의 책 두 번째 장을 "개종한 사람들을 주님께 맡기라"는 구절로 끝내고 있는데, 이것은 '예배주도'의 원리에 대해서 말해주는 가장 명쾌한 설명이다.

> 우리는 믿음과 확신을 가지고 우리의 젊은 개종자들을 주님께 맡겨야 한다. 이것은 사도 바울이 아무런 주저함 없이 채택했던 과정이며, 저는 우리가 바울의 이와 같은 본보기를 따르지 않을 이유가 전혀 없다고 생각한다. 우리의 구주는 세상 끝날까지 그의 백성들과 늘 함께 하실 것과, 모든 은혜와 축복의 영을 보내주셔서 그들에게 영원토록 지켜주실 것을 약속해 주셨다. 그분이 그의 영과 예언자들과 선생들과 훈계하는 사람들과 도움들과 세상 권세들의 모든 특별한 은혜들을 제공해주심으로 그들의 모든 필요를 채워주신다. 바울은 전도 여행을 하면서 디모데나 실라나 혹은 다른 제자들을 각각 교회에 보내서 그 곳에서 며칠 혹은 몇 주 동안 머물면서 그 교회들을 가르치고 훈계하고 위로하면서 혹시 잘못된 점이 있으면 바로 잡아주고, 필요한 것이 있으면 도와주도록 했다. 그러나 사도행전을 보면, 바울이 제자들에게 한 교회에 거주하면서 일을 하도록 부탁한 경우는 단 한 번도 없다. 나는 처음부터 우리는 사도의 이러한 가르침을 따르지 못하고, 자주 우리의 교회 안에서 개인들의 은사들, 자기 확신, 그리고 진취적인 능력들이 얼마나 발전되었는지 확인하려고 하였는데, 이것이 오히려 그들을 약하고 비능률적이고 의존적으로 만들어 버렸다고 생각한다.

네비우스 방법이 실행되고 있는 한국선교회의 일원으로 18년간 지내면서, 필자를 당황스럽게 만들었던 것은 필자가 남미에서 선교사역을 하면서 방법론적인 단 하나의 특별한 기준을 깨닫게 되었다고 고백하게 되었다는 점이다. 그러나 필자가 이러한 생각을 하면서 마음속에 계속되는 깨달음을 주는 것은 바로, 의심의 여지없이, 한국에서 만났던 선교사들의 사역이었다. 드러내놓고 말하지는 않았지만, 그 분명한 깨달음은 바로 자립이야 말로 "지역 교회의 회중들을 일깨우고", "그 지역의 리더들이 스스로 일할 수 있도록 만들고", "의존적인 사람이 아니라, 그 프로그램들을 지원할 수 있는 특별한 그룹을 만드는 것"이라는 점이다.

만일 이러한 고백을 듣는다면, 한국에 있는 필자의 동료선교사들은 틀림없이 다음과 같이 말했을 것이다. '그들은, 그 이름이 어떤 것이든 간에, '예배주도'의 원리에 대해서 줄곧 이해하고 있었기 때문에, 필자가 남미에 가서야 그것을 깨달았다면, 필자야말로 가장 어리석은 선교사 중에 한 사람이다'라고 말이다. 한국선교회는 전반적으로 자립이라는 단어를 중시하고 있었으며, '예배주도'의 원리를 실질적으로 이해하고 있지는 않았지만, 미국선교본부의 자금은 한국교회의 지도자들의 책임감을 약화시키는 쪽으로 쓰여져서는 안 된다고 하는 생각을 굳게 붙들고 있었다는 점을 보여주는 수많은 사건들에 비춰본다면 확실히 이것은 사실이다.

이러한 예를 가장 잘 보여주는 것은 경상북도 대구 지역에 쓰여진 '아담스복음자금(Adams Evangelistic Fund)'일 것이다. 선교사역의 위대한 개척자였던 아담스(J. E. Adams) 박사는 이 지역의 교회는 평양지역에서의 교회 성장을 따라가기에는 무엇인가 부족한 것이 있음을 깨닫게 되었다. 그는 곧바로 자금을 조성해서 이 지역에 교회가 없는 마을에 새로운 교회를 시작하기 위해서 복음전도자를 파송하는 데에 그것을 사용하기 시작했다. 아담스 박사가 선교의 현장을 떠나자, 그의 아들인 에드워드 아담스 목사가 이 일을 계속했다. 쉐어러는 이 자금은 이 지역의 교회 성장에 가장 중요하게 공헌했음을 지적하면서, 이처럼 미국의 자금을 사용하는 것이 네비우스 방법의 자립의 원칙을 깨뜨리는 것인지에 대해서 질문하고 있다(100~103쪽).

실제로 한국선교회의 초창기 선교사들은 미국의 자금을 사용한 것에 대해서 회의적으로 바라보았다. 즉 아담스 박사가 이 일을 시작하던 시기의 선교사들이 네비우스 방법에 대해서 아주 강하게 옹호하고 있었기 때문에 이와 같이 생각하고 있었다. 한국선교회 연례모임에서 이 자금을 사용하는 것은 신성한 네비우스 방법을 위반하는 것이라고 비판하면서 이 자금에 대해서 강하게, 심지어 신경질적으로 공격하였다.

그러나 이 자금은 네비우스의 원리를 위배하는 것이 아니었다. 왜냐하면 그것은 지역 기독교 공동체가 철저하게 '예배주도'의 원리를 지키도록 하고 있었기 때문이다. 복음전도자들은 한 지역에 일정 기간 머문 후에는 모두 다른 지역으로 옮겨지는 것이 원칙이었다. 때로는 6개월, 1년 혹은 1년 반 정도 머물렀고, 절대로 3년 이상을 넘지 못하게 했다. 이 원리를 매우 철저하게 지켰다. 만일 어떤 그룹이 스스로 지도자를 세워서 자발적으로 예배를 드릴 수 있다면 그 사역은 성공한 것이다. 만일 그렇지 않다면, 그 기간 동안에 사용된 자금은 손실로 처리되고, 그 복음전도자는 다른 지역으로 옮겨져서 같은 사역을 진행하였다. 혹은 실패에 대한 책임으로 해고되기도 하였다. 네비우스 박사는 『산둥성 중심 지역의 선교지부의 시작과 발전(*The Origin and Growth of Stations in Central Sangtung*)』 3장에서 때때로 새로운 교회를 시작하기 위해서 급여를 받는 복음전도자들을 파송하기도 했으며, 아담스복음전도자금처럼, 복음전도자들은 그 지역 기독교인들 스스로 '예배주도'가 시작될 때까지만 머물도록 했다고 쓰고 있다.

이 사건에서 정말로 중요한 것은 한국선교회의 연례회의에서 아담스자금에 대해서 신랄한 공격이 이루어지고 있는 동안에 그 어느 누구도 같은 지역에서 아담스자금과 같은 용도로 사용되었던 병원복음전도회(The Hospital Evangelistic Society)에 대해서 언급하지 않았다는 점이다. 한국이나 다른 나라에 있는 장로교 병원의 직원들은 전도회를 구성해서 매달 자금을 모았다. 그리고 그 자금을 아담스 복음자금과 마찬가지로 교회가 없는 지역에 교회를 세우기 위해서 복음전도자들을 파송하는 데에 사용하였다. 마을의 입장에서 생각해보거나, 그 마을에 새롭게 세워진 교회의 입장에서 생각해보거나, 아담스복음자금이나 병원자금은 모두 복음전도자를 파송하는 데에 쓰였다는 점에서는 한 치의 다른 점도 없다. 왜냐하면 두 자금은 모두 한 가지 같은 원리를 가지고 쓰였기 때문이다. 아담스복음자금은 선교사들에게 신랄한 공격을 받은 반면에, 병원자금은 복음전도를 강조하는 네비우스 방법이 적용된 아주 좋은 예로 선교 현장에 소개되고 있었다.

만일 한국선교회가 '예배주도'의 원리가 실질적인 측면에서 자립의 원리를 움직이고 있는 것이라는 점에서 얼마나 중요한 것인지를 이해했다면, 아담스복음자금은 선교회의 전도프로그램을 아주 많이 강화시킨 것임에 틀림없는 것이었다. 필자는 자신이 한국선교회의 가장 어리석은 일원일지도 모른다는 점을 보여주기 위해서 이 사건을 언급했다. 그런데, 분명히 선교회 안에 다른 선교사들도, 아니 어쩌면 한국선교회 자체가, 당시에 선교에서 '예배주도'가 얼마나 중요한 것이었는지 깨닫지 못하고 있었던 것 같다.

이제 이 연구의 서론에서 언급한 또 다른 문제에 대해서 생각해보자. 다음의 두 질문이 이 문제에 대해서 말해주고 있다.

1. 장로교는 전국에 걸쳐서 네비우스 방법을 실행했음에도 불구하고, 왜 서북지역의 사역이 남쪽지역의 사역보다 훨씬 더 빠르게 발전되었는가?

2. 장로교와 감리교 모두 같은 시기에 한국의 북서쪽에서 사역을 시작하였음에도 불구하고, 왜 1930년대가 되었을 무렵, 장로교가 감리교보다도 여덟 배나 더 많은 교회를 가질 수 있었는가?

이 질문에 대한 대답은 아래의 다섯 가지 요점으로 요약할 수 있다. 우선 이 다섯 가지를 살펴보고 그 자세한 내용에 대해서 이야기해 보자. 아래의 다섯 가지는 그 중요성에 따라서 그 순서를 나눈 것이 아니라 역사적인 순서에 따라서 기록한 것이다. 실제로 그 중요성에 따라서 순위를 매기는 것도 어려운 일이다. 모두가 중요하다. 실제로 어떤 한 시점에서 한 가지 사실도 빠지게 된다면 그 결과는 완전히 다르게 나타날 것이다.

이 요점들은 아래와 같다.

1. 다른 어떤 지역에서도 찾아 볼 수 없는 서북지역만의 사회 경제적인

상황

2. 콜롬비아 나사렛처럼, 황해도 압록강 유역에서 서상륜을 비롯한 그 형제들과 친구들의 지도력 아래에서 이미 선교사들이 그 지역에 들어오기 전에 스스로 먼저 '예배주도' 프로그램을 만들고 교회를 시작하였다는 사실
3. 네비우스 방법
4. 장로교 선교사들에 의해서 네비우스의 사상이 그 지역 상황에 맞게 잘 녹아들어간 점
5. 1900년대에 미국 장로교선교본부에서 한국으로 훌륭한 선교사들을 많이 보낸 점

이제 이러한 사실들에 대해서 자세하게 살펴보자.

1. 한국의 서북지역에 기독교가 들어와서 잘 정착하게 될 수 있었던 사회, 경제, 정치적인 상황은 무엇이었는가?

베어드 박사가 만주 경계지역인 북서쪽의 압록강 주변에 처음으로 도착했을 때인 1897년에, 그는 이미 남쪽의 끝자락에서 6년 동안 선교사역을 한 경험이 있었다. 그는 부산에서 1891년에 선교지부를 처음으로 열었다. 이것은 서울 외곽 지역에 처음 생긴 개신교 선교본부였다. 그는 6년 동안 전라도 지역을 비롯해서 경상남북도 지역을 두루 다니면서 선교를 했다. 그리고 그는 대구에 두 번째 선교지부를 세웠다. 그 당시 한국에서 베어드 박사 말고는 한국의 남부 지역에 대해서 잘 알고 있는 외국인 선교사는 없었다.

베어드 박사가 만주 지역을 방문한 이후 미국에 있는 그의 형에게 쓴 편지에 그는 다음과 같이 적었다: "북쪽에 사는 사람들은 남쪽의 사람들과

다른 민족처럼 보였다. … 복음을 받아들이기 위해서 주님의 준비된 백성들이었다." 우리는 베어드 박사가 남쪽 지역을 선교하면서 부산과 대구에 선교지부를 세우는 동안 그를 따라다니면서 도왔던 사람들, 즉, 복음전도인들, 한국어 선생님, 그리고 심지어 집안일을 하는 사람들까지도 모두 황해도나 평안도 출신이었다는 점을 기억해야 한다.

서씨 형제들 중에 한 명인 서경조는, 압록강 지역 출신인데, 베어드 박사가 처음으로 경상북도 지역을 순회할 때 따라다녔던 사람이었다. 이 사람은 확실히 남쪽 지역을 처음 방문한 사람이었다. 베어드 박사는 당시의 상황에 대해서 서경조는 남부지역 사람들의 느리고 거만하고 이랬다 저랬다 하는 생활 태도에 대해서 몹시 불편해 했으며, 마침내 병이 들어서 선교여행을 마무리 할 수 없었다고 기록하고 있다. 베어드 박사는 그것을 향수병이라고 말했지만, 그는 밀무역을 하는 기독교인이었기에 그를 죽이라는 정부의 명령을 피해서 도망 다니면서 만주지역과 한국의 북쪽 지역을 20여 년 동안 떠돌아 다니고 있었기 때문에, 베어드 박사가 말하는 대로 향수병에 걸려서 선교여행을 끝까지 동행하지 못했다는 것은 설득력이 떨어진다.

한국에 대해서 써온 모든 저술가들은 평안도 지역의 사람들이 다른 어떤 지역의 사람들보다도 경계심이 많고 도전적이라고 기록하고 있다. 인종적인 측면에서 이런 차이점이 있는지는 모르겠지만, 필자의 견해로는 꼭 그런 것 같지는 않다. 그냥 평범한 관찰자의 입장에서 보면 이러한 인종적인 차이점은 보이지 않는다. 한국은 세계의 어떤 국가의 사람들보다도 더 단일민족으로 이루어진 국가이다. 한국에는 일본의 아이누나 중국의 묘족이나 대만의 고산족처럼 원주민과 같은 종류의 사람들은 없다. 북쪽 사람들의 언어, 풍습, 의복 등은 다른 지역의 사람과 특별하게 다른 것은 없다. 확실히 한국에는 영국에서 게일어[30]를 사용하는 스코틀랜드 고지대의 사람들이나 웨일즈에서 콘월지방 언어[31]를 사용하면서 사는 사람들과 같이 민족적인 차이를 지니고 있는 사람들은 없다.

북쪽지역 사람들은 주로 산간지역에 살고 있기 때문에 비교적 독립적인 생활을 해오고 있다. 북쪽지역 사람들은 조금 더 민주적이다. 커다란 부를 가지고 있는 개인이나 가족이나 씨족은 주로 서울 남부지역에서 큰 농경지를 소유하고 있으면서, 거기에서 겨울에는 보리를 파종하고 여름에는 쌀을 수확할 수 있는 지역에 분포한다. 이런 점에서 볼 때, 북쪽 지역의 사람들은 많이 가진 사람이나 적게 가진 사람이나 그 차이가 별반 크지 않다. 그렇게 큰 부자들도 없고, 심하게 가난한 사람들도 없다. 단지 땅을 소유하고 있는 사람들이 조금 더 높은 지위를 가지고 있는 것 정도일 뿐이다. 이런 형편이 북쪽 사람들을 더 독립적이고 민주적으로 만들었다.

조금 더 중요한 사실은 기독교가 한국에 전해졌을 때, 북쪽 지역의 사람들이 조금 더 한국 정부의 지배를 덜 받았고, 그리고 어느 정도, 조상으로부터 내려오는 가문의 영향력도 별로 미치지 않았다는 점이다. 이것은 또한 조상을 숭배해온 종교적인 전통으로부터도 벗어나 있었음을 의미하는 것으로 볼 수 있다.

논문집『한국대관(韓國大觀 *Korea, Its land, People, and Culture of All ages*)』[32]이 서울에서 영어로 출간되었는데, 그 저자는 모두 한국인이다. 이 책에서는 1881년에 북쪽지역에서 일어난 홍경래의 난에 대해서 아래와 같이 말하고 있다.

> 홍경래는 특별히 사회에 대해서 불만을 품고 있는 사람들이 많은 평안북도 용강지역 출신이다. 서울 조정 관료에 평안도 사람이 하나도 없을 정

30) 스코틀랜드 지역 방언 (역자 주)

31) 웨일즈 지역 방언 (역자 주)

32) 1967년에 동아출판사에서 단행본으로 번역되어서 출간되었다. (역자 주)

도로 정부는 북쪽 지역의 사람들을 심하게 차별했다. 이 지역 사람들의 이러한 원한들이 쌓이게 되면서 마침내 홍경래가 난을 일으키게 되었다. … (67쪽) (고딕은 저자 표기다.)

분명 서울 사람들은 힘이 넘치고 다소 공격적인 북쪽지역 사람들을 두려워하고 있었다. 북쪽지역의 젊은 양반(귀족계급)들은 해마다 서울로 가서 과거를 치르곤 했는데, 이들은 대부분 말단직에만 임용되었지, 주요 관직에 임용된 적은 거의 없다. 이것이 계속되자 북쪽 사람들의 분노가 폭발하게 되었다. 북쪽 사람들이 중앙고위관료에 오르지 못했기 때문에, 북쪽의 행정관, 도지사, 시장 등 모든 주요 관직에는 남쪽 지역 사람들로 채워졌다. 문화적으로 더 발전되었고 편안한 남쪽 지방을 떠나서 척박하고 지저분한 북쪽 땅으로 오면서, 그들이 세운 단 하나의 목표는 북쪽의 촌뜨기들로부터 더 많은 것을 빼앗아서 재산을 불리는 것이었다. 급기야 북쪽 사람들은 남쪽에서 온 관료들을 다른 나라에서 온 점령군으로 여기게 되었다. 드러내놓고 반역을 꾀하지는 않았지만, 그들은 함께 이러한 착취를 완화시키거나 없앨 수 있는 방법을 조용하게 찾고 있었다.

이런 현상은 작게는 가족이나 씨족 공동체 내에서도 적용된다. 큰 힘을 가지고 있는 양반들의 재산과 가문은 남쪽에 그 기반을 두고 있다. 여기에서는 단지 새로 태어난 아이를 호적에 올리면서 족보상의 계보만 이어지고 있을 뿐이었다. 거리가 너무 멀고, 의사소통도 원만하지 않았기 때문에, 북쪽의 양반들은 자신의 가문의 중심지를 자기가 살고 있는 곳으로 여기게 되었다. 이들은 자신들의 족보를 형성하게 되었고, 더 중요한 것은 이들은 더 이상 남쪽에 있는 그들의 원래 가문에 자신의 가족의 재산을 지키거나 호적을 올리기 위해서 돈을 보내는 일을 하려고 하지 않았다는 사실이다.

이 사실은 종교적인 변화와는 별로 관련이 없어 보인다. 북쪽에 있는 양반들도 역시 조상 제사를 잘 지내려고 애쓰고 있었다. 그러나 북쪽의 양반들이 남쪽에 있던 자신들의 가문으로부터 멀어졌다는 사실을 간과해서는 안 된다. 남쪽에 있는 가문의 사람들은 북쪽 사람들이 자신들의 가문에서 떨어져 나와서 자식들을 호적에 올리지 않고 씨족에게 부과된 돈을 충분히 내지 않았기 때문에 북쪽 사람들을 무시하였고, 그래서 그들은 북쪽에 살고 있는, 자신의 친척들을 포함한, 양반들을 "북도상놈들" 곧 북쪽의 천박한 놈들이라고 불렀다. 심지어 오늘날에도 북쪽에서 도망 온 사람들이 서울에 모이면, 그들은 웃으면서 자신들을 그렇게 부르곤 한다.

황해도와 평안도 지역에 기독교가 쉽게 들어갈 수 있었던 가장 결정적인 요인은 두 지역에서 유행하고 있었던 밀무역이었을 것이다. 맥아피 매퀸 박사는 그의 박사 논문인, 『1800년에서 1864년도까지의 한국의 대중국/대일본 관계(*Korean Relation with China and Japan, 1800~1864*)』(캘리포니아 주립대학)에서 당시의 상황을 설명하고 있다. 당시 무역은 일본과 부산에서만 이루어지고 있었으며, 이 모든 과정은 조선조정의 철저한 통제 아래 있었다. 그러나 압록강 지역으로 들어오는 밀무역을 통제할 수 있는 방법은 없다. 비록 현장에서 잡히면 죽음에 처하게 되는 끔찍한 상황이었지만, 그것은 성행하고 있었다. 매퀸 박사는 황해도에서 서해를 지나서 중국까지 가서 소금을 밀수해오는 일에 대해서는 언급하지 않았다. 초기에 가톨릭교회 전교사들은 서해와 압록강 지역을 그들의 출입통로로 삼았다. 서상륜 형제가 만주에서 스코틀랜드 선교사들을 처음 만났을 때에, 그들 역시 밀무역을 하고 있었다. 조선조정이 서상륜 형제를 사형시키려고 했을 때에, 이들 형제들을 재빨리 의주에서 도망시켜서 황해도 지역에 소래로 안전하게 피신시켜준 사람들도 함께 밀무역을 하던 친구들이었다. 이곳 소래에서 이들은 만주에서 만났던 스코틀랜드 선교사들과 계속해서 연락하면서 성경과 선교자금을 받을 수가 있었다.

해리 로즈는 『미국 북장로교 한국 선교회사(*History*, 70-71)』에서 간과되어

왔던 한 가지 중요한 사실을 지적하고 있다. 끔찍한 제너럴 셔먼호 사건이 일어나서 죽음을 당하기 1년 전인 1865년에, 로버트 토마스 목사는 9월부터 12월까지 황해도 지역에서 중국 산둥성 즈푸에서 만난 두 명의 가톨릭교회 전교사들과 함께 지냈다. 분명 그들은 소금 밀수선을 타고 여행을 했을 것이다. 1866년 대박해[33]로 많은 가톨릭 신부들과 신도들이 죽임을 당한 사건이 일어나기 전까지, 외국인이 일정 기간 동안 심지어 몇 달에 걸쳐서 황해도 지역에서 머물 수 있었다는 사실은 얼마나 밀무역이 이 지역에서 성행하고 있었으며, 이것이 얼마나 깊이 사람들의 삶의 일부로 받아들여지고 있었고, 심지어 서울 조정의 관료들의 단속을 피할 수 있도록 지역민들이 돕고 있을 정도로 중요한 것이었다는 점을 잘 보여주고 있다.

그러므로, 요약하자면, 기독교가 처음 한국에 들어오면서, 황해도와 평안도 지역 사람들은 정치적인 이유와 가문의 이유로 그들 자신의 문화로부터 소외감을 느끼면서 원망의 감정을 가지고 있었다. 이들은 매우 활기 넘치고 다소 공격적이었다. 몇 세대를 걸치면서 이 지역의 사람들은 한국 밖의 세계와 관계를 맺는 것이 유익하고 재미있는 일임을 알고 있었다. 그들은 목숨을 걸고 이 일들을 했으며, 조선 조정이 자신들을 통제하려고 하는 여러 규제들을 서로 도와가면서 극복하고 있었다. 그러므로 한국에서 이 두 지역이 기독교를 가장 널리 받아들인 지역이라는 사실은 그다지 놀랄만한 일은 아니다.

---

33) 병인박해. 고종3년 흥선대원군 정권하에 대규모의 천주교 신도를 탄압한 사건이다. 당시 프랑스 선교사를 비롯한 천주교 신자 6천 명을 처형하였다고 한다. (역자 주)

2. 선교사들이 도착하기 이전에 이미 한국의 서북지역에는 '예배주도'프로그램이 완성되어 있었다.

개신교 선교사들이 한국에 발을 들여놓기 이전에 한국에는 황해도 소래지역의 한 마을에서 서상륜 형제들의 지도 아래 한 적은 숫자의 기독교인 그룹이 정기적으로 모여서 예배를 드리고 있었으며, 자신들의 자녀들을 위한 주일학교도 운영하고 있었다. 이것은 필자가 콜롬비아 시누 강 유역의 나사렛에서 목격한 것과 거의 일치하는 모습이었다. 나사렛에서와 같이 이것은 네비우스 방법과 거의 일치하는 것이었다.

1870년대에 서상륜 형제는 의주지역에 살면서 만주지역을 자주 왕래하였으며 그곳에서 스코틀랜드 장로교 선교사인 로스와 매킨타이어를 만났다. 그들은 기독교로 개종했으며 세례를 받고 이들 선교사들과 함께 복음서를 번역하기 시작했으며 마침내 신약성경 전체를 한국어로 번역하였다. 그들은 서적행상을 하면서 성경들을 부분부분 나누어 인쇄한 것, 곧 쪽복음서를 몰래 가지고 국경을 넘어서 압록강 지역에 살고 있는 사람들에게 그 내용을 들려주면서 책들을 나누어 주었다. 아직 한국은 외국인들에게 잘 알려져 있지 않았기 때문에, 선교사들은 이 지역의 기독교인들을 직접 방문하거나 복음전도인들을 파송하지 않았다. 예배는 지역 사람들의 주도 아래 집례되어야만 했다. 압록강 지역에서 조선 조정이 이들을 박해해서 처형하려고 하자, 서상륜 형제는 황해도 소래에 정착해서 그들 스스로 예배를 드리면서 학교를 운영하기 시작했다.

1884년 조선의 해외정책이 바뀌어서 해외 교역이 시작되게 되었다. 반기독교법은 계속 실행되기는 했지만 심하게 통제되지는 않았다. 마침내 선교사들이 왕래를 할 수 있게 되었으며 서상륜 형제들도 그들을 만날 수 있게 되었다.

언더우드 박사가 1889년에 의주와 압록강 지역을 방문했을 때, 그는 서상륜 형제에게 복음을 들은 이 지역의 기독교인들 33명에게 세례를 베풀었다. 1897년 3월에서 5월까지 베어드 박사가 이 지역을 방문했을 때, 그는 지난 6년 동안 부산과 대구 지역에서 전도여행을 다니면서 했던 경험과는 전혀 다른 것을 발견하게 되었다. 이미 그 형에게 보낸 1897년 5월 9일자 편지가 포함되어 있는 베어드 박사의 여행기록에서 읽었듯이, 우리는 압록강 지역에서 가장 가까운 선교거점은 그곳에서 무려 100마일(약 160킬로미터) 이상 떨어진 평양에 있었으며, 청일전쟁의 여파로 1893년 이후에는 선교사들은 그 어느 누구도 그 지역을 지나갈 수 없었다는 점을 기억하고 있어야 한다. 한국인 복음 전도자로 나중에 위대한 목회자가 된 양전백은 이 지역 전체를 담당하는 유일한 사람이었다. 베어드 박사는 아래와 같이 말했다:

> 나는 한국의 눈이 많이 내리고 계곡이 많은 북쪽 끝 산악 지역으로부터 아주 멀리 떨어진 곳에서 선교사역을 감당하고 있었다. … 하지만 내가 발견한 최고의 이야기는 바로 이곳 한국의 북쪽 깊은 산골 마을에 주님의 사랑과 성령의 은사에 대해서 가르칠 수 있는 선교사들을 한 번도 만나보지 못했던 사람들에게 이미 그리스도의 사랑이 전달되었다는 것이다. 나는 적어도 열 곳 이상의 지역에서 신앙을 고백하면서 우상을 부수어 버리고 안식일마다 모여서 예배를 드리면서 주님께서 그들에게 무엇하기를 원하고 계신지에 대해서 배우고자 하는 사람들의 모임이 결성되어 있다는 사실을 들었다.
>
> 북쪽의 사람들은 남쪽의 사람들과는 다른 인종인 것처럼 보였다. … 북쪽에 머물면서 종종 나는 내 자신이 복음을 듣기 위해서 주님을 기다리는 사람들 사이에 있는 것 같다는 생각을 하곤 했다. 여행 도중에 나는 교회의 신자가 되기를 바라는 74명의 사람들을 면접했으며, 그 중 31명에게 세례를 받기 전 단계의 학습인으로 받아들였고, 20명에게는 세례를 베풀었다. … 내가 방문한 지역은 평양을 중심으로 한 북부선교지부

였다. 위대한 일이 이곳 북쪽의 평원에서 펼쳐지고 있었다. 마펫이 자리를 비운동안, 몇 명의 일꾼들이 일을 하고 있었다. 하지만, 그들의 손에 의해서 모든 일들이 잘 진행되어갔다.

위의 설명과 더불어서 1901년 평양선교지부에 대한 아래의 보고를 첨부한다.

평양지역 순회 전도에는 선교사들이 1년에 두 번 이상 방문을 하는 경우는 아주 드문 것이고, 대부분의 지역은 한 번 만 방문한다: 그리고 몇 몇 지역에서는 아주 탄탄하게 발전되어가고 있다. 그들은 정기적으로 모여서 예배를 드리고 있다. 놀라운 것은 그 곳은 선교사들이 결코 방문하지 않았으며, 사람들이 학습인으로 등록한 적도 없는 곳이었다. (2쪽)

지난 10월 덕천에 방문했을 때, 두 그룹의 사람들이 교회 하나를 설립해서 모임을 하는 것을 알게 되었다. 그곳은 선교사들의 방문하지 않은 곳이다. 그 중 한 그룹은 상당히 잘 성장하고 있어서 새롭게 더 큰 교회를 지으려고 준비하고 있었다. (9쪽)

이제 이런 발전은 네비우스 방법 때문에 나온 것이 아니라는 점에 대해 시 생각해보자. 만주의 로즈와 매킨타이어는 네비우스 방법을 실행하였던 사람들이 아니었다. 서상륜 형제는 이 방법에 대해서 들어본 적이 전혀 없다. 이런 발전은 1870~1880년대에 걸쳐서 일어난 일들이었다. 한국선교회는 1890년대까지 네비우스 방법을 채택하지 않았다. 나사렛에서와 마찬가지로 그것이 일어나게 된 것은 그 지역의 환경이 선교본부가 그들을 섬기기 위해서 급여를 받는 복음전도자들을 파송할 수 없는 상황이었기 때문이다. 그 지역의 사람들은 스스로 예배를 드릴 수밖에 없다.

또 한 가지 중요한 것은 그 지역에 그 그룹들을 이끌어 갈 수 있는 지도자가 있었다는 점이다. 서상륜 형제가 만주에서 스코틀랜드 선교사들과 함께 중국어 성경을 한국어로 번역하는 일을 몇 년간 한 후에, 그들은 틀림없이 신학교를 졸업한 웬만한 사람들보다도 성경을 더 잘 가르칠 수 있는 충분한 지식을 가지게 되었을 것이다. 나사렛에서도 1년이 훨씬 더 넘게 선교회의 성경학원에서 공부를 한 두 명의 젊은이들이 있었다. 그들은 선교회로부터 급여를 받으면서 시골 지역의 초등학교에서 선생으로 일을 하기도 했으며, 그 이후에는 농사를 짓고 상업을 해서 돈을 더 벌기로 결심하였다. 그들이 바로 나사렛 교회를 이끌어가는 평신도 리더가 되었을 뿐 아니라, 그들 덕분에 '예배주도' 프로그램이 시작될 수 있었다.

3. 네비우스 방법

우리가 살펴본 대로, 네비우스 방법의 목표는 새로운 신자들 모임이 스스로 움직이기 위한 '예배주도'를 시작할 수 있게 하는 것이다. 이제, 하나님의 은혜로, 선교 역사에서 놀라운 사건 중 하나를 경험하게 되었다. 네비우스 방법으로 무장된 장로교 선교사들이 황해도와 평안도에 이르렀을 때에, 그들은 한국 기독교인들은 이미 '예배주도' 아래에 움직이고 있었음을 발견하였다. 그것은 마치 천상의 결혼식이 시작된 것과도 같은 것이었다.

4. 장로교 선교사들에 의해서 네비우스의 사상이 그 지역 상황에 맞게 잘 녹아들어간 점

나사렛의 예에서 보았듯이, '예배주도'는 무너지기가 쉽다. 만일 선교사가 지배하기를 촉구하고 있다면, 성직자들이 "교회의 권위 아래 모든 것을 놓기"를 원한다면, 누군가가 "단지 적절한 훈련을 받아서 자격을 갖춘 사람들만이 강단에 설 자격"을 주기를 원한다면, "모든 상황이 통제되지 않는 것을 두려워"하는 사람들이 있다면, 혹은 "이렇게 무지하고 가난한 사람들은 악한 사람들에게 속임을 당해서 위험한 이교도에 빠지기가 쉽다"고 생각하는 사람들이 있다면, '예배주도'는 하루 아침에 사라져 없어져 버릴 수가 있다. 그들이 할 수 있는 모든 것은 직접 뽑고 훈련시킨 급여를 받는 복음전도자를 파송해서, 때때로 이들은 급여를 받기 위해서 아첨하면서 윗사람들의 눈을 가리곤 하는데, 새롭게 성장하고 있는 기독교인들의 모임을 넘겨받아서 그들의 통제 아래에 두는 것이다. 주도권이 빼앗겼기 때문에 이 새신자 그룹의 복음, 특히 예배에 대한 열정은 금방 식어버리게 되고 만다. 이제 모든 것이 안전해졌다. 모든 상황을 통제할 수 있게 되었다. 선교사는, 분명 하나님이 올바른 목적을 위해서 보내신 의로운 사람들로, 그들 역시 이와 같은 통제 아래에 있는 사람들이다.

네비우스 방법을 거절하는 주요 이유는 선교사들의 역할에 대한 신뢰가 부족하기 때문이다. 위에서 인용한 네비우스의 '개종한 사람들을 주님께 맡기라'는 말은 하나님의 말씀은 살아 움직이는 힘이 있어서 존 번연의 말처럼 처음에는 이것은 "평범한 사람들을 위한 평범한 책"으로 받아들여진다. 하지만, 말씀이 중국이나 한국의 농부들의 손이나 혹은 남미의 글을 거의 모르는 소작인들의 손에 들려졌을 때에, 성령은 실질적으로 일하시기 시작한다. 이제 사람들은 예수께서 하신 일들을 받아들이게 되고, 그것들을 자신들의 뜻과 이해와 감정에 적용하기 시작한다. 이것은 마치 예언자들과 설교자들과 교사들이 하나님의 능력을 받아서 사람들 가운데에서 세워지는 것과 같은 일이다. 선교사들의 역할에 대한 이와 같은 신뢰가 부족하기 때문에, 네비우스 방법은 선교의 첫 번째나 두 번째 장소에서 받아들여지지 않았다.

우리는 위에서 믿을 수 없는 기적과도 같은 사건을 목격했는데, 그것은 선교사들이 네비우스 방법을 통해서 '예배주도'를 고안해 내게 된 일과, 이들이 한국의 북서쪽에 다다랐을 때에 한국의 기독교인들은 이미 이러한 것을 만들어 놓은 것을 보게 되었다는 점이다. 세 번째 기적은 한국에 온 장로교 선교사들 그룹이 '예배주도'를 계속해서 펼칠 수 있게 그들의 믿음을 끝까지 포기하지 않은 것이다. 그들은 선교의 역사에서 전례를 찾을 수 없는 일들이 펼쳐지고 있음을 감지하고 있었다. 그들은 네비우스 박사의 본래의 생각을 채택하고 폭발적으로 확대해서 네비우스 박사조차도 상상해보지 못했던 일을 경험하게 될 수 있을 것이라는 상상을 하고 있었다. 그들은 처음부터 한국의 지도자들을 계속해서 그렇게 하도록 밀어붙일 믿음과 겸손을 갖추고 있었다.

교회 성장에 꼭 필요한 단기 성경학원, 사경회반, 사역자 공부반, 그리고 초등부터 대학까지 이르는 교육 체계는 한국인 지도자들을 키우기 위한 것으로 고안되었으며, 선교사들은 하나님의 말씀에 따라서 그것을 감독하기는 했지만, 결코 지배하지는 않았다. 네비우스는 이와 같은 것에 대해서는 전혀 말하지 않았다. 이 모든 것은 장로교 선교사들에 의해서 네비우스의 사상이 한국의 상황에 맞게 재해석 되어서 나온 결과물이다.

5. 장로회선교본부의 역할

뉴욕에 있는 장로회선교본부는 당대의 위대한 선교의 기회들을 인식하고 그 필요에 대답하는 중재자의 역할을 하였다. 선교본부는 네비우스 방법의 가치에 대해서는 별로 확신이 없었다. 그것은 단지 지역 선교회들과 교육 정책에 대해서 신랄한 토론이 벌어지는 경우에만 언급되곤 했다. 그러나 선교본부는 현실에 대해서나 혹은 기회의 측면들을 바로 직시하는 것을 외면하면서 이러한 일들을 허용하는데 별로 신뢰를 두지는 않았다. 1900년대부터 경제 공황이 시작되면서, 각국의 선교지부들의 경비의 문제가 대두되면서, 선교본부는 한국의 선교사들에게 다소 관대한 태도를 취하게 되었다.

우리는 이제 위에서 제기된 두 가지 질문에 대해서 대답할 준비가 되었다.

경상도와 전라도 지역의 장로교 선교사역이 황해도와 평안도 지역에 비해서 덜 성공적이었던 이유는 이 지역의 사람들이 서북지역의 사람들에 비해서 활력도 적었으며 진취적인 태도도 가지고 있지 않았기 때문이었다. 더욱이 그들의 사역은 북쪽의 사람들이 처음부터 '예배주도'와 같은 일을 시작하였던 것과 같은 특별한 계기도 없다. 장로교 선교사들은 네비우스 원칙을 아주 충실하게 지키면서 그것을 따라서 사역을 하려고 했기 때문에, 그들은 그들의 교회에서 '예배주도'를 이루어 낼 수 있었고, 그것으로부터 이윤을 만들어 낼 수 있었다. 그러나 그들의 사역은 결코 북쪽에서 처음부터 만들어 내었던 놀라운 것들을 이루어 내지는 못했다. 이 지역의 선교사들은 '예배주도' 프로그램을 잘 이해하고 있었기 때문에, 그들은 아담스 복음전도자금과 같은 미국의 기관으로부터 제공되는 자금을 받아서 이 일을 시작할 수 있을 것으로 생각했을 것이다. 그러나 이 문제에 대한 지식이 부족했고, 미국 자금을 지혜롭지 않게 사용함으로서 한국인들의 주도적인 리더십 형성에 방해가 되었다는 점을 생각해 볼 때, 그들은 실패했다.

일반적으로, 그들의 상황은 네비우스가 중국 산둥선교회에서 일했던 상황과는 많이 달랐다. 20년 동안 그가 세운 새로운 계획에 따라서 충분한 경험을 쌓은 결과, 네비우스는 그의 새로유 방법이 다른 지역에서 사용하는 전통적인 방법보다도 처음 기독교인이 된 사람들을 더 성숙하고 책임감 있는 제자가 되게 해 준다고 확신하게 되었다. 그러나 그가 이루어낸 결과는 다른 지역의 그의 동료 선교사들이 전통적인 방법으로 선교한 다른 지역과 비교해 볼 때 그렇게 놀랄만한 것은 아니었다. 네비우스의 동료들은 그의 방법에 대해서 그다지 높게 평가하지 않았다.

우리가 또한 살펴보아야 할 것은 1910년부터 제2차 세계대전이 끝나는 시기까지 한국 사람들은 일본 제국주의의 탄압에 커다란 고통을 받았으며 일본은 그들의 농부들에게 더 큰 이익을 주기 위해서 남쪽 지역의 비옥한 농경지에서 살고 있는 한국 사람들을 만주로 이주하도록 만들었다는 점이다.

북서쪽에서의 감리교 선교는 장로교와 똑같은 시기에 그 지역 사람들이 가지고 있었던 장점들을 공유하면서 시작되었다. 여기에 있던 한국 사람들이 '예배주도'를 하고 있다는 사실에서 같은 장점을 공유하고 있었지만, 그들은 이 지역 사람들이 지니고 있는 고유한 특성에 대해서 볼 수 있는 기회를 잡지 못했다. 이미 그들의 마음속에는 네비우스 방법을 거부하고 있었기 때문에, 그들은 장로교 선교사들이 채택했던 방법들, 예를 들어 사역자 공부반, 단기 성경학원, 교육 정책 등을 사용하는데 실패했다. 그들은 단지 전통적인 방법을 사용하기를 원했으며 자연스럽게 그러한 결과를 얻을 뿐이었다. 장로교에서 열심을 다해서 실행하는 것처럼, 그들은 한국 감리교의 지도자가 될 만한 신자들을 키워내지 못했다.

선교지역을 나누는 데에 있어서 감리교가 조금 운이 없었다는 것은 사실이다. 지역을 나눈 후에 일본은 철도를 영변지역 대신 선천지역에 건설하기 시작했는데, 이것은 장로교의 잘못은 아니었다. 물론 이것이 장로교에 이익이 되기는 했다. 그러나 이것이 왜 평양지역과 진남포 지역의 감리교 선교사역이, 특히 이 지역들은 지역분배와도 관계가 없는 지역인데, 다른 지역의 선교사역에 비해서 별로 좋은 성과를 내지 못했는지에 대해서 충분하게 설명해주지 못하고 있다.

두 교단이 서북지역을 분배할 때에, 분배의 기본 원칙은 각 선교 그룹이 각 지역에 들어갈 수 있는 능력이었다. 그러므로 각 지역에 선교사들의 실질적인 능력이 가장 중요한 기준이었다. 그러나 감리교는 그들이 이미 들어가 있던 지역을 포함에서 그들이 원하는 지역도 할당해 줄 것을 요구하였다. 왜냐하면 이렇게 함으로 본국의 선교본부에서 더 많은 선교사들을 보내줄 것이라고 생각했기 때문이다.

그러나 감리교 선교사들이 그들의 전통적인 방법으로는 한국의 상황에 대해서 바로 볼 수 있는 것이 아무 것도 없었던 것처럼, 그들의 선교본부 역시 다른 지역에 비해서 한국에 더 많은 노력을 기울여야 할 이유를 찾을 수 없다. 결국 그들은 그들이 실질적으로 일할 수 있는 지역보다도 훨씬 더 넓은 지역을 맡아야만 했다.

여기에서 우리는 다섯 가지 요점 중에서 무엇이 가장 중요한 것인지에 대해서 말하는 것은 불가능 하다는 사실을 한 번 더 명심해야 한다. 네비우스 방법 역시 매우 중요하다. 그러나 기회들을 잘 살리고 거기에 상상력을 동원해서 네비우스의 사상을 각각의 상황에 잘 맞게 다듬어서 만들어낸 훌륭한 선교사들이 없었다면, 네비우스 방법의 가치는 미미한 것이 되고 말았을 것이다. 네비우스 방법의 진정한 가치가 발현될 수 있었던 것은 그 적용과 더불어 그것을 보존하고 극대화 시킬 수 있도록 장로교 선교본부가 계속해서 활동력 있고 헌신적인 선교사들을 보내주었기 때문이었다.

이와 같은 다섯 가지 요인이 황해도와 평안도 지역의 상황과 잘 맞아서 이 지역의 장로교 선교 사역에 엄청난 결과를 만들어내게 된 것이다. 비기독교인의 입장에서 보면, 이것은 말로는 설명할 수 없는 놀라운 우연의 일치이다. 그러나 기독교인들은 이것을 하나님의 지혜와 섭리라고 말한다.

네비우스 방법에 따라서 실행된 한국 장로교의 선교와 남미의 오순절 운동에 대한 몇 가지 비교

필자는 이미 남미의 오순절운동은 "순수한 네비우스 방법"이라고 언급하였다. 그 이유는 필자가 생각하기에는, 반론의 여지가 있기는 하지만, '예배주도'야 말로 네비우스 방법의 중심이 되는 것이기 때문이다. 그리고 이것은 오순절운동의 중심이기도 하다. 그러나 이 두 그룹이 비교될 만한 점들이 몇 가지 있다.

1. 한국 장로교회는 예배를 드릴 때에 절대로 오순절 방식을 따르지 않았다. 1907에서 1908년까지의 대부흥운동 기간에 몇 몇 사람들이 박수를 치기도 하고, 방언을 하기도 하고, 알아들을 수 없는 소리를 지르기도 했다. 이것은 칼빈주의를 철저하게 따르고 있었던 언더우드, 마펫, 베어드나 그 밖의 선교사들에게는 너무 과도한 것이었다. 그들은 곧 그러한 행동들을 멈추게 했다. 동양선교회(the Oriental Missionary Society)와 관련이 있는 성결교선교회(the Holiness Mission)가 한국에서 선교활동을 시작했을 때에, 그들은 이러한 방향에 조금 더 치중해서 한국의 성결교회는 예배를 드릴 때에 장로교보다는 훨씬 더 자유로운 분위기에서 진행한다.

물론 남미의 오순절운동은 당사자들 사이에서도 예배의 방식에 있어 매우 다양하다. 그렇기 때문에, 일반화해서 말하는 것은 금물이다. 그들은 예배 도중에 성령께서 역사하시는 기쁨을 강조하지만, 결코 무질서한 것을 허용하지는 않는다.

한국 교회는 항상 아픈 사람들을 위한 기도를 강조하고 그들에게 손을 얹어서 기도하곤 한다. 지금도 그렇다. 그러나 장로교 중에서 정기적인 예배를 드리면서 시간을 따로 할당해서 환자들을 앞으로 불러내어서 치유기도를 하는 교회는 거의 없다. 그러나 남미의 오순절 교회에는 이와 같은 것은 매우 일반적인 것이다.

전반적으로 애니미즘 문화권에서 내려오는 귀신에 들리는 일 같은 것은 한국에서 과거에 강조되었던 것이다. 기독교가 한국 사회의 중심에 들어와서 '경계를 잘라내어' 버린 지금, 이러한 요소는 교회의 활동에 한 가지 중요한 것으로 대두되게 되었다. 신약성경에서 귀신들린 사람으로부터 귀신을 쫓아내는 것과 거의 똑같은 예들이 처음에 새로 시작하는 많은 혹은 거의 대부분의 교회에도 나타나고 있다. 필자는 선교사들이 귀신을 쫓아내는 것과 같은 일을 공식적인 사역의 부분으로 여기는 일을 본적은 없다. 한국 사람들은 교회를 시작하면서 성경을 읽고 공부하는 가운데 그런 것을 알게 된다. 몇몇 교회의 평신도들이 교회에서 귀신을 쫓아내는 의식을 하곤 한다. 그들의 의식은 이교도들의 것과 비슷하다. 기독교에서 허용하는 범위는 조금 다르다. 이런 것을 금지하지는 않지만, 이런 것은 선교사들의 지도 아래 있거나, 이후에는 한국의 안수받는 목사나 교회 지도자들의 지도 아래에서 이루어진다. 필자는 남미의 오순절운동에서 일반적인 치유에 대한 신앙을 제외하고 이와 비슷한 것을 본적이 거의 없다.

2. 초기 한국교회는 예배 중에 설교보다는 가르치는 요소가 훨씬 더 강조되었다.

이것은 한국교회가 신학교를 운영하면서 안수받은 목회자를 배출하고 있는 지금은 더 이상 사실이 아니다. 우리는 이미 어떻게 네비우스가 그의 교회 예배프로그램에서 설교보다도 가르치는 일을 더 치중했는지에 대해서 살펴보았다. 이것은 초기 한국교회에서는 매우 중요한 사실이다. 일요일 아침 예배는 기도와, 찬양과 말씀 낭독 등의 예배적인 요소에 강조점을 두고 있다. 그러나 설교는 거의 없었다고 해도 과언이 아니다. 물론 사경회는 있었다. 그것은 지역 교회의 평신도 지도자에 의해서 진행되었으며 그날에 읽은 성경을 중심으로 간단한 가르침을 주는 형식이었다. 시골지역의 교회들은 일요일에 설교자(선교사든 혹은 한국인이든)가 와서 말씀을 전해주거나 혹은 평신도 설교자가 와서 말씀을 전해주는 때가 많지 않았기 때문에(실제로 성례는 1년에 두 번 정도 집례되었다), 그들은 실제로 한 달에 한 번 혹은 6주에 한 번 정도만 설교를 들을 수 있었다.

남미의 오순절 교회는 가르치는 선교사역이 훨씬 더 적기 때문에 이러한 점은 초기 한국교회와 남미 오순절 교회의 큰 차이점 중에 하나라고 필자는 생각한다. 오순절교회는 주일 예배시간에 사경회를 하는데, 이것은 한국교회나 혹은 미국교회와 비슷한 것이다. 오순절 교회가 부족한 것은 네비우스 방법을 따르는 사경회 시스템이나 단기 성경학원 등을 통해서 공부를 해서 지역 교회의 회중들에게 성경지식을 전달하고 가르쳐줄 수 있는 리더십을 가진 사람들이다. 오순절 교회의 성경학원은 지역 교회의 회중들에게 성경을 가르쳐주는 역할보다는 학교의 교사를 훈련하는 일에 더 치중되어 있다. 반면에 오순절교회는 보다 큰 규모의 사경회를 열어서 더 많은 사람들을 모으고 거기에 힘있는 설교가들을 초청해서 말씀을 전달하곤 한다. 그들의 소그룹 모임은 아픈 사람들을 위해서 기도하면서 그들의 신앙을 다지는 일에 중심을 두고 있다. 그들은 조직적으로 사경회를 하지는 못하고 있다.

3. 오순절 교회들은 '예배주도'에 있어서 본래부터 타고난 엄청난 역동성을 보여주고 있다. 앞서 살펴본 대로 이 운동은 사회 하층부에 있는 소외계층으로부터 시작되었지만, 그것은 스스로 발전해가면서 의사, 변호사, 선생님, 그리고 군대의 꽤 높은 계급의 사람들에게까지 영향을 미치게 되었다. 선교사들은 이것이 해외 선교사들의 지도나 도움 없이 이루어졌다는 점에서 놀라고 있다.

그럼에도 불구하고 오순절운동은 이 부분에 대한 값도 치르고 있다. 그것은 마치 형태가 없고 미발달된 모양으로 남아 있는 것 같다. 그것은 그것 자체에 대해서 공부하거나, 정책을 만들어 내거나, 공동의 결정을 만들어 낼 능력이 없다. 오순절교회에서 성공한 열정적인 목회자들은 마치 작은 교황처럼 절대적인 권력을 휘두르고 있다. 교회의 회중들이 자격이 되지 않는 목회자들을 그만두게 하거나 여러 문제들을 해결하는 유일한 방법은 교회를 분립시키는 것뿐이다. 둘 혹은 서넛으로 분리된 교회들은 서로 더 많은 회중들을 끌어모으기 위해서 치열하게 경쟁한다.

한국 초기선교사들의 굉장한 규모의 모임이 갖는 영향력과 장로회선교사들이 소개한 그들의 체계와 그들이 고집스럽게 지속시킨 체계적인 사경회의 영향력에 대해서 그냥 지나쳐서는 안 된다. 필자는 평양의 교회장로연합모임과 압록강과 의주지역들의 시찰회가 각각의 노회에서 서로 만나서 공부하고 행동하면서 문제들을 해결할 수 있는 능력, 그리고 어떤 한 가지 운동에 대해서 방향과 목표를 제시할 수 있는 능력이 있다는 점에서 오순절운동은 이것에 비견될만한 것이 아니라는 사실을 깨달았다.

필자는 네비우스 방법이 어떻게 그것이 출발한 중국 산둥선교회로 다시 돌아가게 되었는지를 언급하면서 이 글을 마치고자 한다.

한국선교회가 네비우스 방법을 받아들였던 1890년대에는 네비우스 자신의 선교지인 산둥에서는 이 방법이 거절되었다는 점은 잘 알려져 있다. 그러나 1937년경에는 이러한 태도가 바뀌었다.

한국에서 네비우스 방법은 정말로 성공했다. 1912년에는 한국장로회총회가 조직되었다. 해마다 하나님께 감사하는 특별한 날이 제정되었다. 1년에 한 번 있는 그 날에 거두는 헌금은 모두 중국 산둥에서 일하고 있는 한국교회의 선교사들을 위해서 쓸 것을 결의하였다.

클라크 박사는 『한국교회와 네비우스 선교정책(*The Nevius Method of Mission Work in Korea*)』 248~253쪽에서 선교 사역의 변천에 대해서 다루면서 끝 부분에서 미국 선교사들이 확신하게 된 이와 같은 성공에 대해서 분명하게 언급하고 있다.

산둥선교회의 75주년 기념식에 한국선교회 대표가 초대를 받았다. 한국선교회 실행위원회 의장으로서 솔토 박사가 그곳에 참석했다. 필자에게 보낸 개인적인 편지에서 솔토 박사는 아래와 같이 말하고 있다:

> 당시에 산둥선교회는 한국장로회총회 해외선교본부에서 파송된 세 명의 한국 선교사[34)]들의 사역을 보면서 네비우스 방법의 유효성에 대해서

34) 한국장로회총회가 최초로 선교사를 파송한 지역이 중국 산둥이다. 1913년 11월 박태로, 사

확신하게 되었다. … [선교회의 회원들은] 한국인들이 중국기독교인들에게 스스로 자금을 모아서 교회를 짓게 하고, 개종자들을 훈련시켜서 안수받은 목회자로 세워서 장로교 노회를 구성하는 것을 보고 깜짝 놀랐다. 선교회는 모든 선교사들에게 네비우스 원리를 의무적으로 읽게 시켰다. 나는 선교회의 복음전도위원회에 몇 시간동안 참석하면서 어떻게 하면 네비우스 방법이 산둥에 잘 실행될 수 있을지에 대해서 논의했다.

병순, 김영훈 등 세명의 선교사를 파송하였다. 이후 한국장로회총회는 지속적으로 이 지역에 선교사를 파송하였다. 그 이후에도 계속 선교사를 파송하였는데, 그 대표적인 선교사로는 방지일, 방효원, 이대영, 박상순 등이 있다. (역자 주)

역자부록 1

베어드(William Martyne Baird)의 약력[35]

1862년 6월 16일 미국 인디애나주에서 출생하다.

1885년 하노버 대학을 졸업하다.

1888년 매코믹 신학교를 졸업하다.

1890년 애니 로리 아담스(Annie L. Adams)와 결혼하다.

1891년 2월 2일 베어드 부부, 서울에 도착하다.

2월 25일 베어드 박사와 언더우드 박사, 한국인 교사가 토지를 매입하기 위해 부산에 가다.

7월 8일 베어드 부부, 휴식차 남한산성에 가다.

9월초 베어드 박사, 사역을 개척하기 위해 부산에 도착하다.

1892년 1월 13일 거주지에 지붕을 덮기 시작하다.

4월 15일 베어드 부부가 완공되지 않은 거주지로 이사하다

5월 18일 서쪽 해안을 따라 전도 여행을 하다.

7월 5일 낸시 로즈 베어드(Nancy Rose Baird)가 출생하다.

1893년 4월 서경조가 베어드 박사를 돕기 위해 부산에 도착하다.

4월 15일~5월 18일 경상도 지역을 전도여행하다.

9월 25일~10월 11일 서울로 육로여행하다.

---

35) 『윌리암 베어드(W.M.Baird, 裵緯良) 박사의 한국선교와 숭실』(숭실대학교 한국기독교박물관, 2007) p. 78-83.

1894년 4월 22일 부산에서 첫 세례식을 베풀다.

4월 30일~5월 12일 베어드·어빈·고윤하, 내륙 도시들을 여행하다.

5월 13일 낸시 로즈 베어드가 사망하다.

7월 15일 부산에서 두 번째 세례식, 첫 성찬식을 거행하다.

10월 12일 첫아들 존 아담스 베어드(John Adams Baird)가 태어나다.

12월 17~31일 서울에서 정기 연례모임이 열리다.

1895년 1월 "한문학교(Chinese School)"가 부산에서 5명의 소년으로 시작되다. 마펫 박사가 마침내 평양에 선교부 자리로 원하던 땅을 확보하다.

8월 1~30일 베어드 부부, 휴가를 얻어 일본 아리마에 가다.

10월 베어드박사, 정기 연례모임에 참석하기 위해 서울로 육로 여행을 하다.

12월 베어드 박사, 토지를 매입하러 대구로 가다.

1896년 1월 대구에서 가옥을 구입하다.

4월 베어드 부부와 아들 존이 몇 주 동안 머무르기 위해서 대구에 도착하다.

6월 10일 베어드 부부, 부산으로 되돌아가다.

7월 애덤스와 베어드, 동래에서 10일간의 훈련반을 가르치다(11명 참석).

9월 베어드 박사, 짐들과 가재도구를 가지고 보트로 낙동강을 따라 대구에 가다.

10월 베어드 박사, 부산으로 되돌아와, 다시 정기 연례모임에 참석하기 위해 서울로 가다. 정기 연례 모임에서 베어드 박사가 선교부의 교육자문으로 임명되어 서울로 자리를 옮기게 되다.

11월 베어드 박사, 부산과 대구를 다시 방문하다.

	12월	베어드 박사, 가재도구를 가지고 서울에 도착하다.
1897년	2월 7일	윌리암 마틴 베어드 2세(William Martyn Baird, Jr)가 서울에서 출생하다.
	3월 3일	베어드 박사의 형인 존 페리스 베어드 목사(Rev. John Faris Baird), 버다 살시히(Miss. Bertha Salsich) 양과 결혼하다.
	3월~5월	베어드 박사, 만주 국경까지 7주에 걸쳐 여행을 하다.
	8월말	로비드 스피어 박사(Dr. Robert E. Speer)와 함께 정기 연례모임에 참석하다. 베어드 박사, 평양으로 옮기다. 봄부터 여름까지 베어드 부인의『한국어를 배우기 위한 50가지 도움들(Fifty Helps for the Study of the Korean Language)』이 출판되다.
1897년	10월 2일	정기 연례모임을 마친 후에 베어드 가족이 평양으로 이사하다. 베어드 박사, 숭실학당의 전신인 학당(preacademy class)을 시작하다.
1898년	9월 1일	리처드 해밀턴 베어드(Richard Hamilton Baird)가 출생하다.
1899년	3월 3일	베어드 가족, 첫 안식년을 떠나다.
1900년	4월	베어드 부부, 뉴욕에서 열린 애큐메니컬 선교 대회(Ecumenical Missionary Conference)에 참가하다.
1901년	4월 11일	학당 건물의 초석이 놓이다.
	12월 5일	아서 패리스 베어드(Arthur Faris Baird)가 태어나다.
1903년		하노버대학(Hanover college)에서 철학박사 학위를 받다.
	1월 18일	아서 패리스 베어드가 사망하다.
1904년	5월 15일	숭실학당의 첫 졸업식이 거행되다(졸업생 3명).
	6월 28일	베어드 박사의 아버지인 존 마틴 베어드가 사망하다.
1905년	9월	선교부가 숭실학교에 단과대학 학부과정(college department)을 승인하다.

	10월 22일	베어드 박사의 형인 존 패리스 베어드가 사망하다.
1906년	9월	숭실대학과 학당을 "기독교연합대학"(The Union Christian College)으로 만드는 일에 장로교인들과 감리교인들이 함께 참여하다.
1908년	5월	숭실대학의 첫 졸업식이 거행되다(졸업생 2명).
	6월	베어드 가족, 미국에서 두 번째 안식년을 보내기 위해 떠나다. 베어드 박사, 세브란스 연합의과대학의 첫 졸업식에 참석하다.
	11월	베어드 부인과 어린 두 아들이 한국으로 돌아오다.
1909년	6월	베어드 박사, 유럽과 시베리아를 거쳐 안식년에서 돌아오다.
	9월	아서 브라운 박사와 함께 정기 연례모임에 참석하다.
1912년	3월	감리교 선교부가 서울에 하나의 연합대학(one union college)을 두는 데 찬성투표하다.
	12월	감리교 선교부가 전국에서 서울에 한 대학을 세우거나 아니면 세우지 않을 것에 찬성 투표하다.
1913년		하노버대학(Hanover college)에서 신학박사 학위를 받다.
1914년	2월 2일	장로교 선교부가 숭실대학을 폐교시키고, 서울에 다른 연합대학을 열기로 하다.
	2월	베어드 부인, 미국에 있는 학교를 방문하기 위해 아들들과 함께 떠나다.
	4월 18일	선교부가 숭실대학을 폐교시키려는 선교본부의 행동에 강력하게 반대하다.
	12월 8일	선교부가 숭실대학을 전문대학(junior college)으로 계속 유지하기로 허가하다.
1915년	7월~11월	베어드부인, 암 치료차 볼티모어에 있는 존스홉킨스대

학병원에 가다.

9월	로버트 스피어 박사, 정기 연례모임에 참석, 선교부가 숭실대학 문제에 대한 선교 본부의 결정을 총회에 호소하려는 계획을 듣다.
1916년 6월 9일	베어드 부인(Annie L. Adams Baird), 사망하다.
9월	정기 연례모임에서 베어드 박사가 교육사업에서 손을 떼다.
9월	아서 브라운 박사와 함께 정기 연례모임에 참석하다.
1917년 8월	베어드 박사, 세 번째 안식년을 갖다.
1918년 8월 8일	로즈 메이 페트롤프(Rose May Fetterolf)와 결혼하다.
9월	안식년을 끝내고 한국으로 되돌아오다.
1921년 6월 29일	메리 안나 베어드(Mary Anna Baird)가 태어나다.
1923년 9월 1일	리처드와 골든 베어드 부부(Richard H. and Golden S. Baird), 선교사로 한국에 도착하다.
1926년~1927년	베어드 박사, 네 번째 안식년을 맞아 수에즈 운하를 거쳐 유럽으로 여행하다.
1928년	『An English-Korean and Korean-English Dictionary』 발간하다.
1931년 10월	베어드 박사의 40여 년에 걸친 평양 선교부, 숭실대학 그리고 평양시의 교회사역을 축하하다.
11월 28일	소천하다.
11월 30일	평양 장산묘지에 묻히다.

가족사항 : 부친 존 마틴 베어드(John Martyn Baird 1818~1904) 의사

모친 낸시 패리스 베어드(Nancy Faris Baird 1827~1890)

부인 애니 로리 아담스(Annie Laurie Adams 안애리安愛理 1864~1916)

아들 존 아담스 베어드(John Adams Baird 1894~?)

윌리엄 베어드 주니어(Wiliam Martyne Baird Jr. 배의림裵義林 1897~1987)

리처드 해밀턴 베어드(Richard Hamilton Baird 배의취裵義就 1898~1995)

아서 패리스 베어드(Arthur Fairs Baird 1901~1903)

딸 낸시 로즈 베어드(Nancy Rose Baird 1892~1894)

재혼부인 로즈 메이 페트롤프(Rose May Fetterolf 1881~1946)

딸 메리 안나 베어드(Mary Anna Baird 1921~2012)

역자부록 2

윌리엄 베어드 저역서 목록[36]

[저서]

『스복음대지』, 1912

『셩경쳡경』, 1921

『이긔논싱활』, 1919

『우유장스의 딸』, 1920

『신힝록』, 1921

『쥬직림론』, 1922

『그리스도 예수 안에 생활』, 1925

『령리론』, 1925

『신도쾌락비결』, 1925

『예수힝적』, 1932

『전도방침과 부흥』, 1936

An English-Korean and Korean-English Dictionary of Parliamentary, Ecclesiastical and Some Other Terms, Seoul, 1928

Catalogue of the Union Christian College and Academy, Pyengyang, 1913

[역서]

『텬로지귀』(A. Judson), 1893

---

36) 이 자료는 한국기독교역사연구소 자료총서 제18집, 『내한 선교사 총람 1884~1984』 한국기독교역사연구소(김승태/박혜진 엮음, 1994)에서 많은 도움을 받았다.

『구셰진쥬』(G. John), 18951

『만국통감』(Sheffield), 1911

『그리스도의 사업』, 1917

『그리스도교의 신앙(金森通倫)』, 1922

『뎐로지명』(G. John), 1922

『하ᄂᆞ님ᄭᅴ로 가ᄂᆞᆫ길』(D. Moody), 1922

『평민의 복음(山室軍平)』, 1925

『긔독청년의 실ᄉᆡᆼ활』(D. Eliot), 1931

[논문]

「Romanization of Korean Sounds, KR.II」, 1895

「Review of the Gospel of Mark, KR.III」, 1896

「The Korean Verb "To be," KR.V」, 1898

「Should Polygamists be Admitted to the Christian Church? KR.III」, 1896

「Two Continents United by an Unseen Bond」, Church at Home and Abroad, May, 1892

「The Fusan Circuit, Church at Home and Abroad」, N.Y., Oct, 1892

「History of the Educational Work, Quarto-Centennial Papers, Read before the Korea Mission in Korea」, *Women and Missions*, Feb, 1927

「Principles and Methods of Christian Work in Korea (with Clark, Holdcroft, Moffet)」, *China Sunday School Journal*, vol.16, 1927

[신학지남목록][37)]

번호	문 서 명	저술/번역	발간연대	권 호, 쪽
1	요한 번연 傳	저술	1918.3	1-1, 74-87.
2	윌리엄 캐리 傳	저술	1918.7	1-2, 73-84.
3	요한 엘리엇 傳	저술	1918.11	1-3, 42-49
4	아일랜드의 장로교회사기	저술	1921.5	3-4, 452-468
5	사설 1. 왕길지 목사의 사면 2. 신년십인 3. 신학지남의 목적 4. 교회의 목사직무	편저	1921.10	4-1, 1-11
6	사설 1. 조선정로교회총회 2. 본 잡지에 혁신 3. 졸업연급사건 4. 거듭남	편저	1922.2	4-2, 1-11.
7	미국장로교회사기	저술	1922.1	4-2, 43-61.
8	강도의 비유와 암시	편저	1922.2	4-2, 78-80.
9	가정 기도의 열 가지 이유	편저	1922.1	4-2, 83-84
10	종교통신 1. 미국교회의 부흥 2. 중국 광동시에서 잡기관을 폐지함 3. 성서가 많이 발행됨 4. 러시아에서 큰 신앙적 부흥	편저	1922.2	4-2, 125-130.
11	사설 1. 만국장로교회연합총회 2. 독자제위의 찬조를 정하노라 3. 플랙스목사가 조선교우에게 보내는 말씀	편저	1922.5.	4-3, 1-12
12	강도의 도형(성경본문분석)	저술	1922.5.	4-3, 98-102
13	강도의 소용이 되는 비유 ; 검은 닭이 흰 알을 낳음	편저	1922.5.	4-3, 106-107

37) 『『신학지남』으로 보는 윌리엄 베어드의 신학세계』(숭실대학교 한국기독교박물관, 2014), p. 16-20.

번호	문 서 명	저술/번역	발간연대	권 호, 쪽
14	강도에 소용되는 비유 ; 마음 가운데 그림	편역 (김인준 공저)	1922.5.	4-3, 108-114
15	사설 1. 조선장로회총회 2. 본 신학지남의 과거 일년 3. 금주의 큰 유익	편저	1922.9.	4-4, 1-12
16	요한복음에 있는 그리스도의 30가지 이름	편저	1922.9.	4-4, 73-74
17	강도에 도움 되는 비유	편저	1922.9.	4-4, 95-99
18	하나님께 감사함을 드릴 까닭이 많음	편저	1922.9.	4-4, 99-101
19	하나님의 성일을 경사롭게 지킬 규칙	편저	1922.9.	4-4, 101-104
20	사설 1. 장로회총회 2. 성도에게 한번만 맡기신 도리를 위하여 이단을 대적할 것 3. 주의 사역에 열성이 필요함 4. 현재 교회 안에 있는 병독을 제거할 방문	편저	1923.1.	5-1, 1-15
21	캐나다에 있는 장로교회 사기	저술	1923.1.	5-1, 82-87
22	덴마크 교회의 부흥	편저	1923.1.	5-1, 87-96
23	헌신하라(예화)	편저	1923.1.	5-1, 101-102
24	고전 2:4-5(스펄전의 주석)	편역	1923.1.	5-1, 105-106
25	교회 부흥을 위하여 기도할 것	편저	1923.1.	5-1, 106-109
26	그리스도인이 되는 한 가지 유익을 모범으로 보임(예화)	편저	1923.1.	5-1, 112-115
27	갈 6:10(베어드의 주석)	편저	1923.1.	5-1, 115-116
28	미국 북장로회(총회현황보고)	편저	1923.1.	5-1, 151-153
29	여러 나라 격언(예화)	편역	1923.1.	5-1, 179-180
30	사설 1. 주께 드림 2. 목사의 봉급을 지불할 것	편저	1923.4.	5-2, 1-6
31	오스트레일리아 장로교회 사기	저술	1923.4.	5-2, 52-56
32	신자가 유대인에게 전도할 의무가 있음	편저	1923.4.	5-2, 86-87

번호	문 서 명	저술/번역	발간연대	권 호, 쪽
33	대통령 윌슨 씨의 성경론(예화)	편역	1923.4.	5-2, 96-97
34	사설 1. 신학지남 독자에게 고함 2. 장로교 신도 수 3. 신자의 신령적 생활.	편저	1923.7.	5-3, 1-5
35	시편의 가르침(중요구절요약)	번역	1923.7.	5-3, 124-126
36	신자가 주의 호령을 순복함(성구절)	편저	1923.7.	5-3, 166
37	신생 되시는 예수 그리스도(설교대지)	편저	1923.7.	5-3, 167-170
38	사설 1. 미국교회의 부흥과 세계선교	편저	1923.10.	5-4, 1-4
39	여러 백년 예언한 말씀이 하루에 응함(구약 예언이 신약에 응함을 증명)	편저	1923.10.	5-4, 66-77
40	예수 당년의 역사(성경내용요약)	편저	1923.10.	5-4, 78-80
41	성신 충만한 증거는 그리스도를 위하여 일 많이 함으로 나타남(성경근거)	편저	1923.10.	5-4, 113
42	금전을 가장 유익하게 사용함	편저	1923.10.	5-4, 114
43	사설 그리스도교는 제일 되는 종교라(기독교 신앙의 교리해설: 변증서)	편저	1924.4.	6-2, 1-12
44	믿음(정통주의 신앙)	번역	1924.4.	6-2, 40-54
45	잃은 은전 비유(눅 15:8-10): 해설	편저	1924.4.	6-2, 62-64
46	사보나롤라 전(후스와 루터 사이)	저술	1924.4.	6-2, 100-108
47	찰스 시므몬의 사적(전도자)	편역	1924.4.	6-2, 108-115
48	그리스도인이 특별히 이스라엘 민족을 위하여 기도할 까닭(성구발췌)	편저	1924.4.	6-2, 123-124
49	신도 중 몇 사람의 임종 유언(개혁가)	편저	1924.4.	6-2, 133-137
50	연보하는 여러 가지 법	편저	1924.4.	6-2, 137-139
51	그리스도 신자 신앙의 적요(예언사경회 신조를 번역한 것)	편저	1924.4.	6-2, 140-142
52	하나님께 죄를 고치는 방책	편저	1924.4.	6-2, 142-145
53	종교통신(미국장로교회 총회의 중요한 결정: 이단 포스딕에 대하여 5가지 결정)	편저	1924.4.	6-2, 167-171

번호	문 서 명	저술/번역	발간연대	권 호, 쪽
54	성경문답(성경의 주요내용질의)	저술	1924.4.	6-2, 187-189
55	러시아에서 하나님의 말씀을 갈망함	편저	1924.7.	6-3, 126-128
56	사설 1. 부활 2. 잘 된 성경번역 3. 독서	편저	1925.4.	7-2, 1-7
57	성경번역	편저	1925.4.	7-2, 55-57
58	영국 알프레드 대왕은 영문 성경 번역자라	저술	1925.4.	7-2, 57-63
59	윌리엄 틴들 씨는 성경을 영문으로 번역한 개조라	저술	1925.4.	7-2, 64-69
60	그리스도는 구원의 문(요10장9절)	저술	1925.4.	7-2, 113, 115
61	사설 1. 본 신학지남에 대하여 2. 유대인이 팔레스타인에 돌아옴에 대하여 3. 교회 중에 있는 이단(포스딕)	편저	1925.7.	7-3, 1-16
62	성경 각 장 공부의 간단한 방법	편저	1925.7.	7-3, 57-58
63	십계명에 범과와 이행에 대한 마르틴 루터의 주해	번역	1925.7.	7-3, 59-72
64	마르틴 루터의 사적	저술	1925.7.	7-3, 73-85
65	창동교회 창립 20주년 기념식	편저	1925.7.	7-3, 86-88
66	사설 1. 하나님과 가까이 지냄 2. 미국 북장로회 총회(어드만 회장선출과 결의사항)	편저	1925.10.	7-4, 1-16
67	출애굽 대지	저술	1925.10.	7-4, 68-79
68	주의 성만찬(다빈치의 그림해석)	저술	1925.10.	7-4, 142-148
69	시간 잘 지키는 자는 복을 받음	편저	1925.10.	7-4, 174
70	사설 1. 신년을 축하하나이다 2. 본 편집인의 휴가 환국	편저	1926.1.	8-1, 1-8
71	로마인서 대지(성경공부용)	저술	1926.1.	8-1, 42-56
72	주의 재림에 대한 성경의 교훈	편저	1926.1.	8-1, 70-74

번호	문 서 명	저술/번역	발간연대	권호, 쪽
73	죄의 값은 사망이라 로마 6:23(그림으로 비유)	편저	1926.1.	8-1, 112-115
74	사람의 의와 하나님의 의를 비교함(그림으로 비유)	편저	1926.1.	8-1, 116-119
75	초자연에 대한 강화: 예언과 도덕을 가르침으로 초자연을 증명함	저술	1926.1.	8-1, 136-145
76	에베소 대지	저술	1926.4.	8-2, 37-56
77	온 성경을 일 년 동안 한 번 보는 방법	편역	1926.4.	8-2, 56-61
78	믿음의 기도	편저	1926.4.	8-2, 88-91
79	정교파 대학의 회합: 시카고 신앙진술	편저	1926.4.	8-2, 101-104
80	부활 주일을 작정하는 법	저술	1926.4.	8-2, 153-154
81	초자연을 메시아에 관한 예언으로 설명함	저술	1926.4.	8-2, 154-163
82	문제와 성경 문답	저술	1926.7.	8-3, 47-53
83	원 편집인 배위량 박사의 유람기(2)	저술	1926.7.	8-3, 111-124
84	유대인과 저희 역사에 관한 예언으로 초자연을 설명함(초자연)	저술	1926.7.	8-3, 138-151
85	그리스도교의 특색	저술	1926.10.	8-4, 133-149
86	다른 나라에 관한 예언으로 초자연을 증명함(초자연)	저술	1926.10.	8-4, 153-170
87	원 편집인 배위량 박사의 유람기(3)	저술	1927.1.	9-1, 167-185
88	빌립보 대지	저술	1927.10.	9-4, 59-64

역자부록 3

주요 용어 해설 및 인명사전

주요 용어 해설

네비우스 선교방법_ 1861년경 선교지도자인 루퍼스 앤더슨(Rufus Anderson)과 헨리 벤(Henry Venn)이 신생교회들의 독립의 기초가 되는 세 가지 원칙, 즉 자전(self-propagation), 자립(self-support), 자치(self-government)를 제안하였다. 이 원칙이 자율적인 교회를 세워나가는 지침으로 채택되었다. (Paul G. Hibert, *Anthropological Insights for Missionaries* (Grand Rapids, Michigan: Baker Book House, 1985), 194.) 중국에서 사역하던 존 네비우스(John L. Nevius, 倪維思)가 1890년 이 원칙을 한국교회에 소개하여 이것이 한국교회에서는 네비우스 방법 또는 삼자원칙으로 알려져 있다.

농민조합운동(the Grange Movement)_ 지역과 농민들의 경제적 정치적 복지를 증진시키기 위한 목적으로 1867에 결성되었다. 미국에서 전국단위로는 처음 결성된 농민보호집단이다. 이 운동은 올리버 허드슨 켈리(Oliver Hudson Kelly)가 시작하였다.

독노회(獨老會)_ 한국장로교회는 1907년에 조선예수교장로회 독노회(獨老會)가 설립되었다. 독노회 아래에 각 도(道)에는 각각 하나의 대리회(代理會)가 설치되었으며, 평안도에는 2개의 대리회가 설치되었다. 교세가 확장되자 1912년 9월에는 조선예수교장로회총회가 설립되었다. 총회 설립 후 각 도에 설치된 7개의 대리회는 노회로 승격되었다. 이에 따라 평안도에서는 평북노회(북평안)노회와 평남(남평안)노회가 설립되었다. 평북노회는 1912년 2월 15일 선천에서 창립되었고, 노회장은 휘트모어 선교사가 되었다. 평남노회는 1912년 1월 18일 평양에서 창립되었다.

매퀸-라이샤워 표기법(McCune-Reischauer System of spelling)_ 한국에서 태어나 연희전문학교에서 한국어를 연구하던 매퀸(G. M. McCune)과 주일 미국 선교사의 아들로 일본에서 태어나 하버드대학교 옌칭연구소 연구원으로 있던 일본사 학자 라이샤워(E. O. Reischauer)가 1938년에 만든 한국어의 로마자 표기법이다.

맹산군_ 평안남도 동북에 있는 군. 연안에는 비교적 경작지를 볼 수 있으나, 토질이 몹시 메마른 탓으로 농산물의 생산이 빈약하다. 산물은 콩·조·옥수수·감자·담배·대마·사향 등이다.

복음전도협회(S.P.G선교회)_ 영국 성공회의 선교 기관으로 The Society for the Propagation of the Gospel을 가리킨다.

스코틀랜드 장로교회_ 중세 후반기를 지나 16세기에 접어들면서 스코틀랜드에도 종교 개혁의 물결이 밀려들기 시작하였다. 스코틀랜드의 종교개혁의 아버지는 바로 John Knox(1515?~1572)이다. 그는 1553년 영국에 친 카톨릭 정권인 메리 여왕이 등장하면서, 프랑스의 프랑크 포트로 망명해서 영국인들을 위해 목회를 하다가, 에드워드 기도서에 대한 그의 비평적 입장 때문에 분열이 생겨서 칼뱅이 종교개혁을 하던 제네바로 가서 칼뱅의 열렬한 제자가 되었다. 1555년 후반 낙스는 잠시 스코틀랜드에 귀국하여 머물렀는데, 약 9개월이 체류 기간 동안 그는 스코틀랜드 국민들 사이에 퍼져 있는 개혁에 대한 열망을 확인하게 되었다. 다시 제네바로 돌아온 낙스는 스코틀랜드 개혁 세력의 요청에 따라 1559년 5월 귀국을 하게 된다. 그는 귀국하여 개혁 운동을 열렬히 시작한다. 그리고 그의 개혁 세력은 이제 국회의 지배 세력이 되어 1560년 낙스가 기초한 칼뱅주의적 신앙고백을 신조로 채택하고, 1주일 후에는 교황권을 배격하고 미사를 금하는 조처를 취하였다. 이 때부터 스코틀랜드의 교회는 왕과 귀족의 손을 떠나 평민의 교회로 자리를 잡게 된다. 1560년에는 소위 제 1회 스코틀랜드 총회(General Assembly)를 열고, 그 다음에는 '제 1 교회 치리서'(First Book of Discipline)를 국회에 제출하여 장로교회 조직을 전국적으로 실시하려 하였다. 또한 성서적인 근거가 없는 모든 축일은 폐지하고, 주일만 지키도록 하였으며, 공중예배를 위해 일명 '낙스의 예전'이라 부르는 '공동 예배 규범서'(The Book of Common Order)를 작성하여 1564년 총회에서 승인 받았다. 낙스는 1572년 사망하게 되는데, 그 이후 스코틀랜드는 제임스 6세가 영국의 왕(제임스 1세)이 되면서 두 나라가 같은 영향권 아래 놓이게 된다. 그러나 낙스의 뒤를 이어, 스코틀랜드에는 Andrew Melville(1545~1623)이 개혁을 계속하면서, 장로교를 정립하고 체계화하는데 공헌하게 된다. (이상은 장신대 주승

증 교수의 「장로교의 예배」에서 취한 글이다.)

양덕군_ 평안남도 남동부에 있다. 서부는 신양군, 남부는 황해북도 신평군, 동부는 강원도 천내군과 법동군, 북부는 함경남도 수동구와 접해 있다. (조선향토대백과, 2008)

언더우드 타자기 회사(Underwood Typewriter Company)_ 미국의 타자기 제조사로 본사는 뉴욕 주 뉴욕시에 있었다. 언더우드사는 최초의 성공적인 근대 타자기를 생산했다. 1939년까지 언더우드는 5백만 대의 타자기를 생산했다.

언약교회(The Covenanters) 영국 스코틀랜드의 역사에서 중요한 역할을 한 스코틀랜드 장로교회이며, 17세기에 영국과 아일랜드로 확산되었다. 이들의 교회 이름은 구약성경의 '언약'에서 유래한다. 스코틀랜드 역사에서 두 개의 중요한 언약교회가 있는데, 1638년 the National Covenant와 1643년 종교동맹 the Solemn League and Covenant이다.

은자의 나라_ 윌리엄 그리피스의 저서(*Corea the Hermit Nation*, 1882)에서 최초로 유래하였다. W. E. 그리피스 지음, 신복룡 역주, 『은자의 나라 한국』 집문당, 1999.

중국구출_ 이는 1898~1901년 사이에 있었던 의화단난 때에 미국군에 의하여 미국시민, 유럽인들 그리고 다른 나라 사람들을 구출해낸 원정사건을 말한다. 이는 8개국 연합군대에 의하여 1900~1901년 사이에 수행되었다. 이 사건은 시민의 구출적전에 그치지 않고 의화단난을 진압하는 것으로 연결되어 1902년 베이징에서 의화단난이 최종 종결되었다.

파이 감마 델타 모임_ 미국과 캐나다 전역에 120개 이상의 분회와 18개의 지방회를 가진 사회적인 사교단체(social fraternity)이다. 이 모임은 1848년 펜실베니아 주 제퍼슨 대학(Jefferson College)에서 창립되었다.

『천로역정(Pilgrim's Progress)』_ 헤론(J. W. Heron) 여사에 의해 번역되었는데 그는 남편이 죽은 후 캐나다 출신 게일 목사와 재혼하였다. 따라서 『천로역정』은 게일 목사와 헤론 여사에 의해 번역 출간되었다.

가드너(William Gardner)_ 하노버 대학 졸업생 대표로 고별사를 읽었던 베어드의 동기생 목사이다. 그의 여동생 역시 1889년도에 약 3개월간 한국선교회에서 활동한 선교사였다. 그들은 일찍 한국을 떠났는데 이른바 '문화 충격'이라고 부르는 것 때문이었다.

게일(James Scarth Gale 기일奇一 1863.2.19~1937.1.31)_ 캐나다 장로교 선교사이자 신학박사 및 한국어 학자다. 캐나다의 온타리오 주에서 출생, 1888년 토론토 대학교를 졸업 후, 토론토 대학교 YMCA의 지원으로 조선 선교사로 파송되었다. 1889년 황해도 해주 지방과 경상도 지방에서 전도하며 대영성서공회에서 성경을 한글로 번역했고, 1890년 서울에 있는 예수교학당에서 영어를 가르쳤다. 1891년 8월 31일 카나다의 선교지원 중단으로 미국 북장로교 선교회로 선교단체를 옮겼다. 1892년 성경번역에 참여, 마태복음서, 에베소서등 신약성서 중 일부를 번역했다. 1897년, 한국 최초의『한영사전』을 간행하였으며『신·구약 성서』와『천로역정』을 번역, 발간하였다.『춘향전』『구운몽』 등을 영역하여 한국을 서구세계에 알리기도 하였다. 1928년 은퇴한 후 영국으로 건너가 그 곳에서 사망하였다. 영문으로 된 저서에 *Korean Sketches* (New York: Revell, 1898)가 있다.

고병간(高秉幹 1900~1964)_ 평안북도 의주 출생. 의주 신영소학교, 선천 신성중학교를 졸업했다. 3·1운동에 참가하였다가 붙잡혀 1년 6개월간 옥고를 치렀다. 세브란스의학교를 졸업한 뒤 1934년 일본 교토제국대학[京都帝國大學]에서 의학박사학위를 취득하였다. 1945년 10월 대구의과대학(지금의 경북대학교 의과대학) 학장, 1951년 문교부차관, 1952년 경북대학교 총장 및 의과대학 학장, 연세대학교 총장, 1961년 세브란스병원 원장, 이후 숭실대학 제8대 학장(1964.11~1966.12)을 역임하였다.

고학윤_ 부산지역 초기의 전도자이자 베어드의 조사 .

고황경(高凰京 1909~2000)_ 세브란스의학전문학교 고명우 교수의 딸로 태어났으며, 그녀의 집안은 4대째 개신교 집안이다. 그녀는 경성여자고등보통학교, 일본의 도시샤여자전문학교를 졸업하고 미국에 유학했다. 소녀 범죄에 대한 논문으로 미시간 주립대학교에서 박사학위를 받았다. 일제 강점기에 친일단체에 참여한 전력이 있으며, 광복 후 1945년 경기여고교장과 1946년 미군정의 보건후생부 부녀국장을 지냈다. 한국 전쟁 이후 영국에 머물다가 귀국하여 1961년 장로교단의 오랜 숙원이었던 서울여자대학교를 설립하여 초대학장을 지냈다. 한국전쟁 때 그의 아버지 고명우와 언니 고봉경은 납북되었다.

그레엄 리(Graham Lee 이길함李吉咸 1861~1916)_ 미국 일리노이 주에서 출생, 맥코믹신학교를 졸업하고 1892년 북장로교 선교사로 내한해 1912년까지 주로 관서지방 특히 평양 주변에서 활동하였다. 1907년 1월 2일부터 15일까지 2주간 자신이 담임하고 있는 장대현교회에서 열린 '평양 사경회'때 설교와 기도회를 인도하였다.

김성락(金聖樂) 목사_ 숭실대학 제7대 학장으로 1958년 9월부터 1964년 11월까지 봉직했다.

김양선(金良善 호는 매산梅山 1901~1970) 박사_ 1907년 2월 평안북도 의주에서 김관근 목사와 백관성 권사의 3남으로 태어났다. 그는 선천(宣川)의 신성중학교와 숭실전문학교, 그리고 평양의 장로회신학교에서 수학하였다. 해방이후 월남하여 한국기독교박물관 설립운동을 추진하였으며, 1948년 4월 서울 남산의 옛 '조선신궁' 자리에 한국기독교박물관을 설립하였다. 한국전쟁이후 1967년 7월 박물관 유물 일체를 자신의 모교인 숭실대학교에 기증하여 오늘의 숭실대학교 한국기독교박물관이 탄생하였다. 그는 목회자와 교육가로서 교회와 학교 설립에 기여하였으며, 1954년 숭실대학교 교수로 부임하여 1970년 타계할 때까지 한국사, 한국교회사, 그리고 고고학 연구와 교육에 큰 발자취를 남겼다.

김형남(金瀅楠 1905.1.18~1978.6.20)_ 평남 강서군 동진면에서 출생, 사무엘 마펫이 설립한 명신학교(命新學校)를 졸업후 숭실중학을 거쳐 1922년 숭실대학에 입학, 기계창에서 자조활동을 하며 학업을 하다. 1924년 미국으로 유학, 뉴욕 프랫공대를 졸업하고 귀국 후 산업계에 종사, 전남방직을 일으켰다. 1956년 재건된 숭실대학의 이사로 참여하였다가 1967년 9대학장에 선임되고 숭실대학 중흥의 기반을 조성하였고 이어 대전대학과 통합하여 숭전대학교 초대 총장이 되었다. 1978년 6월 20일 향년 74세로 죽었다. 숭실대학 제9대 학장으로 1967년 2월부터 1972년 2월까지 봉직했다. 숭실대학이 대전에 있는 대전대학교와 합쳐 종합대학교인 숭전대학교가 되었을 때, 김형남 학장은 초대 총장이 되어 1972년 2월부터 1973년 1월까지 봉직했다.

낸시 로즈(Nancy Rose)_ 베어드의 맏딸로 1892년 7월 5일에 태어났다. 로즈는 1894년 5월 뇌척수막염으로 죽었으며, 부산 복병산 외인묘지에 묻혔다.

네비우스(John Livingstone Nevius 倪維思 1829~1893)_ 청 말기의 미국북장로회 소속 선교사로 1854년에 중국에 왔다. 1861에 등주(登州) 일대에서 선교활동을 하다가 다음 해에 산동(山東)에서 여학교를 개설했다. 1871년 연태(煙台) 일대에서 선교활동을 하면서 시범농장을 만들어 미국의 사과와 배, 포도, 매실나무를 심고, 재배기술을 가르쳤다. 더불어 미국과 중국의 품종을 교배하여 신품종의 사과를 출하했다. 그는 당시 미국 북장로회 선교부가 한국에 파송한 H. N. 앨런, H. G. 언더우드 등 10여 명의 젊은 선교사들이 해외선교경험이 없어 시행착오와 갈등을 겪을 때 서울에 와 2주간 머물면서 선교사들과 회합을 갖고 강연을 하였는데, 그의 논문과 강연이 선교사들에게 좋은 지침이 되었다. 그의 선교방법은 골자는 자립 자전 자치였다. 곧 자력운영, 자발적인 전도, 그리고 자주적인 치리(治理)였다. 그는 특히 토착교회의 자립 능력을 강조하여, 토착인 전도사도 선교부의 재정적 도움을 받지 않고 토착교인들의 헌금으로 활동하게 하였고, 학교나 병원 등 시설비가 많이 드는 기관을 제외한 교회 건축비는 토착교인들이 부담하도록 유도하였다. *China and the Chinese*, (*Philadelphia: Presbyterian Board of Publication*, 1882), p. 354.

노블(William Arthur Noble 노보을魯普乙 1866.9.13~1945.1.6)_ 미국 펜실베니아 스프링데일에서 출생. 와이오밍신학교와 드루신학교를 졸업, 1892년 감리교 목사안수를 받고 결혼한 다음 10월 17일 한국에 선교사로 입국하였다. 3년 동안 배재학당에서 학생들을 가르쳤고 1894년 홀이 사망하자 그의 후임으로 평양선교지부로 옮겨 15년 동안 교회를 돌보다가 다시 서울로 이주하여 1934년 은퇴하기까지 활동하였다. 그는 관리자로 2년, 지방감리사로 40년을 일했는데, 탁월환 행정력을 발휘하였다. 그는 문필활동도 활발하였는데, 『코리아 레포지터리』, 『코리아 리뷰』에 기고하였으며, 소설 *Ewa: A Tale of Korea*(1906)가 있는데 이는 『이화』라는 제목으로 윤홍로가 번역 출간(포도원출판사)하였다. 1933년 3월 은퇴한 후에도 1년 동안 더 서울에 머물면서 계속 일을 돕다가 귀국하여 1945년 캘리포니아 스톡튼에서 사망하였다. 그의 부인 매티 노블(Mattie Wilcox Noble)도 여성교육에 큰 빛을 남겼다. 1896년부터 평양의 그들 가정집에 여자 아이들을 모아 가르친 것을 시작으로 훗날 정의학교로 발전하게 되었다. 그는 또한 주일학교교사 양성에도 노력하였다. 문서사업도 활발하였다. 다른 선교사들의 경우도 그러했지만 노블은 한국에서 두 자녀 메이와 시릴을 어릴 때 병으로 잃었으나 Ruth Noble, Harold Joyce Noble, Alden Earl Noble, 그리고 쌍둥이 Glenn Arthur Noble and Elmer Ray Noble 등이 있다.

니노미야 다카노리(二宮尊德, 二宮金治郎)_ 일본 에도 막부 후기의 인물로서 농촌 부흥에 힘을 쓴 인물로서 근검 절약과 고학(苦學)의 상징이다. 일본 초등학교에 나뭇짐을 잔뜩 진 채 책을 읽으며 걷고 있는 동상으로 묘사되곤 하는데, 어릴 적부터 목재를 주워다 팔아서 그 돈을 모아 공부를 한데서 유래한다.

루미스(Henry Loomis 1839~1920)_ 일본에 유학을 온 이수정을 만나서 그가 마가복음을 번역하도록 하였으며, 이수정이 번역한 마가복음은 1885년 4월 5일 언더우드와 아펜젤러가 처음 한국으로 가져왔다.

릴리아스 언더우드(Lillias H. Underwood)_ *Fifteen Years among the Top Knots* (New York: American Tract Society, 1904), 87. (신복룡, 최수근 역주,『상투의 나라』, 서울: 집문당, 1999)

마티어(Robert M. Mateer 1853~1921)_ 미국 북장로회 목사. 1881년 중국 산동 지 역에 선교사로 파송되어 네비우스와 함께 거의 40년간 중국 선교 활동을 했다. 그는 네비우스 방법 비판자 가운데 한 사람이다.

마펫(Samuel Austin Moffet 마포삼열馬布三悅 1864.1.25~1939.10.24)_ 미국 인디애나주 매디슨 출생. 1884년 하노버대학, 1889년 매코믹 신학교를 졸업하였다. 1890년 내한한 다음 서울에서 활동하다가 1893년 이후에는 평양에서 선교활동에 종사하였다. 1901년 평양 장로회신학교를 설립하고, 초대 교장에 취임, 근대교육에 힘을 쏟았다. 1918~1928년은 숭실중학교와 숭실전문학교의 교장을 역임하고, 평안도에 많은 학교와 교회를 설립하였다. 1912년 '105인 사건'으로 한국의 애국지사들이 투옥되자, 매큔·에비슨 선교사 등과 함께 이 사건이 날조이며 비인도적 고문 등이 자행되고 있음을 데라우치 마사타케[寺內正毅] 총독에게 항의하고 본국의 장로회본부에 이를 알려 국제여론을 환기시켰다. 1936년 귀국, 1939년 미국에서 사망하였다. 슬하에 아들 다섯을 두었는데, 그 중 둘은 한국에서 선교사업에 종신하였다.

매퀸(George S. McCune 윤산온尹山溫 1872~1941.12.1)_ 미북장로교 한국 선교사. 미국 미주리 주에서 출생. 파크대학을 졸업하고 1905년 9월 미국 북장로회 선교사로서 부인과 함께 내한하여 숭실학교 교장 베어드를 돕다가 1909년 평안북도 선천군(宣川郡)의 신성중학교 교장에 부임하였다. 부임즉시 미국의 독지가 오닐(Hugh Oneil) 부인으로부터 1만 5천달러를 기부받아 학교의 급속한 발전에 기여했다. 1929년 5월 9일 제4대 학장(1928.9~1936.3)으로 평양 숭실전문학교 교장으로 취임하였다. 신사참배 강요에 거부를 결정하고 신사에서 일본 신을 참배하는 것은 "하나님의 계명을 어기는 것이고 선언하였다. 이 일로 1936년 파면되어 미국으로 강제 출국당했다. 대표적인 저서로는 한글로 된『그리스도의 전기』외에『신도(神道)는 종교이다(1937, 영문) 등이 있다.

멘지스(Belle Menzies)_ 호주선교회 소속 여선교사이다. 그녀는 부산 경남지역에서 선교하였으며, 어학선생 심상현은 그녀가 처음 얻는 신자였다.

모트(John R. Mott 1865.5.25~1955.1.31)_ 평신도 선교사로 무디의 영향을 받아서 학생자원운동(Student Volunteer Movement)를 시작했으며, 일본, 중국, 한국 등을 다니면서 선교에 헌신하였다. 그는 1885년부터 1915년까지 YMCA국제위원회 서기를 하였고 에딘버러의 세계선교대회(World Missionary Conference) 조직위원의 한사람이었다.

무디(Dwight Lyman Moody 1837.2.5~1899.12.22)_ 미국의 부흥 설교가. 매사추세츠 주 노드필드에서 출생. 4살에 부친을 잃고 가난한 생활 속에 교회에 열심히 출석하였고, 이 무렵 신앙적 감동을 체험하였다. 초등학교를 졸업 후 보스톤에서 외삼촌의 구두방 가게에서 일하다가 시카고로 거처를 옮겨 구두 외판으로 큰 성공을 거두었다. 그러는 중에도 주일학교 교사와 교장으로 어린이 선교 사역에 헌신하다가 시카고에서 기독청년연합회에 적극적으로 참여했고, 구두 판매업을 중단하고 본격적으로 부흥사의 길로 나섰다. 이후 무디는 찬송가작가이자 성악가인 이라 데이비드 생키를 대동하고 전도집회를 하였는데, 단순하고 간결하면서도 힘 있는 무디의 메시지와 영혼을 울리는 듯한 생키의 찬송이 많은 사람들에게 감동을 주었다. 그는 칼빈주의 신조를 근간으로 성경을 문자적으로 이해하며 예화를 적절하게 잘 사용하였다.

바첼 린지(Vachel Lindsay 1879~1931)_ 일리노이 주 태생의 미국 시인이다. 대표작으로는「부츠 장군, 천국에 들어가다」(1913년),「콩고강(江), 그 밖의 시」(1914년),「중국의 나이팅게일」(1917년) 등이 있다.

방기창(方基昌 1851~1911)_ 기독교 장로교 최초 7인 목사 중의 한 사람이다. 그는 황해도 신천군 어로면 도촌에서 출생하였다. 그는 본래 천도교 황해도 접주 및 오읍 도령장인이 되었으나, 마펫 선교사의 전도로 1893년 기독교인이 되었다. 그 후 마펫 선교사가 설립한 평양 널다리골(장대현)교회의 교인이 되었고, 마펫이 설립한 숭인학교(崇仁學校)의 교사가 되었다. 1898년 장대현교회 제1대 장로로 선임되었다가, 1901년 평양선교사공의회에서 한국인에게 신학교육을 실시를 결의하게 되자, 평양장로회 신학교의 최초의 신학생이 되었다. 1907년 제1회예수교장로회 노회에서 7명의 졸업생 중 1인으로 목사안수를 받고, 평안도의 교회를 관할하였고, 1908년 독노회의 전도위원이 되어 황해도지방의 전도활동에 종사하였다. 1911년 9월 신병으로 전도목사직을 사퇴하였으며, 1911년 10월 11일 용강에서 별세하였다.

배민수(裵敏洙 1896~1968)_ 충북 청주 출신이다. 숭실중학교에 재학시절 학생 30여명과 함께 조선국민회를 결성하여 항일투쟁을 벌이던 중, 1918년에 붙잡혀 복역하고 1919년 출감하였다. 그러나 곧 함경북도 성진군의 3·1만세운동에 연루되어 함흥감옥에서 복역하고, 1921년 출옥한 후 1928년 숭실전문학교 문과를 졸업하였다. 1933년에 미국 시카고의 매코믹신학교를 수료하고 귀국, 1934년 목사안수를 받은 후 농촌운동에 투신하였다. 미국의 그린리프로부터 연 4,000달러씩 4년간 기부 받아 장로회총회본부 안에 농촌부를 신설하고 초대총무가 되었다. 활발하게 농촌계몽강연활동을 하다가 일경에 쫓겨 1938년 미국으로 피신하였고, 그곳에서 재미한인독립운동을 전개하다가 1951년 귀국하여 농민운동을 재개하였다. 1964년에는 대전에 기독교여자농민학교, 1968년에는 경기도 고양군 일산에 삼애 농업기술학원을 설립하였다.

백낙준(白樂濬 George L. Paik 1895~1985)_ 호는 용재(庸齋)이다. 평북 정주 출신. 1910년 봄에 선천의 신성중학교(信聖中學校)에 입학하여 교장 윤산온(尹山溫 G. S. McCune) 목사의 도움을 크게 입었다. 1913년 중학을 마치고 이후 텐진 신학서원(新學書院), 미국 파크대학·프린스턴대학, 그리고 예일대학 대학원에서 종교사를 전공, 1927년『조선신교사(朝鮮新敎史)』로 박사학위를 받았다. 귀국 후 연희전문 교수, 조선기독교서회이사, 조선어학회회원, 영국황실아주학회 한국지부이사, 진단학회와 조선민속학회 발기인, 조선기독교청년회이사 등으로 활동하였다. 1945년 광복 후 경성대학 법문학부장, 한국교육위원회 자문위원, 1946년 연희대학 초대 총장, 1950년 제2대 문교부장관을 역임하였다. 대표적인 저서는 *The History of Protestant Missions in*

Korea, 1832~1910 (Pyongyang, Korea: The Union Christian College Press, 1929)이다. 이 책은 『한국개신교사』(연세대학교 대학출판문화원, 1998)에 번역 출간되었다.

벙커(D.A. Bunker 방거房巨 1853~1932)_ 1853년 미국에서 출생, 1883년 오벌린 대학을 졸업하고 유니온 신학교에서 신학을 전공했다. 벙커는 우리나라의 초빙교사로 발탁되어 왔다. 1882년 조미조약이 체결된 이후 근대 교육을 위하여 미국에서 선발하여 초빙한 교사가 벙커, 헐버트, 길모어인데 그들은 1886년 7월4일 우리나라에 도착했다. 벙커가 가르치던 '육영공원'은 우리나라 역사상 최초의 관립 근대 교육기관으로 1896년 폐교될 때까지 벙커는 그곳에서 9년간 영어교사로 지냈다. 육영공원이 폐교된 이후 이들은 모두 선교활동에 적극 종사하였는데, 벙커는 이후 배재학당 교사가 되고 학감이 되었다. 그는 정치적 개혁을 위한 운동가들이 한성감옥에 수감되자 동료 선교사들과 함께 그들을 비롯한 죄수들의 처우 개선, 야만적인 고문 제도 폐지 건의는 물론 감옥에 많은 량의 도서를 제공하였고 그 결과 이상재, 이원긍, 김정식, 유성준, 안국선 등이 감옥 안에서 독서를 통하여 기독교를 이해하고 신앙을 갖게 되었다. 그는 1926년 7월4일 75세의 나이로 은퇴하여 미국으로 돌아갔다가 1932년 11월26일 샌디에이고에서 죽었다. 양화진에 부부의 묘가 있다.

블레어(William N. Blair 방위량邦緯良 1876.7.11~1970.5.2) 평안도를 중심으로 활동한 미북장로회소속 선교사이다. 그는 1901년에 한국에 온 이래 평양 안주에서 40여 년 동안 교회를 순회 목회하면서 전도사업에 힘썼다. 그는 1907년에 일어난 평양대부흥운동의 기간에 장대현교회에서 1월 2일부터 22일까지 이길함(Graham Lee), 길선주 장로 등과 함께 설교하며 회개와 부흥의 계기를 마련했다. 1919년에 3·1 운동이 일어나자 평양 지방에서 독립운동을 적극적으로 후원하였다. 신사참배가 강요될 때에는 이를 거부하였고, 1942년에 일제에 의해 강제 출국당했다. 그의 저서 *Gold in Korea*(1948년에 출간)는 러일전쟁, 을사조약, 한일합방 등 시대적 정황과 서구 문명에 눈뜨는 한국인의 모습과 신앙생활이 묘사되어 있다. 한경직은 숭실대학 재학시절 방위량의 비서로 일했다.

빌리 선데이(William Ashley Billy Sunday 1862~1935)_ 미국 아이오와 주 에임스(Ames)에서 태어났다. 메이저리그의 프로야구팀인 시카고의 화이트 스타킹스(Chicago White Stockings)의 야구선수였던 1886년 해리 먼로가 인도하는 미션집회에서 복음을 듣고 이후 야구선수를 그만 두고 복음전도자가 되었다. 1891년 빌리 선데이는 YMCA 전도사로 목회전선에 뛰어들었다. 1896년부터 전국을 누비며 수많은 영혼을 일깨웠다. 1893년부터 1935년까지 공식적인 집회만 548회가 열렸고, 그를 통해 그리스도를 만난 사람은 90여만 명 정도가 된다.

사다 하쿠보(左田白茅 業一郎 1832~1907)_ 그는 메이지 초년에 한국을 정벌하자는 건의서 곧 정한건백서(征韓建白書)를 조정에 제출하였고, '조선은 일본에 조공의 의무가 있는 나라이므로 메이지 유신세력을 이용하여 빠르게 관계를 맺는 것이 좋겠다'고 건의했다. 1869년 조선출장 명령을 받은 그와 모라야마, 사이토, 히로스 등 이른바 「사다특별조사단」 일행은 1870년 1월 쓰시마에 도착, 2월에 부산에 이르러 20여 일간 왜관에 머물며 조선관계의 문제점을 조사하였고. 3월에 돌아가 「조선국교제시말내탐서」를 일본 정부에 제출하였다. 여기서 그는 쓰시마의 역할에 대한 불신을 드러내고 또 조선국의 군비(軍備)에 대해서도 낡은 수준으로 보고하였다. 조사단은 개별적으로도 보고서를 제출하였다.

생키(Ira David Sankey 1840.8.28~1908.8.13)_ 미국의 감리교회 복음전도자, 무디와 함께 다니며 복음 찬송가를 작곡하고 독창 및 지휘를 했다.

샤록스(Alfred M. Sharrocks 사락수謝樂秀)_ 미국 북장로교 의료선교사이다. 그는 세브란스의학전문학교에서 에비슨(Oliver R. Avison), 웰스(James H. Wells)와 함께 의과대학 교과서인 해부학, 생화학, 생리학 약물학 등을 역술하였다. 그 후 북장로교 선천(宣川)지부가 개설되면서 그곳의 의료선교사로 파견되었으며, 1904년부터는 강계(江界)지부에서 사역하였다.

솔토(Theodore Stanley Soltau 소열도蘇悅道 1890~1972.7.19) _ 영국 타사마니아(Tasamania) 태생, 14세에 미국 뉴욕으로 건너가서 일리노이의 노스웨스턴 대를 졸업하고 이에 1914년 프린스턴대학에서 신학을 공부한 다음 미국장로교해외선교부 파송으로 한국선교사로 내한. 25년간 만주에서 한인을 대상으로 선교함. 일본의 신사참배 강요에 저항하고 네비우스 선교방침을 지지하였으며 태평양전쟁으로 1930년대 말에 귀국. 테네시주 에반스톤 멤피스 제일복음교회에서 1942년까지 담임목사로 목회하였고, 이후 26년간 미국과 남미 등 세계 도처의 복음주의 운동에 전념하다가 1968년에 은퇴하였고 197년까지 세계 장로교선교회 회장으로 봉사하다가 1972년에 죽었다. 그는 초기 한국의 기독교 수용과 그 전개과정을 다룬『한국: 은자의 나라, 기독교에 대한 대답』(*Korea: The Hermit Nation and Its Response to Christianity*, New York, 1932)를 썼다. 또한 Mission at Roads, Facing the Field 등이 있다.

쉐어러(Roy E. Shearer 서명원徐明源 1932.5.14~1999.6.30)_ 미국 오레곤시에서 태어났고 1954년 Lewis & Clark 대학을 졸업했다. Princeton신학교와 캘리포니아의 School of World Mission at Fuller School of World Mission을 졸업하고 Fuller School of Clinical Psychology에서 박사학위를 받았다. 1957년에서 1967년까지 한국에 장로교 선교사로 파송되었다. 1972년에서부터 1997년 은퇴할 때까지 밴쿠버에서 장로교상담봉사를 하였다. 그의 대표적인 저서는 *Wildfire: Church Growth in Korea* (Grand Rapids: Eerdmans, 1966)인데, 이 책은 네비우스 방법과 한국의 모든 교파의 사역에 대한 가장 최근의 연구로 훌륭한 책이다. 이 책은 대한기독교서회에서 자신(서명원)이 스스로 번역해서 『한국교회성장사』라는 제목으로 1992년도에 출간되었다.

스왈른(William L. Swallen 소안론蘇安論 1859.3.24~1954.5.8)_ 미국 오하이오 출신. 농과대학을 졸업 후 신학을 공부하여 미북장로교 선교사로 1892년 부인과 함께 내한, 서울·평양·원산 등지에서 선교활동을 하였다. 1901년 조선예수교장로회공의회 초대 회장에 피선되었으며, 사무엘 마펫 등과 함께 평양신학교를 발족하였다. 찬송가에 있는 「찬송하는 소리 있어」와 「하늘 가는 밝은 길이」는 그가 작사한 것이다. 그는 또한 안식년 차 미국에 다녀오면서 사과묘목 300개를 가져와 대구선교지부에 절반을, 남은 절반은 평양선교지부에 전달하여 평양근처, 주로 황주에 있는 신도들에게 나누어 재배하게 하였는데 이것이 대구사과와 황주사과의 유래가 되었다. 대표적인 저서는 *Evangelistic Report to the Board of Foreign Missions of the Presbyterian Church U.S.A* (Wonsan, Korea: 1898)이다.

실(John Mahelm Berry Sill)_ 리처드 베어드는 Sells로 표기하였는데 이는 Sill의 오타이다. 당시 자료를 살펴보면 영문명은 John Mahelm Berry Sill이다. 그는 1859년에 미시간 스테이트 사범학교에서 교장을 지냈고, 1863년에는 디트로이트 공립학교 교장을 지냈으며, 1894년에 주한 미국 공사로 임명되어 한국에 왔다.

아담스(James E. Adams 안의와安義窩 1867~1929)_ 윌리엄 베어드의 부인이 된 애니 로리의 쌍둥이 남동생 아더 아담스의 동생이다. 제임스 아담스는 미국 캔사스주에서 태어났으며, 1895년 내한하여 2년간 부산에서 체류하면서 한글을 공부하고, 매형 베어드를 도와 부산 지역 전교에 노력하였다. 1897년 이후부터는 대구로 이거하여 대구·경상북도 지방에서 교회를 개척하였다. 우선 대구에서 대구제일교회를 비롯하여 여러 교회를 설립하였으며, 경산, 하양, 진양, 경주, 안강, 포항 등지를 순례하며 전도하고 교회를 설립하였다. 또한 계성학교를 세웠고, 의료 선교사 존슨(W. O. Johnson)을 오게 하여, 1898년 제중원을 열었는데, 이는 현재의 동산병원으로 발전하였다. 1923년에 은퇴, 1929년 6월 25일 세상을 떠났다. 이 제임스 에드워드 아담스의 아들인 에드워드 아담스(Edward Adams 1895~1965)가 아버지를 따라 한국선교사가 되이 주로 대구에서 활동하였는데 그의 한국이름은 안두화(安斗華 1895~1965)이다.

알렌(Horace N. Allen 안연安連 1858~1932)_ 미국의 오하이오 델라웨어 출신. 1881년 웨슬리언 대학 신학과 졸업, 마이애미 의과대학 졸업 후 북장로교 해외선교부 의료선교사로서 중국 상해에서 활동하다가 1884년 주한 미국공사관 의사가 되어 선교사업에 착수했다. 이해 갑신정변으로 부상당한 민영익을 치료, 이것이 계기가 되어 시의 및 고종의 정치고문이 되었다. 1885년에는 광혜원(廣惠院)의 의사가 되었다. 1887년 주미전권공사의 고문으로 도미하였고, 1990년 주한미국공사관의 서기관으로 임명되었다. 1892년 한국휘보(The Korean Repository)를 간행하고, 1897년 주한미국공사겸총영사가 되었다. 1905년 을사조약이 체결된 다음 귀국하여 의사로서 여생을 보냈다. 알렌 박사의 전기인 "하나님, 물신(物神), 그리고 일본인"(Fred H. Harrington, *God, Mammon and the Japanese*, University of Wisconsin Press, 1944)은 알렌 박사의 생생한 견해와 더불어 그 당시 정치와 선교의 상황에 대한 탁월한 해석을 보여준다.

양전백(梁甸伯 1869~1933)_ 평북 의주에서 태어나 증조부 슬하에서 한문을 수학하며 자랐다. 1892년 김관근(金灌根) 전도사를 만나 기독교와 서구문명을 접하고 1894년에 세례를 받은 다음 평안도 일대에서 기독교 복음을 전파했다. 1900년에 초등교육기관 명신학교(明信學校), 이듬해에는 부속 여자소학교를, 이어서 신성중학교(信聖中學校)를 설립했다. 평양신학교를 졸업하고 최초의 한국인 목사 7인의 한 사람이 되었다. 1910년 '105인 사건'에 연루돼 고문을 받고 유죄 판결을 받았으나 항소해 무죄로 풀려났다. 조선예수교장로회총회의 제5대 총회장을 역임. 1919년 '독립선언식'에 민족대표의 한 사람으로 참석, 1933년 1월 17일에 64세를 일기로 별세했다. 건국공로훈장 대통령장이 추서되었다.

어윙(Arthur Ewing)_ 인도에서의 사역으로 영국 국왕으로부터 기사 작위를 수여받은 후 해외선교본부장(President of the Board of Foreign Missions)을 역임한 저명한 J. C. R. Ewing의 형제이다.

언더우드(Horace G. Underwood 원두우元杜尤 1859.7.19~1916.10.12)_ 국적은 미국이고 출생지는 영국 런던이다. 1881년 뉴욕대학교, 1884년 뉴브런즈윅신학교를 졸업하였다. 1885년 아펜젤러 목사와 함께 미국 북장로회 선교사가 되어 제물포를 통해 입국하였다. 1886년 고아원을 설립하였고 1887년에는 전도를 시작하였다. 건강이 악화되어 미국으로 돌아갔다가 1892년 다시 조선으로 돌아왔으며 1897년 서울 새문안교회를 설립하였다. 성경번역위원회를 조직, 그 사업을 주관하는 한편, 1890년에 한영사전, 영한사전을 출판하고, 1897년에는 주간지 그리스도신문을 창간하였다. 1900년 기독청년회(YMCA)를 조직하였고, 1915년에는 자신이 설립한 경신학교(儆新學校)에 대학부를 개설하여 교장으로 취임했고, 연희전문학교로 발전시켰다. 1916년 신병으로 귀국, 애틀랜틱 시티에서 사망하였다. 저서에 『말본』, 『한국어 소사전(*A Concise Dictionary of the Korean Language*)』(1890), 『한국선교 23년(*For Twenty-three Years, a Missionary in Korea*)』(1908) 등이 있다.

에블린 베커 매퀸(Evelyn Becker McCune 1907~2012)_ 연희전문학교 수물과(수학과 물리학과) 교수이며 학감을 지낸 감리교 선교사 베커(A. L. Becker) 박사의 딸로 1907년 평양에서 태어났다. 그녀는 한국에서 자랐지만, 미국에서 대학교육을 받았다. 대학을 졸업한 후에 한국으로 돌아와서 1930년부터 1932년까지 서울 외국인학교에서 가르쳤다. 그녀는 한국선교사 조지 사논 매퀸의 아들로 한국에서 태어난 조지 매키 매퀸(George McAfee McCune)과 결혼하였다. 조지는 버클리 대학에서 아시아 역사로 박사학위를 받았고, 에블린은 한국 주제로 역사학 석사학위를 받았다. 그녀는 1970년대 초반까지 미 캘리포니아주립대에서 한국문화를 가르치며 미국사회에 한국의 문화와 예술을 알렸는데, 그녀의 대표적인 저서는 1962년에 저술한 『한국의 미(*The Arts of Korea: An Illustrated History*_ Tuttle, Rutland, Vermont)』이다.

에비슨(Oliver R. Avison 어비신魚丕信 1860.6.30~1956.8.29)_ 영국태생, 캐나다 출신 선교사이자 의사이다. 1892년 6월에 입국하여 1935년 11월까지 한국에서 체류하였다. 제중원의 제4대 원장, 세브란스 의학전문학교와 연희전문학교 교장을 역임하였다. 1884년에는 토론토의 온타리오 약학교를 졸업, 그해 다시 1884년 토론토 대학교 의과대학에 편입하여 1887년 6월에 졸업하였다. 1885년 7월 제니 반스와 결혼, 1892년 9월 선교 모임에서 언더우드(Horace Grant Underwood)로부터 해외 선교의 제안을 받고 1893년 미국장로회해외선교부 의료선교사가 되어 그해 입국하였다. 1904년 9월 제중원을 새로 신축하였고 기부자(Louis H. Severance 1838~1913)의 이름을 따서 세브란스 병원으로 이름을 바꾸었다. 1908년 6월 에비슨에 의해 조선 최초의 면허 의사 7명이 배출되었다. 1915년 조선기독교학교(Chosun Christian College)가 언더우드에 의해 개교하자 에비슨은 부교장에 임명되었고, 1916년 교장인 언더우드가 사망하자 교장으로 취임하였다.

엘린우드(F. F. Ellinwood)_ 19세기 후반 아시아에 선교사를 파송하는 책임을 맡은 미국 북장로회선교본부의 총무이다. 그는 한국에 파송된 선교사(알렌, 언더우드, 마펫, 베어드, 아담스 등)가 해야 할 최우선 사역은 서양의 과학기술, 공학, 제도, 기관을 전달하고 문명을 그 나라에 이식시키는 일이 아니라, 복음의 기쁜 소식을 전파하는 것이라고 강조하였다. .

우호익(禹浩翊 1897~1983)_ 1934년 설립된 진단학회 발기인 중의 한사람이다. 숭실전문출신. 그는 무궁화를 학문적 차원에서 체계적으로 연구하였다. 또 숭실대학교 재건준비위원회를 구성하고 개교할 때 부학장을 맡았고, 1958년에는 명예학장이 되었다. 1983년 86세를 일기로 하였다.

저드슨(Adoniram Judson)_ 미얀마 선교사였는데, 그의 *Guide to Heaven*을 윌리엄 베어드가 『천로지귀(天路指歸)』라는 이름으로 한글로 번역하였다. 이 책은 1894년 전체적으로 다시 개역하였고, 1905년 조선야소교서회에서 소책자로 출판하였다.

전킨(William M. Junkin 全緯廉)_ 테이트와 함께 미국 남장로교 최초의 한국선교사 7인 중 한 사람이다. 그는 1892년 11월 3일 한국에 도착하였고 1896년 군산에 선교지부를 설치하고 인근지역을 정기 순회하며 예배를 인도하였다. 이후에 전주 서문밖교회를 담임하고 예배당을 크게 신축하였다. 그는 1908년 1월 2일에 폐렴으로 병세가 악화되어 43세의 나이로 한국 땅에 묻혔다.

콘(Helen S. Coan Nevius 1833.1.6~1910)_ 뉴욕 세네카 카운티에서 태어나고 중국산동 옌타이에서 죽었다. John Livingston Nevius 박사의 아내이다. 1853년 둘은 중국에 선교사로 파송되었고 그 직후 결혼하였다. 남편이 죽은 다음 그녀는 남편의 생애와 그 성취에 대한 책을 썼다. 그 책이 *The Life of John*

Livingston Nevius, 1829~1893 (New York: Revell, 1895)이다.

콘로이(Hilary Conroy 1919~2015)_ 동아시아 근대사학자이다. 일리노이에서 태어났고, Northwestern University에서 전액 장학금으로 역사를 전공하여 1941년에 졸업하였다. Berkeley에서 석사를 하였다. 2차세계대전에 참전하였고 일본 도쿄에서 근무하였다. 그후 1946년 버클리로 돌아와 박사학위를 시작하였고, 하와이 일본이민으로 학위를 하였다. 그는 미국의 아시아역사학자로서 개척자이다. 그의 저서 *The Japanese Seizure of Korea, 1868~1910: A Study of Realism and Idealism in International Relations*은 걸작으로 평가된다. 이 책은 펜실베니아 대학출판부에서 1960년에 출간되었다.

클라크(Charles Allen Clark 곽안련郭安連 1878.5.14~1961)_ 클라크 선교사는 목수였던 아버지(William Oliver Clark)와 청교도 후예였던 어머니(Lillian Caroline) 사이에서 미네소타(Minnesota)주에 있는 스프링 밸리(Spring Valley)에서 태어났다. 미네아폴리스(Minneapolis)로 이사를 하여 그곳에서 성장하던 그는 열 살 때 폐결핵으로 어머니를 잃고 형 또한 사고로 죽었다. 그가 미네소타 대학교에서 2년을 마치자 노회는 그에게 맥칼러스터(Macalester) 대학에서 남은 2년의 수학을 하고 신학교를 갈 것을 권하였다. 대학 졸업 후 매코믹(MeCormick) 신학교에 입학하여 졸업하였다. 1902년 9월 22일 선교사로 제물포에 도착한 그를 기다리고 있던 것은 콜레라와 천연두, 그리고 성홍열이었다. 바로 이 전염병에 그는 사랑하는 두 아들을 같은 해에 잃었다. 그는 1906년 승동교회의 담임 등 목회의 길을 꾸준히 걷다가 150여 개의 교회를 개척하였고 1922년 평양신학교의 교수로 자리를 옮겼다. 곽안련은 활발하게 저술 활동을 하였다. 그가 펴낸 책은 51권에 이르는데, 그중 42권은 한국교회를 위한 것이고 그 가운데서 20여권은 『설교학』을 비롯한 실천신학 교제였다. 그 외에는 주석서와 성경연구에 필요한 책들이었다. 영문으로는 7권의 저서를 출간했는데 *First Fruits in Korea, Religions of Old Krorea*을 등이 있다. *The Nevius Plan for Mission Work in Korea*(1937) 등 2권의 책은 스페인어로 썼다. 또한 그는 『신학지남』의 주요 기고자였다. 1961년에 *Religions of Old Korea*를 간행하였다. 이 책은 영문으로 295쪽에 달하며 한국기독교서회가 출간하였다. 클라크 선교사는 국한문판의 『長老敎會史典彙集』과 영문판의 *Digest of Presbyterian Church in Korea(Chosen)*(Yokohama, 1918)를 간행하였으며, 또 『장로교회사전휘집(朝鮮耶蘇敎書會, 1935)』을 간행하였다. 특히 그는 『한국교회와 네비우스 방법들(*The Korean Church and the*

Nevius Methods』(1930)과『선교사역을 위한 네비우스 계획(*The Nevius Plan for Mission Work*, 1937)』을 썼다. 그의 *The Korean Church and the Nevius Methods*는 1994년에 대한기독교서회에서 박용규, 김춘섭 등이 번역 출간했다. 그의 아들 알렌 D. 클라크(Allen D. Clark)는 1908년 11월 6일 서울에서 출생, 미국 미네소타 대학과 프린스턴 신학교를 졸업하고, 1933년 8월 2일 부인 유지니아(Eugenia Roberts)와 함께 한국으로 돌아왔다. 1936년 청주로 옮겨 1940년까지 농촌 선교에 전념하다가 1941년 강제 추방되었다가 1953년 11월에 다시 내한하여 1973년까지 청주에서 활동하였으며 또한 장신대 교수, 피어선성경학교교장과 대한성서공회 번역위원 등으로 헌신하였고, 1990년 미국에서 죽었다. 저서로는 *A History of the Church in Korea 1972*가 있다. 이들 부부의 자녀로서 로버트(Robert)는 평양에서, 도로시(Dorothy)와 캐더린(Kathleen)은 청주에서, 넷째 도날드(Donald N. Clark)는 콜럼비아에서 출생했다.

테이트(Lewis Boyd Tate)_ 미국 남장로교선교사로 1892년 11월 한국에 도착하였다. 그는 전주 선교지부를 개척하여 호남지역 선교의 중심지로 삼았고, 전라북도 일대를 순회 전도하여 75개의 교회를 개척하고 1,000명에 가까운 교인들에게 세례를 주었으며, 서문교회를 설립하고 담임목사로 사역하였는데, 1925년 건강악화로 은퇴하고 미국으로 돌아갔다. 그는 교회법전문가로서 한국의 장로교교단조직을 만들 때 제도적인 장치를 마련하는 일에 기여하였다.

프랭크 메이슨(Frank Mason North 1850~1935)_ 미감리회 감독이자 해외선교부총무로 해외선교와 교회연합운동에서 유명했다.

한경직(韓景職 1902.12.29~2000.4.19)_ 평안남도 평원군 공덕면 출신. 주요 경력은 홀트양자회 이사장, 세계선명회 이사장, 대한예수교장로회 총회장, 한국기독공보사 사장, 한국기독교교회협의회 회장, 영락학원 이사장, 숭실대학 재건 초대 학장, 이사장으로, 한국개신교의 가장 존중받는 성직자이다. 오산학교(1916~1919), 숭실대학(1922~1925)에서 수학 후에 미국 프린스턴 신학교를 졸업, 1934년 의산노회에서 목사 안수를 받았다. 1945년 8월 15일 윤하영 목사와 함께 기독교사회민주당을 조직하였으나 그해 10월 월남, 12월 베다니전도교회를 설립하고 이듬해 이를 영락교회로 개명하였다. 1954년 숭실대학 재건을 주도하여 초대 학장이 되었다. 대한예수교 장로회통합교단의 정체성을 형성하고, 해방 이후부터 1980년대까지 한국 개신교의 양적 성장에 크게 기여하였다. 상훈으로는 1970년 대한민국 국민훈장 무궁화장, 1985년 프린스턴 신학교의 '모교를 빛낸 영예의 동문상', 1992년 템플턴상, 1998년 '대한민국 건국공로장'을 수훈하였다. 숭실대학교에 그를 기념하는 한경직기념관이 있어 채플 겸 대강당으로 사용하고 있다. 제6대 학장으로 1954년 5월부터 1958년 9월까지 봉직했다.

한석진(韓錫晋 1868~1939) 목사_ 평북 의주 출생이다. 서상륜에게 복음을 듣고, 1891년에 사무엘 마펫에게 세례를 받고 그의 조사로서 활동했다. 1907년에 평양신학교를 1회로 졸업한 후, 한국장로교 최초의 목사 7인 중 한 명이 되었다. 안동교회에서 목회할 당시, 남녀의 자리를 갈라놓는 휘장을 철폐했고 출입문도 하나로 통일했다. 조선예수교장로회 제6대 총회장을 맡기도 했다.

해리 로즈(H. A. Rhodes 노해리魯解理 1875~1966)_ 펜실베니아주 이스트브룩(East Brook)에서 출생 1903년 그로부 시티 대학(Grove City College)졸업, 1903~1904 프린스톤 신학교, 1904~1905 펜실베니아 웨스턴 신학교(Western), 1905~1906 프린스톤 신학교 졸업, 1906 에디쓰 브라운(Edith Brown)과 결혼, 이후 2년간 목회를 하다가 1908~1940 미국장로교 한국선교사로 일함. 그는 1908~1918년까지는 강계, 평양, 선천에서 활동하였고, 1918~1932에는 서울에 있는 연희전문에서 교수로 활동했다. 1933~1940에는 서울에서 전도문서 행정사역을 맡았는데 이 기간에 그는 한국선교회의 실행위원회의장(1937~1939), Korea Mission Field의 편집장을 맡았다. 1934년에 *History of the Korea Mission: Vol I 1884~1934* 출간, 귀국후 여러 교회에서 임시목사로 활동하다가 1951~1965 사이에 캘리포니아에 안착, 1965에 *History of the Korea Mission: Vol II 1935~1950* 출간하였다. 이 두권의 책은 그의 대표적 저술인데 1권은『미국북장로교 한국선교사 Volume 1(1884~1934)』(연세대학교 출판부) 이름으로 최재건이 번역 출간하였다. 이밖에도 그는 한글로 한국의 기독교 역사를 저술하기도 하였다. 해리 로즈는 1965에 캘리포니아에서 죽었다.

해링턴(Fred Harvey Harrington 1912.6.24~1995.4.8)_ 미국 뉴욕의 워터타운에서 출생, 코넬대학을 졸업하고 뉴욕대학에서 석사 박사를 하였다. 이후 위스콘신에서 역사를 가르치고 1962~1970까지 위스콘신대학총장으로 활동하였다. 그의 대표적 저서는 *God, Mammon and the Japanese: Dr. Horace N. Allen and Korean-American Relation 1884~1905* (Ayer Co Pub, 1980)이다.

허증수(許增秀)_ 호주 선교사의 도움으로 숭실전문학교 영문과를 마쳤다. 해방 후 미 군정청에 근무했으며 국비 유학생으로 호주 멜버른 대학에서 공부하고 동아대 교수, 부산대 교수로도 근무했다. 한국전쟁 중인 1952년 11월14일 제1공화국의 5대 문교부 차관으로 일했고, 그 후 경희대학교 교수와 경희초급대학 총장을 지냈다.

헐버트(Homer B. Hulbert 할보轄甫 1863.1.26~1949.8.5)_ 미국 버어몬트(Beaumont) 주 뉴헤븐 출생. 1884년 다트먼트 대학 졸업. 1886년 육영공원(育英公院) 교사로 초빙되어 한국에 왔다. 을사조약 후 한국의 자주독립을 주장, 제2차 만국평화회의에 이상설·이준 등의 파견을 건의했고, 이들보다 헤이그에 먼저 도착, 회의시보(Courier de la Conférence)에 우리 대표단의 호소문을 게재하는 등 우리 나라의 독립에 적극 협조했다. 1908년 미국에 돌아가 한국에 관한 글을 쓰면서 한국독립을 계속 주장하였으며, 해방되어 정부를 수립한 다음 1949년 국빈으로 초대되어 다시 내한하였다가 병사(病死)하여 양화진(楊花津) 외인묘지에 묻혔다. 저서에 *History of Korea*가 있다. 1905년에 두 권으로 저술한 이 책은 1962년에 뉴욕 힐러리 하우스(Hilary House) 출판사에서 클라렌스 윔스(Clarence Weems)의 개정판이 나왔다. 이 책은 한국 역사에 대해서 권위 있는 기본서적이다.

헤론(John W. Heron 혜론蕙論 1856.6.15~1890.7.26)_ 미국의 의사 선교사이다. 영국 더비셔 주 출생, 1870년 5월 미국 테네시 주 녹스빌로 이주. 1883년 뉴욕대학교 의과대학에 들어가 의사자격시험에 합격하였다. 1885년 깁슨과 결혼, 같은 해 5월 1일 한국을 향해 출발했다. 일본에서 이수정을 만나 조선말, 풍속을 익히고, 같은 해 6월 20일 다른 선교사들과 함께 제물포에 도착하였다. 고종의 주치의를 맡았고 1887년 9월 호러스 N. 알렌 후임으로 2대 제중원 원장에 취임하였고 1890년 7월 26일 의료 활동 중 전염성 이질로 사망하였다.

윌리엄 William M. Baird
베어드

초판발행일 2016년 7월 1일

저 자 리처드 베어드
역 주 숭실대학교 뿌리찾기위원회
발행인 한헌수
발행처 숭실대학교 출판국
등 록 제14-2호(1982. 1. 25.)
서울 동작구 상도로 369
TEL. (02)820-0772
FAX. (02)817-5297
http://press.ssu.ac.kr

인쇄처 한컴인쇄정보(02-2274-3394)
값 23,000원
ISBN 978-89-7450-351-2
978-89-7450-350-5 (세트)